图书在版编目（ＣＩＰ）数据

敦煌美术概论/史忠平主编 . —— 兰州 : 敦煌文艺
出版社 , 2024.12
ISBN 978–7–5468–2257–0

Ⅰ . ①敦… Ⅱ . ①史… Ⅲ . ①敦煌学—艺术 Ⅳ .
① K870.6

中国国家版本馆 CIP 数据核字（2022）第 219898 号

敦煌美术概论
史忠平　主编

责任编辑：张　桐
装帧设计：李关栋　郝　旭

敦煌文艺出版社出版、发行
地址：（730030）兰州市城关区曹家巷 1 号新闻出版大厦
邮箱：dunhuangwenyi1958@126.com
0931-2131536（编辑部）　　　0931-2131387（发行部）

兰州银声印务有限公司印刷
开本 787 毫米 ×1092 毫米　1/16　印张 19.5　插页 2　字数 360 千
2024 年 12 月第 1 版　　2024 年 12 月第 1 次印刷

ISBN 978–7–5468–2257–0
定价：85.00 元

史忠平 ◎ 主编

敦煌

美术概论

Dun huang

敦煌文艺出版社

西北师范大学教材建设基金资助

前　言

习近平总书记指出，敦煌文化延续近两千年，是世界现存规模最大、延续时间最长、内容最丰富、保存最完整的艺术宝库，是世界文明长河中的一颗璀璨明珠。敦煌美术作为敦煌文化的重要组成部分，具有深厚的历史底蕴、丰富的文化内涵、生动的艺术形象，它镶嵌在中国美术史发展链条之中，又自成体系；敦煌美术也是各类美术院校师生借以师古的珍贵资料，从中可以领略古人的艺术技巧、理念和智慧。西北师范大学地处甘肃，有着敦煌理论研究和教学的优良传统。西北师范大学美术学院办学历史悠久，以常书鸿、吕斯百、洪毅然为代表的先贤曾长期任教于此，为敦煌美术研究与创作营造了良好的氛围。数十年来，美术学院师生沿着前辈足迹，在敦煌美术研究与创作的路上不断前行，取得了可喜的成绩。到目前为止，美术学院不仅拥有多个支撑敦煌美术研究与创作的优势平台，而且组建了一支结构合理、理论与创作俱佳的师资队伍。

出于长期学术研究、教育教学、艺术创作的思考与广大师生的需求，我们组织团队，在前贤成果的基础上，从美术史立场和美术专业师生接受的视角出发，重新梳理敦煌美术中与美术专业学习易于衔接的内容，寻求美术专业学生学习敦煌优秀美术作品过程中理论认知与艺术实践的平衡点，编写了这本与美术专业贴合度高，理论与技法兼顾，适合普通高等学校美术专业学生主修以及其他专业学生选修的《敦煌美术概论》。

教材坚持思想的正确性，知识的准确性，作品的代表性原则。以知识性、专业性、普及性、适用性为主，学术性次之。教材共分十一章，分别从敦煌历史文化与石窟艺术、洞窟形制、敦煌人物画、敦煌山水画、敦煌花鸟画、敦煌雕塑、敦煌图案、敦煌器物图像、敦煌遗书书法、敦煌古代艺术工匠、藏经洞艺术品等方面，对敦煌美术进行了全面的介绍、分析和论述。各章节在基本体例一致的前提下，尊重每位撰写者的书写习惯和语言特点。另外，为了便于读者深入了解敦煌艺术，每章后均列有推荐书目。这些书目，既是拓展阅读的重要资料，也是各章节撰写过程中的主要参考资料。

受研究能力、认知水平、资料拥有等方面的限制，本书不足之处在所难免，衷心希望各位读者及同仁批评指正。并希望借此与各美术院校师生、敦煌美术研究者和创作者互相交流、学习，为敦煌美术的弘扬和发展贡献一份绵薄之力。

《敦煌美术概论》编写组

2023 年 7 月于兰州

目　录

第一章 敦煌历史文化与石窟艺术

【导读】敦煌艺术的产生、发展、衰落与其特定的历史文化背景紧密相关。首先，敦煌艺术是古代丝绸之路上东西方文化碰撞交融的产物，也折射了丝绸之路经济与文化的兴衰，敦煌的历史文化是丝绸之路文化的一部分。其次，古代敦煌具有深厚的儒家文化传统，外来佛教艺术在敦煌的传播和发展，不可避免地受到当地以及中原文化的影响。第三，敦煌的历史文化也是整体中国历史文化的一部分，认识敦煌地区在各历史时期朝代更迭的基本状况，是了解敦煌历史文化的基础。1900年敦煌莫高窟的藏经洞偶然被发现，约6万件经卷、文书、艺术品随之流落世界各地。这些出土文物的发现助推了学术界对敦煌历史文化的深入研究，从而使敦煌的历史脉络相较其他地域显得更加清晰具体。本章综合敦煌学研究的相关成果，以中国历史发展的脉络为主线，结合敦煌当地历史发展的实际情况，将敦煌历史文化大致概括为四个主要阶段，第一阶段为秦汉至西晋时期，主要讲述敦煌佛教艺术出现之前的历史文化；第二阶段为十六国北朝时期，主要讲述敦煌艺术发轫时期的历史背景以及主要的艺术特征；第三阶段为隋唐时期，主要讲述敦煌艺术鼎盛时期的历史背景以及主要的艺术特征；第四阶段为五代至元，主要讲述敦煌艺术走向程式化时期的历史背景以及主要的艺术特征。概述部分总述敦煌的地理、民族和文化特点。

概　述

丝绸之路东起中原，向西穿过河西走廊进入中亚。河西走廊南倚祁连山以及气候寒冷的青藏高原，其北是由腾格里沙漠和巴丹吉林沙漠所组成的荒漠地带，它是一条雪山和荒漠之间的狭长地带。河西走廊虽大部分地方是戈壁和荒漠，但自东向西有祁连山雪山融水形成的石羊河、黑河、疏勒河等河流冲击而成的大小绿洲，足以保证丝绸之路上商旅的生活补给。河西走廊既是陆上丝绸之路东西交通的重要孔道，又是古代北方游牧民族南下和南方游牧民族北上的必经之地。河西走廊的重要性正如"国之臂掖"。

敦煌是位于河西走廊最西端的城市，处于党河冲击而成的绿洲之上，是古代中原与西域交往的门户。自西而东，丝绸之路绕塔克拉玛干沙漠分为南北两道，一条道沿天山南侧，一条道沿昆仑山北侧，南北两道分别进玉门关和阳关，"总凑敦煌"，敦煌正是这样一个"咽喉之地"，因而成为丝绸之路上"华戎所交一都会"。《魏书·释老志》云："敦煌地接西域，道俗交得，其旧式村坞相属，多有塔寺。"位于敦煌市东南25公里处的莫高窟作为当今世界上延续时间最长、保存规模最大、保护最为完好的佛教石窟而被称为"沙漠中的美术馆"和"墙壁上的博物馆"。莫高窟与其附近的西千佛洞、榆林窟、东千佛洞、五个庙石窟等总称敦煌石窟，其中莫高窟保存有历代开凿的洞窟735个（南区洞窟487个，北区洞窟248个），壁画50000多平方米，彩塑2000多身，以及唐宋时代木构窟檐建筑5座，历经4至14世纪1000多年。敦煌石窟和藏经洞文物为敦煌历史文化研究提供了极为珍贵的实物证据，特别是填补了中国美术史上唐代以前绘画真迹罕见的遗憾。

敦煌历史上曾经活跃的众多民族是敦煌历史文化的共同缔造者。在敦煌的历史上，月氏、匈奴、汉、卢水胡、鲜卑、吐蕃、回鹘、党项、蒙古等众多民族都曾在这里繁衍生息，共同造就了敦煌独特的历史文化。文献记载最早活跃于敦煌的是月氏人，后匈奴强大，迫使月氏西迁，遂独占河西走廊，形成了中原王朝向西交往的屏障。敦煌文化形成的关键时期是西汉。这一时期西汉政权成功从匈奴手中夺得河西，而且迁河西匈奴4万余众于内地，同时向河西大量移民屯兵实边，儒家文化开始扎根于敦煌这个西部边陲重镇，并且成为敦煌文化的主流。西晋末期，"五胡乱华"，由卢水胡人建立的北凉政权统治敦煌。时值乱世，从西域传入的佛陀以救世主的形象开始出现在河西一带的造像、壁画艺术中。"北凉模式"这种造像模式随着鲜卑族政权统一北方，被传播到了北方大部分地区。隋代统一中国之后，中原王朝与西域各国的往来日益频繁，敦煌石窟的营建也进入了一个鼎盛时期。唐中期爆发"安史之乱"，雄踞青藏高原的吐蕃民族趁机占领敦煌。60年之后，敦煌当地世家大族联合赶走了吐蕃守将节儿，建立了以当地汉族为主的归义军政权。唐朝灭亡以后，管理敦煌一隅的归义军政权不得不东与回鹘联姻，西与于阗联姻。归义军政权末期，回鹘势力影响日益增大，实际掌控着敦煌一带的局势。北宋时期，居于河套平原的党项族建立了西夏政权，与辽、宋形成对峙局面，西夏政权向西扩张驱散了回鹘，占领了敦煌。随着蒙古军团的西征，敦煌成为元代版图的一部分，敦煌历史上的民族纷争也逐渐落下了帷幕。

敦煌石窟艺术体现着中外文化交融的特点。在东西文化交往的历史进程中，丝绸之路无疑起着极其重要的作用，而敦煌正是丝绸之路上一颗最为璀璨的明珠。在敦煌西北一座长城烽燧下发现的8封粟特语信札，写于西晋末年，这些信从姑臧（今甘肃武威）、金城（今甘肃兰州）、敦煌等地发出，准备发往楼兰和他们的家乡，不知何故被遗落了下来，书信在一定程度上反映了粟特商人的活动轨迹。粟特位于帕米尔高原以西的费尔干纳盆地，在西方文献中被称为索格狄亚那，曾一度隶属于波斯阿契美尼德帝国、希腊化的塞琉古王朝、贵霜帝国等，现在大部分在乌兹别克斯坦境内。粟特商人在中国史籍中也被称为"昭武九姓"，琐罗亚斯德教是他们的原始宗教。他们一直活跃在丝绸之路沿线，唐时敦煌的从化乡就是专为安置他们所设置的。莫高窟唐代第 45 窟胡商遇盗图反映的正是粟特商人经商途中遇险的故事。伴随着经济交往，文化的交流也在潜移默化地进行着，甚至在国家与国家、民族与民族断绝关系的时候，文化因子的互动也没有停滞。敦煌艺术作为佛教艺术本身就是一种外来的艺术样式，"凹凸法"晕染、"曲铁盘丝"线描、"联珠纹"图案等等这些表现方式均带有佛教传播过往之地的艺术痕迹。这些艺术样式的传播不分国界、不受何种政权的约束，往往在传播中还会不断融入当地文化因子，逐渐创新出新的艺术符号。敦煌艺术是中国古老的传统文化在敦煌这个特殊的地理环境中与外来文化相结合的产物，敦煌艺术开放与包容的艺术精神完全符合艺术发展的自身规律。

自藏经洞被发现以来，敦煌引起了世界的关注，敦煌学逐渐成为一门以地名学的世界显学，敦煌艺术被认为是中华优秀传统文化的重要组成部分。敦煌石窟艺术也是中国美术史上的重要篇章，而本章内容即是了解敦煌艺术的第一把钥匙。

第一节　秦汉至西晋时期

据史料记载，月氏人是早期活动在敦煌地区的人群，秦汉之际匈奴赶走月氏占领了河西走廊。西汉时期汉武帝先后派张骞两次出使西域，又派霍去病两次出击河西走廊的匈奴主力，迫使河西匈奴向汉投降。汉政府一边迁匈奴于内地，一边在河西大量从内地移民戍边，东西交通得到了保障，丝绸之路逐渐兴盛起来，汉文化也在敦煌得到了快速发展。伴随着丝绸之路贸易，佛教在两汉之际传入中国，至西晋时期敦煌已经有相当规模的寺院和佛经译场。

一、始月氏居敦煌祁连间

上古时期的敦煌文化东面可能受到玉门火烧沟文化的影响，西面可能受到哈密盆地焉不拉克文化的影响。西汉时著名的历史学家司马迁在《史记·大宛列传》中说"始月氏居敦煌、祁连间"。这是"敦煌"一词第一次出现在历史典籍中，并且和月氏人的活动有关。后来东汉文学家应劭说"燉，大也；煌，盛也"，赋予敦煌一词"盛大辉煌"的意思，但这可能并不是"敦煌"一词本身的含义。据敦煌学研究，"敦煌"一词很可能是某一古代游牧民族语言的音译，或者是月氏人，或者是匈奴人，或者与古藏语有关，目前尚无定论。

关于月氏民族的来龙去脉一直是历史研究中的一个谜题。《史记·大宛列传》中说"始月氏居敦煌、祁连间"。传统的观点认为月氏民族居住在河西走廊一带，月氏在东，乌孙在西。近年来有学者认为"祁连"是当地游牧民族语言的音译，意译为"天"，据此认为祁连山是指新疆的天山，那么月氏就应当是活跃在敦煌和天山之间的游牧民族，这样的解释似乎在地理空间上更为合理。

月氏民族活跃于敦煌的时间大约与秦国的崛起同期。秦穆公独霸西戎，拓地千里，大约秦的西部边界就和月氏人的领地相接了。月氏崛起之初，首先攻击了西侧的乌孙，迫使乌孙民族西迁。前3世纪，敦煌以西的楼兰开始建国，但受制于月氏。当时在月氏的北面是还没有强盛起来的匈奴，迫于月氏的强大，匈奴头曼单于不得不把太子冒顿质于月氏，这个时间大约对应于秦二世胡亥的时代。后来匈奴太子冒顿从月氏人那儿逃脱，回到了王庭，弑父继位，匈奴逐渐强盛，随即东灭东胡，西击月氏。匈奴最初对月氏的战争大约发生在前205—前202年间。前177—前176年，匈奴冒顿再次打败月氏，月氏人退却到且末、于阗一带，从而退出敦煌地区。前174—前161年，匈奴老上单于又破月氏，月氏再次西迁到了伊犁河流域，历史上把这一支被迫西迁的月氏人称为大月氏。另

有少部分月氏人向南退入山区，"保南山羌，号小月氏"，最后逐渐融入当地羌族。迁移到伊犁河流域的大月氏，后来又受到乌孙和匈奴的联合攻击，大月氏被迫再次迁移至中亚阿姆河流域。有学者认为大月氏在阿姆河流域再次崛起，最终建立了强大的贵霜帝国；但也有学者认为贵霜帝国不是大月氏建立的，而是另一支游牧民族塞人（斯基泰人）所建立的。总之，退出敦煌的月氏人逐渐融入其他民族，最终消失在了历史的长河之中。后来在佛教东传的过程中，大月氏和小月氏都发挥过重要作用。一般认为支姓的传法僧大多是月氏人，如支娄迦谶、支谦、支亮等。另外，丝绸之路上曾经广为使用的吐火罗语或许就是月氏人的语言。

二、设四郡、据两关

匈奴赶走月氏之后，势力进一步扩大，"楼兰、乌孙、胡揭及其旁二十六国皆为匈奴"，其活动区域和青藏高原北部的羌族连接起来，在刚刚建立起来的汉朝西面形成了一道屏障，不仅阻断了东西交通，而且大有合围汉朝之势。迫于当时匈奴的强大，西汉政府迫不得已采取和亲的策略。经过汉初一段时间的休养生息以后，汉武帝决心开始对匈奴进行全面反击，同时打通河西走廊通向西方世界的通道。前138年汉武帝派张骞出使西域，意图联络西迁的大月氏来东西联合夹击匈奴。在张骞出使西域生死未卜、没有音讯的时候，前133年"马邑之谋"的失败，迫使汉朝

提前拉开了反击匈奴的序幕。前128年"河南之战"，大将卫青向北出击，一举收复了河套以南的地区。前121年，汉武帝果断起用年轻将领霍去病向西攻打占据河西走廊的匈奴，在这一年的春夏时节霍去病"两战定河西"，沉重打击了河西走廊的匈奴势力。迫于汉朝军队的全线反击，控制河西走廊西部的浑邪王和控制河西走廊东部的休屠王商议之后决定投降汉军，后休屠王有意反悔，浑邪王索性杀休屠王，率河西匈奴4万余人归降汉朝，汉政府遂迁河西匈奴于黄河以东至河北一带。前118年，汉朝在河西走廊设武威、酒泉二郡，又"迁天下奸猾吏民于边"，移民河西，汉朝的做法使河西地区的人口进行了一次"大换血"，河西地区的生产生活方式开始从游牧方式向耕种方式转变，耕地面积不断扩大，粮食产量不断提高，同时中原的汉文化传统逐渐输入河西走廊。

前111年，汉朝又分武威、酒泉二郡为武威、张掖、酒泉、敦煌四郡，并且在敦煌以西设玉门关和阳关，扼守西域进入河西直至中原的门户，即所谓"设四郡，据两关"。敦煌郡的设置或许与汉朝经营西域的方略有密切关系。当时的敦煌郡包括现在的敦煌市、瓜州县、阿克塞哈萨克族自治县、肃北蒙古族自治县的部分区域，面积约8万平方公里。前106年，汉朝划分全国为13个州，河西走廊因为地处高寒，所以被命名为凉州，敦煌郡隶属凉州。前104年李广利第二次西征大宛时，在敦煌征集士兵6万人，牛10万头，马3万多匹，说明敦煌已经成为汉朝开拓西域的重要后方基地，并开始修筑从敦煌至罗布泊之间的长城。汉代在河西走廊建立起一套完整的长城、烽燧、邮驿体系，为保护丝绸之路的畅通发挥了重要作用。

陆续从内地来到敦煌的戍边战士、被贬官吏、避乱百姓，逐渐汇聚成为建设敦煌的重要力量，他们把内地先进的耕作技术、管理制度和生活方式带到了这里，特别是屯田制度的落实，使敦煌的社会经济得到了前所未有的发展。在长期的发展中，敦煌当地逐渐形成了一些名门大族，如索氏、张氏、李氏、曹氏、令狐氏、翟氏、氾氏等，这些敦煌大族的存在对当地的政治、经济、文化发展发挥了重要作用。如西汉末年的司隶校尉张襄，为避朝廷纷争，举家西迁敦煌，俗号北府张氏，他的后代中就有著名的书法家张芝。

东汉末期汉政府逐渐失去了对西域的经营，西域都护长驻敦煌，日常事务由敦煌太守实际负责。三国时，敦煌在曹魏政权的统治之下，仓慈任敦煌太守，主张胡汉通婚，并且抵制豪强势力的发展。曹魏政权归司马氏西晋以后，皇甫隆出任敦煌太守，推行中原的农耕技术，农业得到发展，人民安居乐业。莫高窟附近的佛爷庙湾早期墓葬即为西晋时期，从墓葬的壁画来看，儒家和道教文化高度发达，画像砖艺术语言简洁生动。据斯坦因在敦煌西北长城烽燧下发现的粟特文古信札相关内容表明，西晋末年虽然兵荒马乱，但是中亚商人仍然在敦煌、金城、长安（今陕西西安）、洛阳一带经商，丝绸之路上的经济文化互动并未停歇。

三、佛教东传

张骞出使西域虽然没有达到最初的目的，但是张骞为汉朝带来了西域各国的些许信息，这更加坚定了汉武帝打通丝绸之路的决心。张骞出使西域和河西走廊纳入汉朝版图，标志着丝绸之路的全线贯通。从此商旅不绝于道，善于经商的中亚商人常年来往于丝绸之路沿线，并在沿线城市定居，他们不仅活跃了丝绸之路的经济，也带动了东西文化的交流，佛教正是随着丝绸之路的畅通而由西向东传入敦煌的。

张骞出使西域最终到达了大夏，大夏是汉文古籍中对今天阿富汗和乌兹别克斯坦交界的阿姆河流域的称呼，当地人称为吐火罗斯坦，希腊文献中称为巴克特里亚。这里曾经是亚历山大东征之后留下的希腊化的国家，当地的原始宗教是拜火教，但是公元前后佛教应该已经传入了大夏，只是没有普遍流行而已，所以张骞出使西域就没有带回来有关佛教的信息。

佛教传入中国的时间被基本确定在公元前后，最早的资料主要集中在东汉永平年间。《历代三宝记》中记载永平七年（64年），汉明帝遣郎中蔡愔、博士弟子秦景等西行求法，带来了印度僧人迦叶腾摩和竺法兰及一批佛经，于是修建白马寺以收藏和翻译佛经。这则故事虽有神异的色彩，但大致可以作为佛教传入中国的一个标志性事件。重庆中国三峡博物馆所藏一件东汉延光四年（125年）的摇钱树上有禅定佛像，可以认为是国内出现最早的佛教造像之一。佛教至迟在东汉时期传入中国应当是没有问题的，安世高和支谦正是这一时期活跃在中原的佛经翻译家。

敦煌最早出现佛教的资料来源于悬泉置遗址，在发现的1至2世纪的汉简中，其中一枚上书"少酒薄乐，弟子谭堂再拜请。会月廿三日，小浮屠里七门西入"，这应当是一封邀请客人参加佛教法会的请柬。三国时期，敦煌属于北方的曹魏统治，魏文帝曹丕时任用尹奉为敦煌太守，魏明帝曹睿时任用仓慈为敦煌太守，他们沿用自汉以来的屯戍政策，抵制豪强，保护西域商旅，主张胡汉通婚，敦煌社会经济稳定发展。司马氏建立西晋以后，皇甫隆出任敦煌太守，推广中原一带先进的耕作技术，敦煌农业生产进一步发展。《出三藏记》中记载："罽宾文士竺侯征若携《修行地道经》至敦煌，法护与弟子乘、贤者李应荣、索乌子等三十余人译讫。""法护于敦煌从龟兹副使美子侯处得梵书《不退转法轮经》，与弟子法乘共译为晋言。"竺法护是西晋时期著名的佛经翻译家，他从西域而来，一路翻译佛经，最终到达长安。竺法护在敦煌期间吸纳当地世俗弟子组织了一个由30多人参与的译场，被称为"敦煌菩萨"，说明敦煌的佛教活动已有一定的规模。竺法护最著名的弟子竺法乘后来一直在敦煌立寺延学，终老敦煌。《莫高窟记》中记载："司空索靖题壁号仙岩寺。"敦煌当地人索靖是西晋时期著名的书法家，官至酒泉太守，博通经史，号称"敦煌五龙"之一。仙岩寺虽不等同于后世有造像艺术的石窟寺，但至少可以认为是一处佛家"凿仙岩以居禅"的固定处所。

第二节　十六国北朝时期

十六国北朝时期是中国历史上一个大分裂的时期，同时也是一个民族大融合的时期。中国的佛教石窟艺术正是在这样一个时期落地生根。敦煌石窟艺术始于北凉，历经北朝，莫高窟保存有大量的这一时期洞窟，反映了中西文化交流荟萃的历史印记和外来佛教艺术逐步中国化的过程。对应于中国历史的分期和敦煌地区的实际情况，十六国北朝时期的敦煌艺术历经北凉、北魏、西魏和北周四个时期。

一、北方大乱

西晋末年，"永嘉之乱"，晋室南迁，史称东晋。与南方的东晋相对，北方"五胡乱华"，进入十六国时期，先后统治过敦煌的有前凉、前秦、后凉、西凉和北凉等五个政权。前凉由张轨建立，统治中心在凉州（今甘肃武威），立国64年（313—376年），在五凉政权中时间最长。345年，前凉在敦煌设沙州，领三郡三营（敦煌郡、晋昌郡、高昌郡、西域都护、戊己校尉、玉门大护军）。前凉政权的历任敦煌太守

都非常重视兴修水利，先后修建了杨开渠、阴安渠、孟授渠等，这些水利设施利用祁连山的雪山融水因地制宜发展农业，为敦煌农业的发展提供了水源保障。从莫高窟保存下来的初唐《李君莫高窟佛龛碑》中获知，仗锡西游的乐僔和尚于366年的某天云游至此，忽见金光，状有千佛，遂造窟一龛。虽然乐僔开凿的第一窟已无处寻觅，但366年暂且可以被认为是莫高窟开窟的最早时间。

灭前凉的是氐族苻氏建立的前秦政权，统治中心在长安，立国44年（351—394年），其间统治敦煌的时间有11年（376—386年）。382年前秦统治者苻坚派吕光进军西域，后吕光在撤军时俘获了龟兹高僧鸠摩罗什。吕光东归时，得知前秦"淝水之战"败于东晋，索性据姑臧建立后凉政权，取代前凉统治敦煌，立国18年（386—403年）。后凉吕氏末年，敦煌太守段业割据张掖以西，李暠为敦煌郡效谷县令，后李暠杀段业自任太守。400年，李暠自立西凉王，西凉成为历史上唯一在敦煌建都的政权，立国22年（400—421年）。同年，西行求法的僧人法显途经敦煌，在敦煌停留一个多月，得到李暠的大力资助，法显西行最终到达印度，并从海路返回中国。西凉政权得到敦煌豪门望族的支持，整理防务，维修要塞，安置流民，发展生产。为了改善基础设施和发展儒家文化，李暠先后在敦煌建造了靖恭堂、谦德堂、嘉纳堂、泮宫（学校）等，建筑内壁多画圣帝、

明王、忠臣、孝子、贞女等图像，李暠往往亲自作序颂扬。

397年，一支兴起于张掖的卢水胡人在沮渠蒙逊的领导下建立金山国，并以此为根据地向外扩张。405年，西凉李暠为了防止沮渠蒙逊西进而迁都酒泉，同时迁敦煌两万多户以增强酒泉的防务。丁家闸墓室壁画反映的正是西凉迁都酒泉时期的文化，这些墓室壁画表现了当地人们的生活习俗和精神信仰，仍然延续汉晋文化余韵，与敦煌佛爷庙墓室壁画的题材和风格基本一致。412年，沮渠蒙逊在姑臧建立北凉政权。420年，北凉打败西凉，西凉王李歆的弟弟李恂在敦煌仍然顽强抵抗，最后兵败被杀。敦煌城破之后，沮渠蒙逊对敦煌进行了屠城。也许这次血腥事件对当地民众形成了挥之不去的心理阴影，在一定程度上助推了当地民众寻求心理寄托、皈依佛教的热潮。北凉政权存续的时间较长，仅次于前凉，共60年（401—460年）。

北凉沮渠氏和南方的刘宋政权在文化上多有交往。426年，沮渠蒙逊从刘宋获取典籍475卷；437年，沮渠牧犍又向刘宋送去河西学者著作154卷，包括《凉书》《十三州志》《敦煌实录》等。这一时期活跃在敦煌的印度僧人主要有昙摩密多和昙无谶。432年，昙摩密多自龟兹来到敦煌，"建立精舍，植柰千株，开园百亩。"同年，昙无谶受蒙逊邀请自敦煌前往凉州。北魏拓跋焘闻讯，多次遣使索要昙无谶，蒙逊始终不给，并说"此是门师，当与之俱死。"昙摩密多和昙无谶都是著名的佛经翻译家。昙摩密多精通禅学，后居于建康（今江苏南京），对禅宗学派有过重要影响。昙无谶主要研习大乘，翻译有《涅槃经》。北凉时期河西走廊多处开凿石窟，蠹立石塔石幢。武威天梯山、张掖马蹄寺、酒泉文殊山都有这一时期留存的石窟艺术遗迹。莫高窟第268、272、275窟被学界认为是"北凉三窟"，是莫高窟现存最早的洞窟。位于永靖的炳灵寺石窟第169窟被认为是中国最早有明确纪年题记的洞窟，落款为西秦建弘五年（424年），与北凉同期。

二、鲜卑统一北方

439年，魏太武帝拓跋焘攻占北凉姑臧，凉王沮渠牧犍降魏。442年，沙州刺史沮渠无讳率万余家逃往高昌建立大凉，北魏遂统治敦煌。北凉是北魏消灭的最后一个北方割据政权，至此中国北方得以统一，结束了自十六国以来长达150多年的分裂局面。420年，南方的东晋被刘宋取代，开始宋、齐、梁、陈的朝代更迭，历史上总称为南朝。相对于南朝，北方的北魏以及后来的西魏、东魏、北周、北齐总称为北朝，中国历史处于南北朝时期。

北魏是由鲜卑族中的一支拓跋鲜卑建立的政权。鲜卑是"五胡"之一，也是"五胡"之中建立政权最多的一支少数民族。鲜卑族秦汉时代活动在东北的额尔古纳河和西喇木伦河之间，被称为"东胡"，深受匈奴的胁迫和打击。东汉时匈奴衰落，鲜卑族"南迁大泽",来到呼伦贝尔草原,并同化了匈奴的残余势力,因而逐渐壮大。魏晋时期鲜卑逐渐分裂成几个大的部族,其中慕容鲜卑南迁在青海北部建立吐谷浑政权,拓跋鲜卑先后建立北魏和西魏政权;宇文鲜卑建立北周政权;乞伏鲜卑建立西秦政权;秃发鲜卑建立南凉政权。

北魏统治敦煌以后,改州为镇,而且有可能迁敦煌吏民于平城(今山西大同)附近,造成敦煌防务空虚,引得北方柔然经常来犯,北魏高层内部动了放弃敦煌、后撤凉州的念头,幸有大臣韩秀谏言,如果放弃敦煌,凉州将不保,甚至会影响到关中的安宁。此后敦煌受到北魏政权的重视,由驸马穆亮亲任敦煌镇都大将,后来北魏打败柔然,敦煌逐渐安定下来。494年,北魏都城由平城迁往洛阳,同时采取更为彻底的汉化政策,管理体制和生活方式都以汉文化为宗,改复姓为单姓,将拓跋氏改为元氏。宗室元丕因为反对迁都曾被流放敦煌。518年,比丘惠生和敦煌人宋云西行取经,历时5年,途经现在的阿富汗和巴基斯坦等国,带回大乘佛经170部,并著有《宋云家纪》。524年,北魏孝明帝元诩下诏改敦煌镇为州,因敦煌盛产美瓜而取名瓜州,统领敦煌、酒泉、玉门、常乐、会稽五郡。次年,宗室元荣出任瓜州刺史,后被封为东阳王,镇守敦煌近20年,期间几乎日日写经,造经数百部之多。

北魏末年,朝局混乱。534年,高欢拥立元善见为帝,迁都邺城(今河北临漳),

是为东魏。次年,宇文觉拥立南阳王元宝炬为帝,是为西魏,建都长安。557年,宇文泰的儿子宇文觉废西魏,立北周,与高欢的儿子高洋建立的北齐对垒。577年,北周灭北齐,后隋灭北周,统一全国。北魏分裂之后,敦煌先后属于西魏和北周管辖,东阳王元荣历经北魏和西魏,北周时建平公于义出任瓜州刺史。

从北魏到北周,其间北魏90年,莫高窟现保存有北魏洞窟8个,代表性洞窟有第254窟;西魏22年,莫高窟现保存有西魏洞窟10个,代表性洞窟有第249窟和第285窟;北周25年,莫高窟现保存有北周洞窟16个,代表性洞窟有第290窟和第428窟。北朝时期敦煌因地处偏远,基本上没有受到政局动荡的影响,佛教石窟艺术进入了一个大发展的时期。莫高窟自乐僔、法良开窟之后,"建平、东阳弘其迹",而且当地民众,如阴氏、翟氏也都参与了莫高窟的营建。虽然北周武帝曾下令禁断佛道二教,瓜州阿育王寺被废,但时间不长这一禁令就被解除,从莫高窟北周时期洞窟的建造规模来看,似乎影响不大。

三、早期的敦煌艺术

由于敦煌"地接西域",早期的敦煌艺术多受西域佛教艺术的影响,具有明显的西域特点,如中心塔柱式洞窟形式、"一波三折"式人物动态、"凹凸法"晕染、"曹衣出水"的衣纹塑造方法等。随着北魏统一北方,"沙门佛事俱东",这样的佛教艺术形式很快被传播到北方各地。

"北凉三窟"因为艺术风格的简单质朴而被列为莫高窟最早的一组石窟，具有石窟艺术创始阶段的特点。第268窟制作粗率，空间狭小，属于早期僧房窟。第272窟属殿堂窟，穹隆顶，顶部中央塑绘斗四莲花藻井，外画天宫伎乐，接近四壁处画一圈飞天；西壁开圆形龛，内塑倚坐弥勒佛，龛外南北两侧各画20身供养菩萨，形态各异，为莫高窟早期壁画中仅有的形式；南北壁中央绘一佛二菩萨说法图，形制简略，四壁空余处画千佛。第275窟为盝斗顶窟，西壁塑交脚弥勒，像高3.37米，为早期石窟中最大的塑像，面型方正，坐方形台座，身后有三角形靠背，两边各塑一狮子，是典型的西域风格；南北两壁各开一列阙形龛，内塑交脚弥勒，绘塑结合的阙形龛是对汉代建筑的模仿，具有明显的中原风格。

莫高窟北魏时期的艺术趋于成熟，窟型基本上是规整的中心塔柱式，色彩热烈奔放，造型结实厚重，其中以第254窟和第257窟最为有名。第257窟保存有连环画形式的九色鹿本生故事画。连环画的构图形式北凉第275窟就有，画有出游四门和尸毗王本生故事等内容，但不及北魏第257窟的九色鹿本生故事画表现得那么细腻生动。第254窟是北魏最具代表性的洞窟，洞窟色彩以贵重的青金石蓝色为基调，表现出冷艳高贵而热烈的气氛。该洞窟南壁绘萨埵太子本生故事和降魔变，北壁绘尸毗王本生故事和难陀出家的故事。这四幅作品都采用的是"一幅多景"的构图方式，在一幅作品里巧妙安排不同时间、不同地点发生的前后联系的故事情节，画面表现惊心动魄，气势恢宏，摄人心魄，表现了佛陀的牺牲精神和无限智慧。

西魏时期的敦煌艺术开始融入更多的中原文化内容，人物造型趋近秀骨清像、褒衣博带、神气飘然，表现手法更显轻逸灵动。莫高窟西魏时期洞窟以第249、285窟最具代表性，而且第285窟是莫高窟第一个有明确纪年题记的洞窟，时间是西魏大统四年、五年（538年、539年），成为莫高窟早期洞窟分期的标尺。两窟窟顶四坡融入了更多的中国传统文化元素，如三皇、玄武、朱雀、东王公、西王母、雷公、雨师、伏羲、女娲、飞廉、千秋、仙人等形象，外来佛教艺术中国化特征逐渐明显。第285窟南壁的五百强盗成佛故事画是西魏壁画中的经典之作，画面以横卷的形式从左向右依次展开，人物、动物、树木、山林、建筑有序穿插，以赭色起笔，石青、石绿相间晕染，线条匀称而富有张力，山间林泉景致生机勃勃，极好地表现了旷野修行的北朝文人生活意趣。在这件作品的上方有连续的飞天伎乐形象，各持不同的乐器，随风行进，每两身飞天之间用莲花相隔，空气中任意飘浮的莲花随风旋转。为了表现在天空当中的运动感，空气中还增添了细小的云气。第285窟表现了绘画中难以表现的运动形态，体现了"气韵生动"的审美追求。

北周虽然短暂，但敦煌艺术在这一时期有了新的特点，色调逐渐转暖，造像方面头部比例有增大的趋势。北周时期相对之前的西魏和之后的隋代，虽然没有出现特别经典的洞窟，但其艺术特色也非常鲜明。莫高窟第428、290、296窟都具有很高的艺术成就。第428窟为一大型中心塔柱式洞窟，整窟以赭红色为基调，与北魏第254窟的冷色调形成鲜明的对比；洞窟前部沿袭北魏以来的人字坡造型，只不过把绘塑结合的椽子以简单化平铺的色块代替，椽子和椽子之间仍然绘制供养莲花；满壁采用模制的影塑千佛；前室中部和北魏第254窟一样绘制降魔变、说法图、卢舍那佛等，但相对而言表现手法要简略得多；东壁门两侧分别画萨埵太子本生故事和须达拏太子本生故事，故事情节较前期更加复杂，将横卷式构图延伸至上、中、下三层，内容更加复杂，密体风格逐渐诞生。第290、296窟共同的特点是把窟顶四坡或人字坡整体改画佛传故事，内容繁多，以横卷的形式展开，并增加横卷的层数，重视故事细节的描绘，表现手法趋于简洁写意，其绘制方法是边勾边染，甚至个别地方出现没骨技法，无论是勾线还是晕染都已趋向于中原绘画。

第三节　隋唐时期

隋唐时期是中国历史发展中的一个鼎盛时期，东西方往来增多，丝绸之路的繁荣达到了鼎盛。隋初曾一度改州、郡、县三级管理体制为州、县两级，敦煌郡成为敦煌县，后又罢县设郡，恢复敦煌郡。为了招商引资和张扬国威，隋炀帝派裴矩主持张掖"互市"，拉开了向西开放的序幕。唐初将敦煌郡改为瓜州，后又分为瓜州和西沙州，瓜州治所在晋昌（今甘肃瓜州），西沙州治所在敦煌，西沙州后改沙州。由于隋代向西开放的国家策略以及唐前期逐步平定地方叛乱和对西域的有效经营，敦煌因为东西方文化的交流荟萃而成为盛开在丝绸之路上的一枝奇葩。安史之乱以后，唐朝的军事影响力退出西域，吐蕃乘机占领敦煌，敦煌的形势发生了历史性的转折，虽然后来张议潮趁吐蕃内乱收复了敦煌，但唐朝已无力经营河西，河西经济文化发展受到一定影响。

史学界一般把唐朝分为初唐、盛唐、中唐和晚唐四个时期，同时以安史之乱为界，把初唐和盛唐概括为唐前期，把中唐和晚唐概括为唐后期。敦煌学研究参照学界通行的时期划分，结合河西地区唐代的实际情况，把中唐确定为吐蕃占领时期（786—848 年），把晚唐确定为张氏归义军时期（848—910 年）。

一、走向盛世

581 年，杨坚废北周建立隋朝，是为隋文帝。589 年，隋灭南朝的陈，统一了中国，结束了中国历史上长达 300 多年的分裂局面，为唐代走向繁盛打下了基础。

隋文帝幼年时在尼姑庵里长大，深崇

佛教，曾受"八戒"。在他称帝以后便下令弘扬佛教，宫廷里天天讲经，夜夜行道，每年全国超度出家上万人。601年，隋文帝诏令各地建舍利塔，供养佛舍利，莫高窟即在崇教寺起塔供养。隋代第二任皇帝隋炀帝杨广曾派吏部侍郎裴矩经营西部边疆，并让裴矩积极筹备张掖互市，以极其优惠的条件引致西蕃，奏响了隋唐时期向西开放的序曲。裴矩通过采访胡人、实地考察等方式全方位搜集资料写成《西域图记》，以图文并茂的形式反映了西域44国的服饰行仪和山川地理。在《西域图记》中最早记述了丝绸之路在西域分北道、中道和南道，并且总凑于敦煌。条件成熟以后的609年，隋炀帝亲自经扁都口至焉支山会见西域27国使者，当地百姓盛装观看，僧道俱随，还邀请高昌王麴伯雅讲《金光明经》。张掖互市扩大了隋与西域各国的经贸往来，也带动了东西方文化的交融发展，联珠纹就是这一时期从中亚国家传入敦煌的。同时中原佛教艺术回流河西，中原艺术风格开始凸显。隋代立国虽然只有短短的38年，莫高窟现保存有隋代洞窟却多达110个。藏经洞文物中有许多来自中原的写经，甚至还有一些是隋代宫廷写经，部分道教写经也杂呈其间，从另一个方面也说明敦煌受到越来越多中原文化的影响。

隋末唐初各地反叛此起彼伏。617年，李轨在武威起兵，自称凉王，控制河西，敦煌属李轨所有。618年，李渊父子建立唐朝。619年，唐朝利用凉州粟特安氏的势力成功瓦解了李轨政权。620年，瓜州刺史贺拔行威举兵反唐。623年，地方土豪张护、李通割据反唐。唐初一系列的反叛事件先后被唐朝地方军政平息。除了各地反叛以外，唐初边境还受到突厥和吐谷浑势力的不断进犯。"西边不静，瓜沙路绝"，"禁约百姓，不许出蕃"，所以玄奘西行求法才不得不"偷渡"前行，好在总有信佛之人暗中相助，瓜州刺史孤独达就是其中之一。为了消除边疆隐患，重启丝绸之路贸易，630年，唐朝出兵漠北，消灭东突厥汗国，设伊州。635年，唐朝击败青海北部的吐谷浑，确保河西走廊东西畅通。640年，唐朝灭麴氏高昌国，设西州和庭州，同时设安西都护府，以管辖西域。644年，唐朝出兵焉耆，然后进击龟兹。658年，唐朝迁安西都护府于龟兹，并设龟兹、于阗、焉耆、疏勒四镇。675年，唐朝为了抵御吐蕃威胁，把丝绸之路上的石城镇和播仙镇划归沙州，然而吐蕃和突厥势力对河西走廊和西域的侵扰始终没有停息。686年，唐朝不得不放弃安西四镇。711年，唐朝分陇右道设河西道，并置河西节度使，统辖河西地区军政，治所在凉州。河西节度使成为唐朝最早一批设置的节度使，调整后河西士兵数居全国第三，军马占到全国的四分之一。"欲保秦陇，必固河西；欲固河西，必斥西域。"可以看出，唐朝为了经营西域和保护西部边境的安全做出了很多努力。唐代诗人鲍防的诗句"汉家海内承平久，万国戎王皆稽首。天马常衔苜蓿花，胡人岁献葡萄酒"，正是反映了这一时期丝路贸易的盛况。在唐前期国力蒸蒸日上的大环境下，敦煌经济文化得到了充分发展，敦煌艺术也逐步走向鼎盛。

二、陷蕃与归义

节度使的设立在加强边界安全的同时，也给唐朝带来了潜在的危机。755年，安史之乱爆发，吐蕃乘机攻占唐朝领地。吐蕃于764年攻占凉州，766年攻占甘州（今甘肃张掖）、肃州（今甘肃酒泉），776年攻占瓜州后围攻沙州，沙州军民在长达11年的坚守之后，786年以"勿徙它境"的条件"寻盟而降"，从此敦煌进入吐蕃时代。

吐蕃是藏族的前身，松赞干布时代逐渐崛起，在赤松德赞时期到达最强盛的阶段。663年，吐蕃首先大败青藏高原北部的吐谷浑，吐谷浑曷钵率众弃国投唐，从此吐蕃以吐谷浑故地为据地大肆扩张。吐蕃占领敦煌以后，设立瓜州军镇，敦煌仍然称为沙州，隶属瓜州军镇，敦煌的城主为节儿。吐蕃统治初期，民族矛盾尖锐，统治者不得不一边镇压此起彼伏的反蕃运动，一边拉拢利用敦煌世家大族和旧唐官员维持统治，如杜氏、索氏、张氏、安氏（粟特后裔）、阴氏等。吐蕃统治期间还强硬推行蕃化政策，让沙州人民穿蕃服，说蕃语、文身、赭面，吐蕃统治者把敦煌居民按职业编制成部落，如军事部落、僧尼部

落、丝绵部落、汉人部落等；废除货币交易，回到以物易物；变唐代的均田制为突田制，按户纳突，计口授田，并服差科。和唐朝相比，吐蕃统治下的敦煌处于社会发展的倒退阶段。幸运的是，845年发生的"会昌灭佛"，因正值吐蕃统治期间，敦煌艺术并未受到影响，相反继续向前发展。

842年，吐蕃赞普朗达玛被僧人所杀，各种势力互相争斗，河陇地区守将思想混乱，防务空虚。848年，敦煌大族张议潮率众驱逐敦煌守将节儿，遂摄州事。他一边收复失地，一边派人赴长安向唐朝汇报情况。到851年，张议潮已平定除凉州之外的大部分地盘。唐朝经过安史之乱后，国力衰微，无力经营河西，而且对藩镇割据心有余悸，所以在封张议潮为归义军节度使、十一州观察使的同时，留进献图籍的张议潮的兄长张议潭在长安做官，实为人质。861年，张议潮攻克凉州，从此河西走廊畅通无阻。张议潭去世以后，张议潮安排张议潭的儿子张淮深为节度使，自己亲赴长安，接替"人质"，后卒于长安。张淮深执政期间，张议潮的儿子张淮鼎发动政变，杀死张淮深一家，成为归义军统治者。但张淮鼎英年早逝，幼子张承奉继任，索勋（张议潮的女婿）乘机掌握归义军政权，后被李夫人（张议潮第十四女）推翻，张承奉复出。直到907年唐朝末代皇帝被朱温所废，中国历史进入五代时期，张承奉无主可依，索性自立金山国，称"白衣帝"，但不久败于甘州回鹘，张氏归义

军政权与唐朝统治基本上同时结束。

三、中期的敦煌艺术

隋代虽然只有短短的38年时间，但是莫高窟保存下来的隋代洞窟有过百个。隋代早期洞窟具有北朝时期的特点，如第305窟保存有隋开皇四年（584年）题记，是一个标准窟，覆斗顶，窟顶四坡画东王公、西王母等题材，藻井下方地面高起设方坛，三面开龛，四壁在土红色基地上绘千佛，西壁南侧和北侧均绘说法图，人物造型有隋代风格。第420、427窟是隋代中期的典型洞窟。第420窟也是覆斗顶三面开龛，窟顶四坡画法华经变相关内容，属于典型的隋代密体风格，四壁千佛和说法图中人物有贴铂，运用综合材料拓展了绘画的表现技法。第427窟在中心柱东向面和洞窟南北两壁各塑一佛二菩萨，组成三世佛，为隋代雕塑之典型特征。隋代晚期代表性洞窟还有第276、397窟，绘画技法向初唐过渡。第276窟西壁龛口外侧绘文殊师利问疾品，整窟人物画突出以线造型的特点，设色简略，仅以土红色平铺晕染衣纹，显示出高超的中国式造型技艺。第397窟西壁龛内顶部绘乘象入胎和夜半逾城，土红打底，构图左右对称，人物相向而行，表现出热烈而又紧张的气氛。

初唐主要指唐高祖李渊、唐太宗李世民、唐高宗李治和武则天时期，共计87年。初唐时期莫高窟的代表性洞窟有第57、220、96窟等。第57窟为覆斗形窟，北壁绘一铺说法图，其中表现最为精彩的是阿弥陀佛东侧的观音菩萨，已经完全摆脱了早期西域式"凹凸法"晕染，采用依据肤色变化晕染的办法，菩萨肤色红润，姿态柔软；菩萨的宝冠璎珞等饰品采用沥粉堆金，既突出了饰品的质感和立体感，又增添了画面的高贵感，被誉为敦煌"美人菩萨"。第220窟有重层壁画，揭开表层宋代壁画之后，初唐壁画的瑰丽风貌得以显现，由于有表层壁画保护，下层壁画色彩如新。第220窟北壁绘药师经变，南壁绘阿弥陀经变，都是以整壁通铺的形式绘制，构图完整庄严，场面壮观宏大，绘制细致精美，特别是乐舞场面生动精彩，堪称经变画中的经典之作。另外，莫高窟第96窟大像窟建造于武则天时期，主尊弥勒佛是石胎泥塑，也是敦煌地区体量最大的佛教造像。

盛唐主要指从唐中宗李显到唐德宗李适时期，历经6位皇帝，共76年，其中唐玄宗李隆基在位时间最长，达43年。盛唐时期的代表性洞窟是莫高窟第45窟，西壁龛内完整保存了一铺盛唐时期塑像，准确刻画了佛、弟子、菩萨、天王的外貌特征和内心世界，造型准确，比例适度，动态优美，代表了盛唐时期莫高窟佛教造像的最高水平。

中唐时期主要指吐蕃占领时期，瓜州榆林窟第25窟是这一时期的代表性洞窟。吐蕃在统治敦煌之前，先已统治瓜州，该窟就是吐蕃统治瓜州之后与统治敦煌之前所建造的一个洞窟，具有很强的代表性，可以称为中唐第一窟。榆林窟第 25 窟在长长的甬道之后是前室，通过前室之后才是主室，这可能与密教修行有关。该窟覆斗顶，下有方坛。正壁是东壁，绘有藏密风格的八大菩萨曼陀罗；北壁绘弥勒经变，有敦煌艺术中最为精彩的老人入墓图和婚嫁图；南壁绘观无量寿经变，其中乐舞图正中一位胡人舞者，体态丰腴，动作灵巧，腰系腰鼓，飘带长曳，可以与莫高窟中唐第 112 窟著名的反弹琵琶相媲美；西壁门两侧绘普贤变和文殊变，人物组合略有简单，但体现出较高的绘画水平。

晚唐主要指张氏归义军统治时期，莫高窟第 156 窟是当时最具代表性的洞窟，其中保存的张议潮出行图和宋国夫人出行图是敦煌艺术中最为著名的现实题材绘画作品。两幅出行图以横卷的方式展开，旌旗猎猎，骑兵列队，歌舞杂耍，威风凛凛，场面宏大，是归义军统治期间社会生活的壮丽画卷。另外，莫高窟第 17 窟（即藏经洞），是张氏归义军时期修建的河西督僧统洪䛒的影窟，洪䛒的塑像和北壁的绘画作品都应该是这一时期的写实性作品，具有与其他佛教艺术洞窟不同的特点。

第四节 五代至元时期

五代至元时期属于敦煌艺术的晚期，历经五代、宋、西夏和元等不同的历史时期，虽然时间跨度大，但是远离政治中心，特别是海上丝绸之路兴起，陆上丝绸之路

沉寂，敦煌失去了丝路重镇的作用，敦煌艺术也随着经济文化的衰退而逐渐趋于程式化。曹氏归义军统治敦煌的时期大致相当于中国历史上的五代时期，之后敦煌先被西夏占领，后元朝重新统一全国。西夏和元时期敦煌艺术受藏密风格的影响，同时显密并存，壁画艺术中反映出了中国绘画的宋元风格。

一、回鹘化的归义军政权

张承奉自立"金山国"之时，实际上周边的形势已经非常危急。东面有甘州回鹘，西面有西州回鹘，北面有党项，南面有吐蕃，"金山国"实际上只拥有瓜沙二州，并且时不时受到甘州回鹘的攻击。914 年，曹议金取代张承奉，此时中原已经进入五代时期。曹议金一改张承奉自立为王的做法，继续奉中原为正朔，遣使后梁，后被后唐册封为归义军节度使。曹议金娶回鹘可汗之女为妻，称回鹘可汗为父，后回鹘可汗又娶曹议金之女为妻，曹议金以此维系了与甘州回鹘的外交关系，稳定了瓜沙局势。934 年，曹议金为了改善和于阗的关系，嫁女于阗国王李圣天。至此，曹氏归义军家族中逐渐形成了回鹘派系和于阗派系。曹议金去世以后，先后由回鹘系的曹元德和曹元深继位，曹元深被后晋册封为归义军节度使。曹元德和曹元深总计执政 10 年，后由于阗系的曹元忠继位，曹元忠执政 30 年，被后周册封为归义军节度使。曹元忠去世以后由曹议金孙子辈回鹘系的曹延恭继位，两年后曹延恭去世，

此时中国历史进入北宋时期。接替曹延恭的是于阗系的曹延禄，在位25年。此时信奉伊斯兰教的喀喇汗国正在对于阗进行旷日持久的征服战争，曹氏归义军中的于阗系势力逐渐衰落。1002年，曹延禄被逼自杀，由曹议金重孙辈回鹘系的曹宗寿继位，在位13年。时值党项崛起，向西攻打河西走廊，大量甘州回鹘逼迫迁往瓜沙地区，使沙州回鹘势力迅速崛起，归义军政权急剧回鹘化。1014年曹宗寿去世，曹贤顺继位，是为最后一任归义军节度使，在位23年。此时归义军政权基本上处于回鹘势力的操控之下，曹贤顺甚至被辽称为"沙州回鹘敦煌郡王"。

曹氏归义军最终亡于由党项族建立的西夏。党项族本由羌族发展演变而来，南北朝末期生活在青海东南、四川松潘一带，唐时相继内附，被安置在庆州（今甘肃庆阳）、陕北一带，赐姓为李。宋时党项与辽结盟，宋被迫承认其割据地位，宋夏开始常年战争。1028年，李元昊攻占甘州。1030年，瓜州王曹贤惠（曹贤顺之弟）以千骑降于夏。1036年，西夏占领沙州，标志着归义军政权结束。曹氏归义军历经五代、宋，共计122年。西夏攻取沙州后并没有立即站稳脚跟，沙州回鹘的余部不久又夺得沙州，建立起沙州回鹘政权。有史料显示在1042年（《宋会要·蕃夷志》），甚至更晚的1129年（《金史·太宗纪》），沙州回鹘可汗仍然存在。

藏经洞出土文书最晚的纪年是宋真宗咸平五年（1002年），即曹宗寿继任的当年，记述了曹宗寿和夫人范氏向莫高窟捐赠经书的事情。藏经洞绝大部分文书属于归义军时期，但是没有曹宗寿以后的文献，而且宋、辽、西夏的文书也缺乏这段时间有关敦煌的记载，所以归义军的灭亡、沙州回鹘政权的存在，以及藏经洞的封闭等一系列问题仍在迷雾之中。

二、西夏与蒙古的统治

西夏统治瓜沙以后，在原归义军地区设置西平军司。10世纪中叶以后，宋朝先后与北方的辽、西夏、金长期处于战争状态，影响了陆上丝绸之路中西交通。西夏占领瓜沙以后征发百姓进攻宋，使敦煌的经济形势日益衰退。西夏时期的佛教艺术一方面沿袭归义军时期的风格，同时受到回鹘佛教艺术的影响，出现类似吐鲁番伯孜克里克回鹘时期的壁画；另一方面从西藏地区进入的藏密佛教艺术成为这一时期的主流。西夏政权信奉藏传佛教，莫高窟、榆林窟、东千佛洞都保存有较多的西夏时期藏传佛教壁画，另外黑水城遗址也出土了大量的西夏文献，这些都是研究西夏时期艺术的重要材料。

蒙古在大规模西征的同时也在同步进行统一全国的战争。1225年，成吉思汗亲自率兵出征西夏，首先选择了西夏兵力部署比较薄弱的河西地区。1226年攻下肃州、凉州。1227年强攻沙州，沙州陷落后又一次遭到报复性的屠城，敦煌成为成吉思汗的长孙拔都（八都大王）的封地。13世纪中期发生在河西走廊的凉州会盟是中国历史上的一件大事，影响重大，意义深远。1244年，蒙古西凉王阔端去函促请西藏藏传佛教萨迦派的领袖萨班去凉州会谈，萨班派侄子八思巴兄弟先行。1247年萨班见到阔端，一方面确立了萨迦派在藏地佛教中的地位，另一方面也确定了蒙古和西藏的政治关系，这次会盟使得河西地区较早接受了藏传佛教萨迦派的影响。后来元封八思巴为国师，掌管全国佛教事务，并创立八思巴文。

1265年，马可·波罗途经沙州时在游记中说"居民多是偶像教徒，然亦稍有聂思脱里派之基督教徒，并有回教徒。"1348年制成的莫高窟"速来蛮"六字真言碑，上有汉文、西夏文、梵文、藏文、回鹘文、八思巴文，说明元代统治敦煌时期文化和宗教的多元性。

1277年蒙古统一中国以后，始设甘肃行中书省，领河西地区、宁夏全部和内蒙古的一部分。河西属肃州路，下辖沙州、瓜州。1280年升格为沙州路总管府，下辖瓜州。蒙古为开发河西曾几度在敦煌实行屯田，特别是1303年蒙古军以万人分镇险隘，立屯田以供军实，取得一定实效，但经济仍然比较萧条。

总的来说，自宋以后，特别是南宋建都临安（今浙江杭州）以后，中国经济文化重心向南偏移，海上丝绸之路繁盛起来，陆上丝绸之路逐渐衰落，元时期北方草原丝绸之路再度兴起，这一切都使得敦煌失去了往日西域门户的作用。1368年明朝建立以后，敦煌仍由元残余势力统治。明朝为了防止元朝残余势力东进，修建了嘉峪关，敦煌被弃之关外。1516年信奉伊斯兰教的吐鲁番攻占沙州，流行1000余年的佛教在敦煌一时间呈现出满目凄凉的景象。直至清朝收复河西，设置沙州卫，迁大批军民在沙州屯田，敦煌才逐渐恢复了生机。

三、晚期的敦煌艺术

五代时期曹氏归义军专门设立了曹氏画院从事开窟造像。由于曹氏归义军统治敦煌时间长，民族关系融洽，社会比较稳定，开窟技术也得到了提升，所以此时的洞窟空间增大，窟型以覆斗顶背屏式为主。莫高窟第98窟是曹议金的功德窟，也称"大王窟"，面积近200平方米，中央设方坛，方坛后部有背屏直通窟顶，窟顶四角在半圆弧形凹角内绘四大天王，窟顶藻井绘团龙鹦鹉，外有龙凤边饰；西壁整壁绘牢度叉斗圣变，气势恢宏；由于四壁面积增大，所以经变画的品类也增加，往往多幅经变绘于一壁，南壁绘弥勒经变、阿弥陀经变、法华经变、报恩经变各一铺；北壁绘天请问经变、药师经变、华严经变、思益梵天所问经变各一铺；东壁绘维摩诘经变。该窟四壁下部绘贤愚经变屏风画29扇以及曹氏家族供养人像，南壁下层绘有曹议金父子等供养人像17身，北壁下层绘张议潮、索勋等供养人像现存6身，屏风以东绘曹氏家族供养人像17身，东壁门北侧绘有曹议金的三位夫人及其他供养人像

7身，东壁门北侧绘有于阗国王李圣天（尉迟跋婆）等男女供养人像11身，其中李圣天像高2.82米，是莫高窟中最大的供养人画像。这些供养人画像具有较为写实的绘画风格，是研究敦煌在曹氏归义军时期民族关系和社会风貌的重要图像资料。另外开凿于曹元德时期的莫高窟第100窟（天公主窟，绘有曹议金与夫人回鹘公主出行图）和开凿于曹元忠时期的莫高窟第61窟（文殊堂，西壁绘有巨幅五台山图）都是这一时期的代表性洞窟。

西夏和元时期的敦煌佛教艺术显密并行，密教艺术比较突出。敦煌密教分汉传密教和藏传密教两大类。汉传密教自隋代以前就有传播，唐代汉传密教题材越来越多。西夏和元时期藏传密教由于得到皇室的扶持而获得长足的发展，同时一些传统的显教内容也被融入藏密题材。西夏和元时期的洞窟在断代方面多有争议，笼统来说这一时期代表性洞窟主要有榆林窟第2、3窟，东千佛洞第2窟，莫高窟第3窟等。

榆林窟第3窟被大多数学者推断为西夏时期的洞窟，窟中央设八角方坛，窟内壁画包含显、密两种体系，穹隆顶绘金刚界曼陀罗；东壁（正壁）中央绘佛传八变塔，两侧分别绘五十一面千手千眼观音变和十一面千手千眼观音变；南壁东起绘摩利支天大曼陀罗、阿閦净土变、恶趣曼陀罗；北壁东起绘尊胜佛母曼陀罗、观无量寿经变、金刚界三十七尊曼陀罗；西壁门上绘维摩诘经变，门南侧绘普贤变，门北侧绘文殊变，其中普贤变中有著名的玄奘取经图。金刚界曼陀罗外轮之外绘四尊供养菩萨，其中下方左右两侧菩萨依树而立，身着短裙，身姿婀娜，动态优美，堪称藏密中的"美人菩萨"。普贤变和文殊变以线造型，线条紧密细致，融合高古游丝描、铁线描、兰叶描等多种笔法，反映了外来佛教艺术经过漫长的融合发展，最终呈现出的中国特征。作为背景的山水以水墨为主，山石树木苍劲有力，群峰巍峨耸立，云气缭绕有致，水面波浪翻滚，体现了宋以来已经成熟的中国山水画法。

莫高窟第3窟被大多数学者推断为元代洞窟，主室南北两壁相向而绘两铺千手千眼观音，完全以线描造型，局部铺设色彩，画面一改前代壁画强烈的色彩对比，显得静宁素雅。段文杰先生称赞其将"折芦描、铁线描、丁头鼠尾描相结合，把线描造型推到了极高的水平"。西壁龛门两侧的菩萨像线描在反复中追求统一与变化，不仅疏密有致而且粗细有致，也可称为莫高窟线描作品中的精品。

敦煌艺术从4至14世纪历经千年发展，系统反映了外来佛教艺术进入中国之后发生的种种变化，其内容复杂，形式多样，对中国美术史具有教科书般的价值，为研究中国传统人物画、山水画、花鸟画、图案设计、器物设计、书法、雕塑、建筑等提供了丰富的资料，是中华优秀传统文化的重要组成部分，在当代艺术浪潮中仍然生发着勃勃生机。

【思考解答】

1. 试述敦煌古代历史进程中的少数民族政权。

2. 试述敦煌历史文化的特点。

【实践创作】

以"印象敦煌"为题创作一幅绘画作品，材料与形式不限。

【拓展阅读】

1. 荣新江：《敦煌学十八讲》，北京：北京大学出版社，2001 年。

2. 史苇湘：《敦煌历史与莫高窟艺术研究》，兰州：甘肃教育出版社，2002 年。

3. 王惠民：《敦煌佛教与石窟营建》，兰州：甘肃教育出版社，2017 年。

4. 刘进宝：《敦煌学通论》，兰州：甘肃教育出版社，2019 年。

第二章　敦煌石窟的洞窟形制

【导读】敦煌石窟的洞窟形制是敦煌石窟建筑艺术的一部分，反映着石窟建筑的基本结构、布局和洞窟的功能，其中莫高窟的洞窟形制最为丰富和完善。敦煌石窟的洞窟形制在不同时期有不同的主流窟形，早期的中心塔柱窟、禅窟主要受古印度石窟形制的影响，隋唐以来的殿堂窟、中心佛坛窟是在中原文化影响下形成的洞窟形制。本章主要从中心塔柱窟、禅窟、殿堂窟、中心佛坛窟、涅槃窟和大佛窟、僧房窟、影窟、瘗窟等方面展开论述。

概　述

一、"洞窟形制"的概念

洞窟形制是石窟建筑的一种空间形式，它是依据宗教信仰、宗教仪轨的需要，不同时期宗教发展的特点并结合民族审美观念、传统建筑特色和当地的岩石状况，发展演变而成的一种洞窟样式。敦煌石窟各洞窟中，洞窟形制基本接近，而以莫高窟的洞窟形制最多，类型也最为齐全。不同时期均有不同形制的洞窟，同一时期在主流洞窟形制之外，还存在其他一些形制。

二、影响洞窟形制的因素

影响敦煌石窟洞窟形制的因素主要有以下几点：

其一，宗教信仰和不同时期的宗教发展会对洞窟形制产生直接的影响。在古印度佛教发展的早期，不提倡进行偶像崇拜，由于没有佛像雕塑，洞窟一般是支提窟。为了便于僧人禅坐修行，也多开凿毗诃罗窟，也就是在较大的方形洞窟周围开凿较小的支窟作为禅窟。这两种形制在敦煌早期的洞窟中都有体现，即中心塔柱窟和禅窟。到了隋唐时期，随着佛教信仰和修持方式的转变，敦煌石窟的中心塔柱窟和禅窟不再盛行，具有本土特色的殿堂窟逐渐增多。

其二，民族审美观念和传统建筑风格会影响洞窟形制。中心塔柱洞窟原本是古印度石窟的窟形，但敦煌早期的此类窟形，通常会在窟顶前部开凿人字坡，模仿中国传统木构建筑的屋顶。同时，还会按照中国传统建筑的审美习惯进行彩绘。所以，进入莫高窟早期的中心塔柱窟，就仿佛进入了中国的佛寺建筑。另如殿堂窟对佛寺殿堂做了一定程度的模仿，洞窟中的盝顶龛是对佛帐的模仿，殿堂窟或中心佛坛窟中的佛坛更是佛殿中佛坛的写照等，都说明民族审美和传统建筑是影响洞窟形制的因素之一。

其三，当地的岩石状况会对洞窟形制产生影响。莫高窟的岩石属于砂砾岩，不易雕凿，洞窟多是由主室和前室两部分构成，而现存的洞窟中，前室多是不完整的，即仅存南、北、西壁和顶面的部分墙体，并没有前壁，个别洞窟在开凿以后，前室曾有过坍塌，大多数洞窟前室为敞口样式。与莫高窟地质条件类似的安西榆林窟，洞窟的前室较为完整，从外层岩面开凿甬道通往前室，有的甬道长达 7 至 8 米。前室

开凿完之后，再在前室后壁开凿甬道通往主室。

第一节　中心塔柱窟

中心塔柱窟源自古印度的支提窟，早在前 2 世纪，印度的阿旃陀等石窟中便已经出现支提窟（图 2-1），一直持续到 7 世纪仍在开凿。支提窟的形制特点是洞窟的平面呈狭长的马蹄形，周围布满列柱，窟顶凿成筒形，从列柱和筒形拱顶可以看到该种石窟建筑与古希腊、古罗马建筑存在一定的联系。

新疆克孜尔石窟、库木吐喇石窟的中

图 2-1　印度阿旃陀石窟第 10 窟

心塔柱窟，多与古印度的支提窟类似，但也有不同。如克孜尔石窟第69、114窟，洞窟平面呈长方形，后部不再是马蹄形，圆形覆钵塔转变为方形的塔柱，塔柱前开龛塑造佛像或者直接在塔柱前造像，塔柱左右甬道矮小，甬道后部又开一龛，其上塑涅槃像。

敦煌石窟中的中心塔柱窟，在新疆诸洞窟的基础上进一步改造，将筒形拱顶转变为方形顶部，将古印度的圆形覆钵塔转变为中国式的方塔结构，吸收借鉴了中国本土的木构佛寺建筑样式。

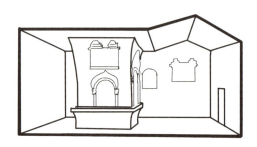

图2-2 中心塔柱窟

在敦煌石窟中，中心塔柱窟是北朝洞窟的典型形制（图2-2），带有很强的古印度石窟因素，这种类型的洞窟一般空间不大，面积都在50平方米左右。莫高窟北魏第254窟是这种形制的代表洞窟。该窟主室为纵长方形，分前后两部分。前部三分之一处左右，窟顶有一个前后走向的人字坡，在人字坡上塑有半圆形的椽，椽之间彩绘望板，两坡交界处塑出脊檩，仿佛是木结构的屋顶，人字坡后部为平棋顶。洞窟后部平面略呈方形，在方形平面中间凿有方形中心塔柱，直通窟顶，塔柱下部有

塔座，其上为塔身，塔柱东向面开一龛，为尖楣圆拱龛，龛两侧外沿各塑一龛柱，承接龛楣脚。南、西、北向三面上、下层各开一龛，各龛内塑有佛像。洞窟南、北壁前部人字坡下各开一阙形龛，内塑交脚菩萨一身，后部凿出一排四个并列的小型圆拱龛。

中心塔柱窟最大的特点是后部方形中心塔柱和窟顶的人字坡，此类洞窟只在窟顶上有前后之别，在空间上并没有分割。

莫高窟中现存28个此种形制洞窟：北魏有第246、248、251、254、257、260、263、265、431、435、437窟；西魏有第288、432窟；北周有第290、428、442窟；隋代有第292、302、303、427窟；唐至元代有第9、14、22、39、44、95、332、448窟。

图2-3　莫高窟第303窟　隋代

由此可见，中心塔柱窟是北朝洞窟的主流形制，但在隋至元代的莫高窟中也有不少这类型的洞窟。

此外，个别洞窟中方形中心塔柱也存在变体，如隋代第303窟中心塔柱不再是北朝时期的方形柱（图2-3），而是作须弥山状，上部为圆形的七级倒塔，上六级原有影塑千佛，最下一层塑仰莲、莲茎及四龙环绕。下部为方形两层台座，台座上层四面各开一龛，内各塑有佛像。

总之，从古印度到西域，再到敦煌石窟，源于古印度的中心塔柱窟形制不断被改造，呈现出中国化和本土化的特点。

第二节　禅窟

禅窟是供僧人禅修的洞窟，敦煌石窟中的禅窟形制也是在古印度毗诃罗窟基础上发展演变而成。毗诃罗窟在古印度广泛分布，如阿旃陀石窟东西长550米，共有30个洞窟，除5个支提窟外，其余25个洞窟均为毗诃罗窟（图2-4），这种形制的洞窟在古印度石窟中是主流窟形，这与古印度佛教徒的修习方式有很大关系，佛教徒借助毗诃罗窟内的小支窟进行参禅、打坐、冥想等，以求个人的解脱。

禅窟在中原地区比较少，主要分布在新疆地区的石窟和敦煌石窟中。克孜尔石窟的禅窟呈现出一个个分散的小型洞窟，洞窟周围一般有侧室，这些侧室为信徒打坐参禅或生活居住提供了方便。吐鲁番的

图2-4　阿旃陀石窟第12窟局部

吐峪沟石窟第3、15窟，前方有方形的前厅，后部通过甬道进入不同的窟室。

敦煌莫高窟中禅窟可分为三类：第一类型，在主室周围开凿小支窟，这种类型的洞窟往往由较大的主室和周围较小的支窟组成，主要集中在莫高窟南区，开凿时间一般认为在北凉至西魏时期。共有三处，第一处是第267至271窟，这5窟其实为同一禅窟，以第268窟为主室（图2-5），

图2-5　莫高窟第268窟　北凉

图 2-6　莫高窟第 285 窟　西魏

其余窟室为小禅窟；第二处是北魏第 487 窟，此窟位于第 83、84 窟下方，西壁开三龛，作为小禅室；第三处是西魏第 285 窟（图 2-6），此窟为覆斗形顶，西壁开三龛，中间开一圆拱形大龛，内塑倚坐说法佛一身，两侧各开一较小圆拱龛，龛内塑一身禅僧像，主室南壁和北壁对称地各开凿 4 个小禅室。此种覆斗形洞窟形制在北朝洞窟中已经形成，成为隋唐时期洞窟的主流形制。

第二种类型，专为僧人禅修而开凿的单室禅窟，均位于莫高窟北区，大约有 60 多个，平面多为方形，部分呈椭圆形，内设禅床，无灶台，单室禅窟面积一般较小，在 1 至 2 平方米左右。

第三种类型，多室禅窟，位于莫高窟北区，大约有 10 个，多由前室、中室和后室组成，并且中室两侧有 1 至 5 个不等的耳室，耳室和后室多有禅床，无灶台。

敦煌石窟早期的禅窟与中国早期佛教盛行的禅定修习方式有关，同中心塔柱窟类似，明显受到古印度石窟形制的影响。隋唐以来，随着佛教义理的变化，佛教不断中国化，中心塔柱窟和禅窟逐渐减少，取而代之的是具有中国式木构佛殿建筑的

殿堂窟，并成为主流洞窟形制。

第三节　殿堂窟与中心佛坛窟

莫高窟北朝洞窟形制主要为中心塔柱窟和禅窟，隋唐至宋元时期，具有本土特色的洞窟形制——殿堂窟和中心佛坛窟，是这一时期的主流窟形。

一、殿堂窟

殿堂窟也被称为"覆斗式洞窟"（图 2-7），此种形制的洞窟平面呈方形，无中心塔柱和周围的小支窟，洞窟主室西壁多开一大龛，也有少数无龛或南、西、北三壁各开一龛的洞窟。窟顶类似于倒置的斗，故称为覆斗顶。此种窟形出现于十六国时期，盛行于隋唐，五代、宋、元时期均有开凿。因此，殿堂窟形制是敦煌石窟唯一在早、中、晚时期不断出现的洞窟形制。此种洞窟形制在千余年的岁月中，基本上没有太多改变，不同时期只有西壁龛形有所变化。

莫高窟北凉第 272 窟，覆斗形顶，西

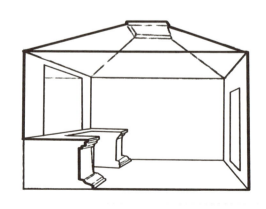

图 2-7　殿堂窟

壁开一穹窿形龛，龛内塑倚坐佛一身，早期殿堂窟西壁的龛型主要是穹庐形龛。北朝至隋代，西壁龛形逐渐过渡为圆拱龛，如莫高窟西魏第249窟，北周第296、299、438窟，隋代第294、304、305、312窟均为典型的殿堂窟。初唐以来的洞窟西壁多平顶或斜顶敞口龛，如初唐第328、331窟西壁为斜顶敞口龛，初唐第220窟，盛唐第45、46、103、172窟西壁为平顶敞口龛。

殿堂窟形制是对佛殿的模仿，而中唐以来盝顶帐形龛的盛行，或是对佛殿内佛帐的模仿。此种形制的洞窟与同时期的佛寺建筑相一致。从力学上看，覆斗顶中间凸起，形成稳定的拱形结构，不易坍塌；在视觉效果上，窟顶中间凸起的结构，与平顶相比，不会对人心理上造成压抑感。通过取消中心塔柱，西壁开一大龛，比起中心塔柱窟或禅窟，窟室在视觉上更显开阔，洞窟的空间感更强，进入窟室如同走进佛寺的殿堂，更加便于信徒礼拜、供奉佛像、宣讲经典等活动。

二、中心佛坛窟

中心佛坛窟又称"背屏式佛坛窟""背屏式窟"（图2-8），与殿堂窟一样，平面呈方形，覆斗顶，窟顶四角通常有弧面，以便在弧面上画天王。在佛坛后部开凿时留出宽约4米、厚约1米的石壁，直通窟顶，这堵墙被称为"背屏"。不同之处在于中心佛坛窟，西壁不开龛，洞窟的中后方有马蹄形或矩形佛坛，佛坛周围与洞窟四壁

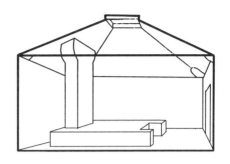

图2-8 中心佛坛窟

留有一定的空间距离，供信众瞻仰佛像，或进行其他佛事活动。

中心佛坛窟的面积一般比较大，有的可达200平方米左右，由于洞窟空间变大，在力学上需要解决承重的问题。首先是背屏，它起到支撑窟顶后部重量的作用；其次是覆斗顶，中间凸起部分形成稳定的拱券结构，不易坍塌；最后是甬道，中心佛坛窟一般甬道很深，可达6至9米，如此厚的前壁缓解了因主室空间大而产生的窟顶重力和水平推力，敦煌石窟的岩石是一种松软的砂砾岩，石窟营建的匠师们充分考虑到岩层对洞窟开凿的不利影响，创造出富有地方特色的洞窟形制。莫高窟代表性的中心佛坛窟有五代第4、61、98、146窟；宋代第55、152窟等。

中心佛坛窟是在殿堂窟基础上演化而来的。在莫高窟，设有方形佛坛、无背屏的殿堂窟在隋代已出现，如第305窟。唐代逐渐增多，在佛坛后部增加了背屏，如晚唐第16、94、138、196窟等，最终形成了带有背屏的中心佛坛窟。中心佛坛窟是五代至宋元时期的代表性洞窟形制。晚唐

第 16 窟和五代第 61、98 窟，是莫高窟三个最大的中心佛坛窟。

中心佛坛窟的背屏类似于佛殿中的扇面墙或背光。晚唐五台山佛光寺东大殿内，筑有矩形佛坛，佛坛后部设有扇面墙；中唐时期修建的五台山南禅寺大殿则置有马蹄形佛坛，虽无扇面墙，但佛像背光直通屋顶，与背屏很接近。中心佛坛窟同殿堂窟一样，是对当时佛殿内部结构的模仿。五代至宋元时期，中心佛坛窟盛行的同时，殿堂窟也同样比较流行。

第四节　涅槃窟与大佛窟

涅槃窟和大佛窟，是一种特殊的洞窟形制，在敦煌石窟中，有两座涅槃窟，三座大佛窟。

一、涅槃窟

涅槃窟顾名思义是以涅槃像为主体的洞窟，俗称"卧佛窟"。该种洞窟形制与涅槃龛有所不同，后者是将涅槃像置于横长拱形龛内，如盛唐莫高窟第 46 窟南壁、第 225 窟北壁涅槃龛，它不是洞窟的主体塑

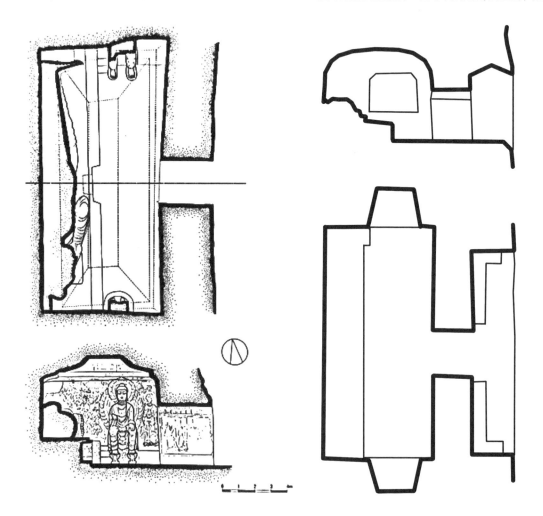

图 2-9　莫高窟第 148 窟平面图、立面图　　图 2-10　莫高窟第 158 窟平图面、立面图

像。涅槃窟平面呈横长方形，其中主尊为涅槃像，佛像前面没有遮挡观众视线，赫然陈列于开阔的洞窟空间中。

莫高窟中的涅槃窟只有第148窟（图2-9）和第158窟（图2-10），均开凿于唐代。这两座洞窟规模和塑像相近，都是由前室和主室构成，主室深约7米，横长约17米，靠后壁都有1米多高的佛床，佛像累足卧于佛床上。第148窟窟顶为筒形拱顶，南北两侧开一敞口形龛，第148窟涅槃佛身长14.4米。第158窟南北两侧无龛，窟顶为盝形顶，其盝顶四坡断面呈凹曲线，第158窟涅槃佛身长15.8米。

涅槃窟之于整个洞窟，犹如涅槃殿之于佛寺建筑，是应某种特定的宗教需要开凿的特殊形制的洞窟，因此并不会开凿过多的涅槃窟。

二、大佛窟

大佛窟又称"大像窟"，因窟内开凿有巨大佛像而得名，将形体巨大的佛像作为洞窟主体。开凿大佛的做法早在1世纪前后，伴随着大乘佛教的兴起而出现，在中亚巴米扬石窟中，有两尊著名的巴米扬大佛，东大佛高38米，西大佛高55米，均开凿于浅龛内。在我国新疆石窟中，也有大佛窟，如克孜尔石窟第70、77、139窟为大佛窟，库木吐喇石窟第63窟为中心塔柱窟形制的大佛窟，其中从壁面残迹可知，该窟大立佛高达6.6米。

北凉王沮渠蒙逊曾为其母造丈六石像，这是文献中记载的中国境内最早的大佛像。北魏和平元年（460年）至和平六年（465年），在都城平城（今大同市）武州山开凿的"昙曜五窟"（第16窟至第20窟），每窟主尊都是巨像，开创了我国有规划地开凿大佛窟的先河。

在敦煌石窟中，大佛窟不多，只有三处，即莫高窟初唐第96窟、盛唐第130窟，榆林窟唐代第6窟。莫高窟第96窟（北大像）倚坐弥勒佛高35.5米，莫高窟第130窟（南大像）倚坐弥勒佛高26米，榆林窟第6窟倚坐弥勒佛高24.7米，这三处大佛窟中的主尊都是倚坐弥勒佛像，这与当时弥勒信

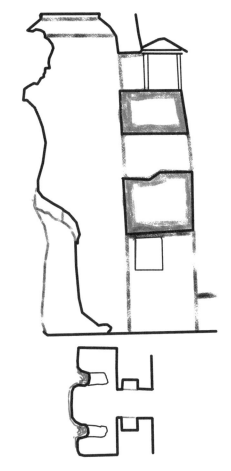

图2-11 莫高窟盛唐第130窟立面图、平面图

仰的盛行密切相关。

敦煌石窟的这三尊大佛都是窟内巨像，直接在岩体上先凿出石胎，然后泥塑彩绘。洞窟空间下大上小，收紧观者的视线，人在窟底只能仰视佛容，更显佛像的庄严伟大和众生的渺小。第130窟窟顶为覆斗顶（图2-11），前壁有两层明窗，根据窟前岩壁上遗留的众多梁眼判断，原来窟前曾有三层楼阁。第96窟窟前有附崖而建的多层建筑，经过不同朝代多次重修，现在为九层楼，参差错落，疏密有致，已成为莫高窟的标志性建筑。榆林窟第6窟为穹隆顶，前壁开有明窗，窟前无窟檐。

第五节　僧房窟、影窟、瘗窟

在敦煌石窟中，还有一类比较特殊的洞窟形制，分别是僧房窟、影窟、瘗窟，这三种窟形都和洞窟的功能有关。

一、僧房窟

僧房窟主要是供僧人生活起居的洞窟，同时也有打坐参禅的功能。这一类型的洞窟，大小不一，形无定制，多为单室，少数为复室，平面呈方形。一般洞窟内多置有炕台或灶台等，壁面几乎没有壁画、塑像，窟顶有平顶、人字坡顶、覆斗顶等形式，人字坡顶较多。

莫高窟中的僧房窟多分布在北区，共计64个，南区有2个，即第488、489窟。第488窟为人字坡顶，北壁开三龛，北壁上部有一长方形小龛，此窟位于第487窟

北侧。僧房窟在莫高窟早、中、晚三个时期均有。

二、影窟

影窟是为纪念高僧而开凿的洞窟，有的影窟也可能是该高僧生前禅修时的禅窟或僧房窟。影窟中晚唐时期逐渐盛行，五代至宋代均有开凿。影窟一般开凿于洞窟的前室或甬道两侧，成为主窟的附属洞窟。面积从1平方米到七八平方米不等，平面多呈方形，洞窟顶有平顶，也有覆斗顶和穹庐顶。窟内塑有高僧像，壁面多彩绘，画有近侍女、比丘尼、树、挂包和水瓶等。莫高窟中现存的影窟有第17、137、139、174、357、364、443、476等窟。

莫高窟晚唐第17窟为覆斗顶，是高僧洪辩的影窟，床榻上塑洪辩像，西壁嵌有大中五年（851年）洪辩告身碑。北壁画近侍女、比丘尼、双树、挂包、水瓶等。

三、瘗窟

瘗窟是安葬僧人尸骨或骨灰的洞窟，面积一般较小，窟形并无定制，瘗窟具有瞻仰、纪念和追悼功能。中国最早的瘗窟位于麦积山石窟，为西魏大统六年（540年）开凿的第43窟，其后在敦煌、龙门、响堂山、须弥山等石窟中都有遗存。龙门石窟的瘗窟多达40个以上，麦积山石窟第43窟为乙弗氏而开凿的瘗窟最为著名，造像精美。莫高窟的瘗窟大多集中在北区洞窟中，有20个左右。

综上所述，通过对敦煌石窟洞窟形制的分析可以看到：首先，石窟尽管有其

自身特点，但它同寺庙建筑一样，都是为了满足宗教信仰和宗教崇拜活动需求而开凿的，作为佛教文化现象的石窟形制，它是石窟建筑的表征，也是佛教美术的重要内容之一。石窟形制的发展与演变，同佛教自身的发展、不同民族的审美观念文化传统和时代气息密切相关。其次，不同时代、不同地域的石窟形制既有继承性和统一性，又有差异性和演变的特征，石窟形制为不同地区石窟间的关系、佛教及佛教艺术的发展演变，以及中外文化的交流提供了重要的信息。对敦煌石窟洞窟形制的梳理，将有助于我们更好地理解敦煌石窟艺术。

【思考解答】

1. 简述洞窟形制的影响因素。

2. 简述敦煌石窟早期洞窟形制中的古印度元素。

3. 简述建造大型洞窟时如何解决力学上的承重问题。

4. 简述涅槃窟的特点，结合实例说明。

【拓展阅读】

1. 郑炳林、沙武田：《敦煌石窟艺术概论》，兰州：甘肃文化出版社，2005 年。

2. 王惠民：《敦煌佛教与石窟营建》，兰州：甘肃教育出版社，2013 年。

3. 郑炳林、张景峰：《敦煌石窟彩塑艺术概论》，兰州：甘肃教育出版社，2016 年。

第三章　敦煌人物画

【导读】人物画是以人物活动为主要描写对象的绘画，也是中国画的三大画科之一，主要可分为历史人物画、宗教人物画和现实人物画。在敦煌石窟中，人物画延续时间最长、数量最多、分量最重、绘制面积最大，形成了以宗教人物为主导，历史人物和现实人物为从属的庞大体系，是我国人物画的重要图像资料库。本章即以佛像、菩萨像、弟子像、飞天伎乐、力士天王、供养人像、帝王像等为例，结合画史画论，对代表性图像的类型、源流、绘画技巧及其与主流人物画之间的关系等问题进行讲述。

概　述

一、"敦煌人物画"的概念

在我国古代画论中，人物画一直被列于各类绘画之首，并有较为详细的划分和名称，如人物、仙佛鬼神、人物传写、道释、番族、佛菩萨相、玉帝君王道相、金刚鬼神罗汉、宿世人物等。概括起来，则主要有历史人物画、宗教人物画和现实人物画三大类。

在敦煌壁画中，人物画也位于各类绘画之首，主要包括三大类：第一类是敦煌学界惯称的"尊像画"，指各类佛的说法像和说法图，以及各类菩萨、声闻、弟子、诸天护法神等佛教人物图像；第二类是现实人物画，主要指供养人、帝王、狩猎者、耕作者等现实生活中的人物图像；第三类是佛教史迹画、佛教故事画和经变画，其中以繁复的构图囊括了前两类中的佛教人物、现实人物以及历史人物、神话人物等图像。若概括起来，则仍不出历史人物画、宗教人物画和现实人物画的范畴。

由此，在本书中，"敦煌人物画"主要是指敦煌石窟壁画、藏经洞遗画中，以宗教人物、历史人物、神话人物和现实人物活动为主要表现对象的绘画。

二、敦煌人物画的艺术特点

敦煌人物画自北凉开始，经北魏、西魏、北周、隋唐、五代、宋、西夏、元等朝代，历时千年，形成了庞大的体系，发展脉络比较清晰。总体而言，北朝时期的人物画，主要以佛、菩萨、飞天伎乐、力士天王，以及佛教故事和供养人为主要表现题材，呈现出两类不同的绘画风格。第一类是受印度、中亚、西域影响的外来风格。具体表现为人物造型敦实、笨拙，着衣较少，身体大面积裸露，采用天竺式"凸凹法"进行晕染，突出人体结构，具有一定的立体感。由于时代久远，原初晕染的色彩部分变色，形成了所谓的"小字脸"，也是这一风格影响下的特征之一。色彩以石青、石绿与土红相配合，具有明朗、粗犷、强烈的效果。第二类是受我国绘画传统影响的本土风格。莫高窟西魏第285窟、第249窟出现了南朝陆探微风格的"秀骨清像"画法，其中的人物造型修长，面容清秀，褒衣博带，飘飘欲仙，本土化特征比较明显。

敦煌北朝人物画的两种风格虽然面貌有别，但并非泾渭分明，而是反映了佛教入华初期阶段不同文化的碰撞、协调和融合。比如外来风格中融入了中国传统的线描技法，本土风格又表现了佛教人物题材等。

隋朝统一全国，结束了南北分裂的局面。隋朝的皇帝笃信佛教，大写佛经，广造寺塔，奉佛之风犹胜前代。所以，敦煌此期的石窟数量剧增，也出现了大量以大乘经典为依据的尊像画和经变画。据画史记载，隋朝著名画家展子虔曾画过法华变，董伯仁曾画过弥勒变，展子虔、郑法士等人还创造出一种"细密精致而臻丽"的绚丽画风。而这种风格在莫高窟隋代第419、420、427等窟的人物画中都有体现。同时，曾被东晋顾恺之等名家表现过的维摩诘形象，也在曲折的传播中进入了敦煌的隋代洞窟。这一切，都使得敦煌隋代人物画进入了一个前所未有的新阶段。

唐代是我国历史上的全盛时期，就人物画的发展来看，这一时期的主流画坛，涌现出阎立本、尉迟乙僧、吴道子、张萱、周昉、韩干、张南本等一大批著名的人物画家和优秀的作品。他们不仅创作了大量的现实题材人物画，而且将佛教人物画推向高峰，在全国产生了深远的影响。同时，佛教的中国化程度也在此时达到前所未有的高度，中原与敦煌的文化交流进一步加强。

就敦煌而言，这一时期的人物画不仅包括了宗教人物、历史人物和现实人物的各类题材，而且在绘画技法上达到了很高的水平。具体表现为对人体结构的总体把握和表现的多样性，对人物精神面貌表现的重视，通过对面部神态的细微表现来刻画人物的性格特征，以及对色彩的成熟运用等。尤其是以莫高窟第220窟为代表的帝王图，完整地承袭了阎立本的帝王图式；莫高窟第103窟等壁画中体现了"吴带当风""略施微染"的吴道子画风；在部分菩萨、供养人像的雍容华贵中，又能看到张萱、周昉一派仕女画的影子。

另外，随着密教的兴起，这一时期的人物画还出现了印度波罗王朝的绘画风格，主要体现在密宗观音和曼荼罗等主题的表现上，成为敦煌唐代人物画不可缺少的组成部分。

五代初，沙洲长史曹议金接替了张氏政权，自此以后曹氏统治敦煌百余年，跨越五代、北宋两个时期。从人物画的发展而言，这一时期除了继承前代题材、技法之外，有三个亮点值得注意。第一是曹氏画院的成立。曹氏政权接管敦煌之后，模仿中原设立了画院，吸纳、培养了从事绘画的专门人才。如敦煌遗书中的《节度押衙董保德修功德记》就是一份曹氏画院的画家传记。画院的设立，对敦煌当时人物画的发展产生了很大的影响。第二是肖像画的发展。曹氏时期的洞窟大都是曹家直接出资营造或当时的官府要员所建，因此在这一时期的供养人像具有重要意义。莫高窟第98、100、61、55等窟以及榆林窟第16、19等窟的曹氏供养人画像绘制水平很高，是敦煌肖像画的代表。第三是水月观音的出现。据画史记载，著名画家周昉妙创水月观音，但除了雕刻类水月观音在全国多个地方有所流传外，绘画类水月观音在其他地方很难见到。而敦煌五代、宋时期的壁画、纸画、绢画中却出现了数十幅水月观音图，为探究"周家样"提供了重要的资料。

回鹘、西夏、元时期的敦煌人物画，多承袭前代传统，在其发展过程中，数量逐渐减少，题材的选择范围日趋狭小，表现内容和形式也较单调。但也不乏经典之作，如以榆林窟第2窟为代表的水月观音、以莫高窟第3窟为代表的千手千眼观音、以莫高窟第97窟为代表的十六罗汉、以莫高窟第61窟为代表的炽盛光佛、以莫高窟第465窟为代表的藏式密教图像、以莫高

窟409窟为代表的回鹘供养人像等。这些作品，整体造型严谨，设色或浓丽，或淡雅，线描样式丰富，体现出画家的高超技巧，堪称敦煌人物画艺术的绝响。

第一节 佛像

佛教产生于古印度，创教人释迦牟尼被尊为佛陀。

在印度早期的佛教造像艺术中，没有佛像，仅以菩提树、法轮、台座、足印等信徒熟悉的象征物来表示佛的存在。根据考古发现，印度佛像的制作大约起源于1世纪后半叶，制作的中心在西北印度的犍陀罗和中印度的秣菟罗。随着佛教的发展，造像的对象除了释迦牟尼佛之外，还出现了阿弥陀佛、药师佛、弥勒佛、三世佛、十方诸佛、过去七佛和千佛等。

佛教于汉代传入我国，佛像的雕刻和绘画也随之而来。敦煌现存最早的佛像画始于北凉，其后历经北魏、西魏、北周、隋、唐、五代、宋、西夏、元，长达千年，未曾中断。总体来看，敦煌石窟中的佛像画主要有三类。

第一类是坐姿佛像。这一类佛像的基本造型特点是正面向前，端坐于金刚座或莲花座上，作各式手印，神情祥和，庄严肃穆。如再细分，又有四种：

1. 结跏趺坐。莫高窟北凉第272窟北壁中央的释迦牟尼佛说法图，是敦煌最早的说法图。其中的释迦牟尼佛右袒袈裟，

结跏趺坐在金刚座上，一手握袈裟，一手结印，神情庄严。之后，在莫高窟北魏第251、248窟，莫高窟西魏第288窟，莫高窟北周第428窟，莫高窟隋代第302、407、314、394、390、244窟，莫高窟初唐第322、329、321、332窟，莫高窟盛唐第205、444窟，西千佛洞中唐第18窟，榆林窟五代第34窟，莫高窟宋代第245、206窟等释迦牟尼说法图，以及莫高窟隋代第420窟，莫高窟初唐第57、329窟，莫高窟盛唐第444窟的阿弥陀说法图，还有一些三佛说法、十方佛中长期沿用。这些画面中的释迦牟尼佛与阿弥陀佛虽然在手印和服饰上略有不同，但通用了结跏趺坐的姿势。

2. 交脚端坐。莫高窟北魏第263窟北壁西侧的释迦牟尼佛说法图中，释迦牟尼佛交脚端坐在莲花座上。西千佛洞第7窟中心柱东向龛楣西魏画交脚弥勒说法图，其中弥勒头戴宝冠，披巾交叉于腹前，交脚而坐。莫高窟北周第301窟南壁的释迦牟尼佛说法图中，释迦佛身着大红田相纹袈裟，交脚而坐。

3. 善跏趺坐。善跏趺坐又称为倚坐，即身体端坐，两腿并列，小腿弯曲自然下垂，两脚置于座前的坐姿。在莫高窟隋代第276、390、404、405窟，莫高窟初唐第322、334窟，莫高窟盛唐第328、387窟，莫高窟第220窟（中唐绘），莫高窟回鹘时期第310窟等的弥勒说法图中，弥勒佛均为善跏趺坐说法姿势。

图3-1　莫高窟第196窟千佛　晚唐

4. 千佛。敦煌石窟中千佛图像数量庞大，贯穿于各个朝代，莫高窟北凉第272窟的千佛结跏趺坐于莲花座上，8身为一组，成组循环排列，形成斜向的一道道色带，表现千佛"佛佛相次，光光相接"的意境，代表了北朝千佛的主要特征。隋代以后，千佛的绘制面积不断增大，莫高窟隋代第427窟千佛形体较小，但数量增多，有的面部还贴有金箔。莫高窟晚唐第196窟千佛结跏趺坐，色彩鲜艳，旁有榜题（图3-1）。五代、宋继续大量绘制千佛，直到西夏，至元代则极少绘制。

第二类是立姿佛像。这一类佛像的基本造型特点是正面向前，站立于莲花台上，作各式手印。莫高窟北魏第257窟、西魏第 249 窟释迦牟尼佛说法图中，绘制了立姿释迦牟尼佛像。莫高窟盛唐第 205 窟绘制了立姿阿弥陀佛像。莫高窟初唐第 322 窟、西千佛洞初唐第 5 窟，莫高窟盛唐第 205 窟、盛唐第 446 窟，榆林窟中唐第 25 窟的药师佛，以及部分三佛说法等画面中也都是此式。

第三类是涅槃佛像。"涅槃"是梵语的音译，不是死亡，而是"灭度""圆寂"。目前所知最早的佛涅槃造像见于 2 世纪的印度犍陀罗浮雕中，其造型特征是释迦牟尼佛右胁向下，枕右手，左手伸直放在身侧，双足相叠，横卧于寝台上。随着佛教东传，约于 4 世纪，涅槃像传入我国新疆及南方地区。敦煌壁画中的涅槃像始见于北周，之后长期绘制，其造型与犍陀罗浮雕基本一致。其像例存在于莫高窟北周第 428 窟、隋代第 295、280 窟等壁画当中。

由于佛是超人格化的象征，是人们崇拜的对象，所以，其画像一般有着严格的制式。也正因如此，各类佛像的姿态就极其相似。大多情况下，只能靠旁边的文字题识、手印、持物，或身边的菩萨等信息来辨认。但这些并不影响从造型艺术的角度对其绘画风格进行解读。

根据画史记载，至魏晋南北朝时期，我国善画佛像的画家已有很多。如三国吴兴人曹不兴就是最早享有盛誉的佛像画家，据说康僧会初到建业传法，设像敬佛，即由曹不兴根据印度的样式，摹写佛画，天下盛传，故被称为"佛画之祖"。晋明帝司马绍善画佛像。东晋的戴逵善画人物、故事及佛像。南朝刘宋时期的陆探微擅长人物和佛像，被谢赫推崇为"第一品第一人"。南朝萧梁时期的画家张僧繇善画佛像，曾在江陵天皇寺画卢舍那佛像。由于他画的佛像自成一格，被尊为"张家样"，是古代佛画四大样式之一。北齐画家曹仲达，本是西域曹国（今撒马尔罕以北和东北）人，画"外国佛像，亡竞于时"，其风格被称为"曹衣出水"，又称"曹家样"。可见，当时的著名画家，许多都参与了佛像的绘制，并且达到了很高的水平。正是在这样的大环境下，敦煌的佛像画也或多或少地受到了他们的影响。在前述绘画名家的作品没有流传下来的情况下，敦煌石窟中同时期的佛像画，便是我们认识画史所载名家风格的重要资料和图像依据。

莫高窟第 285 窟内，有西魏文帝元宝炬大统四年、五年（538 年、539 年）的题记，是莫高窟现存最早有纪年题记的洞窟。该窟北壁上部画七佛说法图，其中的诸佛均衣着宽松，稍显清瘦，与旁边身穿汉式长袍、足蹬云头鞋、面目清秀的胁侍菩萨

图 3-2 莫高窟第 285 窟佛像 西魏

和谐绘制，是学界公认受南朝陆探微"秀骨清像"风格影响的作品（图3-2）。

画史上说，张僧繇曾用天竺画法在建康一乘寺画过凹凸花，由此可知他善于应用晕染技法表现立体感，所以称他的人物画"妙得其肉"。而且，他还创造了一种"笔才一二，像已应焉"的"疏体"画法。在莫高窟北魏第257窟、西魏第249窟（图3-3）的立姿佛像中，我们不仅看到了佛像裸露部分立体晕染的痕迹，而且反映出用简约概括的笔致表现宽大佛衣的绘画技法。虽然不能肯定是受"张家样"影响所致，但可参照理解。

曹仲达的"曹衣出水"风格，被宋代的郭若虚描述为"其体稠迭，而衣服紧窄"。也就是说这种样式具体体现为衣服紧贴肌

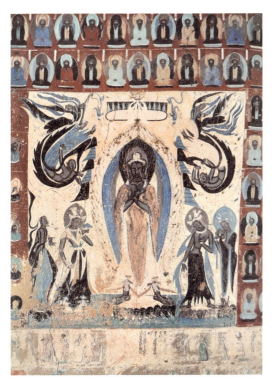

图3-3　莫高窟第249窟佛像　西魏

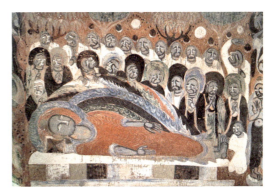

图3-4　莫高窟第428窟涅槃像　北周

肤，衣纹稠密重叠，加上衣质薄而柔和，使得人体结构起伏十分明显，仿佛刚从水中走出来一般。是吸收了印度笈多式佛像的特点，进而应用到中国佛教画像并以流畅的线条表达出来的新画风。在莫高窟北魏第263窟、西魏第288窟，以及莫高窟北周第428窟的涅槃像中（图3-4），都能够看到这一风格的例证。这说明，"曹衣出水"是中外技法实践交融的成果，也是南北朝时期佛像中广泛流行的艺术风格，而曹仲达则是这一技法实践的代表人物或集大成者。

隋唐时期，佛像绘画水平进一步提高，隋代著名画家展子虔、董伯仁都曾参与佛画的制作，尤其是以展子虔、郑法士等人为代表的"细密精致而臻丽"的绚丽画风，在当时颇有影响。而从莫高窟北周第301窟（图3-5）、隋代第302、390窟等壁画中的佛像来看，设色艳丽，有些将佛涂成金身，绚烂辉煌，颇具细密、精致、臻丽之美。初唐画家尉迟乙僧是于阗人，善画佛像，用笔紧劲，如屈铁盘丝，用色堆起绢素。这种画法用铁线勾描，设色侧重渲

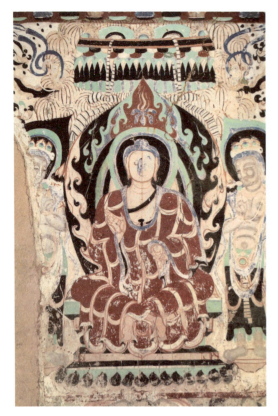

图3-5 莫高窟第301窟佛像 北周

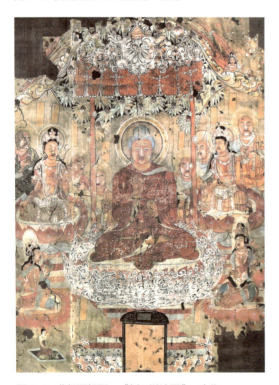

图3-6 藏经洞绢画 《树下说法图》 唐代

染，体积感强，使人耳目一新，是当时影响较大的西域画风。莫高窟初唐第329窟东壁门上的释迦牟尼佛，面部渲染出色，线条保存完好，排叠弯曲，刚柔相济，颇有"屈铁盘丝"之感。英国大英博物馆所藏敦煌藏经洞所出唐代绢画《树下说法图》中的佛像（图3-6），色彩鲜艳和谐，额头、鼻梁、下巴等部位用白色晕染，以示体积。线描流畅，画法工细，是敦煌绢画中的精品，与画史对尉迟乙僧风格的描述比较接近。

盛唐时期的吴道子，是画史上负有盛名的画家之一，被誉为"画圣"。其所画仙佛形象"奇踪异状，无有同者"，尤其是画丈余大像，可从足部画起，同样能够达到很好的效果。画佛像的圆光，"皆不用尺度规画，一笔而成"，"立笔挥扫，势若风旋"。吴道子还擅长兰叶描，能营造出一种"满壁风动"的效果，被称为"吴带当风"。另有他"落笔雄劲而敷彩简淡"的画法，被叫作"吴装"。莫高窟盛唐第103窟东壁壁画设色简淡素雅，线描粗细变化有致，行笔磊落，向来被认为是敦煌壁画中与"吴家样"最为接近者。其中窟门上方说法图里的佛像，虽然相对其他形象较为拘谨，但整体风格仍比较统一。

隋唐以后，敦煌石窟中还出现了少数瑞像，但总体艺术风格与上述佛像并无太大的变化。他们作为佛国世界最尊贵的人物形象，其绘画的表达永远遵循着安详、庄严、肃穆、崇高的审美标准。

第二节　菩萨像

菩萨是"菩提萨埵"的略称，"菩提"意为觉悟，"萨埵"意为有情。最早的菩萨是指尚未成佛的释迦牟尼，随着大乘佛教的发展，出现了许许多多的菩萨。敦煌绘画所表现的菩萨从形象上可分三类：第一类是如十地菩萨、等觉菩萨等以群体形象来表达菩萨修行阶次的画像；第二类是供养菩萨画像，如佛旁听法的胁侍菩萨像和听法菩萨像等；第三类是佛经记载有名号、拥有成果和地位、辅助佛弘法教化的菩萨。

与佛像的庄严少变相比，菩萨像无论在位置、姿态，还是神情、性格等方面都有着更强的丰富性。由于石窟中的菩萨画像贯穿各个时期，数量非常庞大，故以最具代表性的观音菩萨、大势至菩萨、文殊菩萨、普贤菩萨和地藏王菩萨等为例进行论述。

一、观音菩萨与大势至菩萨

观音菩萨是佛教众菩萨中最具影响和魅力的菩萨。在敦煌石窟中，绘制了大量的观音画像，根据所处位置和造型特征主要有以下几类：

（一）作为胁侍菩萨的观音画像

在净土信仰中，观音菩萨和大势至菩萨分别是阿弥陀佛的左、右胁侍，合称"西方三圣"。敦煌莫高窟最早有明确纪年与题记的观音画像出现在西魏第285窟的说法图中，其表现技法呈现了南朝陆探微"秀

图 3-7　莫高窟第 57 窟观音　初唐

骨清象"的风格。莫高窟初唐第57窟南壁阿弥陀说法图中的观音菩萨（图3-7），侧身立于佛旁，面容庄重而丰腴，眼帘下垂，澄心静虑，姿态婀娜，楚楚动人。宝冠、项圈、臂钏、手镯及戒指皆以金饰，与鸟羽饰锦天衣围裙互相辉映，庄严富丽，就连屈臂向前的持瓶手姿都颇具情态。其形象的塑造完全融入了整个说法图所表现的安静、祥和的氛围当中。"三曲式"的身姿与左手触肩，右手微抬至胸前的姿态，与吐鲁番阿斯塔那230号发掘的屏风画以及周昉《簪花仕女图》（图3-8）中一手轻挑纱衫，另一手轻抬间自然下垂的仕女造型非常相似，可见唐代佛教菩萨与

图3-8 《簪花仕女图局部》 周昉 唐代

世俗仕女画之间的相互影响。莫高窟盛唐第444窟南壁中央的阿弥陀说法图中，观音右手屈于胸前持莲花，左手下垂提净瓶，面部方圆，体格敦厚，与唐代其他观音形象相比，略显域外色彩。

（二）单尊观音画像

在我国史籍记载中，单尊式观音造像于4世纪已经比较普及。莫高窟盛唐第320窟龛外南侧的观音，头戴化佛冠，近于正侧面，面相文静，绿眉短髭，左手提净瓶，右手拈柳枝，身材柔弱而修长，作

举步欲行状。从残留的朱红线描看，线条遒劲有力，造型准确严谨。莫高窟盛唐第217窟龛外北侧的观音（图3-9），头戴化佛冠，呈三七面，面庞丰腴圆润，佩饰、披帛、服饰、璎珞钏镯均极为华丽。一手下垂提净瓶，一手屈举持莲花，莲花绿叶舒卷，人面花颜相映，极富情趣。莫高窟盛唐第66窟西壁龛外北侧的观音菩萨，头戴宝冠，冠带绕腕下垂，长发披肩，头首微抬，呈正面，面相丰圆，红唇欲启，低目俯视。两手轻提璎珞，全身重心落于右腿，姿态潇洒婀娜。从华盖、宝冠、满身璎珞佩饰到衣裙花纹、脚踩的莲花，都经过叠晕赋色，宝珠中心点白色，增强了闪闪发光的效果。整幅画像绘工精细，线描

图3-9 莫高窟第217窟观音 盛唐

秀挺，造型极其优美。据相关记载，唐代画家以歌妓为模特，画出容貌端丽，体态丰腴的菩萨像，时人也因菩萨如宫娃而夸赞。这些观音菩萨有一种生命的活力与世俗的媚悦之态，确如宫娃。

（三）观音经变中的观音

随着观音信仰的流行，出现了专门的《观世音经》，于是，表现此经的普门品变相图也随之被表现。在印度阿旃陀、奥兰加巴德、坎赫里等石窟中，均有表现观世音菩萨普门品和观音救难内容的石雕作品。在中国，成都万佛寺遗址出土刘宋元嘉二年（425年）的石刻中，就有普门品变相图。敦煌以专门表现观音救难为主题的、独立的《观音经变》流行于唐代。莫

图3-10 莫高窟第45窟观音 盛唐

高窟盛唐第45窟观音头顶悬宝盖，端庄肃穆，立于画面中央（图3-10）。发髻高挽，大耳垂肩，耳旁绀发散披；头戴宝冠，上饰珍宝明珠，正中明珠前莲座上有一化佛；慈眼细长，绿眉入鬓，鼻直唇红，画三绺蝌蚪状髭须；裸上身，披帛、天衣、璎珞、环钏、珍宝严身，值"百千万两黄金"；腰束带，绘菱形花纹，红巾于正中挽结，长巾短带，璎珞串珠，繁而不乱，交叉有序；左手收于腹前，提一净瓶，上绘云气、莲瓣等纹样，右手上举于胸，轻拈柳枝。此画像虽下部残毁且因后人重描，墨线粗重处多不可观，然总体而言，描绘精细，红、绿、赭、青等色彩相杂，华丽而和谐，颇具盛唐气象。莫高窟中唐第112窟观音亦有化佛冠、净瓶等标志，富丽华贵，在装束佩戴等方面均可与第45窟观音相媲美，所不同的是此观音画像应用了沥粉技法，在色彩上也偏于黄绿调，显得温润典雅，与中唐画风相吻合。

（四）密教观音画像

唐朝密教观音信仰的热潮遍及全国，所以，敦煌也出现了大量多首多臂、造型奇特的密教观音画像，主要包括十一面观音、如意轮观音、不空羂索观音和千手千眼观音等。十一面观音以莫高窟初唐第321、334窟，晚唐第14窟为代表（图3-11），观音叠头如塔，从视觉样式上看，有一种冠饰化的倾向。莫高窟中唐第358窟的如意轮观音，六臂，头微倾，姿态优美。莫高窟晚唐第192窟的不空羂索观音，身披

图3-11 莫高窟第14窟十一面观音 晚唐

鹿皮衣，六臂，结跏趺坐，神情肃穆。莫高窟元代第3窟的千手千眼观音，千手以同心圆叠次排列，形成巨大的光圈，设色清淡，简朴典雅，分外玄妙怡人。在线描方面体现出画家高超的技法，从人物躯体到衣纹装饰，分别可以看出铁线描、折芦描、游丝描、丁头鼠尾描等画法，可与永乐宫壁画相媲美，堪称我国观音画像中的杰作。密教观音画像利用形体的排叠、共用、互生等方式，巧妙地将多个首臂设计在同一身体上，达到了和谐的视觉效果，体现了画家奇特的构思和丰富的想象力。

（五）水月观音画像

水月观音是中唐画家周昉创作的一种观音新样。根据张彦远《历代名画记》"菩萨、圆光及竹"的描述，以及白居易"净渌水上，虚白光中"的赞词，可知水月观音图的基本组成元素包括菩萨、圆光、竹、水等。敦煌水月观音画像出现于五代，其后，宋、西夏都有绘制。法国吉美亚洲艺术博物馆藏五代纸本《水月观音》，头戴卷云纹化佛冠，嘴上有蝌蚪胡，上身赤裸，斜披红帔，下着红裙，项饰、臂钏、璎珞严身。右腿下垂，脚踩莲花，左腿翘起横置于右腿上，双手十指交叉，紧抱左膝，抬头仰望，呈四分之三侧面坐于石座上，绘画水平很高。敦煌最著名的水月观音出现在榆林窟第2窟，其中西壁南侧一身观音头戴通天冠，左手抚膝，右手持念珠，着半臂，身体后仰，两腿自然并拢，悠然自若地斜靠在身后的石峰上，举头望月，凝思遐想，意境非常美妙（图3-12）。西壁北侧另一身游戏坐于石座上，低头观望眼前的瀑泉流水，神情自若，造型优美，代表了敦煌乃至全国水月观音画像的最高水平。

图3-12 榆林窟第2窟水月观音 西夏

大势至菩萨，与观音菩萨同为阿弥陀佛胁侍，其在莫高窟初唐第57窟等壁画中有出色的表现，但总体与观音菩萨相似，不再赘述。

二、文殊菩萨与普贤菩萨

文殊与普贤是佛教中非常有名的菩萨。文殊，是文殊师利的略称，意为"妙德""妙吉祥"等，以智慧和辩才著称，故有"大智文殊"之美名。普贤，又称遍吉菩萨。在佛教中专门职掌理德、行德，象征佛之理念，也有"大行普贤"之称誉。

敦煌的文殊与普贤画像始绘于初唐，根据所处环境和造型主要有以下几种。

（一）对称绘制的文殊、普贤画像

在佛教经典中，文殊与普贤是释迦牟尼佛的胁侍菩萨，合称"释迦三尊"。在敦煌，文殊、普贤一般都是对称绘制，当与其胁侍菩萨的身份有关。二者的图像特征主要体现在文殊菩萨乘骑狮子，普贤菩萨乘骑六牙白象。乘骑姿势主要有结跏趺坐、半跏趺坐、游戏坐和分腿跨骑四种。有的周围有天人眷属相随，有的是相对简约的独尊形式。

莫高窟初唐第331窟西壁龛外南北两侧分别绘制文殊与普贤，其中的文殊分腿跨骑雄狮，左臂直伸指向前方，右手执辔，回头作呼喊状（图3-13）。普贤结跏趺坐于白象背上，伸右臂，似乎向对面的文殊致意。二者遥相辉映，衣带飘举，造型活泼生动，为后世同类图像所少见。榆林窟中唐第25窟的文殊菩萨手执如意，结跏趺

图3-13　莫高窟第331窟文殊　初唐

图3-14　榆林窟第25窟普贤　中唐

坐于狮背的莲花座上，意态闲适，与牵狮昆仑奴的紧张神情形成鲜明对比。普贤菩萨亦神情端祥，乘六牙白象悠然行进（图3-14）。二者均造型严谨，线描流畅，设色温雅，体现出较高的绘画水平。榆林窟

第 3 窟西夏时期所绘的文殊与普贤，以线描和水墨为主调，兼有局部淡设色，一派素雅。尤其是画中的线描犹如屈铁盘丝，细劲有力，不仅是敦煌石窟线描的集大成之作，也是我国美术史上巨幅线描的杰作。

（二）新样文殊、普贤画像

在莫高窟第 220 窟甬道北壁，有一幅五代时期绘制的文殊像。其中的文殊菩萨手执如意，正面向前，端坐青狮背上，牵狮人为于阗国王。旁边有"普劝受持供养大圣感得于阗国……时""大唐同光三年……敬画新样大圣文殊师利菩萨一躯"的题识。由于这幅画像的样式不同以往，加之画面文字的说明，学界便将其称为"新样文殊像"，并认为是受于阗佛教影响而出现的一种新风格。这种新的样式在榆林窟第 32 窟五代时期的文殊、普贤像中被借用，由此，把以这种样式所绘的普贤像也叫作"新样普贤像"。

（三）维摩诘经变中的文殊画像

隋唐以来，敦煌石窟大量绘制维摩诘经变，其中以"维摩示病""文殊问疾"的情节为主要内容。由此，便出现了大量与维摩诘相对辩论的文殊画像。莫高窟隋代第 276 窟西壁龛外南侧的文殊站立于树下的莲台之上，双手上举，微启嘴唇，年轻秀美（图 3-15）。画面以细劲的赭红线条造型，将其聪明睿智，全神贯注论道的神情刻画得非常到位。莫高窟初唐第 203 窟西壁的文殊，面如满月，身姿丰腴，跪坐辩法，颇为生动。莫高窟盛唐第 103 窟东壁的文殊像线描徐疾多变，略施微染，形神兼备，是吴道子风格在敦煌文殊画像中的很好体现（图 3-16）。

总体而言，敦煌的文殊、普贤菩萨像自唐至回鹘、西夏，时间长，数量多。除上述类型外，在窟内壁画、藏经洞所出绢画、版画中还有一些独尊的文殊、普贤像，但在整体造型和风格上并无太大变化。

三、地藏菩萨与其他菩萨

地藏菩萨与观音、文殊、普贤并称为

图 3-15　莫高窟第 276 窟文殊　隋代

图 3-16 莫高窟第 103 窟文殊 盛唐

图 3-17 莫高窟第 45 窟地藏 中唐

中国佛教四大菩萨。敦煌绘画中的地藏菩萨最早出现在初唐，直到五代、宋后逐渐减少。地藏虽为菩萨，但其仪相有别于其他菩萨。从造型来看，主要有两类。

（一）剃发地藏菩萨像

具体形象特征为圆顶光头，身着袈裟，手持宝珠或结印，呈站姿，与日常生活中所见的僧人形象相同。莫高窟第 166 窟东壁南侧盛唐的地藏菩萨，身着云水纹袈裟，形似比丘，双眼微闭，沉静安然。莫高窟第 172 窟东壁北侧盛唐的地藏菩萨，呈正面立于莲台上，面相丰圆，垂目若有所思，恬静慈祥。莫高窟第 45 窟中唐所绘地藏菩萨像（图 3-17），线条色彩保存较好，可见不同色线并行勾勒的画法，色彩晕染含

蓄柔和，很好地表现了人物面部肌肤的弹性和体积，十分传神地描绘了一个清雅俊秀的僧人形象。

（二）帷帽地藏菩萨像

主要造型特点是头戴帷帽，手持宝珠和锡杖。莫高窟第 154 窟中唐所绘帷帽地藏菩萨，立于莲台，却有一种行进的姿态，寓动于静。榆林窟第 12 窟五代绘制的帷帽地藏菩萨结跏趺坐于莲花座上，身着云水田相袈裟，面相庄严肃穆，线描规整流畅，晕染柔和，色调清冷。在藏经洞所出绢画中，有多幅帷帽地藏菩萨像，堪称地藏菩萨像的代表作。如法国吉美亚洲艺术博物馆藏藏经洞所出北宋时期的绢本《地藏十王图》幡（图 3-18），其中的地藏菩萨面

图 3-18　藏经洞绢画　《地藏十王图》　北宋

相圆润，皮肤白皙细嫩，线条勾勒一丝不苟，色彩精美华丽，晕染细腻，是不可多得的绢画精品。

在敦煌绘画中，除了尊格高、有名号的大菩萨外，还有很多胁侍菩萨和供养菩萨，其所反映的艺术水平也不亚于前述诸位菩萨，故有必要补述，以观其概。莫高窟北凉第 272 窟西壁龛外南侧上下分四层，每层各画听法菩萨 5 身，他们姿态各异，体格健美，手姿灵活，婀娜多变，虽然时代较早，有着浓郁的西域风格，但并无笨拙之感，反而充满节律和动感，与唐代以来绘画技法成熟时期的菩萨有着异曲同工之妙（图 3-19）。莫高窟第 401 窟北壁东侧有一身初唐时期的菩萨，戴宝冠，头微倾，长发垂肩，斜披天衣，身量苗条，巾

图 3-19　莫高窟第 272 窟听法菩萨　北凉　　　图 3-20　莫高窟第 217 窟听法菩萨　盛唐

带飘动，款款而来，表现了女性潇洒矜持的神情。莫高窟第217窟西壁龛外北侧的听法菩萨，面目丰满腴润，墨线浓淡相间，色彩晕染含蓄浑厚，传递着浓厚的世俗情味，十分传神（图3-20）。

总之，敦煌的菩萨画像，既不像佛像那样在严格的规定下，庄严有余，生动不足，也不像现实人物那样自由随意。而是在二者之间取得了很好的平衡，在整体端庄大方的基调下，又呈现出多姿多彩的面貌。尤其是其中透露的世俗情味和女性化特征以及潇洒浪漫的气质，都为我国古代人物画的发展增添了绚丽多彩的一笔。

第三节 弟子像、罗汉像、高僧像

除佛、菩萨像之外，弟子、罗汉、高僧也是敦煌石窟尊像画的重要组成部分。

一、弟子像

佛教的创始人释迦牟尼在传授佛教过程中，吸收了很多信徒，这些信徒就成为最早的一批佛弟子。在众多佛弟子中，舍利弗、目犍连、迦叶、须菩提、富楼那、迦旃延、阿那律、优波离、罗睺罗、阿难等十人各执一法，自有偏长，在体悟佛法方面有各自独特的修持和行为，成为弘扬佛法，继承佛祖衣钵的重要法人，合称"释迦十圣"。

北朝时期的弟子像主要作为佛的胁侍出现在佛说法图中，至北周、隋代，佛龛内开始绘制弟子像，他们多为僧人装束，

与龛内的佛、菩萨、天王等塑像共同组成等级分明的佛土世界。初盛唐时期的弟子像承袭隋代布局，至中晚唐，弟子像多绘于龛内屏风画中，数量不等，部分存有榜题。五代、宋、回鹘、西夏时期也有数量不等的弟子像，但总体呈减少趋势。至元代，不再绘制弟子像。

在释迦牟尼的十大弟子中，上首弟子原本是舍利弗和目犍连，但在敦煌石窟中，绘制最多的却是迦叶和阿难，二者常侍释迦牟尼佛左右而跃为上首弟子，以此强调苦修和灵智，突出佛陀的智慧和神通。

敦煌壁画中的迦叶与阿难通常被表现成一老一少的僧人形象，尤其是唐代的壁画中，对其描绘更加精美。例如莫高窟第

图3-21 莫高窟第57窟阿难 初唐

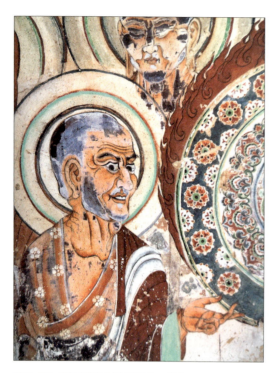

图3-22 莫高窟第217窟迦叶 盛唐

绘制了众多弟子形象，他们或交谈，或听法，或持莲，或托钵，或持经，或辩论，形形色色，情态各异。不仅有着较高的艺术水准，而且透露着强烈的世俗情味。

佛弟子像作为连接佛国与人间的中介，使虚幻的神与现实的人得以接近和沟通。弟子像能跻身于佛、菩萨行列中，体现了人间的世俗情感在佛教殿堂中的升华。同时，也寓意着人间社会以皇权为中心的等级制度在佛国世界的体现。

二、罗汉像

在佛教兴起的时代，罗汉是印度各宗教对受尊敬的修行者的称呼，在小乘佛教中，最初的佛也称为阿罗汉，后来将佛与罗汉分开，特指修行所能达到的最高成就，即阿罗汉果位，达到这种境界的修行者，破除一切烦恼，得以解脱生死轮回而进入涅槃。

敦煌尊像画中的罗汉像，数量较少，且出现时代较晚。最早见于西千佛洞五代时期的第19窟，洞窟三壁绘罗汉像，共164身。图中众罗汉，坐于圆拱形龛内禅定修行，画幅虽小，布局规整划一，但相貌、衣着却各不相同。整个洞窟有如后世所称的"罗汉堂"（图3-23）。

唐末五代时期的禅月大师贯休所绘的《十六罗汉图》，是宗教画的传世代表作。其笔下的罗汉，大都粗眉大眼、丰颊高鼻，形象夸张，即所谓"胡貌梵相"。无论在创作风貌上，还是在笔墨技巧上，历来都受到很高的评价。这些罗汉像用笔虽细却凝

57窟阿弥陀佛说法图中左侧的弟子阿难，年少英俊，面色红润、白净，肌肤似有弹性，神情庄严沉静，具有女性之美（图3-21）。画面人物线条简练，造型准确。莫高窟第217窟龛内迦叶的形象，通过头部脖颈的线描表现老僧的形象，同时似在说话的嘴形和那双炯炯有神的眼睛，则表现出他睿智的精神（图3-22）。人物面部赭石晕染，突出颧骨、眉轮、鼻梁，再于颅顶、两颊、下颌染以浅青，表现刚剃净的须发。线描刚劲而纯熟，使一位性格鲜明、神采奕奕的梵僧形象跃然壁上。通过这幅画我们可以看出唐代人物画的线描与色彩表现，以及对人物精神面貌的刻画都达到了极高的水平。

除了迦叶和阿难之外，敦煌壁画中还

图 3-23 西干佛洞第 19 窟罗汉　五代

图 3-24 莫高窟第 97 窟罗汉　沙州回鹘

练遒劲，长线条连绵不断，转折圆润，有厚重感。其"胡貌梵相"的造型对后来的罗汉像影响甚大。由于唐代佛教艺术逐渐世俗化，表现的形象越来越写实，而贯休所画则不类世间所传，更加夸张变形，奇崛怪异，"见者莫不骇瞩"。《宣和画谱》曾赞贯休的《十六罗汉图》说："以至丹青之习，皆怪古不媚，作十六大阿罗汉，笔法略无蹈袭世俗笔墨畦畛，中写己状眉目，亦非人间所有近似者。"

莫高窟第 97 窟南、北、东三壁所绘十六罗汉像（图 3-24），是沙州回鹘时期的佳作。图中罗汉有的方面宽额，广颐高颧；有的大鼻阔嘴，瘦骨嶙峋；有的头顶凸起，沉静持重。总体造型颇为怪异，可以窥见贯休画风的影子。榆林窟第 39 窟沙洲回鹘时期的白眉罗汉像，和颜悦色，白色僧衣衣纹繁复如行云流水，是敦煌壁画中罗汉像的代表作。

在美术史中，元代画家赵孟頫的《红衣罗汉》（图 3-25）也是一幅极具表现力且风格鲜明的精心之作。画中绘一着红色袈裟的僧人，盘膝端坐在树下的坡石上。此僧浓眉深眼，大鼻隆突，胡须络腮，肤色黝黑。其目光深邃，面容慈祥，左手向

图 3-25 《红衣罗汉》　赵孟頫　元代

前平伸，掌心向上，右手抱入红衣之内，身后藤蔓缠绕着菩提树。似在说法布道，而头后有光环，则显示此僧已经得道修成。全画无论人物、衣饰、树石，均用勾勒法，其风格并非写实。此画打破了贯休所创的夸张怪诞的胡貌梵相式的既定成规。

莫高窟元代第 95 窟南壁中也绘有十六罗汉像，现存 11 身。其中南壁的长眉罗汉，长眉过膝，神态慈祥，袈裟右祖，双手扶长杖坐竹椅上，弟子恭敬地用双手托长眉，仿佛正在接受尊者的教诲。衣纹、长杖、竹椅的线描都体现出了不同的质感（图 3-26）。

罗汉"世态之相"的造型，消除了其与世人之间的距离感，使人感到罗汉与世间的僧人别无二致，和蔼可亲。但其独特的相貌，又令世人产生敬仰之心。绘画作

图 3-26 莫高窟第 95 窟罗汉 元代

品所表现的这些平凡而又超凡的形象更适于表现罗汉受佛嘱咐，不入涅槃，常住世间，受世人供养而为众生造福田，护持正法，饶益有情的主题思想。

三、高僧像

高僧是指精通佛理，道行修炼达到较高水平的僧侣，也是对德行崇高的僧人的称呼，亦为对佛门比丘之尊称。

敦煌莫高窟中的高僧画像并不多，其中为人所熟知的是莫高窟藏经洞所出的白描高僧像，此画绘于唐代，现藏于英国大英博物馆（图 3-27）。这幅纸本白描高僧像在敦煌藏经洞的绘画中，是一件很特殊的作品。图中高僧跏趺坐于老树边的毯子上，静静地沉思着。树上挂着革袋和念珠，显示出他的修行之道。身前放着双履，身后放着水瓶。高僧的表情安详沉静，透露出一种内心的平静和安宁。他的双目炯炯有神，眉目清秀，刻画入微，展现出高僧的智慧和深思熟虑的态度。墨线的笔力劲健，潇洒自在，衣纹的勾勒也非常精美。尽管我们无从得知此画的作者是谁，但从艺术的角度来看，此画以其精湛的技巧和出色的艺术表现力，成为现存唐代白描写真人物画中的杰作。

行脚僧，也叫云游僧，与禅宗参禅学道的云水同义。指无一定的居所，或为寻访名师，或为自我修持，或为教化他人而广游四方的僧人，可一人独行或多人同行。

英国大英博物馆藏有一幅行脚僧画像（图 3-28），这幅绘制在纸本上的行脚僧

图 3-27 藏经洞纸画 《白描高僧像》 唐代

图 3-28 藏经洞绢画 《行脚僧》 唐代

像生动地描绘了一位高鼻深目的僧人，头戴阔沿大斗笠，左手持麈尾，右手拿木杖。身穿黄底圆点的短僧袍，脚蹬草履，站立在残缺的土红色云团之上。身后的竹笈装满了经卷，竹笈上挂着香炉。在他的右侧，有一只猛虎，眼神怒目圆睁，嘴巴阔开露出尖牙，也乘着云而行。在行脚僧的前方还绘有一尊身着土红色袈裟的如来像。画面的左侧有榜题栏，但未记入任何文字。

据王惠民先生《敦煌画中的行脚僧图新探》一文所说，此类图像目前为止有 20 幅，其中莫高窟壁画中有 8 幅，敦煌遗画中行脚僧题材图像共存 12 幅。

在法国吉美亚洲艺术博物馆所藏的敦煌遗画中，有两幅行脚僧的绢画不容忽视。其中一幅画展示了一位从印度归来的学识渊博的僧人与一只虎相伴而行的场景。僧人身着墨色晕染的法衣，领口露出白色的僧祇支，裸足穿着草编凉鞋。身上挂着各种物品，右手持着青色念珠，左手执木杖，腰间系刀，挂着药壶、熏炉等物品（图 3-29）。画面中，僧人背负的竹笈占据了很大的空间，卷轴的末端用红点表示，可见竹笈内装满了经卷。这一细节生动地描绘了身负重载的僧人形象，象征着他取经归来的艰辛旅程。竹笈的后方有一根木头支柱，上挂麈尾、水瓶、幡等物品，竹笈的前方悬挂着一系长带的金色香炉，用于驱逐恶兽和蚊虫。画面中值得特别关注的是，僧人上方有一缕上升的云彩，云团的顶

图 3-29 藏经洞绢画 《行脚僧》 唐代

端绘制了一尊小型的如来像，跏坐于莲台上。此画描绘细腻，设色淡雅。僧人的衣袍和竹笈上使用了金泥彩描，展现了绘画的精湛技巧。画面中的僧人身负重载，步履沉重，面容坚毅，生动地展示了行脚僧内心世界。这幅画细腻地描绘了行脚僧的形象和精神世界，是藏经洞绢画中少有的表现行脚僧形象的精品杰作。

第四节 飞天伎乐

飞天的形象，源自古老的印度神话，为婆罗门教中的二位小神灵——乾闼婆和紧那罗。两位都是能歌善舞的天人，每当

佛讲经说法之时，以及佛最后涅槃之时，他们都凌空飞舞，奏乐散花。他们或出现在佛陀的背光中；或飞翔在经变故事画的上方；或旋绕于窟顶藻井四周，起着烘托气氛的作用；或环窟呈带状横向伸延，喻示天宫仙境；或散点铺陈，随形就范，零散地将飞天画在各个角落，抑或只是作为一种装饰。但是，飞天这一艺术形象所具有的艺术魅力和包含的审美意蕴，却使他们在佛教的艺术史抑或整个中国石窟壁画艺术史上，占有极其重要的位置。

敦煌壁画中的飞天，按布局大致可分为平棋飞天、藻井飞天、人字坡飞天、龛顶及龛外飞天、背光飞天、环窟飞天、法会飞天等。按其造型有童子飞天、六臂飞天、裸体飞天等。按其职能有伎乐飞天、供养飞天、散花飞天、托物飞天等。

飞天的造型传入中国，对佛教艺术而言具有重要的意义，它强调了特定场景下的音乐性和舞蹈性。原来印度的飞天持乐器的形象非常少，而伎乐飞天在敦煌石窟已成为主题；原来印度飞天的动态都出自印度的舞蹈，而中国的飞天，从舞姿、服饰等特点来看，则受到当时中国社会的影响。敦煌飞天根据造型衍变、时代特征以及技法特点等可划分出早期、中期、鼎盛期和晚期，这四个阶段可以清楚地展现这一主题中国化的过程。

一、早期

敦煌石窟早期的飞天，为北凉、北魏、西魏时期绘制。此时的飞天形象受到新疆

图 3-30　莫高窟第 260 窟飞天　北魏

龟兹一带的影响，造型虽具粗、重、厚、简单的特征，但却古朴雅拙，憨厚可爱。从西域传来的"凹凸法"被广泛应用到这一时期的创作中，叠染之法久经岁月的变

化，形成一种特别的"小字脸"。例如莫高窟第 260 窟说法图中的飞天是具有北魏风格特点的飞天（图 3-30）。该窟北壁后部说法图西侧上方的一身散花飞天，头有圆光，脸型条长，白鼻梁，白眼圈，为"小字脸"。上体半裸，腿部修长，呈大开口"U"形，衣裙飘曳，巾带飞舞，四周天花飞落。虽然飞天的肉体与飘带已经变色，但衣裙飘带的晕染和线条十分清晰。飞天的动势有力自如，姿态优美。

莫高窟西魏第 285 窟南壁故事画的垂纹下，绘有 12 身飞天伎乐，为供养伎乐，这是西魏时期最完整的一组飞天造型（图 3-31）。飞天面相清瘦，眉目清朗，头梳双髻，上身挺立，衣裙为羊肠裙，长巾飘飞，持有琵琶、阮、箜篌、横笛、排箫、腰鼓等乐器。空中点缀有无数天花流云，且具装饰效果。飞天相对飞行，奏乐散花，动态极有韵律感，给人一种天界空灵，天花仙乐流动之感，堪称敦煌飞天中的精品。此

图 3-31　莫高窟第 285 窟南壁伎乐飞天　西魏

图 3-32 莫高窟第 428 窟南壁伎乐飞天 北周

窟所绘伎乐飞天为南朝"秀骨清像"式造型。

二、中期

北周、隋代是敦煌飞天发展的中期，飞天的艺术表现力不仅突出，而且很有特色。北周统治者通好西域，莫高窟在这一时期再度出现了西域式飞天。这种飞天具有龟兹石窟飞天的特点：脸圆，身短，体壮，头戴宝冠，上体裸露，腰系长裙。最突出的是面部和肉体采用凹凸晕染法，现因变色，出现了五白：白眉棱、白鼻梁、白眼眶、白牙齿、白下巴。飞行动态仍呈大"U"形，身躯短壮，动态朴拙，几乎又回到莫高窟北凉时期的飞天风格。典型的有莫高窟第 428 窟的伎乐飞天（图 3-32），画面中的飞天头戴有花冠，面部、胸部、腹部、肘关节晕染形成圆圈结构，头光、衣裙用四种颜色间隔排列，演奏琵琶、箜篌、横笛和腰鼓，画面气氛热烈。

敦煌石窟中隋代绘制的飞天不仅数量多，而且形象生动，绘制精美，色彩斑斓。这一时期的飞天基本上为中原式女性造型，或面相清瘦，身材修长，纤腰玉臂；或丰肌丽质，婀娜多姿，眉宇含情。飞天的动态多变，俯仰斜正，腾飞俯冲，不拘一格，可谓无拘无束，任意飞翔，表现出一种动感和生命活力。莫高窟第 412 窟中的飞天形象（图 3-33）是龛顶绘制飞天最多的洞窟之一，飞天的肤色已经变黑，但

图 3-33 莫高窟第 412 窟散花飞天 隋代

图 3-34　莫高窟第 320 窟 "双飞天"　盛唐

身材修长，舒展轻柔，腰系长裙，肩披彩带，有的持花，有的托花，四周彩云飞旋，有着热烈欢快的气氛。

隋代的飞天形态多样，绘画技法逐渐成熟，造型上以线与色彩相结合，构图以群体为主。飞天形象大量运用颜色铺排，色彩浓重，效果极为强烈。火焰纹样的排列衬托富有想象力，使其显得光辉烂漫。这使人感受到隋代的洞窟琳琅满目，确是飞天的世界。

三、鼎盛期

唐代、五代为敦煌飞天发展的鼎盛期。唐代社会风气开放，飞天的造型也更加华丽富有装饰性，风格热烈而奔放。其基本形象是菩萨装，女性体型，体态丰满，手势灵活，胸部隆起。特别是盛唐时期，受到宫廷舞蹈和仕女画的影响，其画法由浪漫、夸张步入现实。画师借助飞天这个题材，用多种手段来进行创造，表现女性柔软的曲线，在升腾、俯仰、翻腾的动态中

体现人的形体美。画工技巧熟练，工笔勾勒，重彩平涂，形象鲜明，造型比例适度，突出表现天人的气质，即所谓的"气韵生动"。莫高窟第 320 窟开凿于盛唐，窟内南壁西方净土变佛陀头顶的华盖两侧，以对称形式绘有两组"双飞天"（图 3-34），为敦煌飞天的代表作之一。4 身飞天对称盘旋于阿弥陀佛宝盖上方，前后顾盼，互相追逐。一个在前，扬手散花，返身回顾；另一个紧随其后，举臂追逐，两相呼应，珠联璧合。造型优美，姿态富有力度，飞动感强。飞天四周彩云飘浮，香花纷落，色彩丰富艳丽，线条流畅自如，成功地营造出一种蓬勃的生机和欢快的气氛，是唐代飞天最精美的代表作之一。

在中国美术史中，"画圣"吴道子的表现手法注重整个画面气氛的统一与具有运动感的表现，有着"天衣飞扬，满壁风动"的效果。传为他所作的《八十七神仙卷》采用了中国传统绘画构图中"散点透视"

的表现手法，以纯线条表现出八十七位神仙出行的宏大场景。图中人物飘带如行云流水，似在天上飞行一般充满韵律感。看敦煌壁画中的飞天，衣带飘举，动感十足，是吴道子神韵的很好反映，也是我国文化中乐舞精神的体现。

四、晚期

宋代、西夏、元代是敦煌飞天发展的晚期，亦是衰落期。此时的敦煌飞天形象已日趋程式化。宋代壁画中，不仅飞天画的数量减少，而且造型缺乏活力，精神凋涣，甚至风骨孱弱，飞动无力，寡情乏韵。西夏时期经变画减少，壁画题材主要是千佛、说法图等，飞天画得很少，唯有窟顶四周画有身着菩萨盛装的飞天，手持乐器演奏和散花，有些身形明显增大。伎乐飞天手中的各式乐器，在音乐史研究上有极高的学术价值。由于受到中原绘画的影响，这一时期注重用线塑造形象，画工精细，设色浅淡，基调为青绿色。莫高窟宋代第76窟东壁的童子飞天（图3-35）头梳双髻，裸身形，下穿短裤，捧着供品和鲜花，被莲叶状的云彩托起，徐徐降落来礼佛。造型活泼可爱，巾带正反两面以深浅两种颜色晕染，形成一种特别的效果。

元代最具有代表性的飞天是莫高窟第3窟中千手千眼观音经变上方两角的4身飞天（图3-36），其中北壁观音经变图上方两身飞天造型较为完美。一为黑发，双髻垂于两耳，高鼻大眼，身体较胖，上体

图3-35 莫高窟第76窟东壁童子飞天 宋代

裸露，系长裙，飘带绕体舒卷，手捧莲花。另一身飞天为金发，头梳双髻，长眉高鼻，一手捧莲花，一手持长莲枝，乘黄色卷云从天而降。衣裙巾带很短，身体沉重，飞动感不强，已无佛教飞天的姿态风貌。两身飞天在技法上表现出浓郁的中原画风，构图丰满，疏密得当，融汇多种描法，运笔流畅而娴熟，笔法细腻，抑扬顿挫，堪称元代壁画中的杰作。

从某种意义上来说，佛教艺术中所表现的天国，不仅欢乐祥和，而且是一个色彩缤纷的乐舞世界。其中，飞天就以其独特的舞姿，凌空的飘带，将音乐性与舞蹈性表现得淋漓尽致。在西方宗教绘画中也有飞天，其形象写实，长着

图 3-36 莫高窟第 3 窟北壁（左）南壁（右）飞天　元代

翅膀，与东方的飞天一样，也对称的盘旋在主尊神像的上方。西方艺术家把对人体的再现作为审美的最高准则，但敦煌飞天造型并不在乎人物自然存在的形态。因此，飞天不用翅膀，也能直接飞翔，借衣裙和飘带显示空间和飞舞，画面更具天宫仙境的神秘之感。

飞天是天宫的精灵，其形象综合了人间的善良、美丽与亲和；其美学基调是健康的；其表达的是升腾、开朗、乐观的情趣。这正是飞天的艺术生命力所在。

第五节　力士天王

在佛国世界中，为了抵御妖魔鬼怪的侵扰，维护安宁祥和，于是出现了各种护法神，即护法的力士、天王与天部诸神。这些护法天神肌肉隆起，呈团块状，和佛菩萨的造型完全不同。他们的形象并非出自佛教经典，大都来源于古印度神话传说或是婆罗门教中的神祇。在敦煌壁画中也有护法神的形象，具体表现为金刚力士、

四天王和天龙八部。

一、金刚力士

敦煌尊像画中诸护法神，最早出现的是金刚神系的药叉像，可视为金刚力士。北朝时期，洞窟四壁下部接近地面处，以及中心塔柱下部接近地面处，往往绘成排的药叉像。由于金刚神是降伏鬼怪的，按照佛教的说法，鬼在地狱，所以画工就把金刚神的部署——众药叉像画在石窟下部接近地面处，以表示守护土地和镇压恶鬼之意。例如莫高窟北魏第 251 窟西壁的赤发药叉（图 3-37），是佛教的护法之一，奇形怪状，神武刚劲，传说能吃鬼。莫高窟西魏第 288 窟中心柱西的怒目药叉（图 3-38），头圆体健，曲发垂肩，赤身裸腿，挥拳扑步，拉出架势，巾带飞动，虎虎有生气，线描显得粗犷豪放。隋唐时期，那种体态粗壮的药叉，演变成为神威刚劲的金刚神形象，与印度阿旃陀石窟的壁画形象较为接近。绘制位置从洞窟下部移到佛龛两侧或前室门侧，或出现在佛说法图中。从功能上讲，也由守护土地的神灵，上升

图3-37 莫高窟第251窟西壁药叉 北魏

图3-38 莫高窟第288窟中心柱西药叉 西魏

成为镇守佛国的卫士。从造型来看，也发生了较大变化，其形象多为裸上身，腰围战裙，赤足而立，突出表现了金刚力士魁梧的体格、强健的筋肉和如虎啸狮吼般愤怒的面部表情。

隋唐时期的金刚力士多为塑像或附属

于说法图中，以独尊形式表现者极少，但也有精品力作。如莫高窟晚唐第9窟中心柱东龛南北两侧的金刚力士（图3-39），其中一身双目圆睁，张口怒号成"啊"形，手持金刚杵，赤脚立于山岩上。肌肉隆起，表情紧张，令人感到无比强大的内在力量。另一身金刚力士怒目圆睁，紧闭双唇呈"吽"形，握拳作嗔怒状，披长巾，着短裙，赤脚立于山岩上。人物面部和肌肉用赭色晕染，增强立体感。这种造型所显示的性格内涵，趋向于威严与力量，都作激烈而可怖的忿怒相，以筋肉的紧张与姿态的跃动，展示其潜在的充沛能量和源源不断的外射张力。给人以威严感，造成肃穆甚至

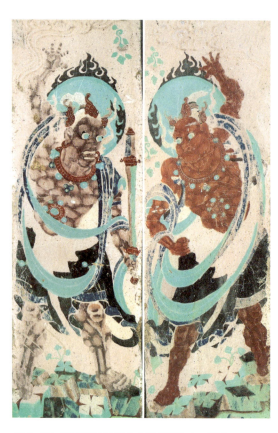

图3-39 莫高窟第9窟中心柱金刚力士 晚唐

令人畏惧的环境气氛。

二、天王

在佛教护法神系统中，最为著名的护法神是四天王。四天王在佛教创立前就是印度民间宗教信仰中的神祇，佛教创立后被吸收为佛教的护法神，现存最早的四天王的形象是前 2 世纪中叶印度巴尔胡特大塔周围石垣栏楯和塔门上雕刻的守护神。但此处的四天王像为贵族装束，立于邪鬼身上。犍陀罗地区的雕刻中也有四天王形象，已是身着甲胄的武士形象。

敦煌尊像画中的四天王最早绘于西魏时期，其形象特征也是身着甲胄，手持武器的武士，这是表现守护神之神格的造型。例如莫高窟第 285 窟西壁的四天王像（图3-40），头戴花冠，身穿镶金甲胄，腰束战裙，赤足立于莲花上。画像用笔纤细，色

图 3-40 莫高窟第 285 窟西壁天王 西魏

彩鲜明，极具时代特点。特别是使用描金，益显富丽，引人瞩目。北周时，常在洞窟东壁门两侧壁上绘南、北二天王像，有镇守佛窟的意图。这种布局形式对后世产生了深远的影响。

隋代的天王像一般被绘制在洞窟东壁门两侧，或两身，或 4 身。均头戴宝盔，披甲挂帛，足踏魔鬼或立于莲花上，威武庄严，是当时现实生活中武士形象的写照。

唐代以后，四天王主题在继承隋代布局的基础上，又有了新的发展，除窟门侧壁外，还绘于甬道壁上。遗憾的是，许多绘于甬道两壁上的天王像由于后代重修重绘，不复得见。中晚唐时期，由于洞窟内四壁经变画面积的增大，天王像由窟内被移向窟外，绘于窟前室两侧壁，更具有守护门神的意趣。这一时期，四天王中的北方毗沙门天王信仰兴起，由此，单独的毗沙门天王像也被大量绘制。总体来看，唐代天王像的绘画水平整体较高，代表性作品也较多。如榆林窟中唐第 15 窟前室南壁的南方增长天王，头戴战盔，身披铠甲，左腕挂弓，双手执箭，神情坚定，线条精细，造型严谨，色彩温雅，是敦煌天王尊像中的精品（图 3-41）。莫高窟第 12 窟前室西壁的天王像，是晚唐的天王像代表作，头戴展翼冠。碧眼赤发，铠甲满饰团花，狻猊等图案，右手持杵，左手托塔，给人以"恶眼视一切鬼神之势。"

五代、宋代时期的天王像，遗存较多。多在窟顶四角开凿浅龛，内绘天王像，各

图 3-41 榆林窟第 15 窟前室南壁天王　中唐

据一角，这是四天王像布局出现的新变化。最有代表性的是莫高窟五代第 100 窟中的"镇窟四天王"（图 3-42）。此窟是曹氏归义军时期在莫高窟开凿的大型覆斗式洞窟。窟顶四角绘制四大天王，起镇窟作用，以示四天王分护四方。在艺术上不仅表达了天王威严雄健、勇猛的气势，而且起到一定的装饰作用，该窟壁画至今色彩保持如新。

苏州瑞光寺塔发现的木函上有绘于北宋时期的四天王像（图 3-43），一般被认为是研究唐代吴道子画风的一件重要绘画遗存。四天王像各被局限于一个狭长的画面之内，作者通过人物躯体的动势，衣

图 3-42　莫高窟第 100 窟窟顶四角天王　五代

图 3-43　苏州瑞光寺塔木函所饰四天王像　北宋

带的飘举，富有表现力的笔触和设色，表现了天王静中之动，气势很大。此四天王像用线灵活多变，侧笔出锋，有较大的撇捺，确实能反映吴道子"兰叶描"的用笔特点。如果将其与敦煌壁画中的天王像综合来看，则能为我们呈现出古代天王像更为丰富多样的面貌。

三、天龙八部

天龙八部是佛教最常见的护法神组合，许多大乘佛经叙述佛陀向诸菩萨、比丘等说法时，常有天龙八部参与听法，大多戴着动物头盔以标志身份。

在敦煌壁画中，绘天龙八部护法神像由来已久，在唐代众多的经变画中，许多佛说法场面就绘有天龙八部形象。五代、宋时期，天龙八部作为尊像画题材之一，多受关注，主要以佛护卫胁侍的身份被绘于洞窟正壁龛内壁。其形象除阿修罗为六臂擎日月像和夜叉为恶鬼像外，其余诸众，全为头戴宝盔，甲胄严身的武士形象。不同的是这些武士像的头盔上饰有各种兽类标志，以此区别身份。例如莫高窟五代第6窟西壁龛内的榜题八部众（图3-44），身着甲胄，大部分形象与天王像相同，威猛雄壮，粗犷勇武，饰有代表各自身份的兽类标识，有虎、鹿、狮、蟒蛇等，残存榜题有"迦楼罗王""阿修罗王""揭路茶王""紧那罗王"等，是莫高窟最有代表性的八部众画像之一。

佛教中的各类护法神像，其创造多源于民间信仰和原始宗教，因此他们本身就蕴含了地域的、民族的思想、情感和愿

图 3-44 莫高窟第 6 窟龛内西壁八部众 五代

望，在敦煌壁画中，这些护法神众以接近世人的造型出现在庄严肃穆的佛和菩萨行列中。与佛、菩萨端庄、慈悲的仪态相比，他们世俗的表情不仅打破了佛国世界静谧冷清的气氛，也因此缩短了人与神之间的距离。

总之，敦煌尊像画中的力士天王形象，基本是中国化的人物造型，只不过在能表现守护佛法、护卫佛土的寓意前提下，其服饰和持物并没有严格的定式。同时，他们中间有的深锁眉头，表情严肃；有的神情警惕，作威吓状；有的裂目怒吼，作忿怒状，在性格上更接近人性，虽然不是慈眉善目，但仍给人以亲切感。加上力士天王像的布局与结构无严格的仪轨规定，造型相对自由，所以比起佛、菩萨来，显得丰富、自由而活泼，更易于表达画家的感

情，也更能体现世俗的情感和愿望。

第六节　维摩诘像

《维摩诘经》是印度大乘佛教早期的经典之一，约于 3 世纪传入中土并广受欢迎。维摩诘是《维摩诘经》中的主人公，他本是妙喜国无动如来世界的菩萨，为了救度众生，化身为毗耶离城中的一位长者，来到释迦牟尼佛治理的娑婆世界，以其"辩才无碍，游戏神通"与"通达方便"的本领宣扬大乘佛教哲理。

《维摩诘经》中有一个主要内容是讲维摩诘为教化众生，称病在床，借众人前来探望之机宣讲大乘佛理。佛祖闻知此事，先后派遣十大弟子和众位菩萨前去问疾，但众人慑于维摩诘的辩才与智慧，都不愿前往。最后只有以智慧著称的文殊菩萨谨承佛旨前去问疾。众菩萨、大弟子等认为文殊与维摩共谈必有妙法，于是又都随文殊前往探问维摩诘。文殊见到维摩诘后，从维摩诘的病因问起，由此展开了一系列的辩论。

根据这一情节，从西晋开始，画家们便不断构思创作维摩诘像，其中以顾恺之最为著名。据张彦远《历代名画记》记载："顾生首创《维摩诘像》，有清羸示病之容，隐几忘言之状。"自顾恺之首创《维摩诘像》后，陆探微、张僧繇都曾效仿，但无法超越。于是，顾恺之的《维摩诘像》便成为后世维摩诘图像的起点和标杆，产

生了广泛而深远的影响。但是，由于各种原因，以顾恺之为代表的名家维摩诘画像很少流传下来。

目前留存下来的时代最早的维摩诘画像出现在西秦建弘元年（420年）的甘肃永靖炳灵寺第169窟中。共有两幅，其中一幅维摩诘上身半裸，下身盖被褥，半卧在长方形帷帐内的榻上，旁边有"维摩诘之像"的题记。另一幅在主佛右侧绘一胁侍菩萨，呈站立姿势，旁边也有"维摩诘之像"的题记。除此之外，在云冈石窟、龙门石窟、麦积山石窟、巩县石窟等北朝时期的佛教雕刻，以及部分同时期的造像碑与造像塔当中，保留了大量的维摩诘像，主要有半跏趺坐、结跏趺坐、垂腿而坐、游戏而坐、双膝跪坐等造型，在总体呈坐姿的规定下，又有正侧、前倾、后仰等局部变化。从这些实例来看，北朝维摩诘像主要以雕刻为主，数量较多，造型多样，处于多元并存而未定型的阶段。

进入隋代，其他地方的雕刻类维摩诘像逐渐减少，而敦煌石窟中的维摩诘画像开始出现，其形象一般与文殊菩萨相对而绘。这一时期的维摩诘画像主要有两种类型。第一种是站立的维摩诘，仅有一例存于莫高窟隋代第276窟（图3-45）。图中维摩诘头戴儒巾，手执麈尾，嘴唇微启，是一位饱经沧桑，胸有成竹的长者形象。形神兼备，体现出较高的绘画水平。第二种是坐姿维摩诘，如莫高窟第420、423、433窟等。其中第420窟西壁龛外北侧的

维摩诘，凭几坐在殿堂之内，面容消瘦，褒衣博带，手挥麈尾，有一种南朝清谈名士的风度。据画史记载，隋代著名画家展子虔、孙尚子、杨契丹等都曾画过维摩诘像，但目前还缺少证据说明其与敦煌同时期维摩诘像之间的关系。

图3-45 莫高窟第276窟维摩诘 隋代

图 3-46 莫高窟第 220 窟维摩诘 初唐

图 3-47 莫高窟第 103 窟维摩诘 盛唐

自唐代初期开始，敦煌维摩诘像出现了新样式，具体特点为：第一，维摩诘坐在由四根杆子支起的帐内，帐顶四周有垂幔，吊带；第二，维摩诘腰间有隐几，兽爪形腿；第三，维摩诘坐在高床上，床下为壶门，床前有长条桌案；第四，床四周有围屏，围屏上有彩色格子或彩色格子上有书法符号；第五，维摩诘手持麈尾，凭几探身而坐。这一新样维摩诘像先后出现在莫高窟初唐第 220、203、335 窟以及盛唐第 103 窟等窟，并在唐后期、五代、宋、元都有延续。这些前所未有的特殊性引起了诸多学者的兴趣，且出现了一系列有建树的成果。目前，基本可以确定这一维摩诘像的粉本来自中原，而且出自名家之手。因为据画史记载，唐代的阎立本、吴道子、

杨庭光、刘行臣等都曾画过维摩诘像。而莫高窟第 220 窟的维摩诘（图 3-46）身披鹤氅裘，头束白纶巾，扶几探身而坐，双眉紧蹙，嘴唇微启，毛根出肉，完美表现了"示病之容"和"忘言之状"的神情，其艺术水平之高，在敦煌乃至我国人物画史上都是罕见的。莫高窟第 103 窟的维摩诘（图 3-47），则采用了以线描为主的表现技法，形象生动地传达了人物的神态，向来被认为是吴道子风格在敦煌壁画中的最好体现。

日本京都国立博物馆藏有一幅传为北宋画家李公麟所作的《维摩天女像》（图 3-48），其中的维摩诘造型也与莫高窟初唐第 220 窟、盛唐第 103 窟的维摩诘样式基本一致。重庆大足北山佛湾第 137 龛内，

图3-48 《维摩天女像》 李公麟 北宋

图3-49 莫高窟第85窟维摩诘 晚唐

有一幅制作于南宋绍兴甲寅季（1134年）的阴刻线描画《维摩变》，其中的维摩诘造型也与此一致。这都说明，莫高窟以第220窟为代表的这一类维摩诘画像是名家手迹传播序列中的经典样式。

唐代后期，敦煌石窟中又出现了另一类造型的维摩诘像，且成为中唐至宋的主流。绘制洞窟有莫高窟中唐第159、236、237、359、360窟，晚唐第12、18、85（图3-49）、138、150、156窟，五代第6、22、61、98、100、108、121、146窟，宋代第7、172、454窟等。此类维摩诘像的特点是：第一，维摩诘后仰或端身而坐；第二，维摩诘面部多为老者形象，头戴有檐帽；第三，维摩诘一手执麈尾，另一手或抚膝，或扶几，或作不二法门手印。这些特点又

与传为李公麟所作的《维摩演教图》（图3-50）中的维摩诘像高度相似。

总之，从现存大量的维摩诘雕刻与画像实物及相关文献来看，古代维摩诘像的流行自顾恺之生活的年代一直延续到清代。其发展主要有三条线，第一是像顾恺之这样的绘画名家创作的维摩诘像，呈

图3-50 《维摩演教图》 李公麟 北宋

现形式以寺观壁画、白描和卷轴画为主；第二是云冈、龙门、麦积山、巩县、大足等佛教石窟雕刻；第三是炳灵寺、麦积山、敦煌等佛教石窟壁画。而敦煌壁画中的两类维摩诘画像正是古代维摩诘图像长期发展过程中，被筛选、认可并最终确立的经典。

第七节　供养人像

供养人像是敦煌人物画中除尊像之外又一数量众多的人物形象。所谓供养人，就是指出资开凿修建石窟之人，这些信众为了祈求佛的福佑，出资修建佛窟，在窟内一定的位置上彩绘出他们的画像，并在画像旁边题名。供养人大多为下层的僧尼信徒、平民百姓、画工塑匠，也有当地的最高长官、名门豪族等，他们一人或整个家族出资建窟，其后将本人和整族家庭成员乃至下属、侍从都绘入窟中，形成为数众多的供养人画像。

敦煌石窟现存供养人画像有8000多身，早期的供养人像身形较小，如北朝时期的供养人像小的只有约20厘米高，画法不太精细，比较简洁。往后人像逐渐变大，唐宋以后的供养人像有的和真人一般大小，甚至高于真人，服饰、形象的画法也变得极尽富丽堂皇。

一、早期供养人像

敦煌石窟早期供养人像一般绘在画壁的下方，位置不太显著，数量从几人十几人至成百上千人不等，均排列成行。在这些供养人像中，僧侣最多，还包括不少贵族王公及侍从像、少数民族人物像等。

在莫高窟第268、275窟等北凉石窟中有敦煌壁画中最早的供养人群像，在这些画像中，有穿交领、大袖长袍或长裙的汉式服饰的男女画像，与敦煌、酒泉等地魏晋墓室壁画中的汉晋服饰风格相似；也有头裹巾帻，身穿袴褶，足穿靴子的北方少数民族人物形象。每个画像前有榜题，这是中原汉晋画像的传统形式，被沿用在敦煌石窟壁画之中。

在北魏、西魏、北周时期的许多石窟中，供养人像比前代更加丰富多样，莫高窟北周时期的第428窟是供养人像最多的

图3-51　莫高窟第428窟北壁供养人　北周

图3-52　莫高窟第285窟北壁供养人　西魏

石窟，数量超过 1200 身，在窟中四壁下层以横排三列呈现，大多是僧侣形象（图3-51），在中心塔柱四周坛沿也有上百身供养人像，其中北向坛沿中的女供养人，头顶束圆髻带簪，穿大袖襦长裙，是中原汉族妇女的装扮。莫高窟西魏第 285 窟的供养人有许多少数民族形象，戴毡帽，穿袴褶，腰束蹀躞带，形象虽小，但表情动作却颇为风趣，发型或头裹平帻小冠，或脑后垂小辫，这是史称索头鲜卑的形象（图3-52）。

敦煌石窟早期的供养人像作为一种人像画作，均应是有名有姓的真人肖像，但这类重在宣扬供佛功德的画像往往是大批制作的，画工无法用特定的个人为描绘对象，只是用程式化、类型化的画法表达出特定的民族特征、等级身份等，所以有着千人一面的特点。

早期敦煌石窟的供养人像整体来看，虽然绘制还不够精细，但其在佛教题材的壁画中，是对现实世界中人物的直接描绘，他们的形象、题记、服饰特征，都是现代研究者研究北朝时期历史不可或缺的第一手资料，有着重要的历史价值。

二、隋唐时期的供养人像

到了隋代，供养人画像风格继承了北周的传统，保持着程式化手法和装饰效果，主要分布于石窟下端，布局以发愿文为中心，男女供养人分列两侧，一家或一族为一组，在石窟中分布若干组不等，有的会绕石窟一周，多达上百身。

隋代男供养人像的服饰特征和北朝时期相比，样式上发生了变化，流行大褶衣（图 3-53）。在莫高窟第 63、303 窟等隋代石窟中可以看出，男供养人像均身穿束腰大褶衣，头部或裹幞头，或戴宽檐纱帽，服饰特征清晰可辨。这种大褶衣是那个时期上至王公贵族，下至黎民百姓的常服，甚至在西域各民族中也广为流行。隋代女供养人像，一般头盘各式发髻，削肩穿窄袖襦和长裙，体态纤细柔媚，这个时期妇女的服饰还开始盛行搭肩绕臂而下的长披巾，随风摆动，更增加了女子衣裙飘逸的动感。有些贵族妇女像则穿大袖长裙，外披披袍，仪态端庄，彰显出地位和身份的不同。

隋代供养人像与前代相比，还出现了一些比较活泼的场面，在供养人行列中出现了牛、马、车辆、随从，有些还描绘有伎乐队伍。这些形象大都不是精细之作，从而在表现手法上更趋于自由，有浓郁的生活气息，有些形象寥寥数笔，却非常生动传神。

唐代前期（初唐、盛唐）供养人像

图 3-53 莫高窟第 62 窟北壁供养人　隋代

风格变化更为丰富，出现了更多的描绘精细、刻画出不同人物特点和个性的供养人形象。初唐的供养人像多排列在洞窟四壁的下方，或三五成群，或整齐排列，绕窟一周。盛唐时开始把供养人画到甬道两侧，形象越画越大，不同身份、等级的各类人物越来越多，描绘也越来越精致。莫高窟初唐第329窟东壁南侧下部，绘有一列女供养人和牛车（图3-54），从人物及画面构图来看，明显突破了北朝以来千人一面式供养人像的排列描绘模式，牛车造型精致美观，画面更富于节奏变化。

莫高窟盛唐第130窟的甬道北壁，绘制有晋昌郡太守乐庭瓌全家及下属官员、侍从的供养像，乐庭瓌站于华盖之下，和下属官员均头戴软脚幞头，身着袍服和襕衫，革带束腰，为唐代官员的公服。这些画像已变成等身的巨像，这是莫高窟供养人画像巨大的突破：位置从原来四壁下方移到显眼的甬道两侧；人物从小像变为真人大小的巨像；人数从单身排列变为群像组合；人物造型特征从以前的清瘦秀丽转向丰腴圆润，反映了当时社会的审美变迁。

在对面甬道南壁，画乐庭瓌夫人和二女及一众侍女，主人体态衣着雍容华贵，手捧鲜花和香炉，其余侍女人物组合错落有致，手捧鲜花和各种器具，左右顾盼，神情不一（图3-55）。背景装饰绿树、萱花、蜂蝶，画面气氛肃穆庄重又活泼有生气，塑造出生机勃勃、形象鲜明的仕女群像，从中可以看出当时以张萱、周昉为代表的"绮罗人物"画风也传播至敦煌（3-56）。这幅形象饱满丰腴、雍容华贵的人物群像一般被称作"都督夫人太原王氏供养像"，是一组技艺超群、弥足珍贵的唐代供养人画像，它开启了莫高窟供养人等身巨像的先河。可以看出，这一时期的供养人像，已不仅限于表达对宗教的虔诚与恭

图3-54 莫高窟第329窟东壁南侧下部牛车与女供养人　初唐

图 3-55 莫高窟第 130 窟甬道南壁都督夫人太原王氏供养像 盛唐（段文杰临摹复原）

图 3-56 《簪花仕女图》局部 周昉 唐代

敬，它更加突出显示了氏族门庭地位和宗族的谱系，同时还融入了现实生活的气息，所以这一时期的供养人像有了前所未有的发展。

唐代后期（吐蕃、晚唐），敦煌地区先后经历藏汉两个不同民族政权的统治，形成了供养人画像艺术风格的不同历史特点。吐蕃占领初期，供养人画像很少，到中后期逐渐增多，出现了比较巨大的僧侣像，原因可能是吐蕃僧侣参政，政治地位提高。另外这时期供养人像还有吐蕃装、汉装混合的特点。莫高窟第 225 窟东壁有一身题名为"王沙奴"，穿吐蕃装的供养人像（图 3-57），造型生动，线条自由流畅、一气呵成，头裹红抹额，身着左衽翻领长袍，估计是穿吐蕃装的汉族人或吐蕃人改用的汉族名字。这都真实反映了当时社会的实际情况。

到晚唐时期，供养人画像有了很大的发展，随着当地豪门世族、地方高官等大规模开窟，逐渐出现了一批巨幅供养人像，这些高官豪族自己出资造窟，并将自己全族三代姻亲成员悉数绘于窟中，以此彰显其显赫的地位和供佛功德，数量众多且形

图 3-57 莫高窟第 225 窟东壁供养人王沙奴像 中唐

图 3-58 莫高窟第 156 窟张议潮出行图局部 晚唐

图 3-59 莫高窟第 156 窟宋国夫人出行图局部 晚唐

象高大。如莫高窟第 85 窟的张议潮像，莫高窟第 196 窟的索勋像等，都是当时当地统治阶层的首领代表画像。

晚唐时期供养人像还出现了一种新的绘画样式，即出行图。位于莫高窟第 156 窟南北壁下部的张议潮出行图和宋国夫人出行图是唐代供养人像中最早出现，也是最杰出的两幅出行图。这两幅作品高 1 米，长 6 米多，其形式继承了汉代以来墓室壁画和画像砖的传统，每幅画中人物超一百人，场面宏大，结构严谨，内容丰富。南壁张议潮出行图描绘的是节度使张议潮统军出行的场面，车马列队，旌旗招展，反映出唐代行军仪仗的气势（图 3-58）；北壁则描绘的是张议潮夫人——宋国夫人出行的场面，除了有车马队列，轿车肩舆，还有歌舞百戏（图 3-59）。两幅图都显示出气势恢宏的壮观场面，它打破了供养人画像的传统样式，讴歌的是张议潮击败吐蕃、收复故土的丰功伟绩和宣扬张氏家族的煊赫权势，内容已与佛教无关，使得佛窟的供佛性质发生变化，成了具有家庙性

质的家族功德窟。这种形式也影响了莫高窟后期一些供养人画像的表现形式，如莫高窟五代第 100 窟的曹议金出行图和曹议金夫人回鹘公主出行图，榆林窟第 12 窟的慕容归盈出行图和慕容夫人出行图等。

三、晚期供养人像

敦煌石窟晚期包括五代、宋、西夏、元等时期，这个时期的敦煌先后经历了不同民族的政权统治，社会思想与宗教信仰都发生了很大的变化，各个时期的石窟艺术在内容和形式上也有各自的不同特点。敦煌石窟晚期的供养人画像基本上有两个大的特征：第一，五代、宋曹氏家族统治时期，崇信佛教，并设立画院，肖像画有了很大发展，出现了一大批巨幅供养人像，供养人像的位置已从龛下、门上占据到主室墙壁及宽敞的甬道，石窟中贵族窟主的形象凸显在醒目的位置。最为典型的是莫高窟第 98 窟，在甬道两侧和主室东壁满壁绘制巨像，其中的主像如曹议金高 239 厘米，张议潮高 238 厘米，索勋高 247 厘米，于阗国王李圣天高 243 厘米，还有于阗国

王夫人、回鹘夫人等画像高均超过 2 米。这些夸张的巨幅供养人像已经等同其至超过其所在窟中佛、菩萨像的规模，显示出这个时期敦煌石窟艺术特色的与众不同。莫高窟第 100 窟中出现的模仿张议潮夫妇出行图的曹议金与回鹘公主出行图，这样的绘画形式也说明了自晚唐张议潮以来敦煌地区的社会政治局面。第二，由于敦煌自古以来地处中西交流的交通要塞，五代、宋以来敦煌地区更是经历了不同民族政权的统治，包括回鹘、于阗、西夏、元等，在供养人画像中有不少的少数民族形象，上至各族王室、地方长官，下至平民百姓。这个时期的供养人画像一如整个敦煌艺术一样逐渐走向衰退，数量很少，但在人物造型和衣冠服饰上，却有着鲜明的民族特色。

敦煌石窟中的供养人像作为佛教信徒自身的功德画像，是古代人物画中一种特殊的绘画形象，包含了各民族、各个阶层广泛的社会群体，描绘出自北凉至元代，尤其是上层人物的各色形象与生活画面，反映出古代敦煌地区的历史变迁和各民族之间的交流与融合，也为今天的历史研究特别是对古代西北少数民族的形象和服饰研究，以及当今的艺术创作，都提供了非常珍贵的参考资料。

第八节　帝王像

敦煌壁画中的帝王形象主要出现在隋唐时期。隋代统一全国后，结束了数百年的战乱分裂状态，佛教在隋文帝、隋炀帝父子的大力提倡下，有了空前的发展。唐朝立国之后，道教政治地位提升，佛道两教之间的斗争就一直没有停止过。唐初高祖、太宗时期，推崇道教，佛教曾受到一些挤压。但这种挤压并没有阻碍佛教的发展，尤其是玄奘取经归来后，上层统治者对于佛教的态度有了明显的转变，再加上隋朝以来佛教在民间已经形成了坚实的社会基础，到武周时期，在强大的政治力量的推动下，佛教终于有了空前的繁荣和发展。所以在佛教题材的壁画中出现不少世俗帝王的形象，与唐代建立后的社会发展和政治背景有密切的关系。显然是佛教信徒为了争取上层政治力量的支持，巩固和发展佛教的政治地位而创作出来的。

一、汉族帝王像

莫高窟初唐第 323 窟南壁描绘了开皇六年（586 年）隋文帝亲自迎接昙延法师为民祈雨的事件（图 3-60）。这是敦煌壁画中出现最早的皇帝形象。图中曲柄华盖下的隋文帝头戴通天冠，身穿宽袖袍服，脚蹬笏头履，在大臣的簇拥下，双手合十，体态微曲，凸显出恭敬的神态。在此图中可以看出这个时期的君臣服饰特征基本沿袭了南北朝时期的官服旧制。

莫高窟初唐第 220 窟维摩诘经变中的帝王问疾图是唐代壁画中的杰作（图 3-61），画中帝王头戴冕旒，身着黑色曲领宽袖、装饰有十二章纹的袍服，前面

图3-60 莫高窟第323窟南壁隋文帝君臣迎接昊延
初唐

围石绿底色团花纹蔽膝，脚蹬云纹笏头
履。服饰的样式、纹样、颜色，与史籍记
载的帝王服饰礼制大致相符。他双臂张
开，昂首阔步，形态具有威严和震慑力。
周围的大臣，均头戴黑介帻、身穿宽袖袍
服，神态、性格各异，有的老谋深算，有
的落落大方，有的安详宽厚。这幅作品的

图3-61 莫高窟220窟东壁帝王问疾图 初唐

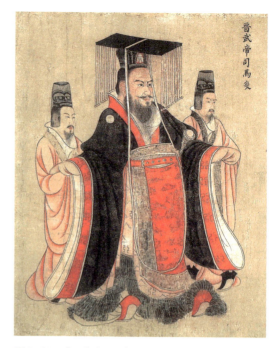

图3-62 《历代帝王图》局部 阎立本 初唐

帝王形象与初唐大画家阎立本的传世作
品《历代帝王图》中的皇帝形象有相似之
处（图3-62）。可以看出在宫殿寺观壁
画和石窟壁画兴盛的隋唐时期，中原、长
安地区画像风格对敦煌壁画的影响。但若
论这幅壁画赋彩的丰富、场面的宏大以及
人物形象的生动活泼，却是较《历代帝王
图》有过之而无不及。

敦煌壁画中这种皇帝、王侯礼佛朝拜
的形象，大多出现在唐代维摩诘经变的帝
王礼佛和法华经变的提婆达多品中。这种
题材从敦煌石窟唐代各期的壁画中一直延
续至五代、宋。不同的王侯礼佛朝拜的服
饰样式大致与皇帝的礼服相似，说明壁画
中服装规范并不是特别严格，这种特征越
到唐晚期和五代时期越明显，其原因可能
是敦煌比较偏远，地方画师的画法不太规

范，或者是晚期地方政权割据，礼制比较松散所致。

唐代是中国古代最辉煌的时代，唐朝立国后制定了新的服饰礼制，体现了大唐帝国的新秩序与新气象，其影响一直到明代。敦煌壁画中再现了唐代天子王侯、文武百官的服饰样式，这些壁画是记录唐代以来中国古代服饰礼制极珍贵的图像资料。

二、各国各民族帝王像

唐代敦煌壁画中除了出现汉族天子王侯的形象之外，还大量出现了丝绸之路上各国、各民族的王子、王侯形象，展现了那个时期唐朝帝国吸引四夷来朝、八方进贡的开放繁荣气象。唐代以来敦煌壁画中各个国家、各个民族的王侯形象主要来自两个方面：第一个方面主要是各国王子礼佛场景，在很多壁画中展现了异常丰富的各国王子的形象和特征，比如有波斯、回鹘、高句丽，还有南亚印度、东南亚等地区的王侯。在后期吐蕃统治时期，还出现了不少取代汉族帝王地位的吐蕃赞普礼佛的形象。第二个方面是敦煌被地方政权和不同的少数民族政权统治时期，出现的一些帝王供养像，如五代时期的于阗王、西夏时期的回鹘王等。

在莫高窟第 220 窟壁画中各国王子礼佛的场面中（图 3-63），左侧人物头戴花锦浑脱帽，耳垂珥珰，身穿竖领花边锦袍，外披毡袍，足蹬乌皮靴，可能是波斯王子；右侧人物是高句丽王子，头戴三尖金冠，

图 3-63 莫高窟第 220 窟东壁各国王子礼佛图　初唐

身穿宽袖袍服，红底花边围腰，脚穿黄皮靴。整幅画面色彩丰富，人物面貌各异，肤色和服饰特征非常明显，是一组前所未有的各国王子形象。

莫高窟盛唐第 103 窟东壁门侧维摩诘经变中绘有各国王子得到化菩萨赠送香饭的情节（图 3-64）。前三人上身裸露，身披长巾，系围腰，穿短裤，赤足，戴着臂钏和足钏，可能是来自南亚印度、东南亚、南海的王子。右侧可能是东罗马王子，高鼻深目，头戴奢耳毡帽，身穿大翻领袍服。左侧可能是波斯王子，头戴浑脱金锦帽，穿长袍，足蹬长锦靴。中间之人似乎是高丽人，头戴宝珠，穿红色长袍。后面多为中亚、西亚人，均是深目高鼻的形象。此窟中的维摩诘经变图与盛唐其他金碧重彩的风格略有不同，敷色简淡，但线条自由

流畅、刚劲有力，印证了盛唐吴道子所创的"落笔雄劲，而傅彩简淡"的新画风。

中唐时期吐蕃控制敦煌以后，在各国王子礼佛图式中，出现了吐蕃赞普的形象，且处于首领地位，形象高大。莫高窟第360窟东壁中的吐蕃赞普（图3-65）头戴朝霞冠，外裹红抹额，身着彰显尊贵的大

翻领素色藏袍，云肩左衽，耳垂珥珰。腰中系玉带，上面佩挂蹀躞带等饰品。长袖垂地，两侧垂着彩绶，站于华盖之下，器宇轩昂，造型姿态准确而优美。

吐蕃赞普和各国王子礼佛的画作，在不少中唐壁画中都存在，基本上是赞普的形象处于显要位置，身后尾随各国王子、

图3-64　莫高窟第103窟东壁各国王子像　盛唐

图3-65　莫高窟第360窟东壁吐蕃赞普　中唐

图3-66　莫高窟第409窟东壁回鹘王　五代

图3-67　莫高窟第98窟 东壁 于阗国王　五代

使臣的样式，这种形式一直流行至吐蕃在敦煌的统治结束以后才有所改变。

在供养人像中也有一些少数民族帝王形象。莫高窟第409窟东壁绘制的回鹘王（图3-66），头戴尖顶高冠，脑后垂着辫发或长带，下颌系组缨，身穿深色圆领团龙纹窄袖锦袍，足穿白色六合靴，腰系蹀躞带，悬挂着短剑、火石、解结锥等物品，脸形浑圆，身后的侍从们为其举伞盖、执长扇，还手捧弓箭、宝剑、金瓜、盾牌等，尽显帝王气派。

莫高窟第98窟中绘制的于阗国王李圣天像，高达243厘米，旁边有清晰的榜题，刻画非常精美（图3-67）。李圣天相貌堂堂，头戴冕旒，上面有团花和北斗七星纹，脑后垂红丝巾，腰佩玉剑，身上的冕服装饰有日月、云龙纹样，与汉族帝王的服饰相似，整个形象富丽华贵，具有较高的历史价值和艺术价值。

这些丰富的画像，是丝绸之路历史文化交流、融合的一面折射镜，其清晰地反映了唐代以来中西经贸与文化交流的历史容貌和丝路重镇敦煌的历史变迁，也让后人深刻地感受到了当时中国国力昌盛、文化繁荣的发展盛况。

第九节　风俗画

敦煌壁画中有着非常丰富的反映现实生活习俗的内容。从魏晋到北宋数百年间的社会风俗、生活生产概貌生动活泼地呈现在壁画上。它不仅包括历史中已经消失的某些民俗现象，也包括流传至今的一些民风民俗。因此敦煌石窟可以说是一座民俗史博物馆，它给我们提供了珍贵的历史风情记录资料。

敦煌壁画的主题是佛教经典和佛教故事，但同时又出现了丰富的民情风俗画面，其原因有二：一是佛教在传播过程中，为适应广大不同层次的信众，运用种种巧妙、通俗的方法来说明佛理，引导更多人皈依佛教，以达到弘扬佛法、教化大众、化度众生的目的。于是就出现了描绘现实生活中如婚丧嫁娶等世俗风情的画面。也出现了反映人们生产劳动、生活娱乐的场景，如农田、狩猎、肉铺、妓院、酒肆、赌场等，这些情节或形象均和某个佛经教义有关，却都是取材于现实生活，生动再现生活的范例。二是在中原汉代以来遗存的画像石、画像砖、墓室壁画中也有大量描绘日常生活劳动的场景，这种题材自然也影响至敦煌地区，和佛教壁画内容日渐融合，形成敦煌壁画中为数不少的风俗画卷。

敦煌壁画的这些表现民风民俗的画面一般不独立成铺，而是经变画、故事画中的一个情节，或者是为了说明某个佛理而采用的事例。魏晋至隋代，敦煌壁画中风俗画较少，主要是反映丝路商贸活动的内容情节，画面都比较简单。进入唐代以后，随着佛教世俗化和社会经济的发展，经变画中出现了众多的民俗画面。到了中晚唐及北宋时期，风俗画题材内容的丰富繁缛，更是达到鼎盛。它的基本概况和艺术风貌大概可以从以下几个方面了解。

一、农牧狩猎

敦煌在汉代建郡之前，曾是羌族、月支、匈奴等少数民族游牧之地，他们逐水草而居，以狩猎为生。前111年，汉武帝设河西四郡，出于拓疆和军事、经济的需要，进行戍卒屯边，大量的内地人口移民河西。敦煌作为丝路重镇，经济生产逐渐从游牧过渡到农牧，并成为集贸中心。至唐朝时，河西更是全国粮食的主要产地，敦煌还成为军粮的储备基地。正是在这样的背景下，敦煌壁画中出现了数十幅农耕图，时间上起北周，下至宋代，其中以唐代壁画居多，主要分布在弥勒经变、法华经变、佛传故事和千手千眼观音经变中。如莫高窟第23窟的法华经变、榆林窟第20窟的弥勒经变等，都有生动的农耕劳动场景。

表现耕作过程最全的是莫高窟盛唐第445窟弥勒经变中的一种七收图，原画已被熏黑，从复原的线描图中可以看出此图全面地描绘了从开始耕地到最后粮食收仓的农作全过程（图3-68）。

历史上的敦煌畜牧业也比较发达。这个地区原本就有放牧的传统，农业发展之后，又受到周边游牧民族的影响，畜牧业成为当地经济、军事的需要。壁画中有不少反映当时牲畜饲养的情形，如莫高窟第61窟描绘的牛圈、马圈，莫高窟第108窟中专门饲养管理马匹的马坊等。在莫高

图3-68 莫高窟第445窟北壁弥勒经变一种七收线描图 盛唐

窟第146窟的农妇挤奶图中，一名农妇正在挤奶，小牛犊偎依在母牛旁抢奶吃，展现出一片舐犊情深的情景，形象非常生动（图3-69）。

描绘狩猎的题材广泛存在于古代的壁画特别是墓室壁画中，从河西魏晋墓室壁画，到唐代皇家墓室如章怀太子墓、懿德

图3-69 莫高窟第146窟东壁挤奶图 五代

图3-70　莫高窟第249窟窟顶北坡狩猎图　西魏

太子墓的壁画，都有生动的刻画。可见这是古代许多地区人们常见的生活方式。狩猎也是敦煌地区的悠久传统，狩猎者有贵族也有以捕猎为生的猎户，所以敦煌壁画中也有了不少狩猎的画面。敦煌壁画中的狩猎场景一般分为两类：一类是直接反映现实生活的内容；另一类则属于经变画中的情节，是宣扬佛教戒杀生、禁食肉的劝诫教材。通过壁画，古代猎人的形象与狩猎的状况呈现在了我们面前。他们带着猎鹰、牵着猎犬，手持大斧、弓箭等器械，形象非常清晰。莫高窟第249窟窟顶绘制的狩猎场面中，右侧猎人跨马疾驰，手举标枪，追猎奔逃的一群黄羊；左侧猎人骑马纵跃，反身张弓搭箭射猛虎，画面气氛激荡，是敦煌壁画中最生动的狩猎图之一（图3-70）。

二、市井百业

敦煌是丝绸之路上重要的商贸重镇，经贸活动十分繁荣。这里不仅开设有贸易场所，还开设有提供给南来北往的商旅和居民的娱乐消费场所。虽然在壁画中主要反映的是与佛教有关的题材，但透过一些画面场景，如肉坊、酒肆、妓院以及勾栏

图3-71　莫高窟第61窟南壁勾栏百戏　五代

百戏、赌场等，让我们可以窥斑见豹，了解中古时代市井百业的风貌（图3-71）。

在这些场景中，肉铺、勾栏百戏多出现在楞伽经变中，酒肆、妓院、赌场多出现在维摩诘经变中，都是用大众最熟悉的生活娱乐场景来宣扬教义。比如画赌场、妓院就是为了表现维摩诘居士处三界而不染凡尘，出入赌场、酒肆、妓院，去化度酒鬼、赌徒、淫众，对于宣扬教义、劝诫众生来说，壁画起到一个直白、通俗的教育作用。

三、日常起居

起居洒扫、饮食、盥洗，是人们每日必不可少的生活内容。敦煌壁画出现了不少这样的题材，如剃发、打扫、烹饪等日常生活的画面，是我们现代人看来最为轻松，也最为熟悉的情景。出于教化的目的，

图3-72 莫高窟第146窟西壁洗头图 五代

壁画中用故事画的形式进行宣教，同时也将当时人们的生活习俗——记录在案。例如莫高窟第146窟这幅洗头的场景，出自

图3-73 莫高窟第290窟窟顶东坡蹲厕图 北周

劳度叉斗圣变的画面中，目的是反映外道皈依佛教、洗心革面的情节，却让我们看到了当时人们生动的生活"镜头"（图3-72）。更有趣的是在佛教殿堂中出现的蹲厕画面，这也是反映日常生活少有的细节，它的含义是为了宣扬佛陀诞生时出现的"臭处变香"的祥瑞。画中厕所构造简陋，下边用木板锯出方洞，这样的茅厕样式，直到20世纪八九十年代还在我国很多地方存在（图3-73）。

四、伦理亲情

伦理亲情是指家庭成员之间彼此相处，共同生活所反映的一个社会的道德规范。表现伦理亲情的内容主要在父母恩重经变、法华经变等壁画和一些藏经洞绢画中，主要包括供养父母、分娩、产后浴儿、父母呵护、苦心养育等画面（图3-74）。敦煌壁画中有关这些方面的内容，非常直观地反映了当时人们的生活细节，是当时社会生活真实的写照，也是研究中国古代社会伦理非常重要的图像资料。这些画作尽管是为了宣扬佛教教义，但表现出的家庭伦理却是世俗的人情，仍是以儒家的孝养观念为核心，这也反映出佛教传入中国后，不断地入乡随俗，儒释文化相互融合的发展特征。

五、学堂

敦煌壁画的学堂画面主要出现在维摩诘经变、报父母恩重经变和个别药师经变的"九横死"画面中，比如维摩诘经变中讲维摩诘居士精通佛理，辩才无碍，经常

图 3-74　藏经洞绢画中的分娩、浴儿　北宋

图 3-75　莫高窟第 12 窟东壁门学堂　晚唐

深入到社会的各个方面、各个角落去教化度人，其中就包括深入学堂，教化师生。父母恩重经变中讲父母望子成龙，不但对小孩从小在生活上无微不至地关怀和爱护，更希望他学有所成，于是非常重视孩童的教育，所以就出现了学堂场景。在学堂中可以看出尊师重教的优良传统，老师与维摩诘居中而坐，两侧厢房学郎正在读书，仆人躬身 90 度，毕恭毕敬地上茶，正是这一传统的形象体现（图 3-75）。

古时学堂对违纪的学生有体罚的现

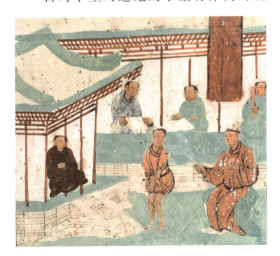

图 3-76　莫高窟第 468 窟北壁学堂　中唐

象，莫高窟第 468 窟出现在维摩诘经变的学堂画面，老师端坐屋内，助教正在体罚一名学生，当着同窗的面，用鞭子对其进行抽打（图 3-76）。这样一个小场景，真实生动地反映了古代的学堂生活和封建教育制度。

六、婚丧嫁娶

无论古今中外，婚姻都被视为人生大事，中国自古以来就有完整的婚礼规范的记载。敦煌壁画中有很多描绘婚礼的情景。《弥勒下生经》中提到，在弥勒世界中，人的寿命达八万四千岁，"女人年五百岁，尔乃行嫁"，佛经中有这样的描述，在壁画中婚嫁图便应运而生。莫高窟第 445 窟的婚礼场面中，在屋外庭院里面，左侧设帐篷，摆有宴席；右侧帷帐内新郎新娘拜堂行礼；中间是婚礼舞乐场面；后面有圆顶青庐，这是古时婚礼新郎新娘入坐，行同牢合卺之礼的一种毡房（图 3-77）。此图非常真实地描绘出当时婚礼场面的基本布局。

图 3-77　莫高窟第 445 窟北壁婚嫁图　盛唐

图 3-78　莫高窟第 61 窟北壁停棺举哀　五代

据统计，敦煌壁画中一共有 46 幅婚嫁图，这些壁画给我们展现了中古时代中国传统婚礼生动翔实、多姿多彩的内容，让我们领略了古人详细的婚礼习俗与过程，有些习俗甚至延续到现代，使观者看起来倍感亲切。

描绘丧葬的画面也是敦煌壁画中一个很重要的习俗场景。佛教东传以后，对中国传统的礼仪、习俗产生了很大的影响，这也反映到民众丧葬的一些礼制、观念当中。敦煌壁画中有不少描绘丧葬的场面，比如弥勒经变中描绘了一种独特的丧葬方式——老人入墓。还有在涅槃经变和佛传故事画中描绘的佛陀涅槃及信徒举哀的情景，画面包括停棺、出殡、火化等过程。这种丧葬方式存在于中国众多的寺院里，影响了广大的佛教信徒。

停棺举哀是指人去世后，将死者入殓停棺于室内祭奠，亲人致哀，友人吊唁。莫高窟五代第 61 窟中的停棺举哀图（图3-78），菩萨与弟子为佛陀绕棺致哀，民间为亡人致哀的方式也与此相似。在敦煌

地区，举哀的方式有明显的民族差异，汉族举哀通常表现为哭泣，或低声哭泣，或放声大哭，甚至捶胸顿足。而西域民族的举哀方式非常独特，莫高窟第 158 窟涅槃经变里的举哀图中，各国王子手持尖刀，有的刺脸、削鼻，有的割耳、剜心，十分悲壮（图 3-79）。有记载当时回鹘的风俗，死者停棺祭奠，子孙及亲属会以刀割脸，

图 3-79　莫高窟第 158 窟北壁各国王子举哀　中唐

图 3-80　莫高窟第 148 窟西壁佛陀出殡　盛唐

图 3-81　莫高窟第 290 窟窟顶西坡平民出殡　北周

图 3-82　莫高窟第 61 窟北壁火化　五代

血泪俱流。可以说壁画真实记录了当时西域民族的举哀习俗。

　　莫高窟盛唐第 148 窟描绘的佛陀出殡情景，场面非常宏大，色彩华丽，实际上展现的是当时贵族的出殡情形（图 3-80）。而莫高窟北周第 290 窟的佛传故事中，悉多达太子出游四门时，遇见平民出殡，前面一人头顶举着祭盘，用牛车拉着灵柩，上面放着明器，盖着白布，画面以赭色线

条勾勒，色彩简淡，却则显得哀伤冷清（图 3-81）。

　　佛教丧葬方式是火葬，高僧火化后骨灰会起塔供养。莫高窟第 61 窟描绘的佛陀火化场景，弟子们均双手合十诵经致敬，棺木放于柴堆之上熊熊燃烧，实际上是人间火化场面的写照（图 3-82）。土葬是中国固有的传统，榆林窟第 19 窟中所绘的坟

图 3-83　榆林窟第 19 窟前室甬道坟墓　五代

图 3-84　榆林窟第 25 窟北壁老人入墓图　中唐

墓，墓旁孝子在结庐守孝，则体现了传统儒家孝道的观念（图3-83）。

"老人入墓"是敦煌壁画中出现的一种特殊的丧葬方式，其出现于弥勒经变中。《弥勒下生经》中说："人命将终，自然行诣冢间而死。"榆林窟第25窟的老人入墓图描绘的是老人生命即将结束，端坐在墓床上，与亲人告别，家人跪拜哭送。他将在墓中与尘世隔绝，安心修持，直到逝世，如此便可死后升天（图3-84）。佛教这样一种特殊的丧葬方式，一度在唐代有所流行，但它最终与儒家观念相悖，受到正统儒家思想的排斥，五代以后这种风俗逐渐趋于式微。

七、信仰活动

敦煌作为佛教圣地，佛教活动是当地民众主要的信仰活动，特别是在唐代，敦煌地区的僧尼数量竟占到总人口的十分之一，再加上广大的居家信徒，可以说在古时的敦煌，上至当地最高官员、下至庶民，佛教活动涵盖了社会各个阶层，具有全社会的普遍性。因而敦煌壁画中自然少不了种种佛教活动的记录，其主要活动有拜佛、拜塔、听法、写经、斋僧、修窟、放生等。

在敦煌壁画中除了描绘主要的佛教活动情景之外，还有一种特殊的画面，就是东西融合、交互杂呈的神灵崇拜现象。这是因为佛教传入中国的过程，是一个和中国传统文化不断碰撞、交融的过程。在有些壁画中，如莫高窟西魏第285窟，佛教的飞天、力士，民族传统神话的伏羲女娲、天皇地皇等，竟出现在同一画面中。这充分地说明佛教在东传的过程中入乡随俗的宽容精神和当时民间的信仰状况（图3-85）。

图3-85 莫高窟第285窟窟顶南坡伏羲、女娲、天皇、力士、飞天等形象 西魏

图3-86 莫高窟第468窟北壁被襁驱鬼 中唐

最后，敦煌壁画有关民俗的画作还有反映民间巫术活动的场景。巫术起源于原始社会，历史悠久，是最古老的一种人类信仰行为。在中国自商、周、汉、魏以来，广泛流行于民间，并成为一种行业。佛教是反对、排斥巫术的，但巫术在民间有非常广泛的群众基础，所以佛教从自身发展的利益出发，一方面需要反映巫术活动，另一方面要告诫信徒不要相信巫术，所以在壁画中也就出现了巫术信仰活动的画面，也让我们从一个侧面了解了中古时代这种古老的民风习俗的存在状况（图3-86）。

敦煌壁画原本不是单纯提供审美的艺术欣赏品，其实质是佛教弘扬佛法、化度众生的宣传品。它用了一种直观的、通俗的形式作画，把佛教的教义变成生动的、形象的、通俗易懂的视觉语言传达给大众，这给画工们在描绘佛国理想世界的同时，留下了宽广的创作空间。所以，和庄严肃穆的主尊佛像比，敦煌壁画中的风俗画，更多地展示出画师们在现实社会的生活经验，更具有人间烟火气，为我们提供了一幅幅生动、真实、直观的风俗画卷。

第十节　历史画

佛教历史故事画是佛教传教的方法之一，也称为佛教史迹画，主要描绘佛教历史人物、历史事件、佛教圣地和感应故事等。其中既有真人真事，也有想象虚构的内容。这一类壁画题材始于隋末唐初，兴盛于中唐吐蕃时期，之后随着敦煌曹氏政权的衰败而逐渐消失。

佛教传播成功的原因之一，就是它有极大的包容性和适应性。在佛教不断传播的过程中，它能入乡随俗，尊重当地传统文化，每传播到一地都会做出相应的融合

图3-87 莫高窟第323窟佛教历史故事图　初唐

变化，把教义和当地文化紧密结合，所以能深受当地民众信奉，最终使佛教自身的发展受益。佛教传入中国后，变化更多，所以敦煌壁画中的佛教历史故事，可以说是佛教中国化的一个缩影。

莫高窟初唐第 323 窟南北壁共绘制有八组史诗式的佛教故事画（图 3-87），分别为张骞出使西域、西晋吴淞江石佛浮江、东晋扬都出金佛、隋文帝迎昙延祈雨、释迦洗衣池晒衣石、康僧会江南献舍利、佛图澄显神异。题材跨度由西汉到隋代，画面采用连环组画的形式，这是我国汉代以来不断沿用的传统绘画艺术形式，以连绵的青绿山水将不同的故事巧妙地分开布局，每个故事旁边都有榜题。这两幅壁画题材新、画面大，且年代也最早，是一组非常珍贵的反映历史故事的图像资料。

其中，张骞出使西域图（图 3-88）描绘了历史记载的汉武帝在甘泉宫礼拜金人，率群臣送别张骞，张骞持节出使至大夏国的故事。这是历史上著名的大事，本来与佛教无关，唐代佛教徒把此事画在佛

图 3-88　莫高窟第 323 窟北壁张骞出使西域　初唐

图 3-89　莫高窟第 323 窟北壁康僧会江南献舍利图　初唐

教历史故事中，是为了当时与道教竞争社会地位的目的。虽然篡改了一些历史细节，但这幅图依然真实地反映了中西文化交流史上这一伟大的历史事件。

康僧会江南献舍利图（图 3-89）是壁画中的若干高僧故事之一。康僧会是三国时期的著名高僧，主要在江南地区弘扬佛法，在佛教南传的历史上有重要意义。画面以"Y"形布局的连环组画形式绘成，图中左上角描绘康僧会乘坐一叶小舟南渡至东吴；中央是康僧会给吴主孙权献出舍利，舍利发出五彩之光，令孙权折服，答应建造建初寺；右上角则是被称为江南第一座佛寺——建初寺的修建情形；下方描绘的是东吴末代皇帝孙皓迎接康僧会的情形。这幅画虽然内容以神异事件为中心，

但也有合乎史实的方面，为研究佛教在三国时代江南传播的历史，提供了图像研究的参考资料。

到中唐和吐蕃时期，出现了成组的瑞

图 3-90　莫高窟第 231 窟西壁佛龛顶旃檀木释迦瑞像图　中唐

像图，瑞像是指佛教始祖释迦牟尼之像，这是此时佛教历史画的主要形式。比如有释迦双头瑞像、指日月像、天竺白银弥勒瑞像、阿育王造塔、牛头山图、于阗舍利弗毗沙门天王决海、御容山石佛瑞像、高僧刘萨诃、酒泉郡释迦牟尼像等，每一个瑞像都有一段故事（图 3-90）。这些瑞像是南亚、中亚诸国和我国西域、河西走廊各处瑞像的集中反映，揭示了中西文化交流的发展状况。此类佛教历史故事画，一般分布于石窟佛龛的四坡，是这一时期突出的特点，这种形式一直流行到宋代。

到了五代、宋及西夏，敦煌佛教历史故事画的数量和水准都达到高峰。零散的小型瑞像图，除了保留以前各时期的主要形式外，又逐渐发展出经变式的巨型画幅，绘制在石窟主室的墙壁上，地位与经变画持平甚至超过经变画。其中突出的代表作就是莫高窟五代第 72 窟的刘萨诃和尚因缘变相和莫高窟五代第 61 窟的五台山图。

刘萨诃是河西地区影响很大的高僧，他的形象在壁画中多次出现。莫高窟第 72 窟的刘萨诃和尚因缘变相（图 3-91）从凉州开山出佛像开始，详细描绘了河西行化的种种事迹。全图以中间御容山大石佛为中心，向两侧和上下展开描绘刘萨诃预言佛头的各个情节。刘萨诃在世时，除了他的神异事迹备受河西百姓崇信外，并没有太多业绩。从唐代开始，他的形象不断被神化，地位不断被提高。敦煌出土的圣僧画像图卷中，他的名字与鸠摩罗什、佛图

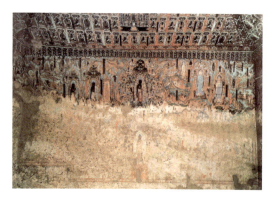

图 3-91　莫高窟第 72 窟南壁刘萨诃和尚因缘变相　五代

澄并列。在民间更被尊称为刘师佛，地位甚至比肩释迦牟尼，这种变化被视为佛教中国化的重要标志之一。

莫高窟第 61 窟的五台山图（图 3-92）是著名的巨幅画作。敦煌石窟中五台山图最早出现于中唐，它的出现也是佛教中国化的重要标志。早期的五台山图是以屏风

画的形式呈现，到了五代，已经变成如第 61 窟的这样内容丰富的通壁巨作，画面规模超过同窟之中其他所有的经变画。它不仅是一幅佛教历史故事画，也是一幅山水人物画，更是一幅全景式的历史地图画。图中山峦连绵起伏，道路纵横，穿插着各种感应故事、圣迹图和瑞像图，里面还星罗棋布地描绘了大大小小 60 多座寺庙院落。在山峦、道路和建筑之间，穿梭着众多的信徒、商贾和行旅队伍，展现了五台山数百里之内各阶层人民的社会活动，富有浓郁的生活气息，可谓是洋洋大观的鸿篇巨制。这幅五台山图与莫高窟第 323 窟的佛教史迹画、莫高窟第 72 窟的刘萨诃和尚因缘变相被称为是敦煌三大

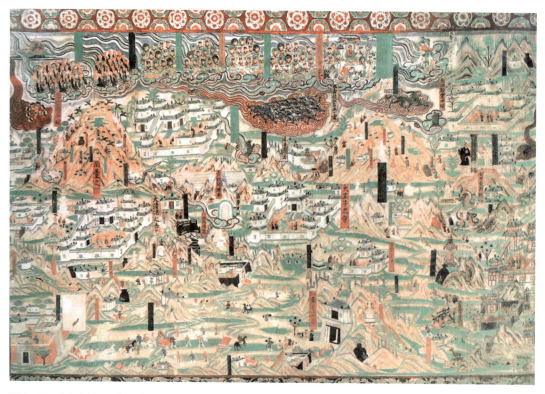

图 3-92　莫高窟第 61 窟西壁五台山图局部　五代

历史故事画。

敦煌佛教历史故事画在西夏以后，逐渐走向消亡。只有少数的行脚僧形象，一般绘制得都比较草率。这个时期最引人注意的只有西夏洞窟中的几处玄奘取经图，作为后世人们最熟悉的著名僧人，唐玄奘西天取经的事迹被后人津津乐道。大约晚唐时期，已经出现玄奘西行求法的故事。到宋以后，还出现了更多玄奘取经的话本。榆林窟西夏洞窟中的第2、3、29窟，还有东千佛洞第2窟中出现的玄奘取经图，就是诞生在这样的大背景下。这些画作大部分都是玄奘、悟空和白马立于河边，面对滔滔江水的形象。其中，以榆林窟第3窟普贤变相中的最为精彩（图3-93）：图中玄奘师徒立于悬崖边上，面对滔滔江水，展现出唐僧师徒山穷水尽无路可走的困境；白马静立一旁，悟空显得焦躁苦恼，玄奘则在诚心祈求菩萨化解危难。画面以白描的方式画成，线条优美，人物形象个性鲜明，生动传神。而在东千佛洞第2窟的玄奘取经图中，悟空手持金箍棒，说明在明代小说《西游记》中孙悟空降妖除魔的形象，至少在西夏时期就已经被创造出来了（图3-94）。

到了元代，敦煌石窟此类题材的作品基本绝迹。可以看出，敦煌壁画中呈现的佛教历史故事画，不但为我们展现了佛教和佛教艺术的东传过程，也清晰地反映了佛教和佛教艺术不断中国化的演变过程，从早期的阿育王拜塔、释迦洗衣池、晒衣

图3-93　榆林窟第3窟西壁玄奘取经图　西夏

图3-94　东千佛洞第2窟北壁玄奘取经图　西夏

石等印度故事，到汉地瑞像图的大量涌现，再到巨幅中国佛教故事画的出现，佛教历史故事画的题材内容、表现形式、绘画位置以及佛教地位，都发生巨大的改变。敦煌壁画中以中国佛教故事为内容的这些珍贵的图像资料，具有不同于文献资料的、非比寻常的历史研究价值。

本章共分十节，分别就敦煌壁画、藏经洞遗画中的佛、菩萨、弟子、罗汉、高僧、飞天、力士、天王等宗教人物画；供养人、

帝王像、狩猎者、耕作者等现实人物画；佛教史迹画、佛教故事画中的历史人物画等进行了梳理。并结合画史、画论等文献资料以及敦煌之外的相关图像资料，对各类人物画的源流、技法等进行了适当的讨论。从中可见，敦煌人物画自北凉、北魏时期开始，就体现出本土风格与外来风格并行且相互融合的特点，只不过在不同时期所反映出来的本土与外来元素的比重有所不同。总体来讲，隋代以前外来风格比较明显，隋唐以后本土风格占主体地位，其间密教题材绘画又表现出较为浓厚的外来特点。这都充分说明，敦煌作为地接西域、道俗交得、华戎交汇的都市，在文化艺术交流中所体现出来的开放与包容，以及华夏文明博采众长、为我所用的胸怀。

【思考解答】

1. 敦煌人物画包括哪些？

2. 概述敦煌各期人物画的艺术特征。

3. 举例说明敦煌人物画与主流人物画之间的关系。

4. 拓展阅读，梳理敦煌人物画与我国墓葬美术中人物画的关系。

5. 莫高窟早期的供养人画像的基本特征是什么？

6. 莫高窟壁画中风俗画的基本艺术特点是什么？

7. 简述敦煌石窟五代以后的历史故事画出现的新特点及其代表作品。

【实践创作】

1. 分析敦煌人物画的特点，临摹几幅敦煌人物画作品。

2. 分析敦煌飞天的艺术特征和表现方法，选临不同时期的飞天。

3. 分析敦煌菩萨的艺术特征和表现方法，选临不同时期的菩萨像。

4. 用线描的方式分别选择临摹莫高窟早期、隋唐时期、晚期的供养人形象，体会不同时期供养人的造型与服饰特征。

5. 选择局部临摹莫高窟壁画中帝王形象，研究分析壁画中人物群像组合关系。

6. 用线描的方式选择临摹1至2幅敦煌石窟风俗画作品，注意研究、体现造型的生动性、趣味性。

7. 选择莫高窟历史画中1至2幅局部临摹，画出线描稿及色稿。

【拓展阅读】

1. 敦煌文物研究所编：《中国石窟——敦煌莫高窟》，北京：文物出版社，1987年。

2. 史苇湘：《敦煌历史与莫高窟艺术研究》，兰州：甘肃教育出版社，2002年。

3. 敦煌研究院主编、谭蝉雪本卷主编：《敦煌石窟全集：24服饰画卷》，香港：商务印书馆有限公司，2003 年。

4. 敦煌研究院主编、谭蝉雪本卷主编：《敦煌石窟全集：25 民俗画卷》，香港：商务印书馆有限公司，2003 年。

5. 敦煌研究院主编、孙修身本卷主编：《敦煌石窟全集：12 佛教东传故事画卷》，香港：商务印书馆有限公司，2003 年。

6. 段文杰：《敦煌石窟艺术研究》，兰州：甘肃人民出版社，2007 年。

7. 赵声良：《敦煌石窟艺术简史》，北京：中国青年出版社，2015 年。

8. 敦煌研究院主编：《敦煌石窟艺术全集》26 卷本人物画相关各卷，上海：同济大学出版社，2016 年。

9. 王惠民：《敦煌佛教图像研究》，杭州：浙江大学出版社，2016 年。

10. 胡同庆：《敦煌佛教石窟艺术图像解析》，北京：文物出版社，2019 年。

11. 史忠平：《莫高窟唐代观音画像研究》，北京：中国社会科学出版社，2019 年。

第四章 敦煌山水画

【导读】本章以敦煌壁画中各个时期的山水画为模块，时间基本涵盖了4至14世纪敦煌壁画绘制的历史，并根据风格样式的不同，将其分为七个部分。这七部分内容并非相互独立的单元，而是以风格之发展变化为主要线索，其间存在着一定的承接关系。

概　述

一、"敦煌山水画"的概念

关于"敦煌山水画"这一概念，学界其实并未达成共识，多数学者将其称为"敦煌山水画"，也有学者并不认同这一概念，认为用"敦煌风景画"这一名称来指称敦煌壁画中山水树石的形象可能更加贴切。因此，在行文之前，我们首先需要对"敦煌山水画"这一概念的内涵和外延进行解释和说明。

作为画种来说，山水画在中国绘画史中占有极其重要的地位，占据了中国绘画史的大半篇章，有着完整而成熟的技法体系，以及独立而特殊的审美范畴。一般认为，真正意义上的山水画，萌芽于东晋时期，成于刘宋朝，发展于唐代，成熟于五代宋初。从绘画功能来看，山水画的萌芽和兴起与晋宋士大夫的山水审美有关，是魏晋士人远离权谋、遁迹山林、寄情风物、寻求精神寄托的产物，属于对桃花源式梦想的追求或田园诗歌般意境的视觉转化。其中，南朝宗炳的《画山水序》和王微的《叙画》两文一般被视为是山水画独立的宣言。山水画产生的语境不同于人物画"明劝诫，著升沉""成教化，助人伦"这一沉重的主题，而是体现在"极视听之娱"的感官享受和精神愉悦上，绘画功能主要是为了"畅神"，意在追求一种"望秋云，神飞扬；临春风，思浩荡"的精神享受。

然而，敦煌壁画中的山水与上述典型意义上的山水画有着本质的不同。

第一，敦煌山水画的功能绝不仅仅是为了"畅神而已"，更不是为了追求"极视听之娱"的视觉享受，而是有着明确的功能——为佛教教义或经典文本的视觉化或图像化而服务。不管是故事画还是经变画中的山水形象，都不能脱离"为宗教服务"这一核心任务。

第二，从表意范畴来看，敦煌山水画中的山、水、树、花等有着特定的宗教文化内涵。比如须弥山、灵鹫山、五台山、摩罗耶山、金刚山、狼迹山、牛头山、金山、银山、宝山等圣山都有着各自的宗教象征意义。树木也是一样，如摩耶夫人在无忧树下生了释迦牟尼，释迦牟尼在菩提树下降魔成道，在庵罗树园说法，在婆罗双树下涅槃等。因此，不同的圣山或圣树可能指代不同的人物身份及场景。山水因子所营造的意境也不是为了魏晋文人所言的"闲居理气"和"畅神而悦"，而是为佛经的图像化服务。

第三，从画种的独立性来看，敦煌山水画自始至终都未从佛教故事画或经变画中独立出来，在很大程度上都在为宗教人物画或宗教人物雕塑扮演着"配景"的角色，尽管有些洞窟中的山水形象在图式的完整性上已经符合山水画的基本要求，但在整体的表意功能上依然属于背景或配景，至多属于"人物山水画"的范畴。

第四，从发展源流来看，传统山水画的发生和发展较少受到外来因素的影响，而在敦煌山水画中，尤其是在早期山水的图式因子中，包含着印度风格、西域风格、中原风格等多种风格及图式，相互之间的关系密切而复杂。

因此，"敦煌山水画"这一概念和我们所熟知的"山水画"之间确实存在着诸多区别，有学者为了区分这种特殊性，遂将"敦煌山水画"称之为"敦煌风景画"[①]。

但"风景画"这一称谓似乎又进入了西方画种体系的范畴之中。敦煌壁画中所表现的自然景观虽然有着自身的特殊性，但比起"风景画"，他似乎与"山水画"有着更多的近亲关系。不管是山水母题还是风格因子，总体上"敦煌山水画"和中原美术保持着紧密的关系，不断受到中国传统审美意识和艺术风格的影响，尤其是进入隋唐之后，中原地区的山水画风格和母题直接影响着敦煌壁画的发展路径，两者呈现出几乎平行的发展模式。基于这样的理由，我们认为"敦煌山水画"这一名称更具合理性。

二、敦煌山水画的分期

敦煌山水画的发展和敦煌壁画的开凿几乎是同步的，从4世纪十六国晚期到14世纪元代[②]，敦煌的石窟开凿及壁画绘制持续了一千多年的时间，而山水画几乎出现在每一个阶段，其发展过程大致可以分为三个阶段。

（一）早期。早期阶段一般指北朝至隋代绘制的壁画山水。此时的山水画尚未独立，山石树木具有较强的装饰性，缺乏体积感和深远的空间感，总体与文献记载中"人大于山，水不容泛"的山水样式相符。

（二）中期。中期阶段一般是指整个唐代的壁画山水，也有学者将这一时期的山水画又分为唐代前期和唐代后期两个阶

① 赵声良：《敦煌壁画风景研究》，北京：中华书局，2005年，第8页。
② 也有学者认为，敦煌壁画的制作下限，应该是1935年，而非元代。参见胡同庆：《论敦煌莫高窟艺术的下限》，载《敦煌研究》，1992年第4期。

段。[1]唐代前期是敦煌山水画走向成熟的阶段,风格和中原山水画更加紧密。由于大型经变画的出现,山水画的构图随之变得更为宏大繁富,空间感进一步增强,对山峰、坡谷、河流、树木、花草的描写更具自然主义,画面敷彩由早期装饰性的色彩发展为色调统一的青绿山水。到了唐代后期,青绿山水中又注入了水墨因子,敷色比前期的青绿山水变得更为淡雅,墨笔渲染、皴擦的成分不断增多,用笔也开始出现勾折之法,注重线条本体的表现力,与唐代前期细笔勾勒的青绿山水形成了鲜明对比。

（三）晚期。晚期主要包括五代、北宋、西夏、元代等几个阶段。五代之后,由于敦煌和中原地区的关系没有唐代时那般紧密,因此未能跟上中原地区山水画发展成熟期和壮大期的整体步伐,山水画的创作趋于保守。直到西夏晚期至元代,也就是敦煌石窟开凿的晚期,山水画创作又迎来了新的辉煌。受宋元山水画的影响,这一时期的山水画一改前期和中期的青绿风格,采用宋元山水中皴染精湛的水墨画法,在布局上既有"大山堂堂"的山水图式,也有南方小景山水的样式。

三、敦煌山水画的意义

敦煌山水画是研究早期中国山水画的宝库。尽管山水画在魏晋时期就已经萌芽,并出现了顾恺之、宗炳、王微、萧绎、戴逵等善画山水的画家或山水画论家,然而,他们的山水作品却无一件流传下来。那些流传至今并归在顾恺之名下的作品,大多经历了多次传摹,其真实性大打折扣,即使是唐代山水画,传世至今的作品也是屈指可数,且多数真伪不明。因此,在没有一定可靠作品支撑的情况下,隋唐美术史的书写就显得十分单薄。所幸,敦煌壁画中大量的山水形象恰好可以弥补这一遗憾,为我们了解早期中国山水画的发展提供了可信的资料。

与此同时,敦煌山水画也具有自在的价值。很多情况下,艺术史学者都习惯把敦煌山水画视作中国绘画史的外延之一,或当成寻找早期山水发展史的数据库,而忽略了它自在的价值。敦煌壁画历经千年的开凿和绘制,有着自身独特的审美体系和创作体系,它绝不是中国人物画或中国山水画的附属品。

第一节　装饰性山水与圣山、
　　　　　圣树的表现

装饰性山水是早期敦煌山水画中最重要、最常见的表现形式。就山体而言,既有"三角形"的山体样式,也有"火焰形"和"拼图式"山体。装饰性山水不仅风格多样,且渊源复杂,我们很难将其归为某一种文化或图式之中。但有一点是比较明

---

① 赵声良:《敦煌石窟全集·山水画卷》,香港:商务印书馆有限公司,2002年,第7页。

图 4-1 莫高窟第 257 窟西壁九色鹿本生故事画局部 北魏

确的，即早期山水形象的宗教意涵十分明确，它与一般意义上的"山水画"功能有着本质的区别。

一、"三角形"山体样式

最早的敦煌壁画绘制于北凉时期，在这一时期的敦煌壁画中，几乎不见山水形象，到了北魏早期，壁画中才开始出现一些装饰性的山峦形象。这些山峦大体呈三角形，沿着壁画的下边缘连续排列开来。学界一般认为这些山石的形象可能受到汉代画像石及画像砖中山水图案的影响。从山体的排列组合来看，似乎与汉画砖及汉画石中的组合方式相似，类似于连续纹样的排列方式，但就单个山体的造型样式而言，两者之间其实存在着不少的差别。如在敦煌壁画中，尽管山体呈现出三角形样

式，但其边缘极富变化，有的呈驼峰状，有的呈台阶状，显然更加接近山石的真实形象（图 4-1），不像画像石中的山峦那般整齐划一。如果我们就此简单地认为敦煌壁画是从汉代画像中直接而来，势必会低估早期山水图式及母题的复杂性。因为敦煌壁画在受到中土艺术样式影响的同时也受到佛教西传过程中西域风格，乃至印度风格的影响。比如在新疆克孜尔早期壁画中，山体的形象及组合形式其实也和敦煌壁画及汉画砖中的形象类似，属于三角形或驼峰式山石图案的连续叠加或排列。因此，北魏早期那种装饰性的山水在组合方式及山形上，主要受到汉代艺术表现手法的影响，但其中也不乏西域画风的因子。此外，从甘肃酒泉丁家闸 5 号墓出土

图4-2 丁家闸5号墓飞马图 十六国

图4-3 莫高窟第254窟南壁萨埵太子本生故事画局部 北魏

的十六国时期的墓室壁画（图4-2）来看，那种在壁画下边描绘"三角形"山体的艺术手法也可能是北魏敦煌壁画中装饰性山体的来源之一。

二、"火焰形"和"拼图式"山体

除了三角形或驼峰式的装饰性山体之外，北魏壁画中还出现了一种"火焰形"的山体，其轮廓如同火焰的形状一般，蜿蜒盘曲，充满动感，山体之间的组合方式不像"三角形"山体那样有规律，而是以一种无序的形式填充在画面之中，与佛像的空间关系也不够明确，相互粘连在一起，此类山水以莫高窟北魏第254窟为代表（图4-3）。有学者通过对比一些具有西域风格的银器中的山石形象，认为"火焰形"的山石形象很可能受到了波斯和中亚艺术风格的影响。[1]

从画面空间及构图方式来看，"火焰形"山体似乎与"三角形"山体的描绘风格迥异。尽管"三角形"山体同样具有很强的装饰意味，但它在排列方式上显然具有一定的秩序感，意在为人物活动圈定一个开阔而明朗的活动空间，也意在引导观众区分壁画之边界所在，配角（山水）和主角（人物）之间的关系清晰而明确，这主要得益于画面中大量的"留白"和排列整齐的山石组合。从这一点看，"三角形"山水图案似乎与汉代画像石的构图风格十分接近，背景和主体在二维空间中的关系

① 彭汉宗：《山的化外潜流——敦煌壁画树石造型研究》，2019年上海大学博士论文。

十分明了。

然而在莫高窟第254窟中，如果不仔细观察，我们很难区分哪些是山水背景，哪些是主体人物，那些"火焰形"山水和人物形象之间，除了色相上的区别，没有任何"留白"和空隙，显得极其拥挤。如果说"三角形"山体和人物形象的处理手法与汉代画像石有一定渊源的话，"火焰形"山水和人物形象之间的关系则与"西画"的描绘手法有着某种近亲关系，画工试图将山水背景和人物形象置于同一空间关系之中，并试图表达一种三维空间，但由于缺乏色度、光线及透视上的技法，人物无法成功地从背景当中有效地凸显出来，使得两者之间的关系显得十分含糊。

除此之外，在莫高窟北周第301窟还出现了一种类似于拼图模具般的装饰性山水，黑绿相间的山体如同拼图模具一般相互紧扣，山水形象显得荒诞而朴拙（图4-4）。从山石树木的表现方式和空间关系来看，似乎和画像石及画像砖缺乏风格上的关联，与"火焰形"山水的表现方式也

图4-4　莫高窟第301窟睒子供养父母图　北周

有着很大的不同。此类"拼图式"山水尽管在形象上充满了装饰意味和抽象意味，但山石之间的组合关系似乎有着一定的秩序感，而不是无序的填充，其作为图案的属性更加明显。有研究者通过对比新疆地区出土的一些云气动物纹锦上的图案，认为此类山水图式很可能与当时西域装饰图案有一定关系。①

三、圣山的形成与表现

客观地讲，上述怪诞神秘的山水母题不论其图像意涵还是风格渊源，都有待大量的研究予以证明，我们姑且将其统称为"装饰性"山水。不过，在敦煌壁画中，大部分山水形象所指认的宗教意涵已被学界所熟知。正如本章伊始我们就曾提出，敦煌壁画中的山石树木有着自身特殊的象征意义，它们并不仅仅是对自然山水的摹拟，也不是诗人骚客林泉之志的图像表达，而是有着明确而神圣的宗教意涵——它们是圣山和圣树。

在早期敦煌壁画的众多圣山中，出现频率最高、造型最具辨识度的应该就是须弥山了。须弥山是印度神话中的名山，是帝释天的居所。值得一提的是，尽管须弥山的概念及宗教意涵诞生于印度，但其艺术形象却未曾在印度美术中出现过。②学术界一般认为敦煌壁画中须弥山的造型应该是从汉代的仙山图像中发展而来的。如在莫高窟西魏第249窟中，须弥山的形象呈

---

① 彭汉宗：《山水的化外潜流——敦煌壁画树石造型研究》，2019年上海大学博士论文，第68—69页。
② 赵声良：《敦煌壁画风景研究》，北京：中华书局，2005年，第23页。

图 4-5　莫高窟第 249 窟须弥山　西魏

图 4-6　彭山三号石棺《三仙图》　汉代

沙漏形或束腰状，耸立于大海之中，其山根较宽，然后向上逐渐收缩，至山腰部分最细，而后又逐渐扩展，到山顶部分最为宽广（图 4-5）。在山顶建有青色屋顶的宫殿，应该就是帝释天所居住的三十三天忉利天宫。莫高窟第 249 窟中的须弥山可以说是整个敦煌壁画中须弥山的样本，而这一形象与汉代画像石中的仙山图像十分接近，如四川彭山三号石棺上的《三仙图》就是比较典型的例子。画面中的三位仙人及其侍从就坐在山底宽广、山腰收紧、山头平敞的仙山之巅，这仙山和须弥山造型十分相似（图 4-6）。甘肃酒泉丁家闸 5 号墓中昆仑山的形象可能也是敦煌壁画中

须弥山图像的来源之一，画面中西王母所居住的仙山造型和须弥山非常相似，而且从时代来看，丁家闸 5 号墓中的壁画绘制于十六国时期[①]，在时空上都比较接近敦煌早期壁画，使我们更加确信两者之间的风格渊源。

除了须弥山之外，外形酷似灵鹫的灵鹫山，群山环绕的五台山，气势雄伟的金刚山等圣山也在敦煌壁画中经常出现。

四、圣树的发展与演变

在印度佛教美术中，圣山的形象比较少见，而圣树在印度佛教雕刻艺术中却非常普遍，这主要源于印度的圣树崇拜和信仰。在佛陀形象出现之前，印度早期佛教美术多以圣树暗喻佛陀之存在，在印度犍陀罗和秣菟罗雕刻艺术中，圣树的种类繁多，其中主要以菩提树和芒果树为代表。在佛教传入中国的过程中，圣树由于受地域环境和本土艺术的影响而发展出不同的样式。如在新疆克孜尔石窟壁画中，圣树以芒果树居多，还有一些不知具体树种的圣树，这些圣树具有抽象化、装饰性的特征，如华盖一般置于佛陀的头顶，因此也被称为"华盖式"圣树。"华盖式"圣树的艺术样式尽管可以在印度犍陀罗艺术中找到原型，但树叶与花的形象与印度原来的样式相比已经发生了较为明显的变化。

在甘肃地区，炳灵寺第 169 窟中的圣

---

① 关于丁家闸 5 号墓壁画的时代问题，参见韦正：《试谈酒泉丁家闸 5 号壁画墓的时代》，载《文物》，2011 年第 4 期。

图4-7　炳灵寺第169窟说法图　西秦

图4-8　莫高窟第285窟说法图　西魏

树（图4-7）和克孜尔石窟中的圣树风格一脉相承，都属于比较典型的"华盖式"圣树，只是装饰特点略有不同而已。而莫高窟壁画中的圣树样式则更加繁杂丰富，如北凉第272窟中的"华盖式"圣树可以说是敦煌地区最早的圣树，但与克孜尔和炳灵寺壁画中的圣树样式有着较大的区别。在敦煌，最具代表性的"华盖式"的圣树应该以莫高窟西魏第288窟和第285窟为代表（图4-8）。这些"华盖式"圣树最大的特点就是不仅在佛陀的头顶部绘有与西域风格类似的"华盖式"圣树，而且在圣树的中心添加了华盖的形状，形成了用"华盖式"圣树包裹华盖的造型，这一造型形成了敦煌壁画中"华盖式"圣树的特点。

敦煌壁画中的圣树虽然在外形上和西域风格有相似的地方，整体呈圆形或椭圆形，但在圣树枝叶的描绘上，已经逐渐褪去了西域风格中的装饰性"花树"（即没有树枝的小花朵），开始表现出一种自然主义的写实手法，尽管我们还不能识别这些枝叶的属性，但其形象特征更加贴近自然，而非纯粹的抽象图案。

在印度犍陀罗和秣菟罗艺术中，芒果树的特征十分明显，但到了敦煌壁画中，这一清晰的图式及形象被不断赋予新的样式。那些由印度传来的芒果树造型在敦煌画家的笔下发生了很大变化，如在芒果树中又融入了莲花、棕榈的形象，使得芒果树的形象特征更趋复杂多样，更具装饰意味，艺术效果趋于华丽。

此外，菩提树也是印度佛教美术中比较流行的圣树之一，在敦煌早期壁画中，还出现了不少忍冬纹一样的装饰性圣树样式，树木的枝干完整，树叶为椭圆形，枝叶繁密而不散乱，大体属于菩提树的形式，如莫高窟第248、251、435窟中的树形就属此类。

进入隋唐之后，中原风格的树木也较

多地出现在佛教说法图中,如松树、柳树、梧桐、杨树等树木多和芒果树、菩提树一起出现在说法图中,呈现出写实性圣树和装饰性圣树融合发展的趋势。

总之,早期敦煌山水画中的山石树木在造型上具有很强的装饰意味,在功能上具有独特的宗教象征意涵,在风格上则表现出一定的复杂性和多样性。

第二节 "人大于山,水不容泛"的山水

由于北周以前的敦煌山水画缺乏基本的比例关系和空间关系。后人在论述这一时期的山水画时,常常与唐代张彦远所言"人大于山,水不容泛"这一说法相联系,意指早期山水画的幼稚。不过,将早期山水画中缺乏空间比例关系的现象仅仅视为幼稚,可能有武断之嫌,我们应该将其纳入到特定的文化情境之中进行理解。

一、《历代名画记》与敦煌壁画山水

从北朝到隋代早期,敦煌壁画中的山水尽管呈现出装饰性的特点,但也发生着一些微妙的变化,如树木变得更加写实,本土的树木样式不断出现在壁画之中。画工也开始在画面中努力表现山水的纵深感和秩序感等。不过,这一时期的山水在总体上还是无法摆脱魏晋南北朝时期的时代

风格。唐代张彦远形象地指出:"魏、晋已降,名迹在人间者,皆见之矣。其画山水,则群峰之势,若钿饰犀栉,或水不容泛,或人大于山。率皆附以树石,映带其地。列植之状,则若伸臂布指。"[1]

这段话所反映的是魏晋时期中国山水画的总体面貌,张彦远的形容虽然有点夸张,但也在一定程度上反映出魏晋时期的风格特征。他认为当时山峰的画法就如同钿饰和犀栉(钿饰指贝壳上的齿纹,犀栉是指犀牛角做的梳子或篦子)一样,而树木的画法就如同人伸臂布指一般。如果我们对比北朝时期敦煌壁画中的山水形象,就会发现山石和树木的画法大致符合张彦远的比喻。关于山水的比例问题,张彦远认为魏晋时期的山水比例是"人大于山,水不容泛",这一点其实也比较符合早期敦煌山水画的特点。

而之所以出现这种"人大于山,水不容泛"的山水风格,不可简单地理解为是技巧问题,认为魏晋时期的画家没有比例意识。正如王伯敏所言:"如果把它单纯地作为技巧问题来看待,在结论上,必然又会失之于偏颇。"他认为"人大于山,水不容泛"的山水风格也有可能是画工对自然的特殊认识使然。[2]还有学者认为"人大于山,水不容泛"的风格不仅仅是技法问题,更多的是意识方面的问题,这种意

---

① 〔唐〕张彦远:《历代名画记》,杭州:浙江人民美术出版社,2011年,第18页。
② 王伯敏:《敦煌壁画山水研究》,杭州:浙江人民美术出版社,2000年,第4—8页。

图 4-9 莫高窟第 257 窟西壁沙弥守戒自杀缘品故事之一　北魏

识有可能是佛教"众生平等"的观念。[1]

二、从装饰性向纵深空间的探索

为适应佛教故事画的需求，西魏至北周时期壁画中的山水形象开始在平面装饰性的基础上探寻山水纵深空间感的表现。其实这一端倪在北魏时期就已经显现，如在莫高窟北魏第 257 窟中，除了画面下边缘装饰性的连续三角形山石外，在其他三个边缘也描绘有连续的山体，它们在画面上构成了一个平行四边形的封闭的空间，呈现出一种开阔明朗的纵向空间和横向空间（图 4-9）。

到了西魏，山水空间的营造方式变得更加灵活，进一步贴近自然山水的真实空间，不再局限于某种封闭的空间，甚至出现了"近大远小"的绘画理念，如在莫高窟西魏第 285 窟五百强盗成佛因缘故事画（图 4-10）中，单个山体已经在驼峰或三角形样式的基础上发展出了"圭角式"的山石，山石的造型更加丰富，并用蓝白相间的画法来丰富山体的层次感或云气感。树木的画法也变得十分写实，贴近自然，除了来自西域的芒果树之外，画面中还出现了垂柳和修竹等形象。

在各种山水母题的组合关系中，画工们开始探索一种更加真实的场景，如树木、动物与山体之间开始出现一些掩映关系，近处的山石和远处的山石有着明显的大小之别，试图要表现一种三维纵深的空间。尽管这铺壁画还未形成真正意义上的"三

---

① 宁强：《〈历代名画记〉与敦煌早期壁画——兼论南朝绘画与敦煌早期壁画的关系》，载《敦煌壁画山水研究》，杭州：浙江人民美术出版社，2000 年，第 193—207 页。

图 4-10　莫高窟第 285 窟南壁五百强盗成佛故事画　西魏

图 4-11　莫高窟第 428 窟萨埵太子本生故事画　北周

远"空间，空间关系也显得较为散乱，整体处于二维空间向三维纵深过渡的阶段，但这种空间意识无疑会给之后的画工带来启示。

随着本生故事画在北周的流行，山水的空间感进一步增强，如在莫高窟北周第 428 窟萨埵太子本生故事画（图 4-11）和须达拏太子本生故事画中，尽管山体依然充满装饰意味，但相比北魏，这两幅图中的山水母题更具秩序感。山体在画面中的比重也进一步增强，树木的描绘也较为密集，山石和树木形成波浪式起伏。同时，根据故事情节的需要，画工利用山体组合和建筑把画面分成若干个大小不一的单元，按时间顺序把故事情节有条不紊地描绘了出来。同时，山体的组合不再是整齐的图案式排列，而是将其置于一种"真实"的自然空间之中。

总之，在西魏至北周时期的壁画中，山水的空间感不断增强。虽然山体的形状、颜色还具有装饰性，但画工在经营位置时已经有了前后、远近、掩映、穿插、遮挡等空间意识。山体也逐渐走出了"围栏式"的图案样式，更加符合自然主义手法。

第三节 从楼台建筑到"渐变所附"

建筑画在传统山水画中占据着非常重要的地位，在魏晋时期，建筑画就属于独立的绘画门类。更为重要的是，建筑画与山水画的诞生也有着十分密切的关系。据画史记载，山水画依附于建筑画而生，也因建筑画而"渐变所附"，获得独立，并形成真正意义上的山水画，这一点我们也可以从敦煌壁画中得以印证。

一、敦煌壁画中的建筑画

建筑画在魏晋画论中被称为"台榭""宫观"等，在唐代绘画史中又被冠以"台阁""台殿""层楼""楼台""宫阙""宫观"等名，属于独立的画种。到了宋代，《宣和画谱》将上述名称统称为"宫室"，仅位于"人物"之后，可见其地位之高。然而，进入明清之后，与建筑有关的作品一般被统称为"界画"，地位大不如前，被划入工匠画的行列，不被文人画家所重视，在"画家十三科"中属于"打底"的画科。在今天的美术史中，我们习惯于将"界画"

图 4-12 莫高窟第 285 窟宫廷 西魏

这一原本独立的画科纳入山水画这一整体范畴之中。

和敦煌壁画中的山石树木一样，建筑在北凉、北魏时期的壁画中就已经出现，到北周更加普遍。从建筑形式看，有佛塔，有城阙，有宫殿，有宫城，有宅第等。从表现手法看，有表现建筑正面的画法，也有侧面的画法，甚至还出现了倾斜法，以探索建筑物的深度空间。但总体而言，早期建筑画还显得比较稚拙。首先，建筑形式缺乏透视观念，整体有东倒西歪之感，屋顶无法平顺地落在墙体之上。在表现正面的城阙、殿堂及宅第形象时，一般采用剪影式的手法，缺乏纵深空间感（图 4-12）。其次，宫殿或宅第的组合形式也比较简略，没有大型的宫殿群或宅第群出现。

不同于壁画中"人大于山"的现象，建筑是佛陀说法、民众生活的场所，因此建筑在画面中从一开始就具有适用的性质。早期的山石仅仅是为了给人物框定一个活动范围或场地，场地具有实用性，而山石更多扮演着装饰或象征意义。建筑同样具有场地的性质，它必须要容得下人物。

图4-13 莫高窟第423窟东坡住宅院落群 隋代

所以，在早期敦煌山水画中，不仅有"人大于山"的现象，而且也有"建筑大于山"的现象，这一表现手法其实在后世也有延续。从莫高窟隋代第423窟须达拏太子本生故事画中山石、人物、建筑之间的关系来看，主体无疑是人物及其居所，而山石在画面中主要承担着圈定场地、分割画面、引导观众观看线路的作用（图4-13）。

在此意义上，早期敦煌壁画中的山水其实依附于人物画和建筑画而存在。但这一现象到了隋末唐初发生了变化，逐渐改变了那种附于建筑的树木及山石画法，也即张彦远所言的"渐变所附"。

二、"渐变所附"的敦煌山水画

进入隋唐之后，随着战乱的结束及国力的提升，开始大兴土木、大造宫苑。在此期间，建筑画得到了前所未有的发展，一些著名的画家都善于绘制建筑画，如隋代画家展子虔"尤善台阁"，郑法士善画"飞观层楼"，董伯仁画"楼台人物，旷绝今古"，杨契丹也善画"宫阙""小塔"。因此，美术史学者一般认为隋代的山水树石大多附属于建筑画。

不过，这一现状在唐初发生了根本性的改变，之前依附于建筑画而存在的山水画逐渐开始独立，如张彦远在《历代名画记》中论及隋末唐初的山水树石时认为："国初，二阎擅美，匠学杨、展，精意宫观，渐变所附。尚犹状石则务于雕透，如冰澌斧刃；绘树则刷脉镂叶，多栖梧菀柳。功倍愈拙，不胜其色。"[1]

"二阎"是指隋唐之际著名画家阎立本和阎立德。"二阎"之所以能"精意宫观"，是因为他们本身就是建筑家。和今天的建筑一样，古代土木工程建设必须先设计好建筑图，为了在图样中显示"环境空间"，画工一般会为建筑附上山水树石等。因此，早期的建筑画也可能就脱胎于此，是由建筑图样和以建筑为背景的绘画形式合流而成，山水树石不可避免地成为宫观建筑的附属。山水画发展至唐初，"二阎"做出了重大的贡献，他们尝试将山水从建筑画中脱离出来，即张彦远所言的"渐变所附"。"二阎"的山水画我们无从得见，但在敦煌壁画中，我们可以找到这种"渐变所附"

---

① 〔唐〕张彦远：《历代名画记》，杭州：浙江人民美术出版社，2011年，第18页。

图 4-14 莫高窟第 303 窟山水画 隋代

的风格之变。

　　张彦远之所以说是"渐变",说明山水从建筑画中独立出来,是一个长期的过程。在敦煌壁画中,建筑画的本质是为人物画而服务,即建筑为人物的活动而存在。所以,山水画从建筑画中"渐变所附"的同时,其实也从人物画中"渐变所附",其空间功能不再是之前"围栏式"圈定场地的角色。如在莫高窟隋代第 303 窟中,壁画四周的下沿第一次描绘了没有佛教内容、没有建筑的独立的山水(图 4-14),而在此之前,洞窟的下边缘一般是用来描绘药叉装饰带或金刚力士等。在第 303 窟这幅长达 13 米的"山水长卷"之中,尽管山峦的形象依然是北朝时期的风格,树木也有"伸臂布指"的特点,人物与山石的关系也有"人大于山"的现象,但已逐渐褪去了早期山石层层叠叠的拥挤感和整齐排列的装饰性,画面中的物象有着比较明确的聚散关系和疏密关系。更重要的是,山水树石的描绘手法更具自然主义,山水营造出来的意境不是佛国的境界,而是世俗世界的一个清净之地。因此,从山水画的发展来看,第 303 窟中的山水长卷无疑是一件承前启后的"渐变所附"的作品,它不仅从建筑所附中独立了出来,而且从宗教所附和人物所附中独立了出来。

　　到了莫高窟隋代第 276 窟中,山石树木的描绘手法发生了本质性的变化——由装饰性或图案化的山水画走向真正意义上的写实主义山水画,这是一次伟大的变革(图 4-15)。尽管画面中的山水依然充当着人物的背景,但从艺术手法而言,不可与以往图案化的山水树石相提并论,这也正好印证了隋末唐初"渐变所附"之下的山

图 4-15 莫高窟第 276 窟维摩诘经变山石树木 隋代

水之变。山石的描绘手法不再是早期的平涂手法和分层平涂渲染，而是一种具有自然主义的描绘手法：山石的亮面用线条勾勒出高低崎岖的轮廓，暗部用赭红色略加渲染，表现出了立体感和坚硬的质感。树木的形象变得更加易于辨认，描绘手法不再是"伸臂布指"，而是基于对树木生长规律的深刻观察，描绘手法简略而不简单，树石形象已经完全具备了"石分三面，树分四枝"的要求。

因此，隋代276窟中山石树木的画法开创了敦煌山水画，乃至中国山水画的新纪元。在功能上，它尽管依然附属于宗教，但在艺术形式上却借助宗教而获得了独立，壁画中的树石描绘手法深刻地影响到了唐宋水墨山水画的大发展，如在陕西省富平县唐节愍太子墓出土的壁画（图4-16）中，山水树石和莫高窟第276窟中的描绘手法如出一辙。即使放在宋元，第276窟中树木的描绘手法也不失其色，这说明在

隋唐之际，树木的画法已经成熟。

第四节　青绿山水

尽管唐初画家阎立本和阎立德将山水画从建筑画中独立了出来，但在"大山大水"的表现手法上还不太成熟，除了树木的描绘手法较为成熟外，山石的画法还显稚拙。直到隋代展子虔、唐代吴道子、李思训及李昭道的出现，唐代山水画才迎来了"大山大水"的发展时代，其中尤以李思训、李昭道父子的"青绿山水"最为流行，这一山水风格自然也影响了敦煌山水画的创作。

一、青绿山水的发展与成熟

相比青绿山水成熟的时间，它的概念则出现得比较晚，而且与"大青绿""小青绿""金碧山水""著色山水"等概念存在一定的模糊性。在青绿山水最为盛行的唐代，画史画论中并无"青绿山水"一说。北宋的苏轼、米芾等人也以"著色山水"称之，并未言及"青绿"。宋元之际，画史画论中开始将"著色山水"或"设色山水"分为"轻者""重者"和"金碧"三种形态。如饶自然在《绘宗十二忌》中提到："设色金碧，各有轻重。轻者，山用螺青，树石用合绿染，为人物不用粉衬。重者，山用石青绿，并缀树石，为人物用粉衬。金碧则下笔之时，其石便带皴法，当留白面，却以螺青合绿染之，后再加以石青绿，逐

图4-16　节愍太子墓墓道壁山石风景图　初唐

图4-17《女史箴图》
局部 顾恺之 东晋

折染之。"[1]

　　从饶自然的表述我们不难看出，所谓
轻设色，其实就是中国山水画的原生状态，
即以矿物质颜料石青、石绿作为主色调而
绘制山水形象，这一样式在后世一般被称
为"青绿山水"。饶自然所言的"重者"，
应该是指"大青绿"，其特征为"多钩廓，
少皴笔，着色浓重，反复叠加，装饰性强"；
而"金碧"则是指"在大青绿的基础上再
加上泥金一色，一般多用于钩染山廓、石
纹、坡脚、沙嘴、彩霞以及宫室、楼阁等
建筑物"[2]，画面极具装饰性。一般认为，
青绿山水成熟于唐代，而金碧山水则成熟
于宋代。因此，我们在这里所言的青绿山
水，并不包含金碧山水在内。

　　从敦煌壁画以及唐代墓室壁画中的山
水形象来看，唐代早期的"青绿山水"其
实就脱胎于魏晋以来"意淡而雅正"的山
水敷色理念。如在传为顾恺之所作的《洛
神赋图》和《女史箴图》（图4-17）中，
着色的山石就已经具备了"青绿山水"特

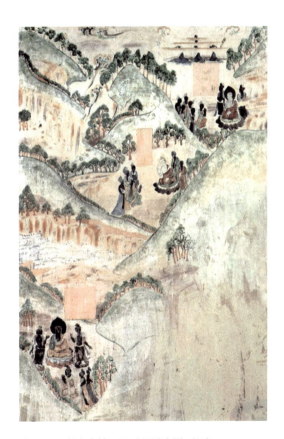

图 4-18 莫高窟第 209 窟西壁南侧 初唐

① 〔元〕饶自然著，邓以蛰点校：《绘宗十二忌》，北京：人民美术出版社，1959 年，第 4 页。
② 杨慧东：《中国早期青绿山水形态及成因研究》，2005 年南京艺术学院博士论文。

图4-19 莫高窟第431窟西壁 初唐

征，但这实际上是一种自然主义风格，是对自然山水的色彩、质感及形象的一种"真实"表达。进入隋唐之后，"青绿"的特征愈加明显，它既是对魏晋风格的一种凝练和发展，同时又形成了较为成熟的青绿山水画语言体系。

上述青绿山水画发展演变的过程我们可以从敦煌山水画中得到清晰的认知。如在莫高窟初唐第209窟（图4-18）中，山坡部分用石绿分染，以示植被；山脚用赭石色染成，表示山脚的土石；山头则描绘树木，设色雅淡轻薄，有一定的自然主义手法，似乎还不具备典型意义上青绿山水的特征，只能称之为"著色山水"。然而在莫高窟初唐第431窟（图4-19）中，描绘手法显然要比第209窟中的"著色山水"更加成熟，已经具备了"青绿山水"的要素。山体的层次感也比较丰富，在前景山体中的石绿色和赭石色对比强烈，中景部分的用色则变得清雅淡薄，而远景部

分则用花青渲染，空间层次十分鲜明。山水的用笔也更显细腻灵活，既有写意性，同时也能结合实景。画面苍翠如滴，意境清雅且富有诗意，是莫高窟青绿山水中的精品之一。

二、"唐式山水"格局的形成

在唐代敦煌山水画中，除了青绿设色方法的成熟外，还有一些比较重要的特征：一是"大山大水"格局的形成，二是对山水"三远"空间的成功表现，三是人山比例关系更加协调。

在唐初的敦煌壁画中，山水的空间关系由连续交叠后退的三角形山体组成。如在莫高窟初唐第209窟中，这些呈三角形的山体大小不一，构成前景的三角形山体比较大，然后渐次变小，显示出近大远小

图4-20 莫高窟第103窟南壁 盛唐

图4-21　枫苏芳染螺钿槽琵琶捍拨画
骑象奏乐局部　唐代

的视觉关系。同时，这种相互交叠、有序错开的三角形山体也构成了建筑的空间和人物活动的空间，由此脱离了早期壁画中由锯齿状山石为人物活动圈定场地的表现手法。建筑在画面中不再是主体，而仅仅是整个山水的构成要素之一，人物的活动虽然是壁画的主题所在，但在空间关系上并没有"人大于山"的现象，而是处在一种"合理的"自然关系当中。

到了盛唐，山水的空间关系表现得更加复杂，并形成了"大山大水"的典型格局，这在莫高窟盛唐第103（图4-20）、172、320、323窟中都有出现：画面左侧或右侧由一座"高远"的主峰构成，形成画面的近景，另一侧相对开阔，由宽阔的平原、山地及河流组成，形成一种深远、平远、阔远的视觉空间，在画面顶端，则由太阳、彩云，以及横向层叠的远山构成，由此形成了一种"L"形的空间。也有画工在画面的两侧都安排近景主峰，形成双峰对峙的构图，中间则是平远、宽阔的空间，形成"U"形的半包围空间。两种构图方式在唐代非常流行，除敦煌山水画外，日本正仓院藏唐代琵琶上绘制的山水就属典型的"唐式山水"格局（图4-21），这一山水格局对于五代两宋北方山水的大发展起到了重要的铺垫作用。

三、水和云的表现

水和烟云在中国山水画中有着非常重要的地位，正如北宋画家郭熙所言："山无云则不秀，无水则不媚。"水和云不同于山石、树木、建筑等，属于"活物"，始终处在运动之中，无常形或"无正形"，即变幻莫测，没有固定的形状，难以用图绘的形式表现。

在早期敦煌壁画中，水的画法比较简单，仅以蓝色平涂，以示池水，或以波状线条粗略勾勒，以示流水而已。到了唐代，中原画家画水的技法得到空前的提高，传说李思训画水能"夜闻水声"[1]，吴道子画水也是"终夜有声"[2]。尽管这属于传说，但从中不难想见唐代画家对于水的表现方法具有很强的写实性。李思训和吴道子的壁画我们已经无从得见，但在敦煌

---

① 〔唐〕朱景玄：《唐朝名画录》，载《中国书画全书（一）》，上海：上海书画出版社，1993年，第165页。
② 吴道子画水"终夜有声"的说法出自《芥子园画传》，但出处不明，此说应系李思训画水典故之误。

壁画中，我们可以对唐代的画水之法有一个较为全面的认识（图4-22），从种类来看，有大海，有江河，有浅溪，有池水；从形态来看，有静水，有微波，有激流，有巨浪，有瀑布等，不同种类、不同形态的水有着不同的表现方法，深浅急缓，形态各异。

云的形象在早期敦煌壁画中就曾出现，如莫高窟西魏第285窟中就绘有不少彩云，但描绘手法主要以西域传来的平涂法或晕染法为主，云的形状和当时山体的表现手法一样，

图 4-22　敦煌壁画中水的画法

图 4-23　敦煌壁画中云的画法

都富有装饰性，多出现在佛、菩萨等乘云来去的场面，具有很强的象征性。

到了唐代，画面中的烟云更具自然主义和写实意味，画法以中原的勾勒法或勾染法为主，既有"原岫与云容相连"的场景，又有"深岩云锁""山腰云塞"的画面。从表现手法来看，有"留白法"，有"勾云法"，有"染云法"，有"醒云法"等（图4-23）。从用笔及线条看，有的纤细流畅，形若游丝；有的奔放粗狂，矫若惊龙，有的稚拙含蓄，深沉稳重。

第五节　水墨山水

到了唐代后期，敦煌山水画的表现手法有了重要的变化，即"青绿山水"或"著色山水"中的色彩变得比较清雅，开始注重墨线和墨色的表现，出现了水墨晕染法和皴法。

一、用笔之变

唐以前的山水轮廓多受六朝时期"高古游丝描"的影响，一般用细而匀称的线条勾勒，没有太多的起伏变化，仅仅起着勾画边缘线的作用，线条本身的表现力并不突出。在隋唐之际，山水画家虽然受六朝遗风的影响，但线条已经有了方折遒劲之感，如莫高窟隋代第276窟中山石的表现方法就是典型的例子。

到了唐代后期，中原的山水画风主要

图 4-24　榆林窟第 25 窟　中唐

受到吴道子画派的影响。画史记载吴道子画风雄强豪放、气势磅礴，画山水"天付劲毫，幼抱神奥，往往于佛寺画壁，纵以怪石崩滩，若可扪酌"[1]，用笔"方圆、平正、高下、区直、折算、停匀，莫不如意"[2]。不过，吴道子画在"佛寺画壁"上的山水作品现已无存，其具体画风我们不得而知，但在中唐时期的敦煌山水画中，我们可以清晰地看到吴道子一派的山水风格。

如在莫高窟第 112 窟、榆林窟第 25 窟（图 4-24）中，山水风格虽然还有"青绿山水"的特征，但着色部分明显减少，山体轮廓由粗放有力、转折鲜明的墨线勾

① 〔唐〕张彦远：《历代名画记》，杭州：浙江人民美术出版社，2011 年，第 18 页。
② 〔元〕汤垕：《古今画鉴》，载卢辅圣主编：《中国书画全书 二》，上海：上海书画出版社，1993 年，第 894 页。

勒而成。线条有曲有折，有粗有细，有方有圆。用笔随意自然，有勾、刷、点、皴等多种技法，一线之内，虚实相生，变化莫测，有提按转折、轻重急缓，一改魏晋山水的纤弱之气。

二、渲染和皴法的出现

在唐代后期的敦煌山水画中，水墨的使用主要以山体结构及轮廓的勾勒为主，体现在笔法的使用上，而渲染和皴擦方法则相对较少，这其实也是吴道子画派的特征之一。如五代山水画家荆浩在评价吴道子山水时认为："吴道子画山水，有笔而无墨。"[1] 通过对比唐代中后期的敦煌山水画，我们大致可以这样理解荆浩的这句话，即吴道子画派中水墨的使用主要以墨线勾勒为中心，而缺少水墨皴擦和渲染的技法，墨线虽然在一定程度上可以表现出山水画的气势，但其形制还不是很完善。这种"有笔而无墨"的山水形象应该与莫高窟第 112 窟及榆林窟第 25 窟中所描绘的样式相差无几。不过，只要我们仔细观察，就会发现这一时期的敦煌山水画并非全然无墨，如在山体的凹陷部分、转折部分及前后山体的交叠部分，有着非常明显的水墨渲染痕迹，这在榆林窟第 25 窟中尤为明显。除了水墨渲染之外，莫高窟第 112 窟中山体的转折部分还出现了一些短促而细碎的线条，已经初步显现出山水画"皴法"的一些特征。

图 4-25　榆林窟第 3 窟西壁北侧局部　西夏至元代

三、水墨巨制和水墨小景画的重现

五代至北宋早期，正值中原地区水墨山水画的成熟期，出现了荆浩、关仝、董源、巨然、李成、范宽、郭熙等诸多"百代标程"的山水画大家。不过，由于这一时期西北地区的政治形势十分严峻，敦煌与中原的往来也变得困难重重，艺术交流几乎陷入停滞状态。相应地，敦煌山水画的绘制也未能赶上中原地区的大发展。

西夏晚期至元代，敦煌又重新受到中原画风的影响，风格主要以两宋以来的巨幛水墨山水为主，如榆林窟第 3 窟中的山水就是典型的例子（图 4-25）。尽管榆林窟第 3 窟西壁北侧的山水依然以人物背景的形式出现，但其磅礴之势尽显无余。从山峰形象来看，属于北方"大山堂堂"一路山水；山间殿堂庙宇的画法与传为李成《晴峦萧寺图》及范宽《溪山行旅图》的画法非常接近；水口瀑布的画法也类似于

---

① 〔五代〕荆浩：《笔法记》，载卢辅圣主编：《中国书画全书 一》，上海：上海书画出版社，1993 年，第 6 页。

图 4-26　榆林窟第 3 窟西壁南侧局部　西夏至元代

图 4-27　榆林窟第 3 窟西壁北侧　西夏至元代

范宽一路的风格；从树木的描绘手法来看，既有北宋画家郭熙一路的"蟹爪树法"，又有南宋画家马远一路"瘦硬方折"的树法（图 4-26）。因此，榆林窟第 3 窟中的山水应该是入元以后北方地区南北画风融合后较为流行的山水风格。

除了"大山堂堂"的崇高式山水外，西夏至元代的敦煌山水画中还有一些水墨小景画，更为可贵的是，这些小景画可以称得上是完全独立的山水画，如榆林窟第 3 窟西壁北侧的水墨山水小景就是典型的例子（图 4-27）。与上述该窟西壁南侧所绘的气势磅礴但用笔细腻的五台山不同，这幅小景画似乎是信手而成，用笔随意放松，极具写意性，画面中也没有任何与佛教有关的图像意涵。整体来看，这幅小景应该是画在人物背后屏风上的一幅"画中画"，这也是其具有独立性的重要原因之一。而类似这样的"画中画"，其实在敦煌壁画中十分常见，我们将在下一节着重了解此类山水画。

第六节　"画中画"和全景式山水

所谓"画中画"，是指画工在绘制壁画时模仿屏风或挂轴的样式，对画面的边缘进行一定的框限，从而形成"画中有画"的错觉，因此有学者将这一绘画形式称为"画中画"，也有学者称之为"屏风画"。全景式山水是指在构图上能最大程度地表现出山水空间的全貌，如同在空中俯瞰大地，因此又被称为"鸟瞰式"山水。"画中画"和全景式山水在敦煌壁画中较为普遍，与中原山水的发展有着千丝万缕的联系。

一、"画中画"

"画中画"从形式上可分为独幅立轴、独幅屏风、多幅屏风组合等。"画中画"最早可能脱胎于汉魏画像石及画像砖中的表现形式。目前所知的明确可以称为"画中画"的形象首见于初唐墓葬，在盛唐时已经非常流行，如出土于陕西的唐代韩休夫妻合葬墓就是典型的代表。[1]

敦煌壁画中比较明确的"画中画"也流行于中唐之际，和中原墓室壁画中的"画

图 4-28　莫高窟第 154 窟　中唐

中画"基本同步，其中尤以山水形象为多，如莫高窟中唐第 154、361、238、468、54 窟中的"画中画"就比较有代表性。由于山水形象出现在"立轴""屏风"等"如画"般的视觉空间之中，相对于整铺壁画而言，"画中画"显得更具画意，更具观赏性，从而淡化了画面中的宗教意涵。如在第 154 窟中，两曲三屏的"屏风"被安排在主体塑像的背后，画面以山水形象为主体，设色清新淡雅，用墨较少，用笔以细线勾勒为主，人物活动场面较小，没有影响山水画的完整性（图 4-28）。在有些屏风中，甚至没有人物活动或故事情节出现，属于独立的山水画。这些山水画尽管处在

---

① 关于屏风画的研究，参见（美）巫鸿著，文丹译：《重屏——中国绘画的媒介和表现》，上海：上海人民出版社，2009 年。

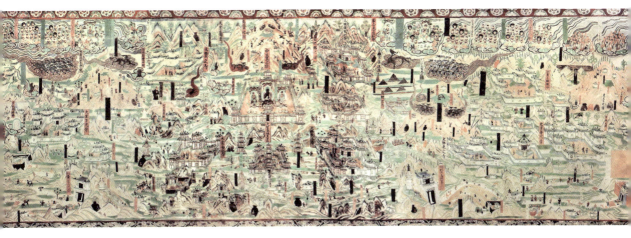

图4-29 莫高窟第61窟西壁五台山图 五代

洞窟整体艺术所营造的佛国秘境之中，但雅致的山水屏风或挂轴似乎在某种程度上又增加了不少人间烟火的氛围。敦煌画工试图用人间高雅而有诗意的山水挂轴或山水屏风来装饰佛国世界的理想境界，从而使佛陀的形象更具世俗化。在此意义上，敦煌洞窟中的"画中画"成为连接人间审美和宗教秘境的通道之一。

二、全景式山水

鸟瞰式或全景式山水构图在某种程度上还具有"地舆图"的性质。"地舆图"其实就是古代的地图，它与山水画的产生也有着一定的关系。正如童书业所言："山水画还有一个来源，那就是地图。"①此外，王伯敏也有类似的观点："我国山水画的形成，与地舆图的产生有相当的关系。……地舆图的制作目的，意在定地位、定方向、定距离。……发展到后来，在制作地理必要的位置外，加强山川地形描绘的艺术性，

使其在实用之外，起到欣赏的作用。"②

莫高窟第61窟五台山图的表现方法就有较为鲜明的"地舆图"特性（图4-29）。画面中的山岳、城池、建筑、道路、河流等都用小方格标注，这一点似乎和大多数"地舆图"的绘制方法比较相似。不过总体来看，五台山图和地舆图还是存在诸多不同之处，有着一定的艺术性或山水画的性质。

首先，和地舆图中纯粹标注地理信息的功能不同，五台山图中山石、树木的表现手法很明显属于传统山水画的范畴，具有一定的画意。对于空间的处理也非"地舆图"般对实际地域空间进行一一对应的比例缩小，而是通过"经营位置"，对山水空间及山水母题的主次关系进行了一定的调整。

其次，在描绘手法上，五台山图既有早期敦煌壁画中经变画的影子，也受到了

① 童书业：《童书业美术论集》，上海：上海古籍出版社，1989年，第41页。
② 王伯敏：《敦煌壁画山水研究》，杭州：浙江人民美术出版社，2000年，第93页。

唐代后期着色山水的影响，因此有着自身的特殊性。其构图方式可以看作是宋元"全景式"山水的雏形，也可以看作是全景式山水在民间的一种反映。

另外，这铺壁画的主题虽然是以佛教圣山五台山为主，但世俗化的特征较为明显，呈现出非常丰富的生活场景和风俗人情。这种将全景式山水和社会生活联系起来的画法在绘画史上其实一直都有延续，只是多以长卷的形式来表现，如宋代王希孟的《千里江山图》、李嵩的《西湖图》、明代的《宣宗行乐图》、清代《康熙南巡图》、《黄河万里图卷》等就是典型的例子。因此，莫高窟第61窟的五台山图是研究早期全景式山水画不可多得的存世资料。

第七节 "院体山水"、西夏山水和 "曼荼罗"中的山水

除了前几节提到的山水图式之外，在敦煌山水画中，还有一些比较重要的风格或图式值得一提，如"院体山水"、西夏山水和"曼荼罗"山水等。实际上，将它们放在一起讨论，可能比较牵强，因为"院体山水"是指风格和其产出的机构而言，西夏山水是依时代而言，"曼荼罗"山水则因山水图式而言，三者之间缺乏可比性。但为了行文上的方便，我们将三者于本小结集中论述。其中，"院体山水"是指曹氏画院画家所创作的山水图式，从中我们可以读到艺术交流与艺术发展之间的关系。西夏山水尽管在敦煌壁画中的存量极少，但留存的图式却为敦煌山水画的发展写下了浓墨重彩的一笔，而"曼荼罗"山水则有着与唐宋山水迥异的图式风格。

一、"院体山水"

敦煌山水画中的"院体山水"与中国古代绘画史中通常意义上讲的"院体山水"并不是同一个概念。在传统山水画中，"院体山水"属于"院体画"的范畴之一，一般是指两宋宫廷画院画家的山水风格，也泛指明清宫廷画家的画风。其特点是精于刻画，用笔工整，重于设色，缺乏文采等，与所谓的"文人画"处于一种对立状态。但我们这里所讲的"院体山水"则是指10世纪初期由敦煌归义军曹氏政权所建画院中的"画师"或"画匠"所绘制的山水作品。

曹氏画院大约建立于10世纪二三十年代，此时正值中原地区水墨山水画的成熟期，出现了不少驰名古今的山水大家，但敦煌地区此时与中原地区基本处于隔离状态，艺术生产者之间的交流也难以形成，中原地区最流行的山水画风自然也不能及时有效地传至敦煌。因此，这一时期的壁画主要由曹氏画院中的画家完成，其山水画基本属于唐代着色山水画的遗风，既有细线勾勒、铜绿渲染的风格，也有注重墨线、用笔粗放的风格。此外，这一时期开凿的洞窟规模都比较大，因此壁画构图布景都很宏大，如在上一节提到的莫高窟第61窟就是这一时期最典型的代表。此外，莫高窟第98窟和第36窟，榆林窟第19、

38窟等洞窟中的山水壁画也属于这一时期的风格。

　　总体而言，由于敦煌的"院体画家"居于一隅，无法汲取中原画风中的营养，在财力、物力和人力上也是十分匮乏，而"画院"这一机构也存在模式化生产、集中管理等不利于艺术自由发展的因素，加之曹氏好大喜功，壁画的绘制免不了会进入粗率之境地。不论是绘画技法还是画家群体，都不可与同一时期的南唐画院及后蜀画院相提并论。即使与中晚唐的敦煌山水画相比，也存在不小的差距，如线条不够遒劲有力，显得粗糙率意，设色种类较少等，不论用笔还是山水图式的发展，很少出现"唐式山水"的格局。不过，敦煌"院体画家"及"院体山水"的意义可能不在于它对中国山水画的发展做出了多大贡献，而是其存在本身就很有意义，它记录了五代时期敦煌地区特殊的艺术活动及时代印记。

二、西夏山水

　　西夏统治时期，敦煌壁画中的山水形象比较少，几乎不见全景式山水（尽管有不少学者将榆林窟第3窟中的山水断代为西夏，但正如我们在"水墨山水"一节所述，其绘制于元代的可能性比较大）。不过，西夏时期所绘制的"水月观音像"中的装饰性山水形象是敦煌其他洞窟壁画中比较少见的。如在榆林窟第2窟西壁门两侧都绘有水月观音（图4-30），在这两铺壁画中，菩萨身旁的山水、竹石、彩云等形象

图 4-30　榆林窟第 2 窟西壁北侧水月观音　西夏

用"工笔重彩"的方式绘制，用笔细腻严谨，造型奇古繁密，色彩厚重而丰富，显得金碧幽雅，富有很强的装饰意味，但同时又不失物象的写实性。相比于千篇一律的"绿色调"山水，水月观音中的山水形象能给观者眼前一亮的感觉。

　　除了水月观音中的山水形象外，榆林窟第2窟东壁所绘普贤菩萨身后的雄峰也很独特，其山势雄伟陡峭，直插云霄，用笔粗放流畅，顷刻而成，和勾画细腻的人物形象形成鲜明对比。山峰造型犹如一朵含苞欲放的莲花，青紫色的色调使山峰显得冷峻坚硬，与人物部分形成了鲜明的对比。从绘画风格来看，应该是受到宋金"崇高式"山水的影响。

三、"曼荼罗"中的山水

　　"曼荼罗"图案是佛教密宗艺术中最为重要的形式之一，有着浓郁的神秘主义色彩，被喻为"神圣的几何图形和象征艺术"或"神圣空间"。"曼荼罗"的图案

图4-31 榆林窟第4窟西壁北侧 元代

图4-32 黑水城出土缂丝绿度母局部 西夏

体系极其繁杂，多以几何形的装饰图案为主，其中山水形象也不例外，具有抽象性和装饰性。

具有藏传密教纹样或"曼荼罗"图案风格的壁画在吐蕃时期、西夏及元代开凿的洞窟中都有出现，而山水图案则以元代绘制的榆林窟第4窟壁画最具代表性（图4-31）。在释迦多宝佛并坐说法像中，佛陀及宝塔的周围绘有一些的图案化的山石和树木，山后祥云缭绕，绘画手法细腻繁密。山石树木用几何化的图形画出，在山体上绘有大小基本相似的小圆圈，以示纹理或空隙。颜色以石青、石绿和赭石为主，以示不同颜色的山体或树木，祥云使用了细密的勾勒法，将山体团团包围，具有很强的装饰性，整体意境显示出神秘、肃穆、庄严、静谧的特征。

关于此类山水风格的渊源和流传路径，学界一般认为是卫藏艺术和西夏艺术的融合风格，同时在元代又进行了一定的创新。如从西夏黑水城出土的缂丝绿度母（图3-32）和东千佛洞第5窟中的山石形象就可以看出这一风格渊源，只是到了榆林窟第4窟中，元代的画工又对西夏的图式进行更加严谨的刻画，使得山体和祥云更有层次感和庄严感，同时也更具装饰性。

关于敦煌山水画的内容、形式、风格、类型等，我们用了七节进行梳理和讨论，大体廓清了敦煌山水画的轮廓，同时也领略了敦煌山水画风格的多元性和复杂性，但也仅仅是触摸到了它的轮廓而已，所窥探的只是敦煌山水画的概貌。关于敦煌山水画的全貌、图式母题和表现手法、艺术风格之间的流变关系、山水画创作者的身份，以及在中国山水画史上的地位等问题，还需我们进一步探究和深挖。更为重要的是，在新时代如何用好、用活这笔宝贵的绘画遗产，也是亟待探索的领域和方向。

【思考解答】

1. 敦煌山水画和中国传统山水画有哪些不同之处？

2. 试述敦煌山水画的意义和价值。

3. 结合敦煌山水画中的"水墨山水"，论述"吴道子画山水，有笔而无墨"这句话的含义。

4. 简述山水画的形成与"地舆图"有着怎样的关系。

5. 结合莫高窟第 323、172、320、103 窟中的山水画及日本正仓院所藏捍拨画，论述"唐式山水"的风格特征。

【实践创作】

1. 细读敦煌山水画中水和云的表现方法，临摹三幅不同形态的水图和云图。

2. 分析"唐式山水"的风格特征和表现方法，结合自己的写生经历或生活经历，创作一幅山水画。

【拓展阅读】

1. 王伯敏：《敦煌壁画山水研究》，杭州：浙江人民美术出版社，2000 年。

2. 赵声良：《敦煌壁画风景研究》，北京：中华书局，2005 年。

3. 敦煌研究院主编、赵声良本卷主编：《敦煌石窟全集·18 山水画卷》，香港：商务印书馆有限公司，2002 年。

4. 赵声良：《从敦煌壁画看唐代青绿山水》，载《故宫博物院院刊》，2018 年第 5 期。

第五章　敦煌花鸟画

【导读】在以往的研究中，"敦煌花鸟画"的概念很少被提到。其实，在敦煌绘画中，除了大量的动物画和包含在装饰图案之中具有一定独立性的花鸟内容之外，还有很多折枝花卉和独幅花鸟画。这些花鸟形象除少数具有外来因素外，大多根植于我国的花鸟画传统之中，且自成体系，可以与敦煌石窟中的人物画、山水画并立。本章主要在中国花鸟画史的大背景下，重点介绍敦煌绘画中的花卉、禽鸟、走兽和神瑞四大类图像。在此基础上，对各类图像的类型、图像源流、绘画技巧及其与主流花鸟画之间的关系进行讲解。

概　述

花鸟画是我国传统三大画科之一，其描绘对象范围较广，包括花卉、翎毛、蔬果、草虫、畜兽、鳞介、水族等支科。

在中国美术史中，一般认为花鸟画是从唐代才开始独立成科的。然而，考古实物表明，花鸟作为美术表现题材的历史可上溯到原始时代。因为早在原始社会的岩画、彩陶，商周青铜器，战国帛画、漆器，秦汉瓦当、壁画、画像石、画像砖以及魏晋各类美术中，都能见到以花鸟为题材的图像。其存在方式主要有三类，第一类是作为祭祀神灵、图腾崇拜的标志，或作为图案装饰在各种实用物体之上。第二类是模仿制作外形酷似鸟兽的器物。第三类是有别于纯粹的标志和装饰图案而具有一定独立意义的花鸟主题作品。

除考古实物外，文献记载也证明了我国花鸟题材绘画历史的悠久。如《周礼·春官·司常》载："司常，掌九旗之物名，各有属，以待国事。日月为常，交龙为旂，通帛为旜，杂帛为物，熊虎为旗，鸟隼为旟，龟蛇为旐，全羽为旞，析羽为旌。"[1]《韩非子·外储说左上》中记载有一人为周君画箑，三年而成，如以特殊方式观之，则其上尽成龙蛇禽兽车马之状。同时还记载了齐王与一位画者讨论画狗马最难，鬼魅最易的问题。[2] 在南齐谢赫的《古画品录》、南陈姚最的《续画品》和唐代张彦远的《历代名画记》中，记述了汉魏两晋南北朝时期一批擅长描绘花鸟的画

---

① 王云五主编，林尹注译：《周礼今注今译》，香港：商务印书馆，1979 年，第 284 页。
② 〔战国〕韩非撰，梁海明译注：《韩非子》，太原：山西古籍出版社，第 120 页。

家，如擅画龙的曹不兴，擅画蝉雀的顾骏之、丁光，擅画马的毛惠远、蘧道愍，擅画雀鼠的刘绍祖等。

文献和实物都说明我国花鸟画的发展不仅有着悠久的历史，而且曾经涌现出很多优秀的画家和作品。然而，由于种种原因，这些表现花鸟的优秀作品都见不到了。而在地处边陲的敦煌石窟中，却保留了从十六国到清代的大量花鸟图像。这些图像虽然直接或间接地以佛经内容为依据，但在视觉表达上却深深地根植于中华文化的传统之中，其绘画风格也随着佛教在中土的传播不断中国化。

长期以来，敦煌花鸟画一方面被裹挟在装饰图案之中，另一方面又被指代成动物画。所以，与敦煌人物画和山水画相比，其真正的范围并没有被廓清，以致其独立意义与价值没有得到应有的体现。但事实上，敦煌石窟中的花鸟画不仅数量可观，自成体系，是敦煌美术中不容忽视的一个分支，而且在某种程度上能够弥补我国花鸟画资料不足的缺憾，印证唐宋以来花鸟画的繁荣，成为花鸟画发展历史中的重要组成部分。

总体而言，敦煌花鸟画主要包括花卉、禽鸟、走兽和神瑞四大类。其中花卉类主要有莲花、竹子、芭蕉、蜀葵、萱草、牡丹等；禽鸟类有鸽、鹰、雁、孔雀、鹦鹉、鸭、鸡、鹅、鹤、雉鸡、金翅鸟、马鸡等；走兽类有狮、虎、鹿、黄羊、青羊、大头羊、猴、狗、马、狐、兔、猪、象、牛、驴、狼、豹、鼠等；神瑞类有龙、凤、朱雀、玄武、皇鸟、鸾鸟、凤鸟以及各种人鸟、人兽、鸟兽合体的形象。

第一节　花卉

在佛经的描述中，佛教世界有着各种各样的花卉，有些是象征佛性的，有些是表示佛国种种奇妙的，有些是佛教诸天幻化而成的；有些是化生的，有些是自然生长的。根据这些描述，敦煌壁画、藏经洞纸画和绢画中也描绘了大量的花卉。总体上可以分为水陆所生的草木之花、飘浮在空中的散落之花、持于手中的供养之花和装饰洞窟的图案之花。从造型而言，有以现实为依据，具有写实性的自然花卉，也有借助想象、夸张、变形、嫁接等手段创造而成的奇异花卉。其中数量最多，也最具代表性的有莲花、竹子、芭蕉、萱草、蜀葵等。

一、莲花

莲花在我国传统文化中有着美好的寓意，在佛教中也有着极其重要的地位。所以，在敦煌花卉画中，莲花的数量是最多的，存在的样式是最丰富的，分布面积也是最广的。

在敦煌绘画中，除莲花图案外，具有绘画性和写实性的莲花图像主要是水中莲花与手持莲花。

莫高窟北魏第257窟后部的平棋中，描绘了一方碧波荡漾的水池，池中莲花自

图 5-1 莫高窟第 420 窟莲池禽鸟图 隋代

由生长，曲茎缠绕，婀娜多姿，还有游鸭浮于水面，简约而淡雅。莫高窟西魏第285 窟主室南壁中段通壁绘制五百强盗成佛故事画，其中水池里也描绘了游鸭莲蕾，可以说是早期具有代表性的莲池图。

莫高窟隋代第 420 窟主室西壁龛外南北两侧上部画维摩诘经变。维摩诘与文殊菩萨殿前都有带状水池，碧波荡漾，池中莲花造型各异，写实性与装饰性因素并存，湖石与各种水禽点缀，绘画技巧达到了前所未有的高度，算是当时比较纯粹的莲池禽鸟图（图 5-1）。

唐代以来，经变画开始流行。七宝水

图 5-2 莫高窟第 172 窟"十六观"中的莲花 盛唐

池是西方净土经变中的主要组成部分，而莲花又是水池里必不可少的内容。莫高窟初唐第 322 窟主室北壁阿弥陀经变七宝水池中的莲花形象鲜明，姿态多样，设色柔和，表现了莲花饱满柔嫩的感觉。莫高窟盛唐第 172 窟北壁观无量寿经变中有"十六观"的内容（图 5-2），其中所绘莲花亭亭玉立，似乎在随风飘动，叶脉随荷叶结构勾出，已经达到了很高的写实水平。榆林窟西夏第 3 窟主室西壁门南、北两侧的文殊变与普贤变中，采用线描表现了水中莲花（图 5-3），虽然在整体布局上仍有对称的装饰痕迹，但从局部来看，无论是水纹还是莲花的花、茎、叶都堪称典范之作。

在敦煌石窟，除了生长在水中的莲花外，还有大量被持于手中的莲花。这是因为佛教中有持花供养的原因。手持莲花一般有手持折枝莲花、手持盘中莲花和手持瓶中莲花，从北凉一直到元经历了几个重要的变化。

隋代以前曾流行三种手持莲花。第一

图 5-3 榆林窟第 3 窟文殊变中的莲花 西夏

种花头像车轮，枝蔓细长曲绕，带有忍冬纹叶。以莫高窟北魏第 254 窟和第 263 窟人字坡椽间天人持莲图案为代表。这种花卉一般用饱笔浓色一笔画成，波状如流，极具装饰美感。此类花卉与《长阿含经》卷四所说"手擎金花，大如车轮，供养舍利"的描述相似，其源头理应来自印度。但所展现的却是中原汉代画像砖、画像石雕刻的风韵，故而形成一种难以名状，富有地域特色的样式。第二种枝干细长弯曲，花叶和花头都很大，花叶是各式忍冬纹，花头中花瓣向外翻转，中间有突出的莲蓬，莲蓬上又有盛开的枝叶和花朵。这是西魏时期比较流行的一种莲花，如莫高窟西魏第 431 窟供养天人手中所持的莲花（图 5-4）。莫高窟西魏第 285 窟中，这样的手持折枝莲花被大面积绘制。同时，这种样式在同时期炳灵寺、中原石窟中也比较常见。第三种莲花呈扇形或尖塔形整齐均匀排列在花盘之中，外形比较规矩，花与盘结合呈橄榄形。这种盘花早在莫高窟北凉第 275 窟南壁供养菩萨、炳灵寺西秦时期第 169 窟所绘的飞天、酒泉北凉穆善塔神王线刻以及武威天梯山石窟第 4 窟中

图 5-4 莫高窟第 431 窟天人持莲图案 西魏

图 5-5 莫高窟第 285 窟手托盘中莲花 西魏

心柱菩萨手中都能见到，表现手法简约粗率。自北魏以来，此型盘中莲花在敦煌石窟大量出现，至西魏达到高峰。其中莫高窟西魏第 285 窟（图 5-5），北周第 461 窟、第 428 窟都是代表性洞窟。

隋代曾经流行一种莲花、忍冬纹叶、火焰宝珠组合的宝珠莲花。成为这一时期敦煌手持莲花中非常特殊的图像。如莫高窟隋代第 420、427、302、402（图 5-6）、244 窟等的壁画中，都有这种持于菩萨、弟子等手中的宝珠莲花。宝珠莲花作为持物大量出现，与当时宝珠莲花装饰图案的发展演变是同步的。这一时期的莲花除了造型上发生了变化外，部分还受到中原展子虔画风的影响，出现了细密

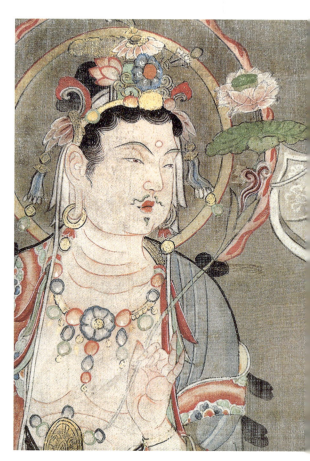

图 5-7　藏经洞绢画 《引路菩萨》 唐代

而臻丽的风格。

唐代的手持莲花更加写实，种类也更加丰富多样。盘中莲花开始打破早期扇形展开、外形规则的局面，一方面出现了自然舒展的形态，另一方面还出现了多层花瓣层层晕染的情况。同时，手托瓶（盆）中莲花也大量被表现。另外，手持长茎莲花从设色晕染到造型表现等方面都已经与宋人小品相差无几了。比如莫高窟盛唐第74 窟弟子手中的莲花、盛唐第 320 窟菩萨手中的莲花、英国大英博物馆藏藏经洞所出唐代引路菩萨手中的莲花（图 5-7）等。

五代、宋时期，中原画坛名家辈出，

图 5-6　莫高窟第 402 窟手持宝珠莲花　隋代

花卉画出现了大繁荣的景象。以《出水芙蓉图》为代表的小品画，标志着莲花的绘画表现已经达到很高的水平。然而，敦煌的手持莲花却并没有像唐代那样鲜艳夺目。这一时期除了新增一种宝相花型手持莲花外，其余基本是唐代模式的延续。莫高窟第61窟甬道北壁元代（或西夏）所绘供养僧人手托瓶中莲花，虽然已经和明清的花鸟画很相似，但完全没有唐代那样光彩照人。

二、竹子

在美术史中，唐代的萧悦被认为是最早以画竹子而著名的画家。白居易曾有一首《画竹歌》，就是专门称赞萧悦画竹艺术的。[①]但遗憾的是，萧悦的作品早就不存在了，有关唐人画竹的形象资料虽然在墓室壁画、卷轴画以及后世的摹勒刻石中能够见到，但毕竟数量极少。而在敦煌，我们不仅能看到北朝、隋、唐、宋、西夏、元直至清代所画的竹子，而且能够看到画竹艺术的风格面貌和发展演变。

总体来看，敦煌绘画中的竹子主要有三类。第一类竹子的竹竿双勾而成，竹叶用没骨法或双勾法从中心向周围呈放射状撇出，状似圆扇。由于竹子是水月观音图中的主要元素之一，所以，这一类竹子的代表性图例也主要出现在水月观音图中。如法国吉美亚洲艺术博物馆藏唐末五代纸本水月观音、天福八年（943年）绢本水

图 5-8　藏经洞绢画　《水月观音》　五代

图 5-9　藏经洞纸画　《水月观音》　五代

①〔唐〕白居易《画竹歌》："植物之中竹难写，古今虽画无似者。萧郎下笔独逼真，丹青以来唯一人。人画竹身肥拥肿，萧画茎瘦节节竦。人画竹梢死羸垂，萧画枝活叶叶动。不根而生从意生，不笋而成由笔成。……"丁如明、聂世美点校：《白居易全集》，上海：上海古籍出版社，1999年，第155页。

图 5-10　榆林窟第 28 窟　初唐

图 5-11 章怀太子墓　唐代

月观音（图 5-8）和莫高窟第 164 窟、榆林窟第 29 窟、五个庙石窟第 1 窟西夏壁画水月观音等。

第二类竹子的表现方式是竹叶在竿、枝两边呈翎羽状对称分布。这样的竹子在莫高窟持续时间很长，但不同时期的表现方法有所不同。莫高窟西魏第 285 窟五百强盗成佛故事画中的竹子，竹竿有曲直、粗细、长短变化，竹节形象比较明确，竹叶对生，表现手法生涩。莫高窟隋代第 420 窟北坡经变画中的竹子，丰富了对竹节的刻画，但竹叶还是左右平直展开，以对称对生为主。莫高窟初唐第 322 窟东壁门上说法图中绘制了较多的竹子，在表现技法上出现了两种变化，第一是有了疏密聚散，穿插叠压关系；第二是表现手法灵活多样，双勾、没骨、渲染相结合，体现出一定的写意性、自由性和灵活性。与之前相比，已经有了很大的进步。英国大英博物馆藏五代纸本水月观音（图 5-9）、天复十年（910 年）绢本观音像中的竹子，竹竿、竹叶都双勾，竹叶呈长三角形在竹枝两侧对生，有一定的写实性。与新疆吐鲁番阿斯塔那唐代第 187 号墓弈棋仕女图中的竹子形态和画法非常近似。

第三类竹子的竿、枝、叶穿插自然，有姿态，写实性较强。如莫高窟盛唐第 66 窟主室北壁观无量寿经变西侧"十六观"场景中绘制的竹林，看似简约，但竹叶的表现出现了放射状分布的新形态，绘画手法娴熟。莫高窟盛唐第 217 窟主室北壁观

图 5-12　榆林窟第 2 窟　西夏

无量寿经变里"十六观"场景中的竹子，已经是苍翠欲滴、摇曳多姿的青青修竹。榆林窟初唐第 28 窟中的竹子（图 5-10），修长挺拔，竹叶灵动，与陕西乾县章怀太子墓后甬道东壁仕女图中的竹子（图 5-11）如出一辙。从形象上看，已经与白居易所说"茎瘦节节竦""枝活叶叶动"的萧悦的风格非常相似了。

宋代以来，竹子已经化身为一种精神品格的象征符号，越来越多的画家图写竹子，不仅是一种雅逸生活的体现，更是一种个人心曲与志向的表达。美术史上出现了以文同为代表的画竹名家，他们的思想以及画竹技法也影响到了敦煌。在榆林窟西夏第 2 窟水月观音图（图 5-12）和榆林窟第 3 窟南壁下部的画面中，出现了绘画

手法写实的竹石图。莫高窟元代第 3 窟还出现了白描竹子图。这些竹子图像，不仅反映出极高的绘画水平，而且流露出较强的文人情趣，传递了中原与敦煌画竹艺术互动的迹象。

三、芭蕉

在佛教文献中，芭蕉是不坚固、不真实、无常的象征。所以，南北朝时期，文人就开始以芭蕉譬喻性空不坚。据说，王维曾画"雪中芭蕉"，成为美术史上的佳话。《宣和画谱》还记载御府所藏唐代著名花鸟画家边鸾所画芭蕉图两幅。这都算是有关芭蕉图重要的记录。但这些作品都没有流传下来。

从敦煌来看，芭蕉图像至少在隋代就已经出现了。之后被越来越多地描绘在

图 5-13　莫高窟第 172 窟　盛唐

菩萨的身后、庄前院后或空地之上，有着不同的形态，成为敦煌绘画中比较常见的花卉之一。如莫高窟隋代第314窟西壁南北两侧维摩诘经变中就绘有类似芭蕉的植物。莫高窟初唐第220窟主室北壁药师经变中表现的芭蕉，蕉叶翻转，向两边舒展开来，叶脉一丝不苟，比较写实，体现了初唐时期芭蕉画的水平。莫高窟盛唐第23窟主室北壁上部的芭蕉则表现了蕉叶聚拢，没有向两侧舒展的样子。莫高窟盛唐第172窟主室南壁画观无量寿经变一铺，场面极其宏大，宝池曲折回转，池水掩映，水中生长芭蕉高大挺拔，蕉叶正反转折变化自然，造型非常优美（图5-13）。

晚唐僖宗年间，孙位的《高逸图》中表现了芭蕉与太湖石。2006年，在湖南新化维山发现的晚唐古墓正壁的墙上，绘有两幅芭蕉湖石。《益州名画录》卷下记载："圣寿寺东廊下，维摩诘堂内，画居士方丈花竹芭蕉山水松石风候云气三堵，景福年画，不留姓名，评能格中品。"[1]《宋朝名画评》卷一载，高益尝于四皓楼上画卷云芭蕉，京师之人摩肩争玩。陈士元"喜丹青之学，尤好王士元笔"，不仅改其名为"士元"，而且画"太湖石芭蕉花之类皆如士元之迹。"[2]这都说明，晚唐、五代、宋时期，芭蕉在绘画中出现较为普遍，同时，芭蕉湖石的组合已经成为一种固定的模式被广为使用。敦煌这一时期的芭蕉在写实水平不断提高的同时，也出现了与其他植物、树石的组合。

莫高窟初唐第220窟北壁药师经变中，芭蕉繁茂，竹叶穿插其中，疏密有致，相互映衬，体现出合理的线面构成关系，可谓上乘的"竹蕉图"。莫高窟五代第61

图5-14 藏经洞绢画 《地藏菩萨像》 五代

① 〔宋〕黄休復撰：《益州名画录》，载卢辅圣主编：《中国书画全书》第1册，上海：上海书画出版社，1993年，第200页。
② 〔宋〕刘道醇撰：《宋朝名画评》，载卢辅圣主编：《中国书画全书》第1册，上海：上海书画出版社，1993年，第452页。

窟主室东壁各故事情节中穿插了大量的芭蕉，部分绽放着桃形花朵，花瓣中间有尖尖凸起的花心，显得格外娇艳。发现于藏经洞，现藏美国弗利尔美术馆的五代绢本彩绘地藏菩萨像（图5-14），身后绘有大面积的山石，前后穿插竹子、芭蕉及白色小花。画家一笔一画都极其精微，空间布置应该是经过反复推敲的。如果单独出来，就是一幅很好的"竹石芭蕉图"。再比如法国吉美亚洲艺术博物馆藏唐末五代纸本水月观音身后，表现翠竹一枝，竹笋两株，芭蕉一棵，再配上坡石和水波，也是一幅生动完整的"竹石芭蕉图"。榆林窟西夏第3窟主室南壁的"芭蕉湖石图"画面完整，具有一定的独立性。此图采用白描淡着色的方法，表现出清新淡雅的风格，已经与宋元时期文人绘画基本一致了。

四、萱草

萱草是一种百合科草本花卉植物，也被称为"忘忧草""宜男草""儿女花"。唐、五代时期，萱草形象已经比较普遍地出现在著名花鸟画家的笔下。如在《宣和画谱》中就著录了御府所藏萱草图共十八幅。其中有刁光胤的《萱草百合图》一幅、梅行思的《萱草鸡图》两幅、黄筌的《萱草野雉图》三幅、《萱草山鹧图》一幅、滕昌祐的《萱草兔图》一幅。这些名家作品至少说明萱草图像在唐代被蕴育、创造、流行并在唐末五代被著名画家广泛关注并大量表现。

敦煌绘画中的萱草图主要集中在莫高

图5-15 莫高窟第217窟 盛唐

窟唐代壁画和五代的纸画之中。莫高窟初唐第328窟西壁龛内彩塑佛像左下方和菩萨像身后都绘制了萱草图。花朵呈翘角之状，有正有侧，花叶丛生，颇为写实。莫高窟初唐第329窟西壁龛下部有供养菩萨6身，其中两身菩萨之间绘制一丛萱草，花瓣俏丽，花叶反转，绘画水平较高。莫高窟盛唐第217窟主室东壁门上说法图南侧绘一身蹲跪菩萨，菩萨眼前有萱草一株，红花绿叶，非常写实（图5-15）。莫高窟盛唐第172窟主室南壁观无量寿经变的"未生怨"画面中，有一株盛开的萱草花。法国吉美亚洲艺术博物馆藏唐末五代纸本水月观音图中,观音眼前石桌上绘制了一株萱草,线色如初,表现较为细腻。

在唐代的墓葬绘画、佛教绘画和工艺美术中,还零星存在一些萱草图像,可以帮助我们了解名家萱草图出现之前萱草图像的基本样貌。陕西省富平县李凤墓甬道西壁有唐高宗上元二年(675年)绘制的仕女图,其中就有简约的萱草图,算是目前发现较早的萱草图像资料。在章怀太子墓、懿德太子墓、永泰公主墓石棺椁的线刻中也描绘了大量的萱草图(图5-16)。新疆吐鲁番阿斯塔那墓第217号墓出土的唐代花鸟屏风画,自左至右第三幅的中心位置绘制了萱草。此图中的萱草无论茎叶与花都略显僵硬、呆板。在炳灵寺晚唐第11窟正壁佛身后也绘有萱草,表现技法比较娴熟。日本正仓院工艺美术藏品中也有萱草图像,这些萱草图像要么与竹子、佳树、奇花异草和孔雀等多种禽鸟组合在一起,营造出一种田园小景和山林野趣。要么穿插在人物的周围或脚下的碎石之中,成为人物活动环境的组成部分。在表现形

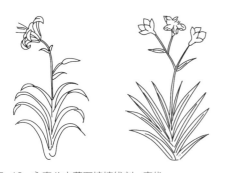

图5-16 永泰公主墓石棺椁线刻 唐代

式上既有装饰性的一面,也有写实性的一面,有些甚至已经具有独幅花卉画的特点。

可以推测出,敦煌莫高窟的萱草图像是在长安萱草图像样式影响以及当时萱草图像广泛流行的背景下出现的。

五、蜀葵

蜀葵别称戎葵、一丈红等,是一种多年生草本植物。唐代段成式《酉阳杂俎》中曾记载:崇仁(一作圣)坊资圣寺净土院内"团塔上菩萨,李异(一作真)画。四面花鸟,边鸾画。当药上菩萨顶,茂葵尤佳"。[1]这说明葵花最迟在唐代佛教绘画中就已经被描绘,并且出自名家之手。在五代、宋画中,蜀葵已经是一种比较流行的花卉品类。如《铁围山丛谈》中记载南唐徐熙曾有《碧槛蜀葵图》,后来被北宋王诜收藏;《宣和画谱》著录五代梅行思有《蜀葵子母鸡图》,徐崇嗣有《蜀葵鸠子图》;《南宋馆阁续录》卷三著录赵昌《萱草蜀葵》一幅。北宋周文矩、李迪、赵仲全,南宋许迪、李从训、李嵩、鲁忠贵、毛益等均有蜀葵画作。另外,辽宁省博物馆、台北故宫博物院、上海博物馆都有宋代佚名画家的蜀葵图。这些传世蜀葵图的同特点是枝干多斜出且有"S"形曲线,形象写实,技法高超。

敦煌蜀葵图像开始于唐、五代,流行于宋、回鹘、西夏时期。从整体来看,敦煌的蜀葵图像的主要分布区域有:其一,

① 〔唐〕段成式撰,方南生点校:《酉阳杂俎》续集卷之六,北京:中华书局,1981年,第261页。

图5-17 莫高窟第97窟 回鹘

佛龛内壁主尊塑像两侧，或菩萨、弟子、力士身后。如莫高窟盛唐第45窟、盛唐第66窟、回鹘第97窟、回鹘第140窟、西夏第70窟等。其二，殿堂窟中佛身后背屏两侧通屏绘制蜀葵。如莫高窟回鹘第152窟。其三，小型龛内三个壁面通壁绘蜀葵。如莫高窟西夏第325窟。其四，龛外两侧绘蜀葵。如莫高窟西夏第351窟。其五，佛龛外侧下部绘制蜀葵。如莫高窟西夏第353窟。其六，独立的小幅画面中绘制蜀葵。如莫高窟回鹘第97窟南壁罗汉图中就绘有蜀葵（图5-17）。

敦煌的蜀葵图像大多平行排列，高可盈丈。有的高低错落，有的枝干等高。花头较大，呈圆形，有写实型花瓣，也有近似莲花和牡丹的花瓣。花色主要有红、白

两种。可以说，在敦煌壁画的花卉中，绘制面积最大、位置最显眼、分量最重的，莫过于蜀葵。对于敦煌蜀葵图像兴盛的原因，除佛经记述的相关寓意外，还有"忠君报国"的内涵。它经常与萱草同时出现，代表着"忠"与"孝"。如果单从绘画角度而言，敦煌的蜀葵图像构图密密匝匝，绘在佛龛内外，远远望去，好似一幅富丽的花锦，极具装饰美感。不仅体现了这一时期石窟装饰观念上的变化，而且代表了写实性蜀葵图像与中原绘画中蜀葵图像流行之间的呼应关系。

六、其他

在敦煌，还有一些从形象上无法辨认的花卉，造型优美，设色典雅，具有独幅花卉画的性质。这一类花主要从唐代开始流行，一般都画在人物之间，具有分割画面和联系画面的双重功能。如莫高窟初唐第321窟东壁门上共画说法图三铺。两侧胁侍菩萨身后各绘两枝鲜花，红花绿叶简约明快而淡雅，表现得轻松自如。花朵反映出侧视、平视、仰视等多视角下的造型，使本来并不繁密的花卉变得丰富多姿，体现出画家化繁为简，以简驭繁的表现水平，已经完全具备了独幅折枝花卉画的特征。佛头顶华盖周围飘落雨花，形似梅朵，造型及表现手法与菩萨身后花卉相同。再如莫高窟初唐第323窟主室南、北两壁下画菩萨7身（图5-18），菩萨两侧画有与菩萨等高的花卉。这些花卉无论从大小、面积、分量还是绘画技巧来讲，都已经超出

图 5-18 莫高窟第 323 窟 初唐

了前代的水平，表明了花卉画在敦煌壁画中地位的逐渐提升。由点缀空间发展到人物画的背景，从这个角度上讲，其在某种程度上已经获得了与山水画同等重要的意义。

第二节 禽鸟

在我国古代画论中，唐以前很少提及禽鸟。如顾恺之论画，以人物为先，次山水、次狗马、次台榭，独不言禽鸟。在张彦远《历代名画记》中也少言禽鸟。然而，从考古资料来看，禽鸟很早就成为绘画的题材，如新石器时代河南临汝出土彩陶缸上的鹳，战国《人物御龙帛画》中的鹤等。

敦煌壁画中最早的鸟类形象出现在莫高窟北凉时期第 275 窟的尸毗王本生故事画中。在这幅画里，作者用极其简约的手法表现了一只因躲避老鹰追逐而藏到尸毗王手中的鸽子，花费笔墨不多，但将其惊恐的神情表露无遗。

北凉以后，敦煌石窟中的禽鸟种类逐渐增多，有鸡、鸭、鹅、鹤、孔雀等。其中以鹤与孔雀艺术水平最高。

一、鸡、鸭、鹅

作为人们比较熟悉的家禽，鸡、鸭、鹅在魏晋时期就多为画家所表现。据画史记载，南朝宋顾宝光就曾作《斗鸡图》。在嘉峪关晋墓壁画中也有斗鸡图。敦煌莫高窟西魏第 285 窟五百强盗成佛故事画中，绘有一幅斗鸡图（图 5-19）。图中两只公鸡拱背，翘尾，引项，怒目圆睁，脖羽竖起，一爪撑地，一爪提起，气势勇猛，非常传神。
这幅图是敦煌壁画中唯一一幅斗鸡图，但
也可以看出这一类图像在当时的水平。唐
代著名画家阎立德也画过斗鸡图。到了五
代，江南画家梅行思"工画斗鸡，至于爪起、
项引、回还、相击，宛有角胜之势"。①从
这一描述来看，梅行思的斗鸡图与莫高窟
第285窟的斗鸡图也颇为相似。

　　唐代裴孝源在其《贞观公私画史》中
著录了陆探微的《斗鸭图》摹本一幅，顾
宝光的《高丽斗鸭图》一卷。可见在魏晋
之时，鸭子也已经是绘画名家的表现对象。
莫高窟隋代第420窟主室西壁龛外维摩诘
经变殿前的水池中，描绘成双成对的鸭子，
造型较为写实。莫高窟盛唐第172窟北壁
观无量寿经变的水池中，表现一对鸭子游
于荡漾的水中，一只向前浮游，另一只回
头观看，形成一种前后顾盼的神态，颇为
生动（图5-20）。

　　鹅也是古代画家钟爱的表现题材。早
在东晋时期，画家史道硕就以善画鹅而出
名。莫高窟北魏第435窟的一幅平棋，以
中心方井为水池，方井相对两角各画一只
白鹅，只用白色在蓝色的底色上直接写出，
用笔跟随鹅的结构，笔触清晰可见，算得
上是敦煌早期的大写意花鸟画。莫高窟北
魏第257窟北壁的须摩提女因缘故事画中，
表现了佛弟子迦旃延化五百白鹄（白天鹅）

图5-19　莫高窟第285窟　西魏

为坐骑赴会的场景。画中的白鹄振翅飞翔，
姿态各异，是敦煌早期壁画中表现飞鹅的
佳作。莫高窟中唐第360窟南壁观无量寿
经变下方平台两侧的莲池中，各绘一只天
鹅站立于小岛之上，曲颈挺胸，一只平展

图5-20　莫高窟第172窟　盛唐

①〔宋〕刘道醇撰：《宋朝名画评》卷三。载潘运告编著，云告译注：《宋人画评》，长沙：湖南美术出版社，1999年，
第88页。

图 5-21　莫高窟第 360 窟　中唐

双翅，另一只舒翼未发（图 5-21）。将鹅的姿态、神情传达得十分准确而生动。到了五代、宋，善画鹅的画家和作品越来越多，如滕昌祐尤于画鹅得名，有《梅花鹅》《茴香下睡鹅》《群鹅泛莲沼等图》传于世。建阳僧慧崇工于画鹅、雁、鹭鸶。崔白善画花鸟，尤长于写生，极工于鹅。从敦煌壁画反观这些画鹅名家名作的出现，则是有一定基础与传统的。

二、鹤

在莫高窟西魏第 285 窟窟顶，有两只用赭色线起稿而没有设色的展翅飞翔的鹤，下笔肯定果断，线条洗练，一气呵成，跃然壁上，算是唐以前画鹤的代表作品之一。到了唐代，美术史上出现了画鹤成就最高、影响最深远的画家薛稷。据《历代名画记》载，他首创了"屏风六扇鹤"的样本，就连李白和杜甫都非常喜欢他画的

鹤，并写诗赞扬过他。薛稷还在秘书省画鹤，由贺知章题诗。历来学薛稷画鹤的人很多，最著名的如五代花鸟画家黄筌，"鹤师薛稷"，曾绘六鹤于殿壁上，此殿遂改称"六鹤殿"。但薛稷与黄筌的鹤均不存于世。从目前的实物中，可见西安东郊郭家滩会昌四年（844 年）梁元翰墓墓室西壁残存六扇屏风鹤图，尚有两扇可以辨认，其上各画一鹤。西安枣园咸通五年（864 年）杨玄略墓墓室西壁也残留六扇屏风鹤图。这些实例都可以反映出"屏风六扇鹤"样的一些信息。另外，传为周昉的《簪花仕女图》中有漫步的仙鹤，陕西乾县唐永泰公主墓甬道顶部有仙鹤祥云壁画，陕西富

图 5-22　朱家道村墓室壁画　盛唐

图 5-23　莫高窟第 148 窟　盛唐

平县朱家道村唐墓墓室北壁东侧有一扇独幅屏风双鹤图（图5-22），河北曲阳五代王处直墓多处绘制仙鹤祥云图，[①]都体现出较高的艺术水平。受唐五代中原鹤样的影响，敦煌壁画中绘制鹤的水平也越来越高。莫高窟盛唐第148窟观无量寿经变中，两只鹤相对而立，伸展双翅，翩翩起舞，引颈长鸣，动态优雅自然（图5-23）。榆林窟中唐第25窟南壁的观无量寿经变中，绘制一只以线描为主的白鹤，双爪抠地，昂首回眸，挺胸振翅，边歌边舞，十分生动。从技法来讲，近似于一幅白描图。其中可见流畅、稳定、富有弹性的线条。羽片勾勒一丝不苟而又流畅奔放，代表了这一时期敦煌石窟中画鹤的水平。榆林窟西夏第10窟绘一口衔鲜花，在空中飞翔的仙鹤，作者以俯瞰的视角，将仙鹤头、颈、背、双翅、尾巴和双腿的关系刻画得准确到位。东千佛洞第7窟中心柱背面有一幅西夏时期的鹤，张喙伸颈，阔步向前，造型写实，笔法细腻，是敦煌石窟鹤图中的精品。

三、孔雀

莫高窟北周第428窟人字坡顶的装饰中，两只绿孔雀身体相向，头部相背，尾羽上翘，站在莲花上，与周围的莲花相比是写实的，但从自身讲，又具有一定的装饰性，是敦煌早期孔雀图的代表。到了唐代，长安出现了以画孔雀著名的画家边鸾。据说在唐德宗贞元年间，新罗国进献孔雀，

能翩翩起舞，皇帝让边鸾在玄武殿画孔雀的样子。当时边鸾画了一正一背两只孔雀，华丽灿烂，若飞若舞，非常精彩。这一时期的敦煌石窟中，各种经变画流行起来，其中的鸟类形象更为丰富，绘画水平越来越高，孔雀也成为经变画中常见的形象。莫高窟初唐第320窟的孔雀立于莲池中的小岛上，双翅轻举，将飞未飞，生动自然。莫高窟初唐第332窟涅槃经变中画了两只孔雀，前面一只扇动双翅，尾巴高举，显得焦躁不安，另一只相对平静，一动一静，使得画面非常和谐，又富有变化。这两只孔雀相比早期的同类绘画，装饰意味明显淡化，更趋写实。榆林窟中唐第25窟南壁的观无量寿经变中，绿孔雀昂首而鸣，有轩昂、华贵之气。

晚唐、五代、宋的壁画中也有孔雀图，但主要延续之前的样式。在西夏的壁画中，同类图像又焕发出新的生机。例如，绘制于东千佛洞第2窟中心柱背面涅槃经变中的孔雀，睁着惊恐的眼睛，拖着漂亮的尾羽，扇动双翅，张嘴悲鸣（图5-24）。这幅孔雀图绘制精细，线描和敷彩并重，运笔流畅，晕染柔和，设色艳丽，堪称敦煌晚期禽鸟绘画的佳构。东千佛洞第7窟中心柱背面涅槃经变中的孔雀，仰头闭嘴，垂尾直立，流露出一种惆怅与哀伤的神情。榆林窟西夏第10窟中有一幅口衔鲜花，展翅飞翔的孔雀，不仅是敦煌壁画中少见的

---

① 李星明：《唐代墓室壁画研究》，西安：陕西人民美术出版社，2005年，第362、363、379页。

图 5-24　东千佛洞第 2 窟　西夏

飞翔孔雀图,也是敦煌晚期禽鸟画中的精品。

　　在敦煌壁画中,除了鸽子、鸡、鸭、鹅、鹤、孔雀之外,还有很多其他的鸟类。在有些经变画中,甚至会将好几种鸟同时描绘在同一画面中。比如在莫高窟隋代第420窟描绘释迦牟尼说《法华经》的画面里,就表现了各种禽鸟前来围绕听法的场面。其中的禽鸟姿态各异,变化丰富。莫高窟盛唐第66窟观无量寿经变中,同时绘制了孔雀、鹦鹉、双首雁等形象,它们在音乐的伴奏中,或静听,或起舞,各具情态,肃穆而又不失活泼。

　　总之,敦煌的禽鸟图像数量众多,在名家名作缺乏的情况下,这些作品就是我们了解古代禽鸟绘画的主要资料。所以,敦煌壁画中的禽鸟在中国花鸟画史上有着非常重要的地位。

第三节　走兽

　　自古以来,走兽与飞鸟是一对并列的概念,代表着动物的两个大类。如"飞鸟铄翼,走兽决蹄"[1]、"麒麟之于走兽,凤凰之于飞鸟"[2]、"精气之集也,必有入也,集于羽鸟,与为飞扬,集于走兽,与为流行"[3]、"如飞鸟走兽于广野,美草甘水则止,草尽水竭则移"[4]等。在敦煌壁画中,存在大量的走兽图像。最主要的有马、牛、

---

① 〔周〕尸佼等撰:《文白对照二十二子:尸子、孙子、孔子集语、商君书》,合肥:安徽文艺出版社,1996年,第55页。
② 杨伯峻译注:《孟子》卷三,北京:中华书局,1960年,第64页。
③ 〔战国〕吕不韦撰:《吕氏春秋》,哈尔滨:北方文艺出版社,2018年,第26页。
④ 〔汉〕晁错:《论守边备塞书》,载〔清〕姚鼐编:《古文辞类纂》上,武汉:崇文书局,2017年,第155页。

驴、骆驼、虎、狮、象、鹿、猴等。

一、马

在敦煌石窟中，马的形象丰富多姿，主要可分几类：第一，拉车的马。莫高窟北魏第257窟西壁九色鹿本生故事画中，拉车的白马身体修长，姿态典雅，具有浓郁的装饰性。第二，狩猎图中的马。莫高窟西魏第249窟北坡有一幅狩猎图，其中一匹马四蹄腾空，奋力向前，另一匹前蹄跃起，仰天嘶鸣，极富运动感和速度感。莫高窟北周第299窟和第301窟北坡睒子本生故事画中的国王游猎图中，猎物就在眼前，所以，又表现了奔跑但速度稍慢的马。第三，被调驯中的马。莫高窟北周第290窟中心柱西面表现了一匹被马夫调驯的马，其头小嘴阔，颈股丰硕，蹄如碗钵，是当时人们喜爱的西域骏马形象。第四，战马。在莫高窟西魏第285窟与北周第296窟都可以看到身着铠甲的战马，是珍贵的铠马的形象资料。莫高窟初唐第332窟南壁西侧绘有佛涅槃后八王争舍利的骑马战斗场面，画中的骏马身体健硕，造型

写实，通过马的飞奔把战争的激烈表现得十分到位。第五，休憩中的马。莫高窟北周301窟萨埵太子本生故事画中，用赭红色线条勾勒三匹马在休息时饮水、吃草的瞬间。其中一匹奔至河边，大口痛饮，生活气息非常浓厚。莫高窟初唐第431窟有一幅马夫与马小憩的画面，画中三匹马身材高大，结构准确，精神十足，充满活力。第六，仪卫队和乐队中的马。莫高窟晚唐第156窟的张议潮出行图和宋国夫人出行图，是敦煌壁画中马匹最多的出行图。前者多达八十余匹，后者有三十余匹。所有马都腹股丰圆，列阵站立，庄严而有气势。莫高窟五代第100窟回鹘公主出行图中有马上乐队，其中的马神态悠闲，仿佛在音乐的伴奏下踏着美妙的舞步。

敦煌壁画中，早期马的造型富有装饰性和写意之风。进入唐代，受中原的影响，马的形象趋于写实，且在神韵上都与中原近似。如莫高窟初唐第431窟的马，颇似唐三彩。莫高窟晚唐第156窟张议潮出行图中有一匹奔马，丰硕健壮（图5-25），

图5-25　莫高窟第156窟　晚唐

图5-26　昭陵六骏青骓　唐代

与长安昭陵六骏石刻青骓、什伐赤极为相似（图5-26）。

二、牛

敦煌壁画中保留着很多牛的形象，它们要么在林间悠闲地漫步，要么在田间辛勤地耕作，要么驾车为人服务，非常丰富。

莫高窟西魏第249窟北坡的山林之间，画家用简练概括的线条勾勒出一头一边行走、一边回头张望的野牛，非常传神（图5-27）。这幅画经常被作为敦煌早期动物画的典范。因为，其中体现的画家技法的娴熟以及对牛的结构的深刻理解确实达到了很高的水平。20世纪末，山西太原王郭村出土的北齐娄睿墓壁画，上承魏晋、下启隋唐，填补了绘画史上的空白。由于娄睿墓壁画技艺精湛，故有的研究者推测它可能是当时宫廷画家杨子华的作品。其中绘于墓室北壁的牛昂首摆尾，体格健壮，也用近似于线描的手法，但与莫高窟西魏第249窟相比，造型更为准确，线条表现骨骼肌肉更加到位。莫高窟初唐第431窟

图5-27　莫高窟第249窟　　西魏

图5-28　莫高窟第148窟　盛唐

供养人画像中用于挽车的牛。可能是主人前去拜佛去了，将车卸掉，让牛自在地休息。画面中，牛身侧卧，头部半侧向前，无论结构还是透视，都真实准确。在报恩经变的恶友品中，描写了牛王救护善友太子，使其双目复明的故事。莫高窟盛唐第148窟恶友品中的善友太子失明卧倒在地，牛王用舌尖舔善友的眼睛，牛群围绕期盼。其中右上方一头牛，虽然只见剪影式轮廓，但身躯壮大，翘首摇尾，步履稳健，精气十足（图5-28），颇类韩滉《五牛图》中为黑白杂花牛的神韵。莫高窟中唐第238窟恶友品中的群牛图，画面上前面一头牛向前行走，后面一头牛回头关注太子，画面温馨而感人。

在弥勒经变中，往往要绘制表现弥勒净土世界"一种七收"的牛耕场面，榆林窟中唐第25窟的牛耕图堪为代表。这种耕地形式俗称"二牛抬杠"，北方多是旱地，牛多为黄牛，画中的牛膘肥体壮，重心前倾，奋力向前，画家用粗壮有力的线条很好地表现了牛敦厚结实的身体，与周

围翻起的土壤、小草形成鲜明的对比，反映了画家深通画理，善于思考和表现的基本素养。

三、羊、驴、骆驼

羊的形象早在远古时期的岩画和彩陶纹样中就已出现，商代青铜器中就有如双羊尊、三羊罍、四羊方尊等将羊的形象与器物融为一体的艺术创造。这种以羊为主题的拟形器物在汉晋持续流行，直至宋代陵墓雕刻中都有延续。从现有资料来看，绘画中的羊，主要出现在唐代及以后。如画史记载唐代韩滉画牛羊最佳。另外，唐阎立本、周昉、宋苏汉臣、陈居中、李迪，元朝的赵孟頫等都曾有画羊的作品。在敦煌壁画中，羊的形象并没有马和牛那样多，但也有精品存在。莫高窟北周第290窟东坡画一只大角绵羊安详地站立在地面上，前腿并拢挺立，后腿微微分开，好让羊羔顺利地吃到奶水（图5-29）。用极其简洁的线条，勾画出十分生动而温馨的场景，充分体现了作者观察生活和熟练表现生活的能力。这幅作品为我们了解唐以前绘画中羊的形象及画风提供了重要的参考资料，有着重要的意义。莫高窟晚唐第9窟楞伽经变画面中的山羊造型写实，代表着唐代画羊的较高水平。

敦煌壁画中的驴和骆驼，主要是一种运输工具，表明其在古代交通中的重要性。但也有途中休憩，林间野游者。莫高窟西魏第285窟南壁五百强盗成佛故事画中，画一头黑身白腹的毛驴，前腿跪在岸边，

伸长脖子饮水的情景。同窟南坡下段修禅图中表现一头右侧前后腿被绳索缚住，欲走不能，痛苦挣扎的毛驴。这两头毛驴虽然在总体上有着程式化和稚拙的特点，但已经是敦煌早期壁画中表现毛驴的佳作。莫高窟第45窟是盛唐时期的代表性洞窟，南壁的法华经变中表现了"胡商遇盗"的情节，其中画家用近似白描的手法表现了两只驮着货物的毛驴，结构准确，线条凝练而有变化，把毛驴耳朵竖起，惊恐不定的状态描绘得非常到位（图5-30），是敦煌壁画，乃至中古代绘画中表现毛驴最成功的作品之一。

作为古代丝绸之路上的主要交通工具，骆驼是敦煌壁画中不可缺少的动物图像。莫高窟北周第296窟窟顶北坡上排从

图5-29　莫高窟第290窟　北周

图 5-30 莫高窟第 45 窟　盛唐

图 5-31　佛爷庙方砖　唐代

图 5-32　莫高窟第 61 窟　五代

右至左依次画了灌驼、槽饮、汲水、等待饮水的卧驼和驼车等场面。下排画牵驼赶马的胡商与骑马赶驼的汉人商队在小河边相会的情景。其中的骆驼用笔简洁，但形象鲜明。莫高窟隋代第 420 窟法华经变中的驼队，排列整齐，浩浩荡荡。莫高窟附近的佛爷庙曾出土有唐代的方砖，用浮雕的形式表现了胡人牵驼的形象（图 5-31），与莫高窟五代第 61 窟所画的驼运图比较接近（图 5-32）。可以说，敦煌壁画中的羊、驴和骆驼图像，不仅反映了当时人们的日常生活，而且再现了丝绸之路上商旅往来的真实情景。

四、老虎、狮子、大象

我国很早就有画虎的传统，如《周礼》中就有"熊虎为旗"的记述，汉代墓室壁画、画像石和漆器上也有虎的形象。魏晋南北朝时期，著名画家卫协曾有《卞庄刺二虎图》，顾恺之有《虎啸图》《虎豹杂鸷图》，顾景秀曾有《刺虎图》，陶景真有《虎豹图》，张僧繇有《吴王格虎图》等。根据有关虎的佛经文本，敦煌壁画中也描绘了很多虎的图像。莫高窟北魏第 254 窟南壁绘制了萨埵太子舍身饲虎的情节。其中的老虎身体细长，虽然是饿虎，但图案化的处理使得每只虎的造型都舒展优美且充满张力。这种夸张的造型手段，与汉代墓室壁画和画像石以及漆器上老虎的造型都非常接近。莫高窟西魏第 285 窟东坡和南壁分别描绘了蹑手蹑脚，跟踪伏击猎物的老虎，看似简约却十分传神。莫高窟北

图 5-33　莫高窟第 332 窟　初唐

周第 428 窟窟顶平棋上有一对老虎图案，两只虎相对而立，局部夸张而整体写实，虽为图案，但又不同于通常意义上的图案。如果将其放置在林野当中，则是山中猛虎无疑。绘于莫高窟初唐第 332 窟西龛内的老虎，健壮的四肢将拱起的身子高高撑起，回首翘尾，颇具威猛之势（图 5-33）。作者成功应用了浓淡、虚实晕染方法，表现了虎的体积和空间。可见，在唐代，动物画的整体水平的确达到很高的水平。

狮子和大象也是敦煌壁画中普遍被表现的动物。敦煌壁画中时代最早的狮子图像出现在莫高窟北凉第 272 窟南壁的狮子座中。两只狮子圆头圆脑，颌下有长须，非常简约。莫高窟隋代第 427 窟绘有一幅对狮图，图中一对雄狮口衔忍冬，相对蹲坐在宝池中生出的莲花和摩尼宝珠两侧。两只狮子的造型充满装饰趣味。随着唐代经变画的盛行，狮子形象大量出现在报恩经变和牢度叉斗圣变等画面中。莫高窟晚唐第 85 窟绘制了猎师为得到国王赏赐，诱

杀金毛狮子坚誓的故事。其中的狮子正在腾身跳起，扑向猎师，造型写实，动态逼真。而蓝色的鬣毛和尾巴则又体现了画者在用色方面的大胆创造。莫高窟晚唐第 9 窟南壁的牢度叉斗圣变中表现了狮子搏牛的画面，将狮子与牛搏斗、惊心动魄的场景描绘得十分准确。

大象是印度雕刻中最为常见的动物形象，由于大象特征明确，所以，其造型的总体基调是写实的。莫高窟北魏第 257 窟须摩提女因缘故事画中，表现了佛弟子大目犍连化现出五百大象乘之赴会的场景，其中一头大象的鼻子绕了两个圆圈，颇有想象力和幽默感。莫高窟盛唐第 103 窟南壁法华经变中有一头背负沉重货物前行的大象，身体敦实肥硕，线条流畅，造型准确，是敦煌壁画中唐代大象画作的代表。

在敦煌，文殊、普贤变自隋唐之后，长盛不衰。其中狮子和大象分别作为文殊菩萨和普贤菩萨的坐骑，经常会被对称表现出来。西夏榆林窟第 3 窟西壁南北两侧

图 5-34　榆林窟第 3 窟文殊　西夏

图 5-35　榆林窟第 3 窟普贤　西夏

的文殊、普贤变即是代表。在这两幅图中，狮子和大象充分体现了这一时期线描的高度发展（图 5-34、5-35）。画家游走于写实与写意、抽象与具象之间，体现出很高的造型能力和线条组织技巧。从中可以看到狮子和大象整体是写实的、具象的，但从局部来看又是抽象的、不写实的。比如大象的腿部、狮子的胸部等处完全是一种夸张的、抽象的表达。

除了马、牛、羊、驴、骆驼、虎、狮、象等之外，敦煌壁画中还有诸如鹿、猴、猪、狗等，都是认识、构建我国走兽画的重要资料。

第四节　神瑞

在敦煌石窟中，除了以现实为依据所作的禽鸟和走兽外，还有一类动物形象，造型奇特、怪异，或是半人半鸟，或是半人半兽，或是半鸟半兽，或是好几种动物的复合体。总之，这一类动物是现实生活中不存在的，是一种超自然的、神瑞的象征，常常被称为神瑞动物画、祥瑞动物画，或者瑞兽。

一、风、雨、雷、电诸神

中国传统的风神又称风伯，早在《楚辞》《周礼》中就有记载。其图像最早见于河南南阳和山东武梁祠的东汉画像中，作乘车张口吹气状。在敦煌莫高窟西魏第 249 窟窟顶西坡，风神人兽合体，双手举长条形风袋，作鼓风状（图 5-36）。

根据《山海经》记载，雨神龙首人身，其出入必有飘风暴雨。莫高窟西魏第 285 窟窟顶西坡的雨神龙首、龙爪、人身，有双翅，口中倾吐着雨丝。

图 5-36　莫高窟第 249 窟　西魏

王充《论衡》中记载："图画之工，图雷之状，垒垒如连鼓之形，又图一人，若力士之容，谓之雷公。"莫高窟西魏第249窟窟顶西坡的雷公周围有连鼓，但是一个兽头、人身、鸟爪合体的怪异形象。莫高窟西魏第285窟窟顶西坡、初唐第329窟龛顶的雷神也为人兽合体形象。

电神，俗称打闪。《神异经》说玉女投壶，天为之笑则闪电。莫高窟西魏第285窟窟顶北坡的电神人兽同体，双手执铁杵，用力下砸，发出闪电。

二、天皇、地皇、人皇

敦煌壁画中有大量民间传说的神话人物，如伏羲、女娲、东王公、西王母、三皇、玉帝等。其中的三皇均为龙首人身。三皇，原指传说中上古的三位帝王，或遂人、伏羲、神农；或伏羲、神农、祝融；或伏羲、女娲、神农，传说不一。到了西汉末，流传新三皇，即天皇、地皇、人皇。《始学篇》说："天地立，有天皇十三头，号曰天灵，治万八千岁。""地皇十一头，治八千岁。""人皇九头，兄弟各三百岁，依山川土地之势财度为九州。"唐代司马贞《补三皇本纪》则说天皇十二头，地皇十一头，人皇九头。[①]

莫高窟西魏第285窟窟顶东坡的天皇人首龙身，但作十四头（图5-37）。地皇人首龙身，作十一头。人皇人首龙身，作九头。西魏第249窟窟顶也有三皇形象，

图5-37　莫高窟第285窟天皇　西魏

其中南坡十一头，北坡十三头，东坡九头。由于《山海经》中有开明兽"身大类虎而九首皆人面"的记载。所以，有些资料中也将这类图像视为开明神兽。

三、龙、凤

龙和凤都是我国古代的神瑞动物，也是我国艺术中的传统图像。所以，敦煌石窟中的龙凤基本都是我国传统的样式。具体而言，龙的形象在敦煌石窟的龛楣、华盖、藻井、经变画、佛传图、因缘故事画和供养人画像中都能见到。而凤的形象也贯穿于自北魏至元的各个朝代，最初与天宫伎乐为伴，从西魏起，或与飞天、仙人、孔雀一起翱翔在虚空之中，或为西王母挽车，或作为华盖、藻井等装饰中的纹样。唐代开始，又常与仙鹤、孔雀、迦陵频伽等一道，出现在佛国净土的祥瑞氛围之中。

莫高窟隋代第392窟窟顶的藻井图案中，两条龙从两侧疾驰会合，各举一爪争夺置于莲花上的宝珠，尖喙巨口，身体细瘦且短，是敦煌藻井纹饰中最早的龙的形

---

① 谭蝉雪卷主编：《敦煌石窟全集·民俗画卷》，上海：上海人民出版社，2001年，第229页。

象。这种造型的龙在敦煌延续时间较长，如直到莫高窟宋代第 235 窟窟顶的藻井中仍能见到。

《图绘宝鉴》记载，宋代的陈容"善画龙，得变化之意，泼墨成云，喷水成雾，醉余大叫，脱巾濡墨，信手涂抹，然后以笔成之，或全体，或一臂一首，隐约而不可名状者，曾不经意而得皆神妙。"[1]可见，陈容对龙的样式进行了创新。东千佛洞第 2 窟甬道顶西夏所画的一条黑龙，张口瞪眼，势若蛇行，蜿蜒摆动，气势磅礴，充满运动感和力量感（图 5-38）。榆林窟第 10 窟窟顶西夏所画的一条红色的龙，张牙舞爪，乘云而行，与前者颇为相似。榆林窟第 2 窟东壁以白描手法绘龙一条，嘴如盆，眼如环，爪似钩，居高临下，有排山倒海之势，令人望而却步。虽然只残存局部，仍然不失为敦煌壁画中不可多得的杰作。从这三条龙中，仿佛可以看到陈容笔下的龙的影子。

莫高窟西魏第 249 窟东坡北侧，绘有

图 5-39　东千佛洞第 2 窟　西夏

一只展翅飞翔的凤鸟，身后那长长的尾巴或许可以看作是其主要的特征，但装饰性风格仍然比较明显。莫高窟初唐第 332 窟南壁涅槃经变中的凤鸟，挺胸展翅，尾羽高扬，体型高大，刻画精细，已经表现出凤的规范化特征。东千佛洞第 2 窟西夏涅槃经变中的凤鸟，造型优美，设色艳丽，动态自然舒展，可以说是敦煌晚期凤鸟图

图 5-38　东千佛洞第 2 窟　西夏

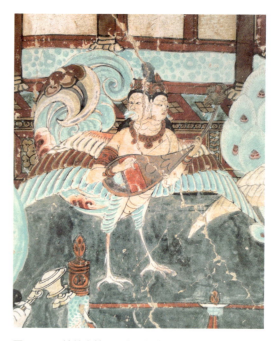

图 5-40　榆林窟第 25 窟　迦陵频伽　中唐

---

① 〔元〕夏文彦撰：《图绘宝鉴》卷四，载卢辅圣主编：《中国书画全书》第 7 册，上海：上海书画出版社，1993 年，第 479—480 页。

中的佼佼者（图5-39）。绘制在莫高窟第16窟窟顶的龙凤藻井图案，龙凤均用浮塑手法而成并贴金，龙以朱红做底，凤以石绿做底，造型逼真，富丽堂皇，是西夏时期龙凤同图的经典之作。

敦煌石窟中的神瑞动物，除了风、雨、雷、电、三皇诸神与龙凤之外，还有鹿身，背上有翼的飞廉，人头鸟身的千秋，半人半鸟，演奏乐器的迦陵频伽等（图5-40）。它们造型怪异，代表着一种神奇的、超自然的力量，象征着一种祥瑞，是敦煌石窟动物画中一类极富想象力和创造力的图像。

本章共分四节，分别就敦煌石窟中的莲花、竹子、芭蕉、萱草、蜀葵等花卉，鸽子、鸡、鸭、鹅、鹤、孔雀等禽鸟，马、牛、羊、驴、驼、老虎、狮子、大象等走兽，风、雨、雷、电、三皇诸神与龙、凤等神瑞做了介绍和分析。需要说明的是，动物和植物是人类的伙伴，所以其形象在世界各地都有出现。佛教美术中所表现的很多动物和植物又都出自佛经的描述，而作为佛教的发源地，印度佛教美术中也有大量的动植物形象，且对敦煌有直接或间接的影响。但从敦煌石窟中的动植物题材绘画来看，其主要画风仍然根植于中华艺术的沃土之中。尤其是随着佛教中国化的进程，敦煌的花卉、禽鸟、走兽、神瑞等均与中原主流绘画融合互动。就今天看来，这些因佛教而起，绘制在敦煌石窟中的动植物形象，已经成为我国花鸟画发展历史上不可或缺的组成部分。

【思考解答】

1. 敦煌花鸟画和中国传统花鸟画有哪些不同之处？

2. 敦煌花卉画的主要特征是什么？

3. 试述敦煌动物画与中国传统动物画之间的互动关系。

4. 试述敦煌神瑞图像对绘画创作的启示意义。

5. 试述敦煌花鸟画的意义和价值。

【实践创作】

1. 细读敦煌花鸟画中花卉、禽鸟、走兽的表现方法，并结合宋人花鸟小品，临摹三幅花鸟图。

2. 以敦煌花鸟画为依据，综合花卉、禽鸟、走兽题材，创作一幅花鸟画。

【拓展阅读】

1. 刘玉权主编：《敦煌石窟全集·动物画卷》，上海：上海人民出版社，2000年。

2. 谭蝉雪主编：《敦煌石窟全集·民俗画卷》，上海：上海人民出版社，2001年。

3. 马德主编：《敦煌石窟全集·交通画卷》，上海：上海人民出版社，2001 年。

4. 姚舜熙编著：《中国花鸟画学概论》，北京：高等教育出版社，2007 年版。

5.《中国墓室壁画全集》编辑委员会编：《中国美术分类全集·中国墓室壁画全集·隋唐五代》，石家庄：河北教育出版社，2011 年。

6. 刘婕：《唐代花鸟画研究》，北京：文化艺术出版社，2013 年。

第六章 敦煌雕塑

【导读】敦煌雕塑在敦煌石窟中具有重要地位，往往决定着一个洞窟的空间布局和功能。本章主要以佛像、菩萨像、弟子像、天王力士像、僧像、飞天、千佛、龙首和羽人等为对象，从造像样式、表现技法、艺术特征等方面进行论述。

概　述

一、"敦煌雕塑"的概念

"敦煌雕塑"是指敦煌石窟的雕塑，学界对"敦煌雕塑"的概念并没有固定的称谓，也有学者将其称为"敦煌彩塑"，以突出其作为地方传统雕塑工艺的特色。一般而言，彩塑是雕塑中的一个类别，有石窟彩塑、庙宇彩塑、陵墓彩塑、民间彩塑四类。与"敦煌彩塑"相对应的还有"麦积山彩塑""山西彩塑"等。

敦煌雕塑始于十六国时期的北凉，历经北魏、西魏、北周、隋、唐、五代、宋、西夏、元代，一直到清代仍有补塑。目前敦煌石窟中尚存雕塑 3000 多身，其中圆塑 2000 多身，浮塑 1000 余身。大多数塑像保存完好，部分雕塑经过后代重修。其历时之长，数量之多，技艺之精，为世界之瑰宝。

二、敦煌雕塑的主要特征

第一，程式化。敦煌雕塑属于佛教艺术的范畴，带有鲜明的宗教色彩，特别是佛像的塑造，并不是雕塑匠师的自由创作，而是要严格遵守教义规范，受教义规范的制约。佛像的面相和躯干经过概括、夸张、变形、定型等，身体比例和姿态有着严格的规范。佛陀是神化了的人，有异于正常人的相貌，集人性与神性于一体，不能塑造成普通人的相貌，需要满足佛教造像规范"三十二相""八十种好"。除此之外，佛像的程式化还体现为约定俗成、具有一定象征意义的手印和姿态。不同佛像面貌基本一致，不易辨识，主要是通过手印、姿态和手持法器等来辨识，这在佛教雕塑中有着重要意义。

第二，塑绘结合。敦煌石窟的雕塑艺术，不是孤立存在的，同石窟建筑、壁画有机地融为一体。在具体造像中，泥塑完成后，表面用石青、石绿、赭石等彩绘，体现出"塑容绘质"的艺术特征。其一，一些局部雕像塑完后，需要用颜色画出细节，诸如眉毛、甲胄等。其二，尊像的主体部分采用泥塑，而部分衣褶、飘带、头光等则画在背后的壁面上。其三，在一铺造像中，主尊人物用泥塑呈现，而次要人物则在墙面上以绘画的形式呈现，体现出鲜明的塑绘结合艺术特征。总之，塑绘结合成为敦煌雕塑的显著特征之一，"塑"使"绘"的内容更加显示出立体感，"绘"使"塑"的体量更加庄严华丽。

第三，融入线条的造型因素。敦煌雕塑是中国传统雕塑的重要组成部分，因受绘画理论的影响，呈现出以线造型的特征，譬如贴泥条、阴刻、用颜色画线等，追求自然、流畅的线条美，表现出一定的绘画审美韵味。敦煌石窟北朝时期的佛像，衣褶紧窄而流畅，多用阴刻的线条表示，体现出"曹衣出水"式的衣纹。

第四，多种风格相融合。佛教自两汉之际传入中土，外来的佛教雕塑艺术样式以及技法也随之被传入，匠师们在处理外来艺术样式时，会不自觉地受到所处环境和民族传统文化的影响，在吸收借鉴秦汉雕塑艺术的基础上，结合外来佛教雕塑的样式和技法，创造出具有我国民族特色的佛教雕塑。

三、敦煌雕塑的类型

敦煌雕塑类型主要有圆雕和浮雕两种，圆雕主要以泥塑彩绘为主，人物塑像多背靠壁面，与壁画形成一个整体，往往人物采用圆雕，而头光、身光、化佛等绘于壁面。如早期莫高窟的佛像，基本上都是紧贴壁面，增加塑像的稳定性。

敦煌雕塑除圆雕外，还有很多浮雕，浮雕是二维平面绘画与三维立体雕塑的结合，既能表现绘画中的场景、道具、透视等内容，又具备圆雕的立体感。泥塑浮雕通常又被称作浮塑，主要用来表现龛、龛、佛坛或洞窟四壁的装饰部分，表现内容有千佛、飞天、供养菩萨，以及龛楣上的龙、凤、羽人和植物纹样等。如莫高窟北魏第257窟中心塔柱四周上部，供养菩萨、飞天，龛尾的龙头和龛柱均采用浮塑手法；莫高窟北周第297窟西壁圆拱龛龛楣中浮塑交龙、羽人、莲花龛柱等。这种浮塑手法大量运用于十六国北朝石窟寺造像中，除敦煌雕塑外，金塔寺石窟、麦积山石窟中也可见到大量浮塑内容。如金塔寺石窟中心塔柱上浮塑的造像形态各异，栩栩如生，造像接近于莫高窟第275窟彩塑风格。

浮雕中还有一种特殊的表现样式，称为影塑。传唐代雕塑家杨惠之在长安、洛阳等地的寺院中塑有许多像，并首创影塑，即将人物放置在壁面山石浮雕之中的浮雕样式。影塑通常是圆雕和浮雕的结合，塑像上部多为圆雕，下部紧贴壁面，或者预先制作好泥塑浮雕形象，然后用模具翻制，再将翻制出来的浮雕背面粘贴于墙壁上，然后将表面进一步处理，并进行敷彩。有些影塑为了达到逼真的效果，往往将浮雕上部悬空于墙壁，下部斜插入壁面，产生真实、有前后错位和空间感的形象。如莫高窟北魏第254、435、437窟等，都存有影塑飞天和供养菩萨。

四、敦煌雕塑的制作过程

敦煌石窟的岩石结构属于第四季酒泉系沙砾岩层，由细沙和砾石沉积黏结而成，虽适合开凿石窟，但不适合雕刻佛像，所以造像主要为石胎泥塑或木胎泥塑。敦煌雕塑的制作过程主要有如下四个步骤：

第一步，制作骨架。骨架是泥塑像的"骨头"，起到非常重要的支撑作用，匠师们根据要塑造对象的姿态，选择合适的圆木进行搭骨架。制作中、小型雕塑和超大型雕塑，采用的内部骨架是不同的。制作中小型雕塑，先用合适的木头削出头部的形状，用弯曲的圆木制作身躯，用带榫的圆木制作手臂，有的塑像手指中加入了铁条，然后依次用粗泥、细泥塑造形体。制作超大型雕塑，往往在开凿洞窟时，提前预留好石料，凿成一定姿态的石胎，外层依次敷上粗泥和细泥。

第二步，扎大形。在事先制作好的骨架上，捆扎上合适体量的芨芨草或芦苇草，这样可以减轻骨架负重的压力，固定骨架上的泥巴，同时能确保加泥时薄厚均匀，晾干过程中让泥巴均匀收缩，减少开裂，还能节省泥量。有的骨架后面还需要预制好横向的木桩，将其嵌入背后的壁面，这样起到很好的固定作用。

第三步，敷泥。敦煌雕塑所用的泥巴有两种，一种为粗泥，另一种为细泥。塑造的第一遍要先用粗泥，也就是细泥中加入一定的芨芨草或芦苇草，依据塑造的形体，敷第一遍粗泥，等待晾干后，如果草泥大形已经塑好，才能上第二遍细泥。待半干非干之时，再用棉花细泥塑造形体的细节部位，干燥后涂上一层白粉，打磨光滑，直到塑像基本完成，便可以彩绘。

第四步，敷彩（妆銮）。敦煌石窟早期雕塑所用的颜色种类比较少，主要有白、土红、石青、石绿等，遵循"随类赋彩"的原则。佛像多用土红，菩萨肌肤多为白色，服饰上多用石青、石绿。隋代的彩塑中，佛陀、菩萨像的服饰中出现了织锦的图案。唐代的彩塑造型和颜色显得更加富丽堂皇，并且部分佛像上还有贴金。

第一节　佛像

敦煌石窟早期洞窟中，佛像多以释迦牟尼佛、释迦、多宝二佛并坐、交脚弥勒等为主，敦煌石窟中的佛像雕塑，按照姿态可分为交脚式佛像、结跏趺坐佛像、立佛像、倚坐佛像和涅槃像。

一、交脚式佛像

敦煌石窟中的交脚式佛像，多出现在十六国北朝的洞窟中，深受古印度、中亚和西域佛像艺术的影响，敦煌石窟早期的交脚式佛像雕塑多为弥勒佛。以莫高窟第254、268窟交脚式佛像雕塑为代表。

莫高窟北凉第268窟西壁圆拱龛内塑交脚佛像（图6-1），高0.76米，交脚式坐姿。佛像头部经宋代补塑，高肉髻，宽额，眼睛微闭，嘴角略带微笑。肩部宽而圆润，双脚脚尖着地。佛像内着僧祇支，外披袒右肩土红色袈裟，衣纹用阴线刻出。佛像的头和躯干紧贴壁面，形成一种视觉上的稳定感，佛像背面彩绘石绿色头光和身光。龛顶绘花盖，龛两侧各画两身供养菩萨，龛檐绘有火焰形龛楣和希腊式龛柱。从此龛绘塑中，可以看到中西文化在敦煌地区的交流与融合。

莫高窟北魏第254窟主室中心塔柱四面开龛，东向面开一尖楣圆拱龛，龛内塑交脚佛一身，像高1.9米。佛像头顶为高肉髻，波状发髻，面相长圆，面部施金，额部有残，佛像内着带斑点花纹状的白色

僧祇支，外披袒右式土红色袈裟，衣纹采用贴泥条和阴刻线相间的方式塑造，薄衣透体，表现出"曹衣出水"式的艺术特征。衣摆紧贴台座侧面，衣纹呈放射状，富于装饰性，交脚坐于方形台座上。佛像身后用蓝绿色画火焰纹头光、身光，龛内色调对比明显，和谐统一。

二、结跏趺坐佛像

敦煌石窟中不同时期的佛像雕塑，结跏趺坐佛像比较普遍，主要以释迦牟尼佛为主。跏趺坐佛像有禅定像、苦修像、说法像三个类型，其中十六国北朝时期佛像雕塑主要以禅定像和苦修像为主，说法像较少。隋唐以来的洞窟中说法佛像雕塑较为普遍。

（一）禅定像

禅定像的形象特征是佛像结跏趺坐，禅修入定，双手放于腹前结禅定印，多以此形式表现释迦牟尼佛禅定、修行、成道的形象。如莫高窟北魏第248、251、254、257、259、260、263、431、435、437窟，西魏第288窟，北周第432窟，隋代第427窟等，都塑有禅定佛像。

莫高窟北魏第259窟北壁下层东起第一龛禅定像（图6-2），佛像高0.92米，头部前倾，高肉髻，线刻波状发髻，面相方中带圆，线刻弯眉，尖鼻梁直通额部。嘴角上翘，露出一丝禅悦的微笑。佛像身着通肩袈裟，结跏趺坐于方形台座上，以阴刻线表现衣纹，线条流畅，疏密有致，左膝有残破。塑像表现的是释迦牟尼佛静心

图6-1　莫高窟第268窟西壁交脚佛像 北凉

图 6-2　莫高窟第 259 窟北壁下层东起第一龛禅定像
北魏

禅修，沉浸于禅悦之中的境界。塑像最成功的表现之处在于对微笑的含蓄处理，有"东方的微笑"之称，堪与其他中外优秀雕塑媲美，此尊雕塑不仅是敦煌石窟禅定佛像的代表，也是中国传统雕塑的精品。

莫高窟北魏第 263 窟北壁前部上层禅定像，像高 0.9 米。佛像结跏趺坐，头部肉髻隆起，身着通肩袈裟，线刻衣纹，结禅定印。

莫高窟隋代第 427 窟中心塔柱南、西、北向面圆拱龛内，各塑禅定佛一身。此窟禅定像已经摆脱了北魏末期以来的"秀骨清像"风格，与同窟中心塔柱东向面、南北壁前立佛相比，比例更加匀称，造型准确，佛像体格雄伟健壮，为唐代佛像雕塑奠定了基础。

初唐以来的洞窟中，随着佛教不断中国化，信徒修持方式的转变，洞窟中单尊的禅定佛像逐渐减少，组合式说法佛像逐渐盛行。

（二）苦修像

苦修像严格地说应属于菩萨像，是悉达多太子成佛前、离家后隐居于尼连禅河边丛林苦修六年的形象。虽形貌消瘦，但意志依然坚定。后来悉达多太子改变修行方式，在菩提树下悟道成佛。古印度的苦修像一般上身半裸，有披巾，敦煌石窟中的苦修像均为佛装。

在古印度佛教造像中，已经出现了释迦苦修像，如雕刻于犍陀罗约 2 至 3 世纪的释迦苦修像（图 6-3）等。中国目前遗存下来最早的苦修像位于永靖炳灵寺石窟第 169 窟南壁下部，为西秦时期塑造。莫高窟北朝中的苦修像也较为常见，如北魏第 248、257、260、437 窟，西魏第 432 窟等洞窟中的苦修像。

莫高窟北魏第 248 窟中心塔柱西向龛内的苦修像（图 6-4），高 0.93 米，结跏趺坐于金刚座上，两手作禅定印，被衣摆覆盖。佛像内着僧祇支，外穿双领下垂式土红色袈裟，衣纹采用线刻方式表现，均匀流畅。头顶高肉髻，波浪形发髻，低头俯视。虽看起来皮肉松弛，眼窝深陷，瘦骨嶙峋，但五官端正，眉宇清秀，表现了释迦牟尼苦修时性格坚毅、专心修行的形象，此尊塑像是敦煌石窟中苦修像的代表。

莫高窟中的苦修像，一般出现在中心

图6-3　犍陀罗释迦苦修像 约2至3世纪

图6-4　莫高窟第248窟中心柱西向龛苦修像 北魏

塔柱窟中，被安排在中心塔柱的西向面或南向面下层龛内，多为双树形圆拱龛，象征释迦牟尼在丛林中苦修。可以看出，苦修像的造型和在洞窟中的位置应该具有固定的造像范式，隋代以来的洞窟中很少见到苦修像。

（三）说法像

说法像最显著的特征在于佛像的手印，佛像双手或单手作说法印，即中指同食指相捻，其他手指自然弯曲。壁画中的说法像手印可以准确表达佛说法的特征，但在雕塑中，作说法印的手势并不规范，为了便于塑造，往往将说法印的手指，塑造成四指并在一起的手形，再有许多佛像由于年代已久，手臂多断裂或已残损，所

以导致说法佛像不易辨认。莫高窟中存有说法像的洞窟有北魏第248窟，初唐第71、328窟，盛唐第320窟等。

北魏莫高窟第248窟中心塔柱东向面圆拱龛内佛像，结跏趺坐于莲台上，右手施说法印，佛像身着通肩袈裟，衣纹用线刻刻出，均匀流畅，薄衣贴体，为北魏太和改制以前的佛像样式，明显受到外来佛教造像的影响。

莫高窟初唐第328窟西壁龛内说法佛像（图6-5），结跏趺坐于束腰八棱形须弥座上，面相略长，头顶高肉髻，面相长圆，两颊丰硕，嘴角及下颌绘有胡须。右手作说法印，左手放于左膝上，身着田相袈裟，衣服裹双脚，衣摆悬垂于须弥座周围，此

图 6-5　莫高窟第 328 窟西壁龛内说法像　初唐

种造像样式受到来自当时长安"贞观样式"的影响。

三、立式佛像

立式佛像指的是站立的佛像，在古印度佛教造像中，立式佛像较为常见，如 2 至 3 世纪犍陀罗雕塑佛陀立像（图 6-6），佛像高肉髻，头顶有螺髻，蛋形脸，身着通肩式袈裟，衣纹呈"U"形上下排列，富于变化，衣褶厚重，自然流畅，跣足而立。脸部肌肉骨骼不明显，是古希腊式佛像雕塑的代表。

我国石窟中现存最早的立式佛像雕塑位于永靖炳灵寺石窟第 169 窟。莫高窟立式佛像从隋代开始出现，代表洞窟有莫高窟隋代第 244、280、282、292、427 窟，

初唐第 332 窟，中唐第 158 窟等。立式佛像多以三佛形式出现，莫高窟隋代第 280 窟立佛像是个特例，为单尊立佛像。

敦煌石窟中的立式佛像有两种类型，一种为纵三世佛；另一种为倚山瑞像，也称之为"凉州瑞像"。

莫高窟隋代第 427 窟中心柱东向面与南北壁前部各塑立佛一铺，佛像高达 4 米有余，是莫高窟现存最大的立佛像。

莫高窟初唐第 332 窟中心塔柱东向面与南北壁前部各塑立佛一铺，每尊佛像两侧塑有胁侍菩萨，共同组成纵三世佛，表

图 6-6　犍陀罗佛陀立像　2 至 3 世纪

图 6-7　莫高窟第 158 窟南壁立佛像　中唐

图 6-8　莫高窟第 203 窟西壁龛内倚山瑞像　初唐

示过去佛、现在佛、未来佛。[①]

莫高窟中唐第 158 窟为大型涅槃窟，主室西壁佛床上塑涅槃像，南壁塑立佛像（图 6-7），为过去世迦叶佛；北壁塑倚坐佛像，为未来世弥勒佛，同佛床上的涅槃像共同组成三世佛造像。该尊立佛像高 4.3 米，形体高大，比例匀称，眉毛细长，双眼微闭，俯视下方，面相方圆。此身佛像是唐代立式佛像的代表。

初唐以来，敦煌石窟多塑倚山瑞像，此类佛像在壁画和塑像中均有，代表洞窟有莫高窟初唐第 203 窟，盛唐第 300 窟等。莫高窟初唐第 203 窟西壁龛内塑倚山瑞像一身（图 6-8），佛像倚山而立，面相略方，头顶肉髻扁圆，波浪形发髻。宽肩平胸，身穿袒右式袈裟，衣纹自然流畅。右臂自然下垂，手掌朝前四指并拢，左手握袈裟置于胸前。二菩萨侍立两侧，与主尊组成三尊式造像。

四、倚坐式佛像

敦煌石窟中倚坐式佛像在北凉已经出现，隋唐时期，倚坐式佛像基本上成为弥勒佛造像的定式，现就不同时期的倚坐佛像展开分析。

第一，十六国北朝时期倚坐佛像。莫高窟十六国北朝时期倚坐佛像比较多，特别是北魏以来，洞窟的主尊多为倚坐式佛像。莫高窟早期存有倚坐佛的洞窟有：北凉第 272 窟，北魏第 257、260、431、

① 关于该窟主室三佛名称的讨论，参见龙忠：《敦煌莫高窟第 332 窟主尊定名考》，载《中国美术》，2023 年第 3 期，第 40—46 页。

435、437窟，西魏第249、285、288、432窟，北周第290、294、296、297、438窟等，倚坐佛一般位于洞窟中心塔柱东向面或西壁圆拱形龛内。

莫高窟北凉第272窟西壁龛内倚坐佛，高1.38米，佛像内着僧祇支，外穿袒右式土红色袈裟，采用贴泥条方式表现衣纹。佛像肩宽腰窄，挺胸收腹，身体比例匀称。

莫高窟北魏第257窟中心塔柱东向面龛内倚坐佛（图6-9），高1.87米，面部圆润，佛像着袒右式袈裟，衣纹用贴泥条加阴刻线的方式表现。背后身光、头光青绿交相呼应，用火焰纹、飞天和化生等装饰，与

佛像的暖色调形成鲜明的冷暖对比。

第二，隋代倚坐佛像。隋代造像是一个过渡时期，早期的倚坐式佛像继承了北朝晚期的艺术特征，到了中后期，佛像逐渐摆脱了北朝以来的风格，造像比例匀称，体格雄健。如莫高窟第304、390、410、423窟等洞窟中的倚坐佛像等。

第三，唐代倚坐佛像。敦煌石窟唐代倚坐佛像数量很多，代表性洞窟有初唐第96窟，盛唐第66、113、130、194、320窟等，特别是第96、130窟的倚坐弥勒大佛，成为唐代雕塑的杰出代表。

第96窟位于莫高窟中段，为大佛窟，

图6-9　莫高窟第257窟中心塔柱东向面倚坐佛 北魏

内雕凿石胎泥塑倚坐弥勒佛像（图6-10），大佛高35.5米，为莫高窟最大的佛像，敦煌遗书中将其称为"北大像"，与第130窟南大像相对。大像经历后代多次重修，已面目全非，但面相和身躯整体造型还是保留着唐代风格。窟前建有多层楼阁，经历后代多次重建，现为九层楼阁。据晚唐莫高窟第156窟前室壁面上的《莫高窟记》记载，该窟始建于延载二年（695年），禅师灵隐与居士阴祖等人修造北大像。

莫高窟盛唐第130窟位于南区，洞窟内开凿石胎泥塑倚坐弥勒大佛（图6-11），敦煌遗书中称为"南大像"，像高26米，为莫高窟第二大佛像，开凿于开元、天宝年间。大佛表面彩绘，面部原有贴金，面相丰圆，头微俯，身着通肩袈裟，衣纹流畅。左手平覆于左膝，右手上举作无畏印。大佛在后世被重修过，但基本保持了盛唐时期的造像风格。

第四，五代宋时期倚坐像。这一时期敦煌石窟中的倚坐佛雕塑逐渐减少，只存在于个别洞窟中，如西千佛洞五代第19窟，莫高窟宋代第55窟。

莫高窟宋代第55窟为中心佛坛窟，中间佛坛上，塑倚坐弥勒佛像，以及弟子、菩萨、天王和力士像。佛像面相端庄饱满，肉髻扁平，面带微笑，脚踩莲台，正襟端坐。佛像内着僧祇支，外穿中衣搭肘式袈裟。西侧主佛像左手扶膝，右手上举作说法印；北侧佛像左手扶膝，右臂上举；南侧佛像双手举于胸前，作说法印。该铺造像表现的是龙华三会，三尊弥勒佛像分别

图6-10　莫高窟第96窟北大像　初唐

图6-11　莫高窟第130南大像　盛唐

图 6-12　莫高窟第 158 窟涅槃像　中唐

代表了初会说法、二会说法和三会说法。

　　莫高窟第 55 窟的三尊弥勒佛雕塑，在形体处理和艺术表现上，继承了唐五代的传统，弥勒像形体饱满，体积感很强。但是菩萨、弟子和天王塑像表现出一种颓势，已经与唐代同类型塑像无法比拟。此铺弥勒三会塑像是莫高窟宋代雕塑中唯一的大型圆雕，也是莫高窟宋代雕塑的代表作品。

　　五、涅槃像

　　涅槃像表现的是释迦牟尼佛圆寂的形象，世人又称涅槃像为"卧佛"或"睡佛"。莫高窟第 148、158 窟涅槃像是其典型代表作。

　　莫高窟盛唐第 148 窟西壁坛上塑释迦牟尼佛涅槃像，涅槃像后彩塑众弟子、菩

萨、天人、佛母以及各国王子等举哀像 72 身（原为唐代塑像，清重修），西壁盛唐画涅槃经变，佛坛底层晚唐画供养人。艺术匠师通过绘塑结合的手法将涅槃彩塑像与涅槃经变有机地融合在一起，画中有塑，塑中见画。据前室南壁《大唐陇西李府君修功德碑记》《唐宗子陇西李氏再修功德记》碑记载，此窟为唐大历十一年（776 年）前后，由李大宾资助所建。

　　莫高窟中唐第 158 窟西壁佛坛上塑涅槃像（图 6-12），身长 15.8 米。其后西壁画弟子、菩萨、天龙八部、天人及散花飞天 5 身。南壁西侧画弟子举哀图、菩萨、飞天等。北壁西侧画各国王子举哀图，上画佛母闻耗，也是涅槃彩塑像与涅槃经变

的结合，此窟是吐蕃统治时期开凿。

第二节 菩萨像

敦煌石窟中存有大量彩塑菩萨像，按照姿态可分为三种：坐式菩萨像、立式菩萨像和跪式菩萨像。佛像受造像仪轨的限制，形象、姿态较为固定。菩萨则不同，没有佛像那么多限制，造像形态比较自由，与世俗生活更加紧密。

一、坐式菩萨像

坐式菩萨像可分为交脚式菩萨像、半跏趺坐式思维菩萨像、结跏趺坐式菩萨像和游戏坐式菩萨像。

（一）交脚式菩萨像

敦煌石窟中的交脚菩萨彩塑在北凉洞窟中已经出现，这与早期外来佛教和佛教艺术的传入有关，交脚式造像样式主要源自古印度、中亚和西域一带。现存有交脚菩萨的洞窟有北凉第 275 窟，北魏第 246、251、254、257、260、435、437 窟，西魏第 288 窟，北周第 290 窟等。

交脚式雕像在古印度佛教雕塑中常见，可以是佛菩萨形象，也可以是王公贵族形象。如 2 至 3 世纪犍陀罗雕塑交脚弥勒菩萨像（图 6-13）等。在新疆克孜尔石窟中，存有大量交脚菩萨画像。中国最早的交脚菩萨见于北凉石塔上，如马德惠石造像塔、高善穆石造像塔、田弘石塔等。

莫高窟北凉第 275 窟西壁前塑一尊大型交脚弥勒菩萨像（图 6-14），像高 3.13 米。弥勒菩萨头戴三珠宝冠，冠前有坐佛，面部丰圆，神态自然，眼睛微突，线刻眼缝，

图 6-13 犍陀罗弥勒菩萨像 2 至 3 世纪

图 6-14 莫高窟第 275 窟西壁交脚弥勒菩萨像 北凉

鼻梁挺直，直通额际。戴项圈，胸前佩戴
璎珞。体格健硕，上身半露，下着羊肠裙，
衣纹采用贴泥条和刻线结合的方式塑造。
左手施与愿印，右手残，交脚坐于狮子座
上，脚踩莲花台。身后有圆形彩绘头光和
三角形靠背，该菩萨像明显受到古印度和
西域佛教艺术的影响。该窟南北两壁上部
各有一排小型阙形龛，龛内塑交脚菩萨或
思维菩萨，用阙形龛象征兜率天宫，是"一
生补处菩萨"的住处。

（二）半跏趺坐式思维菩萨像

思维菩萨像也称为半跏倚坐思维菩萨
像，其姿态特征是左脚放下，右脚搭在左
腿上结半跏坐，一手支颐作思维状。古印
度犍陀罗佛教雕塑中，思维菩萨像已经出
现，敦煌石窟中的思维菩萨像主要出现在
十六国北魏时期的洞窟中，一般塑于洞窟
中心塔柱或南北壁面的上层龛内。代表洞
窟有北凉第 275 窟，北魏第 257、259、
260、437 窟，莫高窟隋代第 417 窟也存有
两身思维菩萨像，位于该窟西壁龛外两侧。

莫高窟北凉第 275 窟南北壁上层开三
龛，东侧龛为双树龛，内塑交脚菩萨，北
侧菩萨像高 0.78 米，其中面部和龛内经宋
代重绘，头部浑圆，俯视下方。脖颈有项饰，
胸前佩戴璎珞，披巾覆于双肩。

莫高窟北魏第 259 窟前部人字坡下，
北壁上层西起第三龛为阙形龛，内塑思维
菩萨像一身（图 6-15），像高 0.76 米。菩
萨头戴三珠冠，头部微低，俯视下方，面
相丰圆，上身袒露，脖颈系项饰，披巾覆肩，

图 6-15　莫高窟第 259 窟北壁上层思维菩萨像　北魏

下穿长裙，半跏趺坐于台座上。龛檐和右
腿部残损，墙壁上露出柱洞和木榫，塑像
上露出芦苇草和支架，从中可以了解到当
时匠师开凿窟龛和造像的制作过程。

莫高窟隋代第 417 窟西龛外北侧墙角
塑一身思维菩萨像，菩萨面相略长，头戴
宝冠，眉清目秀。体态苗条，胸腔塑造饱
满圆润，上身赤裸，右手支颐（手指已残），
半跏趺坐于筌蹄上，筌蹄置于仰覆莲之上，
姿态优美，神态恬静。此尊塑像为凌空悬
塑，这在敦煌石窟菩萨造型中是不多见的
实例。

（三）结跏趺坐式菩萨像

初唐时期敦煌石窟中，出现了结跏趺
坐式菩萨像，但总体上并不多，代表洞窟
有莫高窟初唐第 329、331 窟等。第 331 窟
西壁龛内南北两侧各塑结跏趺坐式菩萨像

一身，均经后代重修。菩萨像袒露上身，斜系披巾，双手自然搭在腿上，正襟危坐，形体饱满，比例匀称。须弥座上部覆有风巾，形成均匀而有节奏感的衣褶。

（四）游戏坐式菩萨像

游戏坐的坐姿是一腿盘曲搭在另一条腿上，另一条腿自然下垂。莫高窟游戏坐式菩萨像最早见于初唐的洞窟中。代表洞窟有初唐第 328 窟，盛唐第 79、107、205、319 窟，晚唐第 196 窟，五代第 261 窟等。

莫高窟初唐第 328 窟西壁龛内南北两侧，各塑游戏坐菩萨像，面相丰圆，眉毛细长，眼睛微启，俯视下方，悬鼻小嘴，嘴角两边和下颌上彩绘胡须，表现出若有所思的神态。袒露上身，胸前佩戴璎珞，下系长裙。造像保存完好，仪容端庄华贵，神态庄重恬静，衣饰精致华丽。尽管菩萨绘有胡须，标明男性特征，但是造像体态和面相又尽显女性身躯的优美与丰韵。

二、立式菩萨像

立式菩萨像在古印度佛教造像中比较常见，其姿态多是一条腿放松，一条腿受力，重心落在两脚中间或落在一只脚上，成为古典雕塑的经典站姿，这种姿态的造像一定程度上受到古希腊古罗马雕塑艺术的影响。

敦煌石窟中，立式菩萨像比较普遍，如位于主佛两侧的胁侍菩萨基本上为站姿。此外，在一些三世佛造像中，弥勒菩萨也是站姿，如莫高窟隋代第 244 窟北壁

立式弥勒菩萨像便是其代表。

莫高窟北魏第 257 窟中心塔柱四周原来均塑有胁侍菩萨，现存中心塔柱北向面左边两尊菩萨，右边一尊菩萨，中心塔柱南向面存左边两尊菩萨，菩萨躯干紧贴壁面，脖颈和头部向前倾斜，离开了壁面，菩萨造型古拙，头部略大，该窟胁侍菩萨是莫高窟早期最早的彩塑立式菩萨像之一。

莫高窟北魏第 259 窟西壁龛外南北两侧塑立式菩萨像各一身（图 6-16），南侧菩萨像高 1.29 米，面相略长呈椭圆形，头戴宝冠，巾帻垂于头后部，披巾绕于肩后，搭于肘间后自然下垂。身躯修长苗条，下

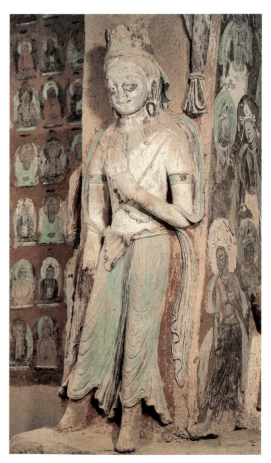

图 6-16　莫高窟第 259 窟西壁龛南侧胁侍菩萨　北魏

着长裙，裙间用阴线刻出衣纹，有薄衣透体之感。髋部略微向北侧倾斜，使得菩萨重心偏向左脚，左腿受力，右腿自然放松，受到来自犍陀罗造像的影响。

莫高窟北周第290窟中心塔柱南向龛外西侧胁侍菩萨，头戴宝冠，高鼻梁，薄嘴唇，嘴角上翘略带微笑。身形扁平，如同清秀的少女，上身赤裸，披天衣，下着长裙，用阶梯式浅刻的手法塑造衣纹，肌肤和衣服的颜色鲜艳。

隋代前期菩萨塑像继承了北朝晚期的造像风格，在人物动态、身体比例、塑像体量以及年龄特征上都与北周接近。到了隋末唐初，人像身体体量增加，比例变得匀称，不再是头大肩宽腿短的造型样式。菩萨像开始变得端庄饱满，面相浑圆，不再是北朝的清秀风格和隋初的敦实方圆形特征，而是身着华丽衣饰，身形比例匀称，使得菩萨像更容易被中国的信众接受。这时期代表性洞窟有隋末唐初莫高窟第244、390窟等。

盛唐莫高窟第45窟西壁龛内胁侍菩萨像（图6-17），高1.85米，面相丰韵，弯眉细长，双眼微闭，俯视下方，神态恬静安详。人物动态呈"S"形，胸前佩戴璎珞，上身斜披红色锦披，下着锦绣罗长裙，轻薄透体，体态丰硕健美。头倾向佛陀一侧，好似在聚精会神聆听佛说法。此尊菩萨像的面相、动态和人物神态的塑造极为完美，透露出女性婀娜多姿的体态，是唐代雕塑的代表作品之一。

图6-17 莫高窟第45窟西壁龛内北侧立式菩萨像 盛唐

莫高窟中唐第159窟西壁龛内南侧立式菩萨像（图6-18），高1.39米，头顶束高云髻，头发披于双肩，面庞圆润饱满，眼睛俯视下方，嘴角和下颌部绘有胡须。人物动态呈现"S"形，穿茶花纹内衣，外穿海石榴卷草纹衣，下着带有花纹的红底色罗裙，披巾上有海石榴卷草纹，服装彩绘华美富丽，精美绝伦。菩萨左手上举，下垂的右手握由左肩下搭于腿部的披巾，体态丰腴，身姿微微扭曲，表现出女性优美的外形特征。

总之，立式菩萨像始终贯穿于敦煌石窟不同时期的造像中，不同时期造像风格差异很大，从早期外来造像样式到中国本土形象，经历了不断民族化和本土化的历程。

三、跪式菩萨像

跪式菩萨不同于坐式和立式菩萨，后

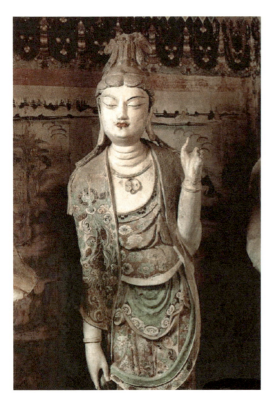

图 6-18　莫高窟第 159 窟西壁龛内南侧立式菩萨像
　　　　　中唐

两类多为佛陀的胁侍菩萨，位居佛像两侧，在等级上仅次于佛陀，而跪式菩萨地位较坐式和立式菩萨，等级地位更低，多为无名的供养菩萨。

莫高窟初唐第 328 窟西壁龛内外共塑有 4 身供养菩萨（图 6-19）。供养菩萨头束高髻，佩戴项饰，上身赤裸，下着羊肠裙，衣裙覆脚，衣纹沿着形体均匀排列，流畅自然。单膝胡跪，双手合十，虔诚礼佛。龛内北侧供养菩萨跪于仰俯莲台上，外龛两侧供养菩萨跪于圆形垫上。龛内南侧原有一身供养菩萨，于 1924 年被美国的华尔纳盗窃走，现藏于美国哈佛大学赛克勒博物馆。

莫高窟盛唐第 384 窟西龛内北侧的供养菩萨，面相丰满，束高髻，弯眉细眼，嘴角微微上翘，似乎在听闻佛法中若有所思。双肩有披帛，双手合十于胸前，单膝胡跪在莲台上。上身裸露，下着裙，衣纹的处理不再像第 328 窟供养菩萨那样均匀排列，而是比较写实，按照现实人物衣裙上的衣褶来塑造，造型比例准确，又恰到好处地处理了衣纹与腿的关系。

莫高窟盛唐第 27 窟窟顶西坡供养菩萨，胡跪于覆仰莲台上，象征着释迦牟尼佛说法时众菩萨虚空化现。面部半转向外侧，束高髻，面相丰圆，上身半裸，身披璎珞，下着羊肠裙，两身供养菩萨腿部及胳膊处露出彩塑时的骨架，人们可以真实直观地了解敦煌彩塑的塑造过程和内部的结构特征。

除圆雕跪式供养菩萨外，在北朝洞窟中还存有大量浮雕跪式供养菩萨，一般位于中心塔柱上部，采用浮塑和影塑结合的手法。存有浮雕跪式供养菩萨的洞窟有莫高窟北魏第 248、251、254、257、259、260、435、437 窟，西魏第 288、432 窟等。其中第 260 窟中心塔柱南向面上方塑满浮雕跪式供养菩萨，是莫高窟现存浮雕供养菩萨最多的洞窟之一。

第三节　弟子像

释迦牟尼在世时，弟子众多，著名的弟子有十位，号称"十大弟子"，各有擅长，如最常见的佛陀两侧的弟子为迦叶和

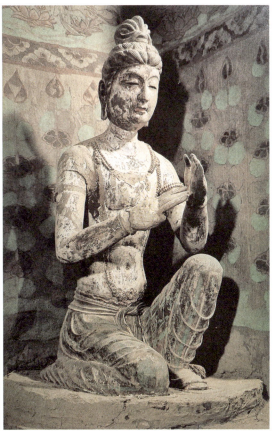

图 6-19　莫高窟第 328 窟西龛内北侧和龛外南侧供养菩萨像　初唐

阿难，迦叶"头陀第一"，而阿难以"多闻第一"著称。敦煌石窟中最普遍的弟子雕像便是迦叶、阿难，在北朝晚期的洞窟中，佛陀两侧已开始出现迦叶、阿难造像，是当时出现的新题材，个别洞窟也有十大弟子塑像或者其他弟子的塑像。唐代洞窟中多采用绘塑结合的方式表现十大弟子，塑出迦叶、阿难像，在身后墙壁或者龛外两侧分别彩绘其他弟子，共同构成十大弟子像，这种造像方式一直持续到敦煌石窟晚期。

一、十大弟子塑像

敦煌石窟中彩塑十大弟子的窟龛很少，代表洞窟如莫高窟隋代第 412 窟，西壁开内外层方口龛，正中间塑一结跏趺坐佛像、两侧分别塑四弟子，清代重修过，外层两侧清代各塑弟子像一身。

莫高窟隋代第 423 窟西壁圆拱龛内塑一倚坐佛、二弟子、二菩萨。龛外南北两侧各画弟子 4 身、菩萨两身。龛内彩塑的二弟子与龛外八弟子画像共同组成十大弟子。

二、迦叶、阿难像

敦煌石窟中迦叶、阿难雕像很多，地位等级没有菩萨高，一般成对出现，侍立于佛陀两侧，身高较菩萨低。莫高窟北周第428、439窟等中存有早期的迦叶、阿难塑像，此后在各个时期的多数洞窟中都有迦叶、阿难的塑像。

莫高窟隋代第427窟中心柱西向龛迦叶、阿难像。塑像体量相对较小，佛像左边的迦叶身着袒右肩袈裟，双手合十，头部结构明显，细眼直鼻，满脸皱皮，双耳垂肩，脖颈肌肉和喉结明显，表现了一位以"头陀"著称的老者形象。佛像右边的阿难像，体量和高度同迦叶像接近，身着通肩袈裟，双手合十，面向主尊，体态为青年男子形象，面部圆润，双耳下垂，额头宽大，表示善于记忆，表现了以"多闻"著称的弟子形象。

隋代弟子像中，通常将迦叶表现成一位瘦骨嶙峋、面露微笑的苦行僧形象，但是到了初唐以来，出现了新的弟子形象。迦叶多被表现成一位老者形象，面相苍老，目光有神，缄口不语，老成持重，似有历经磨难、饱受风霜之态。如初唐莫高窟第220窟西龛北侧的迦叶塑像等，很好地突出人物的精神状态。阿难的形象基本延续了隋代的造像范式，表现的是一位眉清目秀的年轻人的形象。

莫高窟初唐第328窟西龛迦叶、阿难像，其中北侧的迦叶紧锁眉头，双眼微闭，两腮深陷，嘴唇半启露齿欲语，表现出一丝苦相，双耳垂肩，双手合十直立于莲台

图6-20　莫高窟第45窟西龛南、北侧阿难、迦叶像　盛唐

上。相比较阿难轻松自然的动态，迦叶的动态显得较为僵直，进一步突出了迦叶苦修的人生经历和精神气质。南侧阿难面相饱满，曲眉似柳叶，小眼细缝，直鼻朱唇，腰身微微扭曲。身着交领僧祇支，外穿田相袈裟，袖手侍立在佛陀右侧，无论是人物姿态的处理还是精神气韵的表达，都是初唐弟子塑像的佳作。

莫高窟盛唐第45窟西龛内塑有迦叶、阿难像（图6-20），北侧的迦叶被塑造成一位饱经风霜的老者，俯首而立，头顶大而圆，双眉紧锁，目光下视，嘴角深陷，下颌圆润突出，面部结构塑造准确，为西域僧人的形象。此处的迦叶像并没有塑造

成瘦骨嶙峋的模样，而是胸部袒露，内着锦褥，外披田相袈裟，成功地塑造出一位老成持重、精通佛法、思想高深的高僧大德形象。南侧的弟子阿难像，面庞丰腴，眉目清秀，目视下方，方嘴唇，身体微微倾斜，人物动态呈现出"S"形曲线，比例匀称，双手抱在腹前，体态饱满，内着锦绣裙褥，彩绘衣服图案，披袒右式土红色袈裟，神态安详自在，表现出一位华贵洒脱、聪明多闻的青年形象。此龛中的迦叶、阿难造像是莫高窟弟子塑像中的精品。

三、须跋陀罗

须跋陀罗又称苏跋陀罗、须跋、须跋陀，他是释迦牟尼最后一位弟子，在佛入

图6-21　莫高窟第46窟南壁龛须跋陀罗像　盛唐

灭前听受佛法、接受教诫而归于正道。根据《大唐西域记》卷六等文献载，须跋陀罗原为古印度拘尸那揭罗城的一名身穿覆头衣、托钵游行者，聪慧敏利。他忽闻释迦佛即将入灭，于是急奔至佛前拜谒，当夜受戒出家，皈依三宝。据记载释迦佛事前已有预料，事先让大弟子阿难在夜间，将须跋陀罗引到床前，为他讲授佛理，并于当夜成就阿罗汉。

须跋陀罗通常出现在涅槃像或涅槃经变中，位于涅槃像前方。莫高窟盛唐第46窟南壁涅槃龛内塑有须跋陀罗像（图6-21），须跋陀罗跪于佛足前，闭目冥想，表示他已经深入禅定，先于佛陀入灭。身着覆头衣，袈裟覆盖全身，双膝已残，塑造手法洗练，简洁的身躯和生动的面部塑造，呈现出一种写意风格。

第四节　天王、力士

天王、力士均为佛教中的护法神，但二者在形象、服饰和所持法器方面有明显区别。

一、天王像

古印度天王造像主要有两种类型：一种是四天王组像，为早期佛教中无像期天王造像；另一种是胁侍天王，在古印度佛教出现佛像以后，天王通常作为佛陀的胁侍出现，烘托出佛陀的威严感，经常出现在佛故事浮雕中。古印度佛教中的天王造像仅是一类护法神，表情比较祥和，并无特殊形象，四天王多同时出现在同一造像中，并没有独立的毗沙门天王信仰出现。

到了西域地区，天王造像同当地文化结合在一起，出现了新的特征。从地域上看，主要有于阗、龟兹、高昌地区的天王造像。于阗的天王像遗存下来的很少，除了四天王外，特别盛行毗沙门天王信仰。从造像样式上看，古印度的半裸天王或身着带筒袖上衣的天王，传到西域后转变为身穿铠甲的武士形象，面相为高鼻深目的西域人。从造像类型上，既有四天王造像，又出现了单独的毗沙门天王造像。

在敦煌石窟中，天王塑像一般位居一铺造像的两边或者前室两侧。其形象为身穿铠甲，手握法器的武士，为佛教道场的护法神。天王塑像最早出现在北魏洞窟中，成为当时的新样，如莫高窟北魏第257窟中心塔柱东向龛北侧塑像（图6-22），高0.94米，体量明显小于龛内佛像和周围菩萨塑像。此尊天王像造型古朴，手法简洁，借鉴了当时西域天王造像样式，是北朝时期遗存下来的唯一一身天王塑像。

莫高窟隋代中天王塑像逐渐流行，但数量不多，多以绘画的形式绘于东壁门两侧，也有塑于洞窟前室两侧的，保存至今的天王塑像洞窟仅存莫高窟第427窟。该窟前室南北两壁前各塑两身天王像，西壁门两侧各塑两身力士像。四身天王像身高约3.6米，头戴宝冠，身穿甲胄、战裙，披长巾，穿高靴，脚踩地鬼。天王像面相圆中见方，额头宽大，转折明显，双眼环

图6-22 莫高窟第257窟中心塔柱东向龛北侧天王像 北魏

突。身躯魁梧健壮，唯有造像比例失调，上身长，下身短。塑像虽经后世重新妆銮，但仍旧保留了隋代的塑像特征。

莫高窟天王塑像在初唐开始大量出现，此时的天王形象多表现为西域人物特征。直到盛唐时期，洞窟中的天王像基本形成定式，即身形魁梧，面相凶猛，环眼暴突，神态威武。莫高窟盛唐第46窟西龛内北侧天王像（图6-23），怒目宽鼻，张口大吼，匠师为了表达天王威猛刚毅的精神气质，在遵循人体结构的基础上，夸张面部表情，眉弓、颧骨线塑造成一个体块，与额头的体块拉大空间距离，五官之间的

空间感很强，是盛唐时期天王像的代表作之一。

总之，古印度的天王多是佛教中的护法神之一，主要以四天王组像出现。西域地区不但有专门的四天王图像，还出现了单独的毗沙门天王。敦煌石窟的天王形象在古印度、西域基础上，融入了中原艺术特征。盛唐时期，敦煌石窟彩塑天王造像趋于定形，天王身穿铠甲，面部表情以威严凶猛为主，给人以极强的视觉冲击，成为以后天王雕像的标准范式。

二、力士像

力士在佛教中有两种意思，其一指力大的人，其二是指力大的族群，他们生活在拘尸那揭罗城。《长阿含经》卷四中称之为"末罗"，在《大般涅槃经》中称之

图6-23 莫高窟第46窟西龛内北侧天王像 盛唐

为"力士"。佛教中的力士，可分为托座力士和金刚力士。托座力士，一般位于佛座下方或佛菩萨脚下，用力上托佛座或佛菩萨足；金刚力士，也称为护法神金刚密迹、金刚手菩萨、执金刚神，为佛教中勇猛的护法神祇，捍卫佛法。在佛教寺庙中，一般位于山门殿中，在石窟塑像中，力士一般在洞窟入口处或一铺造像的外侧。力士的形象雄伟，满脸忿怒之相，满身发达的肌肉，身体半裸，两脚叉开。

敦煌石窟中最早的力士塑像出现在莫高窟北魏第 435 窟，是当时的新题材。第 435 窟中心塔柱东向龛南北两侧各塑力士像一身，现仅存北侧力士像（图 6-24），高 0.94 米。力士像全身骨骼、肌肉明显，面相棱角分明，眉弓骨高挑，圆眼微突，鼻孔朝天而粗大，嘴巴微启露出一排牙齿，两侧面颊凹陷，下颌骨转折明显，脖颈肌肉暴突，喉结粗大。人物形象较为丑陋，表现出几分恐怖狰狞的神态，此身塑像成为北朝力士像的代表作之一。

隋唐时期的力士塑像在北朝的基础上，有了进一步的发展，力士塑像以身材魁梧、肌肉发达、力量超群的形象出现，代表洞窟有莫高窟第 427 窟等。

莫高窟初唐第 206 窟西龛外南北两侧各塑力士像一身。皱眉怒目，作大吼状，一手上举，一手下按，振臂握拳，身体裸露，全身肌肉绷紧隆起，肌肉的塑造准确，同时又进行了艺术夸张处理。身体的重心落在受力的右脚上，扭转的头部、弯曲的

图 6-24　莫高窟第 435 窟中心塔柱东向龛北侧力士像
　　　　北魏

躯干，挥动的手臂和飘动的衣裙，处处体现了雕塑的动感之美，使雕塑生动而富有活气。尽管不像西方写实雕塑那样，具有严谨的解剖结构，但是在此尊力士的塑造上可以看出，匠师塑造时应是参考现实人物的肌肉、骨骼结构，如对三角肌、胸锁乳突肌等处的塑造真实而准确。力士塑像动态生动，富于朝气活力，充满阳刚乐观的精神气韵，这也是处于盛期的唐代雕塑的具体体现。

中唐莫高窟第 194 窟西龛外南北两侧力士像，均束发髻，作"哼""哈"状（图 6-25），上身赤裸，下着彩裙，肌肉的塑

造极力夸张而又合理，强化了力士威武、力拔千钧的气势感，是敦煌石窟中力士塑像的杰出代表作品。

莫高窟宋代力士造像，同佛、菩萨、天王像一样，在精神气韵的表现上已无法同唐代彩塑相比较，已经走向衰落。仅在个别力士的塑造上比较精美，如莫高窟宋代第55窟佛坛南侧托座力士，身穿铠甲，脚蹬乌靴，脚踏佛座边缘，一手叉腰，一手托佛座，重心落在左腿上（图6-26）。尽管体量相对于同窟的天王、菩萨小很多，但是形象塑造生动，面部块面感很强，大环眼，方眼睑，嘴巴紧闭作使劲的姿态，表现出用力托举的受力状态。造型生动别致，是莫高窟晚期造像中唯一身着铠甲的力士塑像。

综上所言，无论是手执金刚杵的金刚力士，还是托座力士，均来源于古印度。力士雕塑是中国境内最具代表性的被反复雕刻塑造的半裸体形象，尽管表现的是佛教神像，但其形象特征来自于现实生活。从早期敦煌石窟力士彩塑像可以看出，力士面相明显带有西域人的印迹，唐宋时期，力士逐渐成为中国人的形象。在人体结构的表现上，古代雕塑匠师非常注重人体结构的刻画，对人体结构、骨骼肌肉的形态、造型特点等还是比较熟悉。此外，写实的力士艺术形象中又带有写意性的成分，完全可以同古希腊古罗马雕塑、文艺复兴雕塑相媲美。同西方古代雕塑不同的是，中国古代雕塑匠师在表现力士形象时，除了注重观察外在的形体结构外，更加注重塑造对象的神韵，更加追求对力士所传达出的力量感的表现，让力士雕像呈现出的张

图6-25　莫高窟第194窟西龛外南北两侧力士像　中唐

图6-26　莫高窟第55窟佛坛南侧托座力士　宋代

力感更足。

第五节　僧像

敦煌石窟中遗存下来的僧像并不多，主要有两类，一类是高僧像，在当地比较有名或有一定地位的僧人；另一类是表现参禅修行时的禅僧。

一、高僧像

高僧像多是当时高僧所在的家族或其弟子等，为了追忆、祭奠或缅怀逝世的高僧而塑造的纪念性雕塑，多为敦煌当地著名的高僧，最著名的高僧像是位于藏经洞的洪䰾像。

洪䰾圆寂后，弟子悟真等将其生前的禅室作为影堂（今第17窟），内塑真容，并立《洪䰾告身碑》，镶嵌与侧面墙壁。塑像背面有一装骨灰的布袋，故知是洪䰾的真容塑像（图6-27）。第17窟即是洪䰾的纪念堂。

洪䰾塑像结跏趺坐于禅床上，高0.94米，身穿绘有山水的百衲衣，通肩裹体，衣纹的塑造概括简练。面部饱满，鼻梁挺直，嘴唇丰厚，眼睛炯炯有神，顶骨微突，额头和颧骨部位形体转折明显，面部微妙的表情中，透露出这位中年高僧庄重自信的神情和安详睿智的人物个性。

洪䰾彩塑像是敦煌僧人雕塑的代表作品，该塑像与广州市六榕寺惠能铜像、成都市王建永陵中的彩绘王建石雕坐像等，都是中国仅存的传统肖像雕塑。洪䰾像是我国古代已知现存最早的人物肖像雕塑之一，具有很高的艺术价值和历史文化价值。

此外，莫高窟中还遗存有几身未知名

图6-27　莫高窟第17窟洪䰾像　晚唐

的高僧像。如莫高窟五代第137窟高僧像，发现于千相塔内的高僧像等。

二、禅僧像

禅僧像是指参禅修行的僧人肖像。莫高窟北魏第273窟禅僧像、西魏第285窟禅僧彩塑像是其代表作品。

莫高窟第285窟西壁两侧小龛内各塑一尊身着百衲衣的禅僧像，结跏趺坐于莲台上，双手作禅定状，头裹布巾，低头俯视，凝神静思。身后绘三角形靠背。塑像颜色以绿色为主，在衣褶下隐约表现出圆润的躯体。同第17窟洪䛒像类似，将躯干和四肢处理成一个整体，头部塑造细腻，眉清目秀，进一步突出头部的刻画，表现出潜心习禅时冥思入定的意境。

第六节　其他

敦煌石窟中，雕塑以圆雕为主，除圆雕之外，还有许多以浮雕形式呈现的形象，如飞天、千佛、龛楣等，采用浮塑或影塑的技法。

第一，飞天。敦煌雕塑中飞天形象较少，主要保存在北朝洞窟中，位于洞窟壁面或者中心塔柱上部，为影塑形式，在壁面上用泥塑造，局部地方用模具翻制出形象，再贴到墙壁上，进行细部刻画，最后彩画。存有飞天浮塑的代表性洞窟有莫高窟北魏第248、437窟等。

第437窟中心塔柱东向龛上方影塑飞

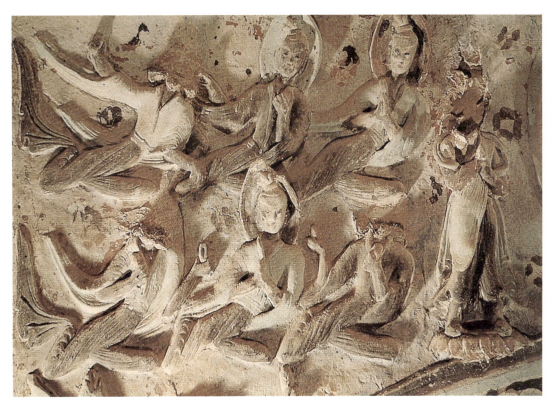

图6-28　莫高窟第437窟中心塔柱东向龛上方浮塑飞天 北魏

天共 16 身（图 6-28）。飞天束发髻，面相消瘦，身体修长，为典型的秀骨清像样式，身穿褒衣博带式衣服，衣饰飘起，手持莲花，屈膝裹足作飞行状，风姿飘逸。浮塑飞天是按照绘画范本来塑造，塑绘结合，可以说是用泥塑进行立体的绘画。

第二，千佛。敦煌石窟浮塑千佛较少，主要存于北朝至隋代的洞窟，代表洞窟有莫高窟北周第 290、428 窟，隋代第 303 窟等。第 428 窟四壁上部浮塑千佛，共分五排，是莫高窟中保存浮塑千佛最多的洞窟。千佛大小一致、形式统一，预先制作好模具，然后用模具批量印制，贴于墙壁，修改细节部分，然后彩绘，每一身千佛右上方留有书写佛名的榜题，袈裟用白、红、青、黑四种颜色交替彩绘，统一而又富于变化。

第三，龛楣龙首。龛楣位于龛上部，在北朝至初唐的拱券形龛中，往往有火焰形彩绘龛楣，龛梁浮突，龛尾用龙头或忍冬纹装饰，其下一般是圆柱支撑，用方巾包柱头，浮塑、彩绘手法均有，在初唐窟龛中，还有塑绘结合表现方式。代表洞窟有莫高窟北魏第 248、435 窟，西魏第 432 窟，北周第 290、428 窟，隋代第 303、304、419、420、423、427 窟，初唐第 57 窟等。北魏第 248 窟中心塔柱东向龛为尖楣圆拱龛，龛梁突起，龛尾塑龙首，张口露出牙齿和舌头，用点状线画出龙身鳞片，造型简单而显威猛。初唐以来，圆拱龛逐渐减少，而是以方口龛为主，或以装饰纹样代替龙首形拱券龛。所以，除个别窟龛外，

图 6-29 莫高窟第 297 窟西壁龛楣羽人 北周

龙首塑像基本上消失不见。

第四，羽人。敦煌石窟中的羽人主要出现在北朝洞窟中，以塑像形式呈现的羽人仅存在于莫高窟北周第 297 窟。该窟西壁圆拱龛的龛楣中间为交龙捧珠像，龙身两边为羽人像，现存北侧一身塑像（图 6-29）。羽人高 0.5 米，用浮雕的形式来表现，羽人头长犄角，环眼突出，身躯为人形，手分四爪，脚长两趾，双臂生出羽翼，带项饰腕钏。身躯短小、四肢粗壮，肌肤用赭红渲染，表现出御龙腾飞的形象。

综上所言，敦煌彩塑的造像内容十分丰富，主要涵盖佛像、菩萨像、弟子像、力士天王像以及其他诸多人物。佛像是敦煌彩塑的核心。最为常见的是释迦牟尼佛、阿弥陀佛、弥勒佛、药师佛以及三世佛等。这些佛像或庄严肃穆，或慈祥悲悯，形态各异，但都充分展现了佛教文化的深

邃与庄严。菩萨像也是敦煌彩塑的重要部分，其面形圆润、神情恬淡，有的微微含笑，有的则目视远方，表现出一种超凡脱俗的气质，既显得庄重肃穆，又不失生动活泼。它们不仅是佛教教义的形象化表达，也是古代人们对美好生活向往和追求的具体体现。此外，敦煌彩塑还包括弟子、天王、力士和飞天等其他人物，这些塑像形象生动，具有极高的审美价值。在造型和技法方面，早期敦煌彩塑具有古朴、浑厚、粗犷、庄重的风格，面形圆中带方而略长，比较丰满，身躯健硕，体现出北方民族的气质特征。到了中期，即隋唐时期，彩塑的风格逐渐变得细腻、圆润，更加注重人物内心的表达。敦煌石窟晚期的彩塑艺术已经逐渐程式化，走向衰落，但仍然有一些具有时代特色的作品得以保存。敦煌彩塑以其丰富的造像内容、高超的艺术手法和深厚的文化内涵，成为中国古代艺术的瑰宝，具有极高的观赏和研究价值。

【思考解答】

1. 简述敦煌雕塑的分期，以及每个时期的艺术特征。

2. 简述天王、力士的区别，以及各自的形象特征。

3. 简述敦煌雕塑的艺术特色、在中国美术史中的地位。

4. 简述敦煌彩塑"塑容绘质"的艺术特色。

【实践创作】

1. 细读敦煌雕塑的制作过程，临摹两件人物雕塑头像。

2. 分析敦煌雕塑的艺术特征和表现方法，用素描或速写的方式画出不同种类、不同姿态的塑像草图。

【拓展阅读】

1. 敦煌研究院主编、刘永增本卷主编：《敦煌石窟全集·8 塑像卷》，香港：商务印书馆香港有限公司，2003 年。

2. 郑炳林、沙武田：《敦煌石窟艺术概论》，兰州：甘肃文化出版社，2005 年。

3. 王惠民：《敦煌佛教与石窟营建》，兰州：甘肃教育出版社，2013 年。

4. 郑炳林、张景峰：《敦煌石窟彩塑艺术概论》，兰州：甘肃教育出版社，2016 年。

第七章　敦煌图案

　　【导读】敦煌图案是敦煌美术的重要组成部分，包括平棋、藻井、龛楣、背光、边饰、服饰等。在敦煌石窟中，装饰图案将壁画、雕塑、建筑等连接成一个完整且风格统一的整体，更加突显了敦煌艺术的庄严与华美。本章对敦煌图案进行分类梳理，按照时间脉络，从文化渊源、装饰语言和艺术特色等方面展开论述。

概　述

一、"敦煌图案"范围界定

　　图案不同于绘画，是指有装饰意味的花纹或图形，是对现实生活或绘画作品中的形象所作的高度概括和简化抽象。在《敦煌石窟全集·图案卷》中依照图案在石窟中的装饰部位及性质，将图案分为建筑、服饰、佛具器物、一般装饰四大类。[①]本书中"敦煌图案"主要是指以敦煌石窟建筑为中心的平棋、藻井、边饰，还有洞窟中佛龛的楣饰、佛像的背光，以及壁画、雕塑中出现的人物服饰图案等。

二、敦煌图案的分类

　　敦煌图案从题材来分主要有：其一，植物纹样，如忍冬纹、莲荷纹、石榴纹、茶花纹、牡丹缠枝纹等；其二，动物纹样，如祥禽瑞兽纹、团龙纹、翼马纹、四灵纹等；其三，几何纹样，如菱格纹、方胜纹、

联珠纹、回纹、龟甲纹等；其四，天象纹样，如云气纹、水波纹等；其五，人物纹样，如飞天纹、化生童子纹等。从形式上来分又有单独纹样、适合纹样、角隅纹样、二方连续纹样、四方连续纹样等。

三、敦煌图案的艺术特点

　　敦煌是古丝绸之路上的重镇，是中原和西域之间的交通枢纽。敦煌艺术在汉魏艺术的基础上，吸收了希腊、罗马、波斯、印度艺术的精华，兼收并蓄，形成了独特的图案装饰风格和艺术特点。

（一）敦煌图案与空间的结合

　　敦煌石窟延续年代久远，不同时期有不同的建筑结构，其窟内的装饰图案也不断变化以适应石窟结构的变化。

　　北朝时期的中心塔柱窟，是仿照印度支提窟而营造。洞窟前部顶部为人字坡，后部为平顶，平棋图案就是中心塔柱窟后部平顶的通用图案。基本形制是窟顶仿中

---

① 关友惠：《敦煌石窟全集·图案卷》，香港：商务印书馆有限公司，2003 年，第 5 页。

原殿堂式结构，两方井四角错位套叠。隋唐时期，覆斗顶殿堂窟取代了北朝时的中心塔柱窟，平棋图案被新的华盖型藻井所取代。在不同的洞窟结构下，装饰图案也与洞窟的空间布局巧妙结合。

（二）敦煌图案的规范性、程式化与装饰性

敦煌图案经历了上千年的发展与变化，在不同的历史时期有着自身的艺术特征且前后相承。这些变化形式一般来说都是一种渐进式的演变，不是把原有的形态彻底抛弃，而是在继承的前提下，不断进行改革与创新。

总体来讲，敦煌图案虽然装饰在佛教石窟内外，但大部分与佛经内容并没有直接的对应关系，只是用相对规范化、程式化的表现形式装饰佛窟，以求庄严与美观。当然，其中的多种题材本身也传达着一定的佛教文化内涵。

无论是早期的平棋还是后来的藻井图案，中间往往都是一朵多瓣大莲花，四周是层层向外辐射的不同纹样组成的边饰图案。这种相对的规范性和强烈的装饰性也形成了敦煌装饰图案独特的艺术魅力。盛唐的团花纹被绘于平棋方格内，既是一种继承又是一种创新。中唐至五代时期，佛龛龛顶常绘有团花平棋纹，平棋依旧采用连续重复的样式，但平棋方格内绘有团花纹、禽鸟联珠纹等图案。禽鸟联珠纹是当时吐蕃流行的一种纹样，与平棋结合具有强烈的装饰性和鲜明的时代特点。

（三）敦煌图案的韵律与节奏

敦煌装饰图案纹样有各自不同的造型特征，不同造型的纹样有不同的节奏和韵律，如早期的平棋中忍冬纹相间排列重复出现，中后期藻井的边饰中方胜纹、方鳞纹、彩幡铃铛纹等大量重复出现，形成了藻井图案富丽堂皇之美。不同时期的边饰纹样也往往由一个相对较为简洁的单独纹样反复组合，重复排列形成二方连续的图案效果。如卷草纹、莲花纹、几何纹等，在不断的重复中形成了特有的韵律。

唐代佛龛顶部绘有各式华盖，如盛唐时期的莲花纹华盖，在外环层装饰有各类璎珞、流苏和彩铃等，热烈庄重的氛围中又增加了飘逸感，不仅营造出华丽的装饰风格，也形成了强烈的韵律感和节奏感。

第一节　平棋

平棋是中国古代宫殿建筑内用以遮蔽梁以上部分的装饰构建，一般是用四条木板交叉组成方格，方格上复盖木板，看上去犹如棋盘方格，故被称作天花，宋时也称平棋。敦煌石窟中的平棋是指在石窟顶部平面上绘制的模仿平棋实物的图案。

敦煌早期石窟多为中心塔柱窟，窟顶前部为人字坡，后部为平顶，平顶环绕塔柱一周，平棋图案就绘塑在平顶区域内。北朝时期平棋图案有泥塑彩绘和平面彩绘两种。泥塑彩绘平棋图案仅莫高窟北凉第268窟一例，它也是莫高窟现存最早的洞

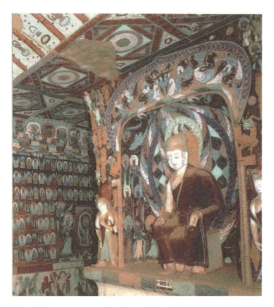

图 7-1 莫高窟第 251 窟内景　北魏

图 7-2 莫高窟第 431 窟中心柱南　北魏—西魏

窟之一，窟顶为斗四方平棋，套叠三层。平面彩绘平棋图案始于北魏中期。

北魏时期有代表性的平棋为莫高窟第251（图7-1）、254窟的莲花飞天纹平棋。在方井的中心处绘有莲花，莲花的花瓣细长且密集，内层边饰分别为云气纹和连续忍冬纹，外层三角形的角隅内分别绘有上身袒裸，双臂平伸正在飞行的飞天和摩尼宝珠图案；在设色方面，如果第一个平棋中心处是白底，第二个平棋中心处即为土红色底，外层也是一深一浅的底色，显得错落有致。在此类平棋内，中原殿堂式的平棋构架和西域特色的飞天、摩尼宝珠等完美结合。

北魏晚期至西魏，中心塔柱窟人字坡坡面缩短，部分窟内人字坡后坡檐枋直接中心塔柱，已无空间再绘平棋。在此时期的一些平棋中出现了一些新的纹样，如莫高窟第435窟的平棋方井中出现白鹅游于

绿水中的纹样，莫高窟第431窟平棋上可以看到原来的云气纹被新的龙、凤、虎纹所取代，这些神兽的形体虽屈服于窄长的条形空间中，但形象生动，整个平棋也显得日渐华丽（图7-2）。

北周时期洞窟的窟顶多为覆斗形，中心塔柱窟解体，平棋图案也进入了尾声。莫高窟北周第428窟，中心柱东侧窟顶沿着中心柱排列了五个平棋图案，它们都是早期交木为井的结构。此平棋为莲花伎乐飞天纹，方井中心绘有莲花，外层四角绘有伎乐飞天，但此时飞天在三角形内显得非常局促。以前经常使用的石绿色已经被白色和蓝色取代，图案中使用白色，与洞窟内壁上的人物画是一致的。

莫高窟的平棋图案盛行于北朝时期，北周之后，突然中断，中唐出现少量平棋，直到五代以后又开始发展。五代、宋时期

图 7-3 莫高窟第 6 窟西龛内　五代

平棋在方口盝顶帐形佛龛龛内顶部出现，主要以团花纹四方连续样式呈现。如莫高窟五代第6窟西龛内平棋（图7-3），是五代龛顶装饰的典型样式，团花纹样初看与中晚唐无异，实则色彩淡薄，形象无力。

在西夏时洞窟中也出现过大量的平棋图案，但西夏时期的洞窟多是利用隋代的洞窟，在原来的人字坡顶上重新绘制的。

敦煌北朝平棋图案特色鲜明。如果从图案角度来分析，敦煌早期图案构成形式多为适合纹样、连续纹样。适合纹样就是把图案纹样组织在一定的外形轮廓中，如窟顶平棋中的方井图案总体来看就是一个方形的适合纹样。连续纹样构成形式多以基本形为单位，按照一定的骨骼重复排列。平棋就是在适合纹样的基础上反复连续出现，但不是绝对的重复，而是简洁而有秩序的。莫高窟窟顶的平棋图案多寡不等，有的整个窟顶全部描绘四方连续的平棋图案，莫高窟西夏第328窟窟顶即可看到很多的平棋图案呈四方连续样式出现。

平棋图案是北朝时期图案之最。北朝平棋中常见的纹样有忍冬纹、莲花纹、莲花摩尼宝纹等。北凉时忍冬纹造型肥短、厚重纯朴，以形取胜；北魏开始趋向于轻盈细长；西魏、北周纹样造型修长、形式活泼，在土红色底衬托之下，呈现出单纯、朴拙的美感。在平棋图案中，我们可以看到佛教文化与华夏文化、西域文化互相交融。平棋图案虽然不像藻井图案那样盛极一时，但是它具有自己独特的形式和较强

的装饰性。

第二节　藻井

藻井是古代殿堂内屋顶的装饰，呈井形结构，因其处于最高位置，也象征着建筑的尊贵地位。在宋代李诫所撰的《营造法式》"藻井"一节中，就引用东汉王延寿的"圆渊方井，反植荷渠"之句。这也反映出在中心部位以平面绘制或浮雕形式的倒垂式荷花是藻井的典型特征。敦煌莫高窟藻井的形式根据窟顶而定，敦煌洞窟中一般的窟顶大多为覆斗形窟顶，四壁呈斜坡，至中心中间高起呈覆斗形，即使没有中心柱支撑也不会塌陷，内部空间较为宽敞。敦煌莫高窟藻井图案就是绘制在覆斗式石窟顶部中央的装饰图案，因绘于石窟顶部，大多保存较为完好。在敦煌莫高窟中，藻井可以说是集风格、样式、装饰之大成，是我国图案艺术中的瑰宝。

藻井从北凉时期出现，在唐代时发展到高峰，一直到元代都不断地新旧交替，推陈出新。藻井在北朝时期多受西域影响，北魏灭凉之后，受到中原石窟艺术影响，形成了西域、中原与敦煌本地多种艺术因素相融合的特征。莫高窟早期的藻井图案有莲花、忍冬、火焰、漩涡、云气、游龙、翔凤、飞天、星辰、棋格、羽人等。隋朝重视开拓西北边疆，中西友好往来增多，藻井图案吸收了波斯图案花纹，如翼马纹、联珠纹、蹲狮纹、翔凤纹等。至唐代藻井

历经上百年的发展已逐渐成熟，在盛唐时期达到完美。唐代装饰纹样的图案性增加，主要有莲花纹、葡萄纹、石榴纹、茶花纹、卷草纹，方胜纹，也有双龙戏珠、三兔追逐、飞天散花等。中唐吐蕃时期，敦煌与中原交流受到影响，出现弃繁从简的新面貌。晚唐时期，藻井图案逐渐程式化。五代、宋时期承袭晚唐风格，团龙藻井是这个时代的新图案。宋晚期受高昌回鹘影响出现一些新纹样，但此时期总体来说，内容单调、色调清冷，气韵平淡。西夏、元时期受到中原汉文化和藏传密教影响，藻井图案中出现藏密图像。藻井图案发展时间跨度长，其结构和形式在不同时代呈现不同的样式和特点，我们可以从不同时期代表性的藻井中分析其艺术特色。

一、简洁质朴的北朝藻井

北朝时期藻井多是斗四套叠仿木结构，方井中心绘莲荷纹，方井边饰为忍冬纹和云气纹，方井四角绘有摩尼宝珠和飞天。莫高窟北凉第 272 窟，窟顶与四壁连接为圆弧状，是介于覆斗顶和穹窿顶形之间的形式，藻井为三重方井套叠，中层和内层边框为泥质浮塑，方井内绘大圆莲荷纹（图 7-4），由于颜色脱落，图案已模糊，方井中心的绿地代表莲池，方井边框绘有云气纹、单叶忍冬连续纹、双叶交茎忍冬纹，四角绘有摩尼宝珠和飞天。此窟窟顶所绘制的藻井图案也是莫高窟现存最早的藻井图案。

北魏末西魏初期，随着覆斗形洞窟

图 7-4　莫高窟第 272 窟藻井　北凉

的出现，通常在覆斗形顶绘制仿木结构，并在中心绘垂莲装饰藻井。莫高窟西魏第 285 窟窟顶是保存最好、规模最大的兼具建筑与华盖特征的藻井（图 7-5）。这种形式与同期河西一带魏晋墓室藻井布置相同。此藻井外围绘有小云纹和两重三角垂帐，藻井四角悬挂着兽头和流苏，环绕藻井的四坡是天体，绘有伏羲、女娲、神仙和飞天，是佛教与道教文化相融合的题材。

北周时期覆斗形石窟增多，随之藻井图案也增多。藻井样式基本相似，继续保持着套斗方井结构，但方井四角的纹样变为折扇状的莲荷纹，方井边框多绘一道千

图 7-5　莫高窟第 285 窟藻井　西魏

佛像，三角形垂帐此时也变得短小而密集。

二、精致细腻的隋代藻井

隋代藻井由斗四套叠方井演变为中心
方井结构，隋代藻井由"方井—边饰—垂
幔"组成。隋代早期中心方井较大，边饰
层较少，到了隋代末期边饰层次逐渐增多，
垂帐逐渐减少。

隋代藻井图案，形式多变，内容丰富。
根据其结构纹样的不同，可分为四种：斗
四套叠方井藻井、飞天莲花纹藻井、缠枝
莲花纹藻井、多瓣大莲花纹藻井。[①]除斗
四套叠方井藻井有北朝之遗风，其余皆为
隋代出现的新样式。

莫高窟隋代第 420 窟斗四莲花藻井、
第 406 窟三兔莲花纹套斗藻井、第 305 窟
飞天异兽莲花卷角幔帐华盖藻井，均为斗
四套叠方井结构，与北朝的平棋、藻井图
案基本相同。而以上三窟藻井中的三兔、
翼兽、环形联珠对鸟纹及垂幔三角上的纤
细忍冬纹却是隋代的新纹样。这种不同时代
的同一结构形式和不同纹样，是藻井图案在
两个时代更替期中发展、承袭关系的反映。

莫高窟隋代第 407 窟的三兔莲花纹藻
井（图 7-6），为飞天莲花藻井中的一种
代表。藻井中心的方井比较宽大，中央绘
一朵八瓣大莲花，莲花中间的圆圈内绘三
只追逐奔跑的兔子，画工巧妙运用共用形
的原理，三只兔子共用三只耳朵，整个画
面却产生每只兔子都有两只耳朵的艺术效

图 7-6　莫高窟第 407 窟藻井　隋代

果。莲花四周蓝色底色，上面环绕飞翔 8
身飞天，姿态各不相同。外围有忍冬小花
斜方格一层，鱼鳞纹边饰两层和三角垂帐
纹。此藻井图案是隋代藻井中具有代表性
的图案之一。这种新的莲花飞天纹样是敦
煌北朝时期未曾有过的，隋代以飞天和八
瓣大莲花为主纹样的这类藻井，现在仅存
于莫高窟第 401 窟和第 407 窟中。

莲花缠枝纹又是隋代敦煌藻井中一种
独特的新样式，在很多重要的大型窟中均
有绘制。莫高窟第 314、390、405 窟均为
缠枝莲花纹藻井，是隋代藻井图案主要样
式之一，已完全摆脱了北朝的旧样式，莲
花缠枝纹与飞天莲花藻井可以说是敦煌隋
代藻井中的两大经典。莫高窟隋代第 314

---

① 关友惠：《解读敦煌：敦煌装饰图案》，上海：华东师范大学出版社，2016 年，第 83 页。

图 7-7　莫高窟第 314 窟窟顶藻井　隋代

窟缠枝莲花纹藻井，方井宽大，内绘八瓣大莲花、大莲花外围缠枝环绕，四角莲花中有化生童子，四边的中间绘摩尼宝珠（图7-7），方井外围边饰层多且窄细，纹样有葡萄纹，方格中还有叶形组成的兽头纹，这些稀有纹样源自中亚地区。

隋末唐初的代表为多瓣大莲花纹藻井，以莫高窟隋代第 314 窟藻井为例，方井中绘重层大莲花，内外层均为八瓣。方井中莲花周围四面各绘一莲花摩尼宝珠，四角绘莲花化生童子，用缠枝串联与中间大莲花形成众星拱月之势。

隋代藻井的特色：一是斗四套叠方井藻井，中心方井简化并保留了部分套斗构架，开始有新的纹饰出现。二是中心方井的井心变得宽大，突破了交木为井的格调，便于装饰和加工新的内容。方井中心为多瓣大莲花，四角多为飞天、异兽、神像，这种莲花纹藻井在隋代极为突出。

三、繁杂华丽的唐代藻井

唐代是敦煌装饰艺术的繁荣时期，有初唐、盛唐、中唐、晚唐四个不同的历史时段，这个时期敦煌莫高窟藻井图案内容丰富，日臻完美。

初唐时期的藻井图案，延续隋朝井心较为宽大的特点，井心是藻井表现的重点，井外边饰层次较少。初唐藻井图案井心内的纹样主要有葡萄纹、石榴纹、莲花纹。葡萄、石榴纹样的藻井虽然数量不多，却是初唐时期的代表作。

葡萄纹、石榴纹源于古罗马、古希腊和西域，在东汉时经丝绸之路传至中原，在唐代曾十分流行。[1]莫高窟初唐第 209 窟葡萄石榴纹藻井（图 7-8），中心方井内绘有四个石榴和葡萄叶片，四角的石榴构成"十"字形，葡萄叶与缠枝又构成一个"十"字形，两个"十"字相叠加构成"米"

图 7-8　莫高窟第 209 窟葡萄石榴纹藻井　初唐

---

[1] 金泽：《葡萄纹在丝绸之路上的传播发展掠影与艺术特征研究》，载《东华大学学报（社会科学版）》，2021 年 12 月，第 21 卷，第 4 期，第 48 页。

字形。整个藻井图案以淡黄色为底色，以深、浅绛红色绘葡萄、叶片、藤蔓等，无论是造型还是色彩都充满异域风情。莫高窟初唐第322、209窟藻井中的葡萄纹是现在已知唐代最早的葡萄纹。莫高窟初唐第387窟窟顶葡萄莲花纹藻井内容丰富、花形多样，是初唐藻井图案的经典之作。

　　初唐时期，莲花纹藻井绘制得相对较多，形式也丰富多样，是初唐藻井的主流图案。关友惠先生依照藻井中心莲花花型的不同，将其分为三类，第一类是平瓣莲花纹藻井，第二类是桃形瓣莲花纹藻井，第三类是异形莲花纹藻井。[①]

　　平瓣莲花纹以莫高窟初唐第386窟窟顶藻井为代表，藻井中心方井内多为八瓣或者多瓣莲花平铺展开，方井四周的三角垂幔纹还保持着隋代的样式，但是整个藻井纹样显得清新秀丽，已有初唐的新意。

　　桃形瓣莲花纹彻底摆脱了隋代遗风，以新的莲花纹，卷草纹构成全新的藻井装饰。以莫高窟初唐第331窟窟顶桃形瓣莲花纹藻井为例（图7-9），中心方井还较为宽大，方井内绘有重瓣莲花，外层莲瓣大，呈桃形状；内层莲瓣为卷云纹，再附以小叶，花形饱满。整体以淡蓝色为底色表现天空，四角绘有似蝴蝶形的角花，对称相望，是盛唐前期藻井的代表作。

　　异形莲花纹藻井如莫高窟唐代第329窟的飞天莲花纹藻井和第321窟的莲花藻

图7-9　莫高窟第331窟藻井　初唐

图7-10　莫高窟第329窟藻井　初唐

井。其中第329窟的藻井中绘有14瓣方头卷瓣大莲花，莲花中央是一个色轮形的莲蓬，4身飞天围绕着莲花飞翔（图7-10）。藻井中的构成元素新旧交替，形式较为繁杂。第321窟的藻井中心方井内的莲花由卷云纹和叶纹组成，八个椭圆卷云叶纹为莲瓣，非常有特色。花中有八个小石榴纹

① 关友惠：《解读敦煌：敦煌装饰图案》，上海：华东师范大学出版社，2016年，第124页。

图 7-11 莫高窟第 321 窟藻井 初唐

图 7-12 莫高窟第 320 窟藻井 盛唐

和花外八个大叶纹、小叶纹，向外作放射状（图 7-11）。方井四周的边饰是当时广为流行的缠枝三叶莲花纹和半对半的卷云圆叶纹，受中原和西域纹饰影响。

盛唐时期是敦煌图案发展的顶峰时期。藻井图案的构图也开始产生变化，藻井井心面积逐渐缩小，边饰层次逐渐增多，并且靠近井心的边饰层较窄，越向外的越大，构成了一幅有节奏，纵深感极强的藻井图案。这一时期图案表达的题材也更加丰富，除莲花外，还有团花、宝相花等，色彩采用了多层次的叠晕效果。盛唐敦煌的藻井图案，每一幅都魅力无穷，团花藻井是这一时期的代表。

莫高窟盛唐第 320 窟窟顶的藻井（图 7-12），是团花纹藻井的代表作之一。此藻井方井较小，中心是由各种花纹组成的宝相花，由内外两层花瓣构成。外层为桃形莲瓣，内层为内卷云纹和圆叶纹组合构成的莲瓣。边饰层以大团花纹、大菱格纹

为主，配以半对半三叶花纹、方胜纹。垂幔装饰中有三角齿形纹、鱼鳞纹、长桶形彩幡铃铛纹。色彩青、绿、红、黑、白搭配艳丽，异常华贵，极富装饰性。

吐蕃统治时期的敦煌，由于与中原地区的交流受到影响，装饰纹样也失去了往日的姿彩。中晚唐时期藻井仍沿袭中心方井式，但大唐盛世恢宏磅礴的气势已经一去不复返。此时敦煌石窟装饰图案与盛唐相比，呈现出弃繁从简、雅致秀丽的新面貌。中唐石榴茶花纹藻井，是前所未有的新样式。莫高窟中唐第 201 窟窟顶石榴茶花纹藻井，方井内六朵茶花中心处由六个绽开的石榴结合组成一个团花，石榴形象为卷云纹所组成，丹黄的底色使茶花显得鲜活美丽。此藻井是中唐时期的代表作。

晚唐时期的藻井井心大小适当，主要以瑞兽莲花纹为主。莫高窟晚唐第 85 窟窟顶的方井内绘有狮子莲花纹藻井，莲花中心绘有狮子，狮子外围一层是卷瓣莲花纹，

卷瓣莲花纹外围环绕椭圆形卷云纹，内外三层结合形成狮子莲花纹。

晚唐时期还出现了以佛、菩萨说法图为主题的佛像藻井。藻井中心的五方佛、金刚杵、千手千眼十二臂观音等增加了藻井图案的神秘感，如莫高窟晚唐第14窟窟顶即为四方佛像藻井。晚唐时期很多藻井图案的边饰层结构基本相似，出现了程式化的趋势。

四、工整单纯的五代、宋、西夏、元时期的藻井

五代时期的藻井承袭了唐代，除了团花图案，龙凤图案开始流行。团龙图案是五代藻井装饰的主要纹样。宋朝几乎每个石窟藻井都绘有团龙，且为泥塑浮雕、敷金，远观整条龙金光闪烁，栩栩如生。西夏以来，沥粉堆金得到进一步推广，特别是藻井中表现龙凤图案时，大量采用堆金的方法。画面色调清淡，以绿色为主，并采用沥粉堆金的新手法表现华丽的效果。

莫高窟宋代第235窟窟顶的五龙团花纹藻井，井心绿色圆形为底表现水池，圆形内浮雕一条金龙正在追逐嬉戏一火焰珠。青绿色的花朵围绕着中间的云纹形成一团花。团花外围四角各有一金龙，五龙代表天体中央与四方。团花在这里已居于次要地位，成为龙的陪衬。

西夏时期建造的石窟不多，都在西夏晚期，主要建造在榆林窟。西夏文化受到中原文化以及吐蕃文化的共同影响，出现团龙和藏密图像为中心的藻井。西夏藻井

图7-13 榆林窟第2窟藻井 西夏

中心开始不再绘制莲花，如榆林窟第2窟的藻井以团龙形象为主，外围多层锐角图形五彩迭晕，极具动感（图7-13）。藏密图像方井四周的边饰层繁多，其表现内容有莲花纹、牡丹纹、龟甲纹、工字回纹、漩涡纹等众多新形式，这些形式和中原建筑彩画纹样具有相似之处，呈现出多种文化特征并存的风貌。

元代藻井仍以藏密图像为中心内容，汉地缠枝纹样仍是西夏藻井的延续，同时也出现以卷涡纹为主要纹样的藏传密教装饰样式。

综上所述，莫高窟早期的藻井图案比较简单，之后复杂多变，呈现由简到繁，由朴素到华丽的发展脉络。藻井图案既讲究上下左右的对称关系，又在统一中求变化，主题突出、层次分明，构成了一幅幅独具艺术特色的装饰图案。另外，藻井图案大多色彩艳丽，多用对比色、互补色，颜色之间互相借用穿插，图底互换，产生独具特色的艺术效果。20世纪60年代，常沙娜先生设计的人民大会堂宴会厅顶灯

设计就吸取了敦煌藻井的艺术特点。敦煌藻井图案具有很高的艺术价值，需要我们很好地继承与发扬。

第三节　边饰

边饰图案是敦煌石窟壁画中各个部分用于分界的带状连续纹样。莫高窟中的边饰图案主要分布在墙壁拐角处、壁画题材的转换处、壁画与供养人像的分隔处、窟门边沿和佛龛龛口处等位置，起到间隔壁画和装饰的作用。边饰纹样在壁画中的运用使得壁画的主题更加清晰和完整。不同历史时期的边饰图案随着壁画整体风格的演变而变化，并与之协调，形成浑然一体的装饰效果。

从北朝至元代1000余年间，莫高窟边饰一直都有，形式变化多样，从题材上主要涉及植物边饰纹样和几何边饰纹样。其中植物边饰纹样种类较多，主要有忍冬纹边饰、莲荷缠枝纹边饰、缠枝卷草纹边饰、莲花纹边饰、团花纹边饰、茶花纹边饰、百花草纹边饰等。几何边饰纹样有鱼鳞纹边饰、菱格纹边饰、龟甲纹边饰、方壁纹边饰等。

北朝是敦煌边饰发展的早期，边饰常被安排在藻井、平棋或圆光内。早期边饰图案的单元形比较简单，但边饰纹样的组合方式千变万化，非常丰富。总体来说，北朝边饰纹样有莲荷纹、忍冬纹、几何纹、云气纹、祥禽瑞兽纹、天宫栏墙纹，图案较简单，用色不多，造型和表现技法也较单纯，但依然有较好的装饰效果。

莫高窟北魏第251窟北壁上出现的两组忍冬波状连续纹（图7-14），分别以单叶忍冬和双叶忍冬首尾相接，呈现波浪状，不断重复出现。西魏时期正是忍冬纹流行的阶段，莫高窟西魏第288窟北壁上的双叶忍冬纹，叶形肥大、叶裂浅，波状连续排列，两忍冬纹中间还有装饰叶片，叶片迭晕着色明显，装饰性强。莫高窟北周第428窟窟顶边饰，以黑褐色勾画出多裂忍冬纹形态，具有强烈西亚艺术特色。

北朝时期的几何纹边饰相对简单纯粹，以不同颜色的菱形重复排列，构成的图案规律而简洁，以菱形纹、方格纹为典型。北朝时期莫高窟绘有相当数量的菱形网状纹，且仅这一时代独有。莫高窟北魏第254窟西壁菱形纹，先以白色打底，后用黑色及蓝色在白色底上绘出菱形，蓝、

图7-14　莫高窟第251窟北壁边饰　北魏

图 7-15 莫高窟第 288 窟南壁边饰 西魏

黑菱形之间的负形也自然成为白色菱形。莫高窟西魏第 288 窟蓝色菱形网状连续纹（图 7-15），边饰以四条斜线为一组交叉成菱形网状，用蓝色相间涂色，一个大菱形中心加画一小菱形，使之产生一种整齐且富有变化的视觉效果。

北朝时期还有很多天宫凭栏纹，是绘制在窟内四壁上部的仿建筑类纹样，呈凹凸状，配以青、绿、黑、灰色，横向连续涂饰，凭栏画为条形砖和主形花纹砖。天宫栏墙纹起源于印度，在西域地区广泛流行，敦煌古代画师为适应视觉习惯将原本具有立体透视感的西域栏墙改绘为条砖叠砌的栏墙，保留有一定的空间感。①莫高窟北周第 297 窟南壁所描绘的天宫栏墙，其透视角度颇为奇特，既有从上往下的俯视立体效果，也有从下往上的仰视立体感，另外从左往右或从右往左看也呈现立体感。莫高窟西魏第 288 窟东南角上方，莫高窟北魏第 248 窟北壁前部人字坡下面都绘有天宫凭栏边饰，这种边饰图案的装饰手法与壁画中亭台楼阁的立体表现方式相呼应，体现了当时画工在壁画平面中对立体空间感觉的表达。

隋代的边饰图案部分继承了北朝的题材，此外还出现了许多新的边饰图案，如莲花伎乐童子边饰，以莲花枝蔓构成波状骨架，莲中有伎乐童子、摩尼宝珠。莫高窟隋代第 427 窟窟顶上绘有长 7 米的大型缠枝莲荷纹边饰（图 7-16），莲花呈波状藤蔓缠枝，附着于花茎上，忍冬花叶陪衬着莲花，数十朵莲花形态各异，主莲花中绘有伎乐童子，摩尼宝珠，线条流畅，枝蔓繁复，精密华丽，与唐代藻井中的缠枝纹有很多相似之处。

隋代别具时代特色的还有联珠纹边饰图案。联珠纹在波斯最早出现在银币（图 7-17）和王室巨石浮雕上。丝绸之路上的重要交通枢纽撒马尔罕连接着中国和波斯，这里发现的联珠翼马纹锦、联珠猪头

图 7-16 莫高窟第 427 窟边饰 隋代

图 7-17 波斯银币

---

① 关友惠：《解读敦煌：敦煌装饰图案》，上海：华东师范大学出版社，2016 年，第 124 页。

锦等[1]，和敦煌出现的翼马联珠纹如出一辙，这也充分说明此纹样源于西亚。敦煌隋代联珠纹有直条形和环形两种，环形联珠纹内多绘动物图像。在敦煌壁画中不同内容的分割往往采用较窄的直条形白色联珠纹边饰隔开，佛龛龛口也常用这类联珠纹边饰作为装饰。较宽的边饰图案以环形联珠纹组织，联珠圈内绘有狩猎、翼马、对兽、对鸟、莲花等纹样，其有浓郁的外来文化气息。莫高窟隋代第425窟西壁龛沿上绘有翼马联珠纹，蓝色圆环内绘有蓝珠、黑珠，环内在红褐色底上绘有一奔驰的飞马。

唐代边饰，纹样繁多，色彩注意对比，边饰中的纹样富于变化，充满了强烈的动感。初唐时期的边饰纹样结构较为简单，形象单纯，以波状连续边饰卷草纹为主；盛唐时期边饰纹样明显增多，色彩鲜明，结构逐渐繁复起来，以散点连续边饰团花纹为代表；中晚唐时期边饰纹样花形较为饱满，周围空底较少，色彩对比强烈，以几何连续纹样为主。

初唐边饰主要有缠枝卷草纹、四叶瓣莲花纹、几何纹。缠枝卷草纹可分为缠枝石榴卷草纹、缠枝莲花百草纹、缠枝百花卷草纹。[2]莫高窟初唐第340窟西壁佛龛龛沿上，盛唐第148窟东壁都绘有单枝或多枝石榴卷草纹边饰，呈波浪状，回卷的分枝上绘有一莲花或一石榴，石榴是侧视剖面，可见层层卷叶和清晰的石榴籽（图7-18）。莫高窟初唐334窟缠枝百花卷草纹边饰，缠枝纤细流畅，叶形纹构成花形，色彩以青绿为主，黑褐色为底，描绘精细，整个边饰构图饱满，花型生动，充满动感（图7-19）。四叶瓣莲花纹边饰由两片大圆叶与两片小圆叶组成，或是四个大小相同的桃形莲瓣，形成长方形的边饰。这一花形的边饰绘制不多，延续到盛唐。

边饰发展到盛唐已达到极盛，纹样主要有：缠枝卷草纹、团花纹、百花草纹、几何纹、杂花纹等。缠枝卷草纹边饰最为丰富，有单支、多支卷草纹，也有石榴纹、茶花纹边饰等。莫高窟盛唐第217窟石榴卷草纹边饰，底色朱砂，石榴与花瓣形成波浪纹结构，密集、有序且有动感。

团花纹是盛唐最为流行的纹样，以团花为主的边饰多出现于藻井边饰、佛龛龛沿、佛像背光中，多以一整两半状，散点

图7-18 莫高窟第148窟东壁边饰 盛唐

图7-19 莫高窟第334窟边饰 初唐

① 韩颖，张毅：《丝绸之路打通前后联珠纹的起源与流变》，载《丝绸》，2017年第2期，第63页。
② 关友惠：《敦煌石窟艺术全集·图案卷下》，上海：同济大学出版社，2016年，第12页。

图 7-20　莫高窟第 39 窟西龛边饰　盛唐

图 7-21　莫高窟第 323 窟西龛边饰　盛唐

连续形式，呈二方连续样式排列，如莫高窟第 217 窟北壁就出现以团形莲花为主的半团花纹交错排列，半团花纹多绘于四壁。边饰纹样中的团花纹，其花形比较简洁单纯，不像藻井井心中的团花那么多层而庞杂，一般是在反复连续的排列中形成动感。

几何纹样在北朝后基本不再流行，初唐只有菱形边饰一种，到唐天宝年间几何形装饰纹样出现了前代未有的新面貌，将世俗中带有吉祥寓意的图案更多地应用到佛教石窟中，成为当时的时兴纹样。

莫高窟盛唐 148 窟北壁的方胜纹由多个菱形相叠而成，这种形状被赋予了"同心双合，彼此相通"的吉祥含义。莫高窟工匠将具有吉祥寓意的图案绘进佛教洞窟，带有对佛、菩萨的祝福意味。

菱格纹在几何形边饰中出现最多。盛唐时的菱格纹已经完全脱胎换骨，在菱格骨骼内，图案内容极大丰富，多重迭晕，色彩鲜明，但依旧井然有序。莫高窟盛唐第 39 窟的菱格纹是唐代菱格纹的代表作（图 7-20）。

龟甲纹呈六边形，因形似龟甲而得名。莫高窟盛唐 323 窟的龟甲纹外沿为六边形，内有较小同一纹形，中心绘一朵四瓣小花，以朱红、石绿、石青由浅至深由外向内多重晕染，一整二半重复连续排列，色彩艳丽，整齐划一（图 7-21）。

缠枝卷草纹仍是中唐主流的边饰纹样，但团花纹已经减少，居于次位。几何纹中，开始出现了回纹，成为仅次于卷草纹的重要边饰。莫高窟中晚唐第 237 窟石榴茶花卷草边饰，卷草纹满地铺展，石榴中间夹有茶花纹，此类卷草纹边饰是中晚唐时流行的图案。中晚唐时期边饰纹样基本是盛唐的延续，但日渐程式化。

五代、宋时期的敦煌菱形纹在菱格内绘有一四瓣小花，两侧绘有立体方块效果纹饰，方块立面绘有四菱叶、冰裂纹，这是宋代特有的样式，同时期的缠枝卷草纹，花形呈扁三角形状，如榆林窟宋代第 14 窟中心坛出现的缠枝花草纹边饰（图 7-22）。敦煌边饰晚期常出现的纹样有卷草、云纹、回纹、水纹，造型相对随意，以石青、石绿、褐、土红、黑、白等相对质朴的色彩为主色，不追求盛唐华丽的色彩。

西夏、元代是由少数民族政权统治敦煌的时期，作为一个独特的历史时期也出现了一些不同的艺术风格和民族特点。如榆林窟西夏第 61 窟窟顶圆环套联纹（图 7-23），每一个圆形单元都被周围六个圆形以环绕切割的方式切割出有弧度的六边

图 7-22　榆林窟第 14 窟边饰　宋代

图 7-23　榆林窟第 61 窟边饰　西夏

形，中心一朵红花和六片绿叶，并以四方连续形式充满整个画面。这些题材和表现手法，是晚期边饰图案新颖独到之处。莫高窟元代第 465 窟的边饰纹样，在绿底色上，描绘着粗细不均的漩涡纹水纹。水纹由卷云纹与浪花组成，这种绘制方法继承了我国秦汉时期漆画的技法，采用流动的云气组合成为波状式的水纹，是敦煌元代特有的边饰。

莫高窟不同时期边饰图案的内容、表现手法等也在同时期的藻井、龛楣等纹样中出现。边饰图案始终以规则的条带形对石窟内的壁画进行有秩序的划分，同时也增强了各个装饰部位之间的呼应关系，形成统一整体的视觉效果。

第四节　龛楣

龛楣图案是敦煌石窟内部建筑的一部分，它是佛龛门楣上的装饰图案。龛楣图案作为敦煌装饰图案的一个种类，其纹样内容、构成形式、装饰色彩与佛龛的结构、形制等都有着密切的关系，在不同时期呈现出不同的特点。

古代僧人们从印度、中亚等地带来佛像。而大型雕刻的佛像是不可能带来的，只能携带小型的佛像。这些小佛像必然要用一定的容器盛放。这个盛放佛像的容器，便被称作"龛"。在古汉语中，"龛"从龙，合声，本义为龙的样子，后来引申为供奉神位的石室、小阁或盛放神圣物品的盒子。佛教传入中国后，以"龛"这个词来称谓安置佛像的场所。在中国佛教艺术中，似乎有佛像必然要有佛龛，佛龛也成了佛像的专有之物。

佛龛的种类很多，在莫高窟就出现了圆券龛、双树龛、阙形龛和方口龛。[①]北朝佛龛为圆券形也就是圆拱形，隋代佛龛有圆券形和方口形两种龛形，方口形双重龛是隋代到唐初特有的新龛形。隋朝到盛唐为敞口平顶龛，中唐以后均为方口盝顶龛。

圆券龛是印度、中亚乃至中国佛龛

① 王洁，赵声良：《敦煌北朝石窟佛龛形式初探》，载《敦煌研究》，2006 年第 5 期，第 24 页。

图7-24 莫高窟第275窟北壁双树龛 北凉

最常见的形式。圆券龛龛口上部有楣饰，两侧有立柱。莫高窟最早的北凉第268窟，正壁开一个圆拱形佛龛，佛龛上部是弧形，下部为方形，上部拱顶边缘绘出一道装饰纹，表示有龛梁，龛梁分段涂成黑、绿、红、白连续斜方格形；龛梁外侧还绘出龛楣，上部原本绘有火焰纹装饰，可惜年代久远这些龛楣纹样已经模糊不清。佛龛下部的两侧绘出龛柱，柱首呈卷涡形，是古希腊爱奥尼式柱头。此洞窟的龛柱、龛梁和龛楣都是通过绘画的形式描绘在平面墙壁上的。

双树龛从构造来说，基本上属于圆券龛，但由于龛楣部分完全采用了双树的形式，特别是像圆券龛特有的龛楣、龛柱装饰在双树龛中都没有出现，所以把它独列为一类。莫高窟北凉第275窟北壁上层双树龛楣图案龛楣顶呈圆拱形，佛龛两侧分别有一棵树，作对称状，树枝为两裂瓣或三裂瓣的忍冬枝，树冠部分向中央倾斜而代替了龛楣的形式，树干和树枝浮塑，树叶彩绘出来，图案立体感强，给人一种古朴、厚重的感觉（图7-24）。

阙形龛源自汉式阙门，在汉代的画像砖中可以看到。阙形龛的基本形式为方形，两侧为一高一低的阙，中央有稍低于双阙的类似古建筑的屋檐，无楣饰。莫高窟北凉第275窟北壁上层龛楣图案，龛楣为一阙形龛形式，龛顶上有屋顶，彩画土红色柱子（图7-25）。两侧阙形屋顶下有彩色方柱，屋檐处彩绘土红色斗拱，显得粗犷纯朴。阙形龛内有交脚弥勒菩萨，坐于佛坛上作说法状。敦煌石窟仅在北凉、北魏时代出现过阙形龛。北凉的洞窟中有4座阙形龛，北魏的洞窟中有17座阙形龛，在壁面有上下层佛龛时，通常阙形龛都出现在上层。

方口龛是隋到唐初之间新出现的一种特有龛形，是佛教中国化的体现，龛楣多

图7-25 莫高窟第275窟北壁上层阙形龛 北凉

绘有缠枝莲荷化生童子纹样。

敦煌石窟中的龛楣装饰历经北朝、隋以及初唐，尤以北朝、隋最为普遍，初唐之后就逐渐消失，最终被带状边饰所取代。从装饰角度来说，北凉、北魏龛楣图案简练、单纯，构成形式较为简单，但规整有序、色彩清雅，与后期相比，此期更注重纯朴的精神意趣。北魏石窟多为中心塔柱窟形，佛龛的位置随之提高了。龛楣的楣面比较宽大，龛楣、龛柱均为泥质浮塑再施彩绘。莫高窟北魏第251窟中心柱东向龛，有化生童子与缠枝忍冬纹龛楣图案（图7-26）。龛楣中心处化生童子从莲花中涌出，双手攀扶着忍冬枝，忍冬呈波浪形重复排列，两侧有小化生童子从莲花中涌出。龛楣下部彩塑立体的龛楣梁，梁体绘五彩斜方格，格内绘鳞甲纹，梁体两端各塑一龙首，龙首与楣梁组合在一起，恰似一弓身同体双首龙。北魏以后的佛龛，多以立体形式浮塑出龛楣、龛梁和龛柱。但在龛外平面的墙上绘出这些要素的也不在少数，大约因为这些龛柱、龛梁已没有承重的功能，仅具有装饰意味。

北魏末到西魏，龛楣图案有了新的发展，在龛楣的忍冬莲荷纹中开始加入天人、禽鸟等纹样。莫高窟西魏第285窟南壁禅室楣饰绘有忍冬马鸡火焰纹（图7-27）。龛楣尖拱顶处分三层：第一层即最外层，绘有燃烧的火焰；中部第二层，两只青蓝色马鸡相对称地站立于莲蓬上，一副准备啄斗的状态，中央两枝忍冬向上分向两侧，作波浪形卷曲缠绕；第三层为龛楣梁，用五彩色斜方格绘梁柱，两侧为龛楣尾。

西魏、北周龛楣图案中的忍冬纹、莲花纹、火焰纹等一改前期简单淳朴的面貌，在形式上出现了缠枝忍冬莲花纹、桃形忍冬纹、忍冬火焰纹等，龛楣图案除绘有忍冬、莲花纹外，还绘有各种珍禽等，内容增加、构图相对繁密，层次亦变得丰富。

北周石窟龛楣图案延续西魏纹样内容，龛楣中缠枝莲花与忍冬纹、化生童子的组合更加巧妙；同时此时期忍冬纹常变化成火焰状形态。如莫高窟北周第296窟中心柱东佛龛有莲花化生忍冬纹龛楣，外层边饰忍冬纹似火焰状，中央两个三裂忍冬纹相对呈桃形。龛楣中央彩绘莲花化生

图7-26　莫高窟第251窟中心柱东龛楣　北魏　　　　图7-27　莫高窟第285窟南壁龛楣　西魏

图 7-28　莫高窟第 297 窟西壁龛楣　北周

童子，两侧藤蔓分枝的忍冬纹叶片内绘有小化生童子头部。色彩以蓝、绿、石青、土黄、黑间隔构成，节奏明快。

莫高窟北周第 297 窟，龛楣浮塑，双龙羽人纹龛楣（图 7-28）。龛楣顶端绘有莲花及摩尼宝珠，莲花下双龙浮塑，二龙交体对首戏珠，龙体后半与龛楣合为一体；羽人为童子形象，趾爪、两臂生翼、头长双角，现存一身。龙与羽人塑在龛楣上表示护卫佛法。这是一种新样式，是佛、道思想相互融合的表现。

北朝时期，龛楣多以忍冬莲荷化生童子为主，火焰纹通常只是一道带状边框画在龛楣边缘上，但是隋代龛楣是以火焰纹为主纹饰，不仅绘有单一火焰纹龛楣，在缠枝莲荷纹龛楣上，火焰纹也大量应用，楣面的装饰题材与北朝时期基本类似，但是隋代的龛楣边缘开始变宽，逐渐形成套叠状的尖拱形龛楣，外层尖拱形龛楣绘飘逸的火焰纹，内层绘忍冬、莲花、化生、禽鸟等纹饰，内外两层一般绘联珠纹作为分割线。隋代火焰纹样式多样，光芒四射，火苗上冲，变化无穷。

隋代龛楣火焰纹饰流行于莫高窟龛楣装饰图案中，既有单一的火焰龛楣，还有与其他纹样组合出现的火焰纹饰。火焰纹形象活泼，纹样多种，奇特鲜明，节奏变化明确。隋代是敦煌龛楣图案的最后阶段，唐代的龛楣图案已由双层还原为一层，龛的门楣多描绘一条边饰，边饰内涂绘团花、卷草或动植物卷草纹。莫高窟隋末唐初第 390 窟的龛楣缠枝纹，代表敦煌龛楣装饰图案的式微。

龛楣装饰图案是敦煌石窟装饰图案的一个重要组成部分，莫高窟的龛楣装饰集中出现在北朝和隋代的石窟中，初唐只存留少量，之后便极少见到。莫高窟北朝时期的龛楣边缘纹饰较窄，图案稚拙、浑朴、规整；隋代的龛楣边缘开始变宽，由质朴变化为华丽，由简略、平实转向细腻而繁复。敦煌龛楣装饰图案内容丰富，形式多变，具有独特的历史价值和艺术价值。

第五节　背光

佛像背光指佛像头后或背后的光圈，背光包括了头光与身光。背光图案是画在佛龛内佛像身后壁上的装饰图案，与塑像背光内容和作用基本相同。犍陀罗佛像的背光，差不多都是无装饰的圆盘。敦煌莫高窟在背光艺术处理上和犍陀罗相比，存在着明显的差异，它虽受域外影响，但又有不断改进和创新。

敦煌北朝佛背光纹样主要以多层次不

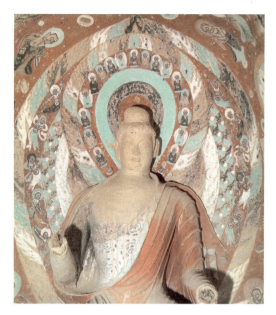

图 7-29 莫高窟第 272 窟背光 北凉

同造型和不同色彩的火焰纹组成，中间有忍冬纹。北朝的火焰纹是一种近似真实的火焰形态，火焰形象具有向上升腾的动感，变化丰富，排列紧凑，装饰意趣浓郁。背光图案仍以莫高窟北凉第 268、272 窟为最早。第 268 窟背光各层色环均绘单头火焰纹，但现在已模糊不清。第 272 窟头光中绘有千佛和火焰纹，此火焰纹为三头火焰纹；身光多层由外及内分别绘有多头火焰纹、飞天、忍冬纹、单头火焰纹（图 7-29）。天人、千佛是佛光中化身的形象。

西魏时期，火焰纹不仅仍是佛像背光的主要装饰，而且将背光中火的世界燃烧到了极致。[1]北周佛像背光，如莫高窟第 297 窟西壁龛内背光绘有齿条形火焰纹和千佛（图 7-30），而且特别突出了背光上

部尖端的莲花摩尼宝珠，这也是北周之前所未见的新样式；背光中白色集中涂饰在佛头两侧与肩的上部，强调了背光中心的亮度。相对而言北周背光出现形式化趋向。

火焰纹在隋代背光中仍是一重要题材，但分量有所缩减，只保留在背光的最外层，以自由转折，夸张飘动感的奔放形象出现。[2]隋代佛头光和身光中的内环层全绘忍冬纹，外环层绘火焰纹，火焰纹层较宽，在纹样布局上形成忍冬纹与火焰纹内外两区。莫高窟隋代第 427 窟中心柱北向龛内忍冬火焰纹背光，前一组火焰纹的颜色是后一组火焰纹的底色，忍冬纹光环

图 7-30 莫高窟第 297 窟背光 北凉

---

① 金建荣：《中国南北朝时期佛教造像背光研究》，2015 年南京艺术学院博士论文，第 55 页。
② 刘珂艳：《浅析敦煌莫高窟背光图案中火焰纹的演变》，载《装饰》，2002 年 4 月，第 67 页。

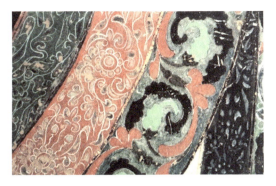

图7-31 莫高窟第407窟西壁龛内背光 隋代

一层的底色是青、绿晕染，由黑白两色分别勾线，整个背光色彩丰富、绘制精致、气势庄严。

隋代背光图案除火焰纹外，内层又加绘忍冬纹、葡萄纹和卷草纹等。莫高窟隋代第407窟主佛像背光色调艳丽，在头光和身光中绘有一道葡萄卷藤纹，这也是敦煌背光中最早的葡萄纹样（图7-31）。忍冬纹光环以赭红色、深绿色、黑褐色为底色，上面以白线勾勒忍冬纹，具有鲜明的中亚艺术特色。隋代背光虽不及藻井纹、龛楣样式繁多，却也显示出不因循守旧，锐意进取的特点。隋代背光图案突出的共性是流行莲花纹、忍冬纹，火焰纹已远不及西魏时期。

初唐佛背光装饰，有的在头光上方顶尖或者最外圈绘少许火焰纹；有的则已放弃火焰纹转向华丽的卷草纹、团花纹；有的一般只画多色光环。中期以后绘饰纹样日渐华丽，背光纹样与同期边饰纹样有相似之处，背光纹样包含了边饰中的各种类型。莫高窟初唐第57窟西壁龛外北侧，菩萨头部头光为三重，外环青绿色环，中环

为多色方块连续纹，内环为白色联珠纹，这种以简单的色环为头光装饰，是隋至唐初时期的头光特色（图7-32）。隋代莲花与忍冬相结合表现在背光上，这时莲花多为八瓣，到了初唐形成蔓草缠枝纹样，而且十分成熟。莫高窟初唐第332窟西壁菩萨头光为莲花瓣形，缠枝百草纹以对称形式蜿蜒铺满整个头光。

图7-32 莫高窟第57窟西壁龛外北侧头光 初唐

图7-33 莫高窟第217窟西龛头光 盛唐

盛唐和中唐背光在类型上流行圆形状，这时曾经的莲花、联珠纹在背光上基本被淘汰，石榴花纹、宝相花纹大量流行。莫高窟盛唐第217窟西龛头光即为圆形，头光内环四面各绘一枚由三片桃形莲瓣组合的侧卷瓣"十"字形对称宝相花局部，外环为缠枝莲花卷草纹，层次分明，装饰华丽，是头光中的精品（图7-33）。莫高窟盛唐第444窟西龛菩萨头光为三重纹样套叠组合，最外层为缠枝葡萄纹，中层为桃形莲瓣纹与葡萄缠枝纹，内层为卷云石榴纹与中层桃形莲瓣层层套联，精美绝伦（图7-34）。

盛唐偏重龛内塑像背光、头光装饰，壁画中的背光、头光装饰比较简略，只画一光环。中唐时期背光、头光装饰重点转向了壁画。天宝年后出现了茶花图案，茶花纹头光成为佛像背光装饰的代表佳作，并且之后流行时间较长。中唐时期茶花图案还十分流行，处于当时花卉图案的主导地位。

中晚唐还绘出了回纹和前所未有过的水波折纹（图7-35）、弧形折带纹、齿形纹、三角纹、连续勾云纹。晚唐背光以长圆形为主，背光内容中有千手千眼观音变，纹样变化多样。这些纹样在盛唐末期已经出现，中唐发展成为背光、头光的装饰纹样，并影响到晚唐和五代。

五代和宋代背光装饰纹样大多是对唐代的沿袭，但用团花装饰的圆形头光，仅出现于个别洞窟里。隋唐时大量出现的三角纹，在五代宋时也逐渐减少，但比起

图7-34 莫高窟第444窟西壁头光 盛唐

其他纹样，仍占主导地位，主要见于头光外层的圆环中，此时的火焰纹比隋唐时期增多，多绘在头光和身光圆环的外沿上。总体上背光纹样无论形式还是色彩已经简化，对某些部分又是相对简单的重复，缺乏新意。

西夏背光图案起初继承曹氏画院风格，内容比较简单，形式上满足于装饰效果，而不求深入。西夏藻井对佛背光影响很大，出现了很多藏传佛教装饰图案，卷涡纹是比较典型的一例。西夏佛背光图案又受高昌回鹘的影响，在进一步汉化的基础上产生了中原风格和党项民族的组合图案。到了元代，背光图案很少，借鉴了前代背光艺术的表现手法，又大量吸收藏传佛教的内容和形式，大部分背光绘千手千眼观音等密教内容，长圆形背光，背光相对来说空间大，可大量绘制宗教内容，圆形头光大量出现于诸弟子像中，无图案。

总体来说，敦煌莫高窟佛像的背光，

图 7-35　莫高窟第 192 窟南壁水波折纹头光　中唐

早期仅头光有少量的圆形，图案简单。盛唐、中唐大量出现圆形背光，而且发展到多层同心圆和多种样式，类型也有火焰形、莲叶形、长圆形等，背光上多绘宝相花、牡丹、缠枝卷草纹等富丽的纹饰，尊像内容多绘化佛、飞天像。莫高窟背光图案也是一个是由盛到衰的过程。盛唐时期的背光图案，内容丰富，这也在一定程度上反映出当时社会经济繁荣的景象。西夏至元代背光内容更趋贫乏，花卉基本上没有了，背光内容多为千手千眼观音密教内容，不过在佛教艺术发展史上有它独特的风格。

第六节　服饰

莫高窟在一千多年的历史发展变革中，各朝各代都在此建窟，从未间断。集中、全面、系统地向我们展示了历代服饰的画面，使我们看到古代服饰及其装饰图案的演变及发展，大体上可分为三大类。①

第一类是供养人服饰。供养人是指各种身份的出资建窟者，他们的形象往往被画入壁画中，这就使敦煌壁画包含了很多服饰类型。莫高窟现存 8000 多身供养人画像，早期供养人像小的只有约 20 厘米高，唐宋以后的供养人像有的和真人差不多高，其服饰也富丽堂皇。

第二类是故事画、经变画、佛教史迹画中人物的服饰。此类壁画是敦煌石窟的重要组成部分，虽然是为了说明佛经中某一具体内容，但都是以现实生活为依据。很多壁画对各阶级人物服饰进行了精细的刻画，包括人物妆容、发饰、腰带、鞋靴等，为古代服饰研究提供了最直观最丰富的资料。

第三类是佛国人物的服饰，包括了佛、菩萨、天王、力士及诸天神等。对佛国的描绘虽然具有宗教特色，但也是当时真实社会情况的艺术描绘。佛国人物服饰来源于生活，又高于生活。出于神形象美化的需求，佛国人物服饰往往大胆地美化、夸

① 谭蝉雪：《解读敦煌：中世纪服饰》，上海：华东师范大学出版社，2016 年，第 13 页。

张，超越现实世俗服饰，但也反映出当时的审美意趣。

敦煌壁画中北朝的各种人物服饰多为单色，少有装饰图案。佛教人物的服饰也多为西域式或方领深衣袍服式结构，服饰图案以忍冬纹和几何纹为主，忍冬以三瓣叶或四瓣叶构成二方连续纹样，分别装饰在衣服的领子、门襟、袖口等部位。

北朝时期的几何纹样与提花织造的丝织物融合为一体。忍冬纹与几何纹形成了这一时期的石窟彩塑与壁画佛像服饰的重要装饰风格。莫高窟北凉第275窟在菩萨座上绘有双线方格连续纹，纹样以四条垂直线与四条横线相交，组成大方格，方格内绘有"十"字花。莫高窟西魏285窟西壁南龛，禅僧外披田相袈裟，龛壁禅僧身后有蓝色十字方格和土黄色圆形组成的几何连续纹，外围有石绿色勾边，色彩雅致，也反映了当时的提花织造技术（图7-36）。此窟西壁上还绘有天王、骑兵、步兵等人物形象，如第285窟西壁天王头戴佛冠，上身穿皮质半臂铠甲，用几何图案和色彩区分铠甲是皮质还是铁质，用金色凸显铠甲的华丽（图7-37）。壁画上人物的服饰也反映了北朝骑兵的装束。

隋唐时期是敦煌石窟艺术发展的鼎盛时期，也是佛教文化空前活跃并与当时的生活、艺术结合最为紧密的时期。在隋代，敦煌服饰的汉化已经成为主流，服饰较以前色彩丰富，但远不及中原地区，整体依然崇尚朴实、简约。尊卑等级在服饰

图7-36 莫高窟第285窟西壁南龛禅僧的袈裟装饰 西魏

图7-37 莫高窟第285窟西壁天王的铠甲 西魏

中差别不大，只是在衣料质地及图案上显示差别。隋代彩塑的服饰，集中地描绘了当时精美的织锦图案，内容和形式有了很重要的突破。莫高窟隋代第292窟有一尊菩萨衣裙上有红、白、黑三色相间的几何图案和莲花联珠纹（图7-38），都是西域流行的纹样风格，在出土的丝织品中较常见。莫高窟隋代420窟西壁龛口南北两侧彩塑胁侍菩萨的裙饰图案，在白色联珠纹内描绘了飞马奔腾、人兽交战的激烈场面，在浑厚古朴的色调上勾勒金线，描绘了织物的细部特征，恰到好处地丰富了层次关系。莫高窟隋代第427窟南壁西侧菩萨胸部的菱形狮凤纹锦（图7-39）和莫高窟第292窟南壁菩萨塑像衣裙上的联珠莲花纹，都与新疆境内沿着丝绸之路南北两条道上出土的大量丝织品纹样相似。由上也可以看出隋代联珠纹可分为直条形和环形两种，主要出现在佛塑像衣裙上，环形联珠纹环内多绘有动物形象，但多被后世重绘。环形动物联珠纹是波斯织锦的主要纹样，反映出对太阳和光明的崇拜。

图7-39　莫高窟第427窟南壁西侧菩萨胸部衣饰　隋代

隋代敦煌石窟中也大量出现联珠纹，是隋代图案的一大特色。

敦煌在唐代成为"丝绸之路"的重要驿站，也促成了中外服饰文化的融会，唐朝奉行兼收并蓄的方针，服饰也能体现出融会贯通的特点。从敦煌壁画中也可以看出大唐制定了新的服饰礼制，壁画中天子王侯、文武官员及平民百姓都有体现。唐代初年规定三品以上官员礼服用大科绸、绫、罗，主色调为紫色；四、五品以上官员用小科绸、绫、罗，主色调为绯色；六品以上官员用丝麻混纺杂花绫，主色调为绿色。各级官服图案如鸾衔长绥、鹤衔瑞草、

图7-38　莫高窟第292窟菩萨塑像衣裙上的莲花联珠纹　隋代

图 7-40 莫高窟第 57 窟北壁服饰图案 初唐

雁衔威仪等也各不相同。武则天时期规定文官的官服绣禽鸟，武官的官服绣猛兽。

在唐代，西北地区各民族以及世界其他国家纷纷与强大的唐帝国建立了友好的交往关系。敦煌壁画中有许多各国（族）王子贵族会聚的场面，如莫高窟初唐第220窟各国王子礼佛场景，从图中可以看到各国王子和使臣身着各式各样的官服和贵族礼服。同样莫高窟初唐第335窟、盛唐第103窟、中唐第158窟和晚唐第9、156窟等不仅有穿着冕服的中国帝王，而且汇聚了来自不同地域的王子、贵族，其服饰新奇多样，别具一格，这也为我们了解中世纪中西文化交流提供了珍贵史料。

唐代佛、菩萨像服饰装扮也达到了繁花似锦的新阶段。初唐壁画中的菩萨衣着装饰多沿袭早期的几何纹、祥禽瑞兽和联珠纹。莫高窟初唐第57窟菩萨上衣的装饰图案（图7-40），通过穿插疏密有致的直线和小白珠组成的小花，可以看出是模拟经线和纬线织造纹样的图案，这是常见的几何形的织物图案，无疑也反映了当时染织物的流行状况。

唐代彩塑和壁画中的服饰图案以莲花、宝相花、石榴花、团花、回纹、卷草纹、树纹为主，另有凤纹、雁纹、龙纹、狮纹、飞马纹及各种鸟纹等。如莫高窟中唐第159窟西壁龛内北侧彩塑菩萨，裙饰上描绘的大团花图案，彩塑菩萨身旁的天王戎装彩塑，铠甲上的卷草团花纹、宝相花纹等都是唐代极为流行的纹样，这与唐时期高超的丝织技艺相符（图7-41）。莫高窟中唐第159窟西龛菩萨衣裙上也以卷草团花纹为主，结构饱满，富丽堂皇。莫高窟晚唐第9窟西壁天王长身着仿自吐蕃铠甲的皮甲装束，两胸及腹部有联珠以珠绳相连，其绛红底白色团圈内为简洁明快的十字花图案，此图案具有游牧民族特色（图7-42）。唐代的缠枝葡萄纹，联珠立鸟纹等也都多少带有异域情调，所以敦煌壁画中的服饰，以汉服饰文化为主，同时又呈现着西域及敦煌周边少数民族服饰文化的聚合。

敦煌壁画中各个时代的供养人，其服饰风格也不相同，但均反映了当时各阶层的服饰流行风貌和社会生活状态。莫高窟盛唐第130窟供养人群像都督夫人太原王氏供养像（图7-43），都督夫人雍容华贵，身量超过真人，都督夫人身后的画中人物身量递减，显示出一派等级森严的气氛。

图 7-41　莫高窟第 159 窟西龛菩萨裙饰图案　中唐

都督夫人身着碧罗花衫、织花红裙，肩披白罗花披帛，绿色锦带长垂胸前。身后儿女及九名侍婢皆依照身份不同，穿戴盛唐天宝年间的时世妆扮。可惜这幅画在宋代重修时被覆盖，到 20 世纪 40 年代才被剥出，由于当时剥落技术差，多有残缺，现在我们看到的是 20 世纪 50 年代段文杰先生临绘的摹本。

吐蕃统治时期服饰及纹样与盛唐相比有所倒退，素色服装较多见，纹样的种类相对单一，没有太多新纹样出现，但此时佛像上的服饰及纹样显得富丽堂皇。

中晚唐女供养人像的衣领、衣裙和披帛上都形成了与初唐不同的风格，贵族妇人供养像的衣裙多以花鸟纹为织锦图案，

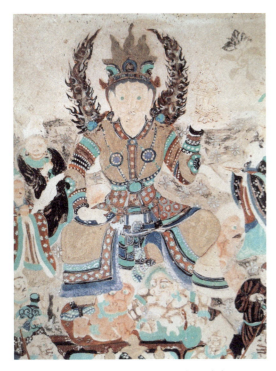

图 7-42　莫高窟第 9 窟西壁天王的铠甲　晚唐

图 7-43　莫高窟第 130 窟甬道南壁都督夫人太原王氏供养像局部　盛唐（段文杰临摹复原）

以小花丛组成团花，中间饰以云纹和绕花飞舞的小鸟；另一特征是在盛唐胡风与汉风融合的基础上，又渗入了吐蕃新元素。

晚唐中原汉装再度兴盛于西北，唐代前期壁画中尚未出现的王妃、贵妇专用的花钗礼衣、翟衣，在唐晚期壁画中出现。翟衣是贵妇中最高级别的服装，因衣服上绘绣翚翟（一种长尾野鸡）而得名，翟衣以翚翟的数量区分等级，九等翟衣为最高等级。唐代后期中最尊贵的贵妇衣礼服壁画即莫高窟晚唐第138窟东壁壁画，其上节度使张承奉的女眷中就有身着翟衣者，青色的宽袖袍服上彩绘了许多形态各异的翚翟，下着曳地数尺的长裙，显得庄重华贵（图7-44）。从其头戴九支花钗和题名判断，应是唐末归义军节度使张承奉的母亲，敕授为"郡君太夫人"。张承奉的夫人、女儿也都穿翟衣，只不过其上绘制山雉的数目不等。女供养人此类着装与张议潮收复河西后，丝绸之路再度通畅有关。

唐代佛及弟子、僧侣的袈裟上常绘有山水纹，象征三山五岳和五湖四海，表现远离尘世、超凡脱俗之意。唐代山水纹，多以石绿、石青等色表现层次丰富的绿水青山，亦多没有田相格限制，以四方连续结构整幅描绘。莫高窟晚唐第196窟西壁，一位佛弟子的袈裟上面潇洒的笔墨点染出远处树丛的景象，给人以质地细腻的丝绸印花效果，还绘有一行行有规律的针脚线，这体现了服装轻薄的质感（图7-45）。

五代时期，中原地区朝代更迭，政权

图7-44　莫高窟第138窟郡君太夫人花钗翟衣　晚唐

图7-45　莫高窟第196窟西壁弟子的袈裟　晚唐

分立，但是妇女服饰却以胡服为时尚，妇女的服饰与唐朝相比，总体风格显得内敛、雅致。妇女服饰的花纹图案，从唐代流行的大团花向小花纹样转变，质地轻薄的碎花绫罗很流行。此时期凤鸟衔花纹、翔凤花叶纹（即在花叶丛中，两只凤鸟相向展翅站立在莲花座上）、飞鸟戏柳纹、彩蝶扑花纹等都是当时流行的纹样，宋代以祥禽瑞兽及各种花卉纹样为主，线条灵动飘逸，色彩较为纯净、淡雅。

五代、宋初突出发展了供养人画像，由于回鹘与节度使曹氏家族世代联姻，通常将于阗国的回鹘公主供养像和曹议金供养像相对绘制。十六国至隋代，供养人像身躯较小，五代宋初供养人像地位显赫，数量大增。莫高窟五代第61窟东壁南曹氏家族女供养人像身份显贵，头戴凤冠饰步摇、贴花钿、衣饰豪华。于阗皇后排在前面，窟主曹元忠的生母宋氏放在第四位，站在女儿辈之后，这说明此时曹家在对待甘州回鹘、于阗回鹘的联姻采取礼让、尊重的态度。莫高窟五代第61窟、第108窟回鹘公主供养像中回鹘公主服饰造型受到回鹘女装影响，多身着翻领窄袖紧身衣裙（图7-46）。回鹘公主身着长袍为大翻领，小袖，收口，在领子和袖口绘有相似的花鸟纹。[①]此类图案概括为凤鸟衔花图案，图案线条婉转流畅。

宋代丝织品的产量突飞猛进，织锦技

图7-46 莫高窟第108窟回鹘公主供养像 五代

术也有了很大进步，发明了许多提花新技术，纹样上也将动植物纹样巧妙结合，进一步丰富了纹样的内涵。元代朝廷十分重视发展纺织业，纺织业相当发达，一种新的织金锦诞生，用它制作的服装富丽堂皇，彰显了帝王和贵族气势。

西夏、元代时间很短，佛教宗派起了变化，留下来的洞窟装饰图案也不如以前丰富，但是官服仍以团龙、团花为主，西夏男供养人服装上的团龙图案是以前没有出现过的，但这与同时期出现的西夏盘龙藻井图案相一致。

敦煌服饰类型丰富，不同历史时期的文化形态和生活样貌的变迁，对服饰的造型、结构、材质、配饰、色彩、纹样都产

---

① 崔岩，楚艳：《敦煌石窟回鹘公主供养像服饰图案研究》，载《艺术设计研究》，2019年3月，第51页。

第七章 敦煌图案 **197**

生重要影响。敦煌服饰以汉服饰文化为主，同时又呈现着与西域及敦煌周边少数民族服饰的融合；壁画中还有各国王子礼佛图，其中中亚、西亚商人、僧侣、贵族的形象在壁画中也有出现。在敦煌的服饰图案和同时期出现的藻井、边饰、龛楣图案等有一些共同之处。敦煌服饰及图案为古代服饰研究、染织研究等提供了最直观最丰富的宝贵资料。

本章节从平棋、藻井、龛楣、背光、边饰、服饰六种类型对敦煌图案纹样进行了分析。这六种类型的装饰图案在莫高窟中特色鲜明，有其独立的形态，并且在不同时期都有其主流纹样。而且隋唐以后的很多纹样都是以早期佛教纹样为母体，在中原文化艺术的基础上，吸收西域各国的艺术精华，不断变化、发展、演绎，后期形成了独特的意蕴和丰富的视觉效果。敦煌装饰图案将洞窟中的壁画、雕塑、建筑等连成了一个风格统一的整体，其在构图上随着洞窟形制变化而变，既井然有序，又打破了现实空间和视觉上的束缚，形成了自己独特的艺术风格，是多元文化融合的见证，也突显了敦煌艺术的庄严与华美。

【思考解答】

1. 简述北朝时期平棋的艺术特征。

2. 简述各历史时期敦煌藻井的艺术特征。

3. 简述敦煌图案中团花纹样的特点。

4. 比较并分析敦煌北朝佛像背光和隋代佛像背光的异同。

5. 简述敦煌出现的各龛形以及各龛形中龛楣的艺术特色。

6. 请举例说明中原文化、西域文化等对敦煌图案的影响。

【实践创作】

1. 细读敦煌石窟唐代藻井图案，选择有代表性的图案临摹一幅。

2. 临摹盛唐时期的边饰纹样一幅。

3. 分析并掌握敦煌装饰图案艺术特征和表现形式，结合自己的生活，运用敦煌图案的表现手法，色彩搭配特点，完成不少于 3 幅的现代装饰图案创作。

【拓展阅读】

1. 常沙娜：《中国敦煌历代服饰图案》，北京：中国轻工业出版社，2001 年。

2. 敦煌研究院主编、关友惠本卷主编：《敦煌石窟全集·14 图案卷》，香港：商务印书馆有限公司，2003 年。

3. 常沙娜：《中国敦煌历代装饰图案》，北京：清华大学出版社，2004 年。

4. 谭蝉雪：《解读敦煌 中世纪服饰》，上海：华东师范大学出版社，2017 年。

5. 关友惠：《解读敦煌 敦煌装饰图案》，上海：华东师范大学出版社，2017 年。

第八章 敦煌器物图像

【导读】敦煌石窟中的器物图像数量庞大、种类繁多，且形式多样，造型丰富，是敦煌画工对不同时代器物的生动描绘。本章主要涉及其中的容器、携行器、供器、乐器、兵器、家具，从每种器物的功能、造型等方面予以介绍。

概述

一、敦煌器物的形态范畴

《现代汉语词典》中对器物的解释是："各种用具的统称。"[①]从这个意义上来说，凡是人们因某种目的制造出来的用具，都被称作是器物。因此，敦煌石窟壁画、绢画中的器物范围便十分广泛，包括出现在各佛教人物手中的法器、持物，在各经变画、故事画中的供器、兵器、乐器、家具，也包括各种农具、交通工具等等。这些图像在敦煌壁画中数量庞大、种类繁多，且形式多样，造型丰富，是敦煌画工对不同时代器物的生动描绘。

根据这些器物的造型特征，结合其功能，下面将侧重介绍其中的容器、携行器、供器、乐器、兵器、家具几大类。

《周易·系辞上》中曰："是故形而上者谓之道，形而下者谓之器。"[②]古人制器用器，目的其实并非仅限于器物本身，而是重在以器载道。因此，器物是历史的载体，也是社会变迁、文化艺术、人物事迹的诉说者。故而，敦煌石窟中的器物图像是研究敦煌必不可少的一部分。

首先，石窟壁画中的器具，一部分是以持物的形式出现在佛、菩萨、弟子等人物手中，这些器具可以与佛教典籍中的内容相对应，往往是某些人物身份的象征，是对人物身份考释的依据之一。

其次，这些图像与工艺美术史上的一些器具相佐证，是对中国古代工艺美术史的图像资料补充。

第三，几千年来，中国历史伴随着社会物质生活和精神生活的提高、科技的进步、工具的改良及政治与宗教信仰的变化而发展演进，这些过程无一不反映在器物上。敦煌石窟壁画中出现的器物图像，不仅仅是对彼时宗教文化的反映，亦是对社会文化生活的体现。

---

① 中国社会科学院语言研究所词典编辑室编：《现代汉语词典》（第7版），北京：商务印书馆，2016年，第1035页。
② 宋祚胤注译：《周易》，长沙：岳麓书社，2000年，第343页。

二、敦煌器物的造型之美

器物的造型是器物的基本形态，主要包括物品的外形和结构等。在敦煌器物中，人们最直观的便是通过造型，感受到的由方和圆、长与短、大与小、直线和弧线、局部和整体等体现出的形式感。无论是容器，还是佛教独有的法器，抑或日常生活中可见的乐器、兵器、家具，人们首先关注的是造型，及其带来的审美感受，同时体味来自久远时空的亲切感和神秘感。

在这些器物中，有完全中国风的器物形制，比如在香炉中较早出现的博山炉；也有明显是异域风格的，如在敦煌壁画、绢画上出现过的高圈足玻璃大碗；还有融合中西之风尚的，例如柄香炉。不论哪一种，每一类器物都有自己的造型特点，每一个时代都有相应的造型风格，或典雅，或庄重，或轻巧，或华丽。如榆林窟第2窟南壁西端宋代的三只香炉，放置于椭圆

图 8-1　榆林窟第 2 窟南壁香炉　宋代

形莲花供案上（图8-1）。三只香炉的造型大致相似，都有喇叭形的高底座，中段有莲花形的托，上为宝珠形的香炉盖，华丽美观。

三、敦煌器物的材质之美

某种程度上说，造型离不开其所依托的物质材料。材质之美，是器物审美的一个重要组成部分，也是器物的重要特色之一。在我国古代典籍《考工记》中，就十分强调器物的材质之美，认为："天有时，地有气、材有美，工有巧。合此四者，然后可为良。"[1]《考工记》中提出的"材美工巧"原则，在我国古代工艺美术理论和工艺美术作品中占有十分重要的地位，产生了深远的影响。我国历代的器物，从其产生、发展到演变都是与材料的开发、利用同步的。如我国器物发展的几个高峰时期，陶器、青铜器、漆器、金银器、瓷器等莫不如此。总之，材料是器物的物质基础，是工艺美术艺术审美的表现载体。在敦煌壁画和绢画中对各种器物的描绘，间接反映了古代工艺美术发展的情况。虽不似实物那样，可以分析研究材质的具体成分，研究具体的工艺，但却可以弥补考古资料的不足，并了解西北边陲地区器物的制作与使用情况。就实物来讲，对各种材质的感知是通过视觉、听觉和触觉的感官体验而得到的。在壁画中，我们判断其材质的主要依据，一是靠实物的佐证，二是

---

① 闻人军译注：《考工记译注》，上海：上海古籍出版社，2008 年，第 4 页。

靠壁画的颜色，三是靠敦煌文书的记载。我们将视觉上对色彩、质感、纹理的感受，和日常经验相结合，来体会画工通过自己的绘画技巧传递出来的材质美感。这不得不说是一种别样的材质审美感知。

敦煌历代壁画中的器物材质包括了陶瓷、金属、玻璃、琉璃、水晶、宝石、玉石等。它们充分反映了古代化学工艺的奇光异彩。

这些材质中，玻璃是最易辨识的。据相关统计，敦煌石窟隋至西夏的壁画、绢画等艺术品中，佛、菩萨、弟子手中及供桌上出现的透明器皿，包括碗、杯、钵、瓶、盘等达100多件，如莫高窟中唐第159窟西壁所绘玻璃盘内的花枝清晰可见（图8-2）。这些玻璃器皿呈透明、浅蓝、浅绿、

图8-3　莫高窟第61窟甬道北壁天蓝色琉璃灯和琉璃花瓶　西夏或元

图8-4　莫高窟第85窟制陶图　晚唐

浅棕色，与出土的玻璃器皿吻合，是当时流行的玻璃器皿在石窟艺术中的再现。

敦煌石窟中自中唐开始表现琉璃，至五代、北宋、回鹘、西夏、元代的壁画中都有琉璃瓶、琉璃杯、灯等器具。莫高窟第61窟甬道北壁的供养僧手中便绘有天蓝色琉璃灯和琉璃花瓶（图8-3）。

莫高窟第65窟的西夏文题记中可见到这样一段文字："甲丑年五月一日，墨勒

图8-2　莫高窟第159窟玻璃盘　中唐

原籍凉州，为找料石，来到沙洲地界……"文字中提到的"料石"便是用来金属冶炼的矿石。敦煌壁画中有较多的铁锅、兵器、香炉、锡杖等金属器物。上文所述宋代的三只香炉便是敦煌壁画中金属器物的典型代表。

中国的制陶技艺有着悠久的历史，敦煌历代壁画中不仅有陶器的图像资料，还有制作陶器的珍贵图像。莫高窟中唐第236窟、晚唐第85窟（图8-4）、五代第61窟、元代第465窟等都有制作陶瓷器的画面。这些制陶图都是根据《入楞伽经》绘制的，经中说，为成佛所做的修行，要逐步积累，"譬如造作诸器，渐次成就，非为一时"。

在一些弥勒经变的剃度场面中，用于洗澡、洗脸、洗头的盆、水瓶，唐以来的花瓶等大都被表现为瓷器。

四、敦煌器物的装饰之美

装饰是构成一个物体艺术之美十分重要的组成部分。从中国古代工艺美术来看，由于以实用性为出发点和归宿点，所以其

图8-5 莫高窟第401窟口沿有圆钮形装饰的玻璃盘
初唐

装饰工艺主要是指附丽于器物上的装饰纹样、装饰技巧、意匠和手法。敦煌器物上，有很多描绘了花纹，或有着华丽的装饰，充分体现了装饰之美。

莫高窟初唐第401窟北壁东侧，一身菩萨手中的玻璃盘，口沿有圆钮形的装饰，使普通的玻璃盘有了特殊的美感（图8-5）。

法国吉美亚洲艺术博物馆收藏有一幅十一面观音像，画中有一长颈花瓶，圆形的瓶体上有宽带状圆形花纹相交，把瓶体分成了扇形。瓶体装饰非常华丽，镶嵌了各种宝珠。在另一件北宋时期的不空羂索观音菩萨图中，也有多处表现了器物镶嵌的工艺。

五、敦煌器物的工艺之美

所谓"工艺"，按照我国传统的解释，就是百工之艺，而按照现代人的理解，就是物品制作、装饰所采用的方式方法，即成型工艺和装饰工艺。因此，造型、装饰均离不开工艺，不同的材质也需要不同的工艺。在我国古代，"工艺"往往与"巧"联系在一起，《说文解字》中说："工，巧也，匠也，善其事也。凡执艺事成器物以利用，皆谓之工。"

上面提到的敦煌壁画、绢画中的镶宝石花瓶，可以看到镶嵌工艺。

另外，敦煌壁画的玻璃器皿中，有30多件是口沿扣金边或配金盏托的，在盛唐、晚唐的壁画中较为普遍。在实物中，唐代有很多将金玉结合在一起的器物，也有在玉杯口沿扣金边的玉器。可以说，敦煌石窟

特定时期的壁画中,逼真地反映了这种贵金属与其他材质相结合的工艺。

当然,中国古代的各种工艺很多,一些在实物中很容易区分的描绘、刻画、模印、贴花等,在壁画中是无法辨识的。但这并不影响我们通过壁画去体会这些器物的装饰之美和工艺之美。

在下面几节的内容中,我们会从容器、携行器、供器及其他器物四个方面,选择最有代表的几类器物,去感受敦煌石窟中器物体现出来的各种美。

第一节　容器

容器是可以盛物品的器具,根据其造型可分为瓶型器、盘型器和碗型器三类。其中造型变化最为优美,又最为丰富的是瓶型器。

一、瓶型器

瓶型器中尤以净瓶和胡瓶最具特色。

(一)净瓶

净瓶,梵语音译军持,又作君持、军迟等,是以陶瓷或金属等材料制造,用以容水,供饮用或洗濯的器皿,是比丘十八物之一。

作为一种佛家用品,净瓶早就存在。399 年,晋代法显为求佛法,游历 30 多个国家,在其所著《佛国记》一书中曾提到净瓶:"商人大怖,命在须臾,恐船水

漏,即取粗财货掷著水中。法显亦以君持及澡灌并余物弃掷海中,但恐商人掷去经、像。"[1] 此处的"君持",即军持,亦即净瓶。

关于净瓶的原始造型,6 世纪巡游印度的中国僧人义净在其所著《南海寄归内法传》中有过详细记载:"其作瓶法盖须连口,顶出尖台可高两指,上通小穴粗如铜箸。饮水可在此中。傍边则别开圆孔,拥口令上竖高两指,孔如钱许,添水宜于此处。可受二三升,小成无用。斯之二穴恐虫尘入、或可着盖、或以竹木、或将布叶而裹塞之。"[2] 从这段文字的描绘可知,与其他的瓶类相比,净瓶的特殊之处在于:长颈,颈中有一轮状突起,肩腹之间有流,腹部浑圆善纳,无柄。

现在所见较早的净瓶实物应该是 1975

图 8-6　青瓷象首净瓶　隋代

① 〔晋〕法显著,郭鹏译:《佛国记注译》,长春:长春出版社,1995 年,第 140 页。
② 〔唐〕义净撰:《南海寄归内法传》卷一,载《大正藏》第 54 册 No.2125,第 207 页。

图 8-7 莫高窟第 57 窟净瓶 初唐

图 8-8 莫高窟第 217 窟净瓶 盛唐

年江西新建县出土，收藏于江西省博物馆的隋代青瓷象首净瓶（图 8-6）。该瓶高 22.8 厘米、口径 1.5 厘米、底径 7.8 厘米。长束颈，浑圆腹，圆饼足，口上盖封黏合，安一小盂为口，座饰菊瓣；肩部塑一象首流，象卷鼻昂首。这个净瓶的造型与义净所述基本是吻合的。

在早期的印度佛教美术中，净瓶主要是作为持物，出现在婆罗门行者、梵天与弥勒手中。敦煌壁画中的净瓶则主要出现在菩萨、弟子手中，其中最常见的是持于观音手中。观音菩萨手中的净瓶，自隋代

图 8-9 榆林窟第 25 窟净瓶 中唐

开始出现，并随着唐代观音信仰的流行，数量增多，造型也更加丰富多样。

如莫高窟初唐第57窟北壁说法图中，观音右臂屈肘提一金色净瓶，净瓶侈口，上有三角形盖，盖上有圆球形盖钮，短颈，球形腹，足外撇，平底（图8-7）。

莫高窟盛唐第217窟西壁龛外北侧观音左手提净瓶，右手持青莲花。净瓶直口，细颈，鼓腹，饼足，整个器形线条圆转流畅（图8-8）。

榆林窟第25窟南壁观音手中净瓶，瓶身修长，颈部有伞状圆盘，圆盘上复有簪笔形细长小颈，肩部有流，肩宽收腹，倒扇形高足，下有一圈联珠纹，足与瓶身以珠状物相连（图8-9）。

从以上几个例子可以看到，敦煌壁画中的净瓶造型是比较丰富的，既有无盖的，亦有带盖的；既有无流的，也有带流的；既有颈部有圆盘的，亦有光滑无附属物的。

（二）胡瓶

胡瓶是敦煌石窟壁画中另一类造型较为精美的瓶形器。与净瓶相似，胡瓶亦出现在菩萨手中。

据相关文献记载，胡瓶的发源与使用地是波斯、粟特及东罗马帝国。《太平御览》卷七五八中载："张轨时，西胡致金胡瓶，皆拂菻（指古罗马，拂菻是拜占庭人对君士坦丁堡的简称），奇状，并人高，二枚。"[1]

此事发生在晋愍帝建兴元年（313）。又"西域记曰：疏勒王致魏文帝金胡瓶二枚，银胡瓶二枚。"[2]说明魏晋时期，被称为"胡瓶"的金质酒器已经在中国出现。但据统计，北周以来出土有胡瓶或雕刻有胡瓶图像的墓葬，一般都是胡人墓葬，说明唐以前胡瓶多在胡人范围内使用。至隋朝，这种情况有了改变，胡瓶成了朝廷重要的赏赐之物。

而在中国进入唐代繁荣时期后，因中外文化及贸易交往频繁，使得大批来自上述地区的友好使节和商人往来穿梭于东西方之间，胡瓶更是成为唐朝使用比较多的一种器皿。唐诗里就有不少关于胡瓶的诗句。顾况在《李供奉弹箜篌歌》中写道："银器胡瓶马上驮，瑞锦轻罗满车送。"王昌龄有"胡瓶落膊紫薄汗，碎叶城西秋月团。明敕星驰封宝剑，辞君一夜取楼兰"

图8-10 李贤夫妇墓鎏金银胡瓶 北周

① 〔宋〕李昉等撰：《太平御览》第1册卷七八五，北京：中华书局，1960年，第3365页。
② 同上。

的著名诗句。卢纶的《送张郎中还蜀歌》中也有"垂杨不动雨纷纷，锦帐胡瓶争送君。须臾醉起箫笳发，空见红旌入白云"之句。

我国出土文物中最著名的胡瓶是1983年出土于宁夏固原市原州区南郊乡深沟村李贤夫妇合葬墓中的鎏金银胡瓶（图8-10），现藏于宁夏固原博物馆，号称该馆的"镇馆之宝"。1996年，国家文物鉴定委员会确定其为"国宝"。银瓶通高37.5厘米，最大腹径12.8厘米，重1.5公斤。表面鎏金，环形单把，把上方铸一头戴软冠，高鼻深目的人头，瓶口为鸭嘴状流。瓶细长颈，上细下大，有21条竖形凹槽，颈部与腹部相连处有13个凸起的圆珠组成一周联珠纹。腹部圆鼓，上部小、下部逐渐加大后内收，与底座连接束腰处有10个凸起的圆珠组成的联珠纹一周。腹的上部有一周三角形连瓣纹；中部有6个人物图像，半浮雕。高圈足底座，座的边缘有20个凸起的圆珠组成的一周联珠纹。

另外，内蒙古敖汉旗李家营子出土的一件鎏金银胡瓶，形体较低矮，也较丰满。银瓶基本光素无纹，只在圈足边缘饰一周联珠纹，口沿处饰一圆雕胡人头像；陕西临潼县庆山寺舍利塔基精室中出土一件凤头人面胡瓶，凤首龙柄，腹部有六个高浮雕人头像。

莫高窟晚唐第14窟主室南壁的不空绢索观音像中，观音八臂，其中左侧一手持有胡瓶。藏经洞一幅唐（9世纪前半期）

千手千眼观音菩萨图中，观音左侧一手中执白色的胡瓶。五代的一幅千手千眼观世音菩萨像中，观音手中也有一只胡瓶。画面中的胡瓶白色，鸭嘴形流，细长颈，单把，喇叭形足，颈部与肩部有一圈黄褐色花瓣纹。整体造型保留了胡瓶最基本的特征，但整体造型比实物所见更加洗练，装饰也

图8-11　莫高窟第288窟盛放鲜花的盘子　西魏

图8-12　莫高窟第207窟花盘　初唐

更加简洁。

除了净瓶和胡瓶，敦煌石窟壁画中还经常出现一种插有鲜花的宝瓶，类似于今天的花瓶。如莫高窟盛唐第148窟东壁，有一身捧插花宝瓶的供养菩萨，画中的宝瓶盘口，短颈，窄肩，鼓腹，周身绘有图案。

二、盘型器

盘型器主要是作为飞天、菩萨、弟子、供养人等手中的供器。

大多数的盘以盘中盛放鲜花的形式出现，亦可称其为花盘，在莫高窟早期的洞窟中便已出现。如莫高窟第288窟西壁，绘有举盘供奉的伎乐。伎乐双手托举盛放鲜花的盘子（图8-11）。盘本身刻画得较为简单，也较为粗糙。

至唐代，盘型器开始绘制得较为精美，造型也有了变化。如莫高窟初唐第207窟西壁龛楣上绘有两身相对的飞天，飞天各用一手共同托举起一只花盘，另一只手散花。花盘两层，束腰，盘身还绘制有精美的花纹。盘中有鲜花（图8-12）。

除了在盘中置花，还有在盘中托其他供器的。如莫高窟盛唐第130窟南壁都督夫人太原王氏供养像中，有女眷手托置有净瓶的盘。

另外，在敦煌石窟壁画中，还可见一种带支足的盘型器，这类器皿经常出现在佛及菩萨前方的供桌上。如莫高窟中唐第159窟南壁所绘的供桌上绘制有对称摆放的三足盘。

图8-13　榆林窟第4窟藏密风格宝盘　元代

图8-14　莫高窟第306窟高圈足玻璃大碗　宋代

在这些盘形器中，有一些绘制得相当精美。如榆林窟元代第4窟北壁中有一宝盘，根据色彩可判断为铜质，盘三层，上有三座宝塔。其造型与敷色，带有浓郁的西藏壁画特点（图8-13）。

三、碗型器

敦煌绘画中有一些大碗，特别是自五代始，经北宋、回鹘、西夏，出现了一批高圈足玻璃大碗。

这些高圈足大碗在中国本土并未见有出土，其口沿有圆形和四曲花瓣式两种类型。如莫高窟第306窟，东壁绘有一只四曲花瓣式口沿的高圈足玻璃大碗（图8-14）。莫高窟第400窟北壁，则可见一只圆形口沿的高圈足玻璃大碗（图8-15）。

在日本正仓院藏有一件属于9至10世纪时的高圈足大碗，器型与尺寸均与莫高窟第400窟的高圈足大碗相似。日本学者根据其玻璃的质地、颜色，认为这件玻璃器皿是用波斯玻璃制成。而其形状、纹饰也带有萨珊波斯风格，极有可能是从西

图8-15 莫高窟第400窟高圈足玻璃大碗　宋代

亚进口的。故而，这些壁画不仅展示了古代敦煌地区玻璃器皿的使用状况，还是我们研究彼时中外玻璃贸易的珍贵史料。

敦煌壁画中，除上述瓶型器、盘型器、碗型器之外，还有一些容器，如盆、三足锅等。如莫高窟初唐第431窟南壁就有一只三足锅。在这里，画家把地狱中用于惩戒恶人的油锅画成了生活中用的三足锅样式。

第二节　携行器

携行器是佛教中比丘行路时所携带的器物，在此，主要介绍敦煌石窟艺术中的锡杖和钵。

一、锡杖

关于敦煌石窟壁画中的锡杖，胡同庆先生有过专门的研究，其成果见于《敦煌壁画中的杖具——锡杖考》[1]一文。

锡杖是比丘行路时所携带的道具，属比丘十八物之一。其形状分三部分，上部即杖头，由锡、铁等金属制成，呈塔婆形，附有大环，大环下有数个小环。据《大唐西域记》卷二所载，北印度那揭罗曷国存有佛陀所持的锡杖，其长丈余，以白铁作镮，旃檀为笴，盛于宝筒中[2]。

锡杖的功用，大体可分为以下几种：第一，比丘托钵行乞时，用摇动锡杖来提醒檀越，供养比丘饮食。第二，用振锡发出的声音来驱逐野兽害虫。例如《四

① 胡同庆：《敦煌壁画中的杖具——锡杖考》，载《敦煌研究》，2007年第4期，第36—47页。
② 〔唐〕玄奘撰，周国林注译：《大唐西域记》，长沙：岳麓书社，1997年，第116页。

分律》卷五十二中有："诸比丘道行见蛇蝎蜈蚣百足，未离欲比丘见皆怖，白佛，佛言：'听捉锡杖摇、若筒盛碎石摇令作声、若摇破竹作声。'"①第三，年老比丘或比丘生病时，用来支撑身体。第四，受持锡杖，用以"彰显圣智""行功德本"。例如《佛说得道梯磴锡杖经》中说："佛告比丘：'汝等应受持锡杖。所以者何？过去、未来、现在诸佛皆执故。又名智杖，彰显圣智故。亦名德杖，行功德本故。圣人之表帜，贤士之明记，道法之正幢。'"②第五，振锡杖所发之音，具有特殊咒力，如在法会时皆振短柄锡杖，唱梵呗。

锡杖实物中，以 1987 年 4 月法门寺地宫中出土的三枚锡杖为代表。其中最小的一枚是纯金单轮十二环锡杖，通体以纯金铸成，通长 27.6 厘米，杖杆长 25 厘米，最大直径 0.6 厘米，重量为 211 克。锡杖首为桃形轮，轮心杖端，一佛结跏趺坐于莲座上；轮两侧各套有径 2.2 厘米、厚 0.2 厘米的六枚小环，轮顶托一枚智慧珠；杖杆呈细圆柱状，上部和底部饰两道凸棱，杖樽为宝珠形。又一枚鎏金单轮六环铜锡杖，由轮首、执手、杖樽组成，轮高 31 厘米，宽 27 厘米；执手长 31.7 毫米，直径 2.2 厘米；杖樽长 31.2 厘米。因原与木杖套接，木杖已朽坏，故总长度不明。该锡杖亦为桃形轮杖首，轮两侧各套径 11.7 厘米的三

枚小环。桃形轮和小环的剖面均呈菱形。轮顶饰智慧珠，执手为八棱柱状，杖樽底部做成圆球形。最大的一枚锡杖为"鎏金银金花双轮十二环锡杖"，通体鎏金刻花，长 196 厘米，重 2390 克。杖首有垂直相交盘曲的两个桃形外轮，故称"双轮"。双轮内有两重仰莲束腰座，莲座间有五股金刚杵相接。轮顶为仰莲束腰座，上托智慧珠；轮高 34.5 厘米；轮四面各套雕花金环三枚，总计十二环。杖杆圆形，细长，中空；通体錾刻纹饰。

在敦煌壁画中，锡杖主要出现在药师佛手中，其次出现在地藏菩萨手中，再次

图 8-16　莫高窟第 322 窟锡杖　初唐

---

① 〔姚秦〕耶舍共竺佛念等译：《四分律》卷 52，载《大正藏》第 22 册，No.1428，第 956 页。
② 《佛说得道梯磴锡杖经》，《乾隆大藏经》，0687，《小乘单译经》第 58 册，第 227 页。

出现在迦叶、舍利弗、阿难、目犍连等弟子手中。但在一般供养菩萨手中，以及释迦佛和梵僧、密教观音手中也可见到。大多为右手执持并依傍于右肩，偶尔也有左手执持依傍于左肩的，也有用力掷、举的情况。

莫高窟初唐第322窟东壁门南，绘药师佛身着通肩红色袈裟，右手执六环锡杖（图8-16）。杖头大环下端与柄头连接处回曲绕成两个小环，左右各三个小环。大环中间有一宝瓶或宝塔状装饰，大环上面即杖头顶端饰四层宝珠，杖头与杖柄之间有錞管。

莫高窟盛唐第446窟西壁龛外北侧药师佛，左手持玻璃药钵，右手握十二环锡杖。锡杖杖头大环为桃形，顶端饰五层宝珠，呈塔婆形；大环中也有一串似宝珠状的饰物，但未连通顶端；大环底部未回曲，只是两侧各套六个小环；底部连接錞管；錞管下部不见杖柄。

榆林窟中唐第25窟东壁北侧的药师佛，左手托药钵，锡杖依靠于右肩上。锡杖的杖头形状与莫高窟第322窟所见类似，但杖头下端连接有一段錞管后再连接杖柄，而柄下端又安有尖锐的铁纂。錞管和铁纂都涂以白色，杖头和杖柄则涂以赭色，色彩分明，颇具有装饰意味和立体感。

莫高窟中唐第186窟窟顶东坡和榆林窟中唐第25窟北壁，均绘有迦叶作飞行状，用右手将一锡杖向空中掷去的图像。

莫高窟中唐第231、第237窟、晚唐第9窟绘有舍利弗毗沙门天王决海的内容，表现了毗沙门天王和舍利弗各拿长戟和锡杖决湖，使其干涸建城的画面。舍利弗身穿袈裟，高举锡杖，左手握住杖柄底端，右手握杖高过头部。

从以上各例可知，锡杖的杖头为大环，或为圆形，或为桃形、葫芦形、腰圆形、灯笼形等等，其中除莫高窟第141窟的灯笼形为双轮外，其余皆为单轮；杖头顶端多装饰数层宝珠，也有宝塔状或卷云状装饰的；大环中间有宝塔状，或宝瓶、宝珠、莲花等装饰；大环底部多曲绕成卷云状，两侧各套三个或四个、六个小环。杖头与杖柄之间多有錞管连接，有的錞管下部有铆钉。

二、钵

钵也是比丘行路时所携带的道具，比丘十八物之一。

在佛教中，钵是僧人出门乞食时的食具。其材料、颜色、大小，均有定制，不得随意改变。佛陀用石钵，大众僧用瓦钵，外道则用木钵。钵只可盛放食物，不得存放任何其他物品。莫高窟盛唐第31窟南壁描绘了释迦牟尼踩云持钵，至舍卫城下乞食的画面。

在敦煌壁画中，钵有时是与锡杖同时出现的。上述莫高窟初唐第322窟东壁门南，身着通肩红色袈裟的药师佛，右手执六环锡杖，左手托钵。莫高窟盛唐第446窟西壁龛外北侧的药师佛，左手持钵，右手握十二环锡杖。这幅壁画中药师佛手中的钵为玻璃质地，可以看到其透明的特质。在敦煌壁画中出现过很多透明的器皿，并呈现出不同的色彩，有蓝色、绿色等。这些透明材质的器皿，是对玻璃、琉璃、水晶等材质的描绘。

除了材质，有些画面中钵还表现出了相应历史阶段工艺美术的一些制作或装饰工艺。榆林窟第 25 窟东壁北侧的药师佛，左手托药钵，右手握锡杖。手中的钵中盛满药丸，据其颜色和花纹判断，描绘的可能是绞胎瓷。绞胎瓷器是我国古代陶瓷装饰工艺中特殊的品种，最早产于唐代，至宋代蓬勃发展并发扬到极致，元以后逐渐衰亡。绞胎瓷通常是用不同颜色的瓷土（古代主要是白、黑或白、褐、黄）分别制成泥料，然后像拧麻花一样将它们拧在一起，制成新的泥料，之后或直接拉坯成形，或切成片状作镶嵌使用。

在敦煌石窟中，钵还被作为供器绘制在壁画中。如莫高窟隋代第 398 窟西壁龛内，描绘有空中降下的鲜花、供钵。

第三节　供养器

在佛教中，用于日常供养的器具为供养器。敦煌石窟艺术中最常见的供养器有香炉和灯明。

一、香炉

在我国，熏香有着悠久的历史，先秦周朝王室就已开始利用香草驱除蚊虫。至迟在战国，已有熏香器具。而在佛教传入以后，更是强化了焚香的宗教功能，使其成为佛教重要的供养器。

敦煌文献中有不少敦煌当地寺院科征香料和消费香料的记载，特别是在唐、五代、宋初时期。同时也有香炉、香宝子、香奁和香碟等与佛教香供养有关之物的记载。

在敦煌壁画中，我们可以看到香炉形态自魏晋南北朝至唐五代的变迁，是研究这些器物最直接的图像资料。敦煌石窟艺术中的香炉，从其形制来看有可以供人持握的柄香炉，以及可在供桌上或地上直接摆放的香炉。关于敦煌壁画中的香炉研究，有 1990 年李力发表的《从考古发现看莫高窟唐代壁画中的香炉》一文[①]，及王明珠《定西地区博物馆藏长柄铜香炉——兼谈敦煌壁画的长柄香炉》一文[②]。两篇文章侧重点不同，前者主要探讨莫高窟唐代壁画中的香炉，后者则主要讨论敦煌壁画中的长柄香炉。

（一）柄香炉

柄香炉是有柄可供人把持的香炉样式，在寺院或墓葬出土中常见，是由炉体、柄、盖构成。炉体一般为杯状，宽平沿。

---

① 李力：《从考古发现看莫高窟唐代壁画中的香炉》，载《1990 年敦煌国际学术讨论会文集·石窟考古编》，沈阳：辽宁美术出版社，1995 年，第 300—307 页。
② 王明珠：《定西地区博物馆藏长柄铜香炉——兼谈敦煌壁画的长柄香炉》，载《敦煌研究》，2001 年第 1 期，第 28—33 页。

一端有扁平的柄，柄有长有短，以长柄居多，有的柄端被设计成动物或如意状，有的则带有镇。如法门寺地宫藏有一柄如意银柄香炉，炉柄与炉体相接处有如意形饰片。柄端向下弯折，呈如意形翻卷起（图8-17）。

在敦煌石窟壁画中，至迟在北魏已经出现了专门供佛的长柄香炉。如莫高窟第257窟绘有一柄香炉。香炉的炉身呈高柄杯型，长柄于炉身中间伸出，末端向下弯折，柄与底部之间连有支架。

在北魏之后，多见供养人、供养菩萨手中持柄香炉供养的图像。莫高窟第285窟出现的长柄香炉，造型已较完善。莫高窟第220窟北壁乐舞图中，左右两组乐队后面，各有手持长柄香炉的供养菩萨两身。莫高窟第158窟，绘有一身手持长柄香炉的飞天等。

随着时间的推移，柄香炉也出现了从无盖到有盖的变化。如莫高窟第9窟的壁画中，有一位执长柄香炉的供养者，香炉柄的末端未露出，但盖部清晰，为宝珠钮，伞形盖。

从隋初至唐初，长柄香炉似乎经历

图 8-18　榆林窟第 25 窟柄香炉　中唐

了一个从简单到复杂的过程，莫高窟第305、281窟绘制的柄香炉，形状有所不同，也较为简单。唐及唐以后，香炉绘出各种各样的精巧造型，如莫高窟第103、431、144、12、175窟，榆林窟第25窟（图8-18）等窟中所见。

随着香炉的广泛运用，产生了一些香炉的附属品，敦煌文献中记载有当时寺院中出现与香炉配套的其他香器，如香宝子、香查、香匙等。香炉和宝子是配套的，比如莫高窟盛唐第74窟西壁龛内北侧画一老比丘，手持香炉，正用手从长柄香炉近端的香宝子中取香料。

（二）陈设香炉

这类香炉一般炉体比较高大，由盖、炉身、足等部分构成。从出土的香炉实物

图 8-17　法门寺地宫如意银柄香炉　唐代

中我们可以看到各种带足炉，多为三足、五足，也有圈足的，其中以五足居多。五足香炉可以追溯到北朝，但流行于唐代。法门寺出土的金刚象首香炉就属于这一类型。它们的足模仿动物的爪或头部而成。圈足炉中以法门寺地宫出土的素面银香炉为典型代表。香炉无盖，碗形炉身，喇叭形圈足。

在敦煌壁画中，这种陈设香炉的图像大量出现在各类说法图、经变画及故事画中，形式多样，变化丰富。变化主要出现在盖、炉身和足这些最基础的构成部分上，而另外一些组成部分则根据香炉的形制或多或少有所变化，如炉身与足连接处的造型，有承盘或无承盘，是否有其他附属造型等。

博山炉是这类香炉中的一类。博山炉与汉代神仙思想有关，目前考古发掘已知最早的博山炉，集中于汉武帝时期的墓葬中。它是承载了汉文化思想的最具有本土化特征的香炉形式。敦煌壁画中也有博山炉的图像，且在不同时代，因其炉身造型的不同，又可见多种形式。

除博山炉外，陈设香炉中最常见的为莲花式香炉，主要特征是炉身下有单层或双层莲花托。如莫高窟第172窟主室东壁门上方净土变中的香炉、第194窟主室北壁无量寿佛前方的香炉，榆林窟第25窟主室南壁观无量寿经变中的香炉等，均为单层莲花式香炉。而莫高窟盛唐第148窟东壁北侧供案上的香炉、盛唐第217窟北壁

西侧山中说法图中的香炉等，则为双层莲花式。

香炉下方带有支足，是陈设类香炉中的另外一类，但出现较晚，直至初唐，才发现有此类香炉。敦煌莫高窟盛唐第387窟北壁弥勒三会说法中图，有一供器，供器似为两层，上层莲花台上置一香炉，香炉五足。西安何家村窖藏出土有桃状花结五足三层银香炉，年代与该窟时间基本一致，可看出莫高窟壁画中香炉描绘的写实性。

唐代敦煌壁画中陈设香炉的描绘最为精美。当时出现了一种楞状透雕顶的陈设香炉，炉身为钵形或杯形。如莫高窟初唐第220窟南壁阿弥陀经变中的香炉即为这种类型（图8-19）。

图8-19 莫高窟第220窟香炉 初唐

进入唐代，香炉除了主体部分外，还会将香宝子和香炉合在一起，使香宝子成为其整体造型的一部分。这类香炉通常从炉身、足部等处向左右各伸出一莲枝，再连接莲花、香宝子等物。如莫高窟初唐第57窟甬道顶部的大香炉，腹部宽大，在腹部上端两侧各有一香宝子。莫高窟第245窟东壁香炉，盖下缘为桃形花瓣样的造型，足下方左右各伸出一莲枝，上方托香宝子。

二、灯明

中国古代器具中的灯，我们并不陌生。早在战国时期，就有了青铜制成的十五连盏灯树。汉代的灯更是集审美与功能于一体，体现了古人巧妙的构思与精湛的工艺。不论是在日常生活、民间的各种节日活动，还是佛教、道教中，燃灯都是不可缺少的一项活动。它在宗教和世俗生活中扮演着重要的角色且具有重要的价值和意义。

佛教中，常以灯明来象征智慧，如《大般涅槃经》卷二十一《光明遍照高贵德王菩萨品》中说："大智如来以善方便燃智慧灯，令诸菩萨得见涅槃常乐我净，是故智者于此涅槃，不应说言本无今有。"[1]

燃灯还可受福报，如《佛为首迦长者说业报差别经》中记："若有众生奉施灯明，得十种功德：一者，照世如灯；二者，随所生处，肉眼不坏；三者，得于天眼；四者，于善恶法，得善智慧；五者，除灭大暗；六者，得智慧明；七者，流转世间，

常不在于黑暗之处；八者，具大福报；九者，命终生天；十者，速证涅槃。是名奉施灯明得十种功德。"[2]

另外，《药师经》亦明确提出燃灯供养是佛教中一种增福解难的方法。

正是灯明的诸多作用、内涵，使其成为佛教六种供具之一。

莫高窟隋代第244窟东壁北侧说法图中，佛右侧一身胁侍菩萨左手持一莲花灯。灯分三部分，下端为一莲花座，中间为灯柄，柄多节，较长，上为莲花灯盏。该灯造型与山西太原南郊三郭村西南北齐娄睿墓出土的一件瓷灯具造型颇为相似。

密教的金刚灯菩萨手中也有灯明。莫高窟晚唐第14窟南壁不空羂索观音经变、北壁如意轮观音经变中均有金刚灯菩萨手持曲柄莲花灯的画面。

除了较小的灯明，敦煌壁画中还有较大的灯轮、灯树、灯楼。

灯轮的基本形制是由多个轮状圆盘垂直叠加，主要出现在药师经变中。这是因为《药师经》中描述了所燃之灯具体的规格，赋予它们续命消灾致福的功德，这就使得燃灯成为药师信仰的重要特点。

莫高窟隋代第417窟窟顶后部平棋中绘一佛八菩萨十二神王。药师佛居中，下有上小下大的六层灯轮。第433窟窟顶东坡药师经变中，同样绘有一佛八菩萨十二神王，灯轮则绘有两个，分布于

---

① 《大般涅槃经》卷二十一，载《大正藏》第12册，No.374，第493页。
② 《佛为首迦长者说业报差别经》，载《大正藏》第1册，No.80，第895页。

图 8-20　莫高窟第 220 窟灯树　初唐

图 8-21　莫高窟第 220 窟灯楼　初唐

药师佛下方两侧，均为上小下大的九层灯轮。至隋之后，凡出现灯轮，其形制大体相似，变化主要体现在层数上，所见者有四层、五层。

从上述情况来看，尽管经文中说"灯作七层"，但在实际描绘中，大多未按经文如数绘出。绘有七层的，见于莫高窟盛唐第 148 窟东壁，宅院中的供养灯轮正好七层。

莫高窟初唐第 220 窟所绘灯树非常华丽（图 8-20）。灯树底座被绘制成由曲线构成的曲腿爪状，座上安一柱，其上水平安置五层灯架。最上一层中间有一隆起的绿色宝珠，由中心向四周放射式绘制挑起的灯架，末端向两侧卷曲，并垂以璎珞，整体似连枝灯。

该窟北壁药师经变中除有两个灯树外，在中间还有一大型灯楼（图 8-21）。灯楼坐落在高台上，主体部分呈长方体，中间五层摆放灯盏，平均每层 20 盏。该灯楼座下题有墨书发愿文"贞观十六年岁次壬寅奉为大云／寺律师道弘法师□奉□／……"贞观十六年为 642 年，是敦煌初唐壁画中最早的纪年。

这些在敦煌壁画中被描绘出的燃灯情节，在敦煌文书中也有记载，涉及的活动广泛，包括了民俗、佛教，以及其他教派的"燃灯"活动。这些资料与敦煌壁画中的灯明图像一同展现了敦煌地区对"燃灯"活动的重视。

第四节　乐器、兵器

敦煌石窟艺术中，留存有大量的乐器及兵器图像，不仅是研究中国古代乐器和兵器形制的重要图像资料，也是中国工艺美术史中相关种类的重要补充资料。

一、乐器[①]

敦煌石窟中有很多乐舞内容，伴之而来的是数量庞大的乐器图像。这些乐器图像大量存在于各类伎乐手中，如天宫伎乐、飞天伎乐、化生伎乐、药叉伎乐、菩萨伎乐、供养人伎乐，以及各类故事画、经变画中的伎乐等。还有一部分则出现在"不鼓自鸣"及其他画面中。这些乐器基本是以写实的手法描绘，比较准确地反映了各时期的乐器形态，展现了中国古代乐器体系的系列性和多样性。而且这些乐器图像都极富装饰性。体现出中国古代把乐器看作是艺术品的特点。

中国民族乐器种类多样，有弦鸣类乐器、气鸣类乐器、打击乐器等。仅以莫高窟统计，壁画中有乐器的洞窟就有 240 个，经历了自北凉至元的十个朝代，是唯一一个连续近千年绘制乐器图像的地方。

敦煌壁画中，最多的乐器图像要数琵琶，仅莫高窟就绘有 700 余只。最有名的琵琶图像是绘于莫高窟第 112 窟西方净土变中的反弹琵琶（图 8-22），它是莫高窟同类题材中的佼佼者。除此而外，各时期

图 8-22　莫高窟第 112 窟反弹琵琶　中唐

的代表图像如：莫高窟北凉第 275 窟的一只琵琶，曲颈，四弦四轸，琴身梨形，面板上两个圆形音孔，面板素色。莫高窟隋代第 398 窟琵琶无音孔，捍拨上装饰有联珠纹。莫高窟初唐第 217 窟的琵琶，琴身梨形，四弦四轸，面板中部有捍拨。莫高窟初唐第 322 窟的琵琶为直颈，琴身梨形，五弦，有捍拨和月牙形凤眼，捍拨上装饰有纹样。莫高窟盛唐第 148 窟的琵琶则为直颈，五弦，琴身修长，有捍拨，面板髹黑漆。榆林窟西夏时期第 10 窟的琵琶，曲项四弦，素色漆，凤眼音孔修长。捍拨很宽，琴头样式比较独特，面板上绘有牡丹花。榆林窟宋代第 15 窟中曲项琵琶四弦，捍拨、凤眼、缚手、琴头等处都有装饰。

从以上举例可知，在敦煌壁画中，直项琵琶和曲项琵琶都有，早期绘制的较小，唐代以后基本成宽圆型；早期绘制的琵琶较为简单，不见捍拨，且无其他装饰，唐以后出现了凤眼及捍拨，并绘有精美的花

① 参阅敦煌研究院主编，郑汝中本卷主编：《敦煌石窟全集·音乐画卷》，香港：商务印书馆（香港）有限公司，2002 年。

图 8-23　莫高窟第 146 窟窟顶提头赖吒天王双手弹琵
　　　　琶　五代

纹图案。

除了乐舞图，琵琶图像还出现在东方持国天王手中。东方持国天王，梵名提头赖吒天王。在不同的佛教典籍中，对其形象及手中持物的描述有所不同。有的说他左手持慧刀，右手掌中托宝慧珠；有的则说其手持琵琶。手持琵琶有两层含义：一是乐器的弦松紧要适中，太紧则易断，太松则声不响，表示要行中道之法；二是表明他要用音乐来使众生皈依佛教。莫高窟五代第 146 窟窟顶东北角的东方提头赖吒天王双手弹琵琶（图 8-23）。图中琵琶长 1 米多，是敦煌壁画中最大的琵琶图像。

类似的弹弦类乐器在敦煌壁画中还有很多种，如阮、弯头琴、筌篌等。如莫高窟第 220 窟有一只花边阮，其共鸣箱的边缘呈七瓣弧形，就像盛开的花朵，造型优美。

气鸣类乐器在中国有悠久的历史，敦煌壁画中的横笛、凤笛、异形笛、竖笛、筚篥、排箫、笙、角、海螺、埙都属于这一类乐器。

壁画中的横笛最早出现在北凉，一直延续至宋元时期都有绘制。敦煌壁画中的横笛，从形制、孔，以及演奏的方法来看，都与今天的横笛相似，没有大的差异。凤笛实际也是横笛的一种，只是在笛子的两端装饰了凤头和凤尾，并施加了彩绘。异形笛出现在晚唐，形制也与横笛相似，只是在吹口的一端有一小段枝杈状的附属造型，其功能仅在于便于携带或者悬挂。

竖笛在敦煌壁画中出现得比较多，其形制与筚篥相近，故而比较容易混淆，其差异在于前者较长，后者较短，另一方面体现在竖笛有吹口，而筚篥在一端插有哨嘴。莫高窟中唐第 154 窟北壁经变画乐队中，可见异形笛和筚篥。

敦煌壁画中排箫有两种形制，早期多为一边长一边短的洞箫，唐以后多为两端同样长的底箫。

笙在敦煌壁画中共有 300 余只，其基本形态由斗子、簧管、吹嘴三部分组成。唐以后的图像中对笙的描绘比较具体，刻画了很多的细节。如莫高窟中唐第 154 窟北壁，绘有一只非常逼真的笙。笙的三个部分描绘均很写实，簧管长短不齐，竹节清晰可见。

角是一种比较原始的乐器，属于胴腔类乐器。敦煌壁画中的角有两种：画角、铜角。画角即绘有花纹的角，是在早期用兽角制作乐器的基础上发展而来的，莫高窟北魏第 275 窟即已出现。而以莫高窟第

156窟张议潮出行图中的最为典型。图中有四名骑士吹奏大画角，花纹清晰可见。铜角在敦煌壁画中出现较晚，且不见于莫高窟，仅见于五个庙西夏石窟和榆林窟元代第10窟。

海螺是将天然海螺磨穿后做吹口的乐器，又可作为法器和供器。在敦煌石窟早期洞窟中便已出现，如莫高窟北凉第272窟窟顶，绘有环绕洞窟顶部的天宫伎乐，其中便有吹奏海螺的伎乐。之后在大型的经变画中，如莫高窟初唐第220窟北壁，药师经变、莫高窟盛唐第172窟南壁观无量寿经变、莫高窟中唐第112窟南壁西侧金刚经变、晚唐第85窟北壁思议梵天问经变等，海螺均是乐队中被表现出的乐器之一。

埙也是中国传统乐器，其图像在莫高窟只有1例，见于初唐第220窟南壁。画面中的埙呈大桃形，可见的音孔有两个，按整体的孔数因手指的按压而无法判断。

敦煌壁画中的打击类乐器也较多，主要有鼓、方响、拍板、钟等。其中鼓的种类最多，造型也最为丰富。具体有腰鼓、答腊鼓、羯鼓、檐鼓、鸡娄鼓、手鼓、鼗鼓、大鼓等多种类型。敦煌壁画中的腰鼓中间细，两头大，从早期北凉石窟至元代，一直有所描绘。要么出现在乐队中，要么成为舞蹈中的重要道具。鼗鼓和鸡娄鼓经常同时出现在一人手中，通常是腋间夹一鸡娄鼓，手持一鼗鼓。鸡娄鼓是一种球形鼓，夹于腋间，一手拍击。鼗鼓即拨浪鼓，

为一木柄上串数枚小鼓的样式。莫高窟初唐第321窟北壁的不鼓自鸣图像中就可见鸡娄鼓、腰鼓、答腊鼓、鼗鼓。鼓身装饰各种花纹，精美生动。榆林窟宋代第15窟窟顶南坡绘一身飞天，飞天手持鼗鼓。鼗鼓有一细柄，柄上为一大一小纵向并列排列的鼓，鼓身用线条描绘出精美的花纹。

二、兵器

敦煌壁画中的兵器图像主要集中绘制于佛教故事画与经变画中。在敦煌早期壁画的狩猎图中就已出现了对兵器的描绘，主要是弓箭。此外，一些描写佛家因果报应的故事画中，也出现了兵器。如莫高窟西魏第285窟及北周第296窟中的五百强盗成佛故事画中出现一批兵器的图像，有弓箭、环柄刀、戟等。

在此我们以四大天王手中的兵器为例，来看看敦煌壁画中对兵器的描绘。

南方增长天王，经典中有的记载他左手握刀，右手执长矛；有的则为手持宝剑的形象。手握宝剑，一是因为宝剑锐利，能斩断烦恼，象征智慧；二是剑能保护佛法，不受侵犯。莫高窟中唐第92窟西壁龛外北侧，绘南方增长天王一身。天王右手握剑，左手托于剑身中部。

西方广目天王的形象为左手持长矛，右手执赤索。矛是中国古代一种用于直刺和扎挑的长柄格斗兵器。是古代军队中大量装备和使用时间最长的冷兵器之一。矛的历史久远，其最原始的形态是用来狩猎的前端修尖的木棒。奴隶社会的军队，已

经使用青铜铸造的矛头。战国晚期开始，较多使用钢铁矛头。直到汉代，钢铁制造的矛头才逐渐取代青铜矛头。莫高窟西魏第285窟西壁龛外北侧绘有西方广目天王，一手持矛，一手握袋。矛有着长柄，矛头被描绘为绿色，是对其材质的体现。

北方多闻天王又名毗沙门天王。佛教经典中描述的多闻天王"左手捧塔，右持三叉戟，脚下踏三夜叉鬼。"榆林窟中唐第25窟前室东壁北侧所绘毗沙门天王左手托塔，右手执戟，左有神将，右随天女，足下踏三药叉。戟，是戈和矛的合体，也就是在戈的头部再装矛尖。是一种具有勾啄和刺击双重功能的格斗兵器。

在兵器中，金刚杵是较为特殊的，它更多是作为密教的法器存在于敦煌石窟艺术中。

金刚杵原为古代印度的武器。由于质地坚固，能击破各种物质，故称金刚杵。在佛教密宗中，金刚杵象征着所向无敌、无坚不摧的智慧和真如佛性，它可以断除各种烦恼、摧毁形形色色障碍修道的恶魔，为密教的法器。敦煌壁画中的金刚杵多为金刚力士及多臂观音所持。最初的金刚杵，有很锐利的尖端，后来发展成五股、四股、三股、二股、独股等不同形式。如莫高窟晚唐第156窟西壁龛顶东坡金刚萨埵曼陀罗中，金刚萨埵菩萨左手持金刚杵，右手持金刚铃（图8-24）。金刚杵之外，还有一种羯磨杵，也叫作"交杵"，由三股杵交叉组合成十字形。莫高窟宋代第289窟窟顶顶心有一羯磨杵，藻井画羯磨杵，既是一种图案装饰，又具有佛理的意义。

敦煌石窟壁画中出现的为数不少的兵器图像，为后人留下了研究我国古代战争史的十分珍贵的资料。

第五节　家具

敦煌壁画中有诸多家具图像，从北魏至元代，家具的图像主要集中在佛教戒律画，以及法华经变、观无量寿经变、药师经变、弥勒经变、千手眼观音变、梵网经变、楞伽经变、维摩诘经变等经变画中。其种类包括了坐具类、床榻类、几案类、杂项类等。

图8-24　莫高窟第156窟金刚萨埵菩萨　晚唐

关于敦煌石窟壁画中的家具，杨森已有专门的研究。[①]我们以此为参考作简要的叙述，主要介绍床榻类、坐具类、几案类。

一、坐具

坐具主要有胡床、椅子、凳子等几类。

胡床，也被称作马扎、马闸、马闸子、交床、交杌等，是在东汉时期，由胡族带进中土的。汉代及其以后的文献多有记载，南北朝时期也陆续出现了相关的图像，再结合敦煌壁画中出现的同类图像，使我们对这种坐具有了较为全面的了解。胡床的使用改变了我国"席地而坐"的生活习惯，也改变了中国家具发展的朝向，即由低形制家具向高形制家具转变。从记载看，胡床的使用先是皇帝，再就是大臣、官僚。山东长清的孝堂山画像石上有一胡床图像，说明当时它已经在中原地区流行，并依然是在社会上层中使用。

敦煌壁画中的胡床图像集中在须摩提女姻缘故事画、法华经变、弥勒经变、贤愚经变的须阇提品中。敦煌莫高窟北魏第257窟西壁北侧须摩提女故事画中二梵志共坐一具胡床。莫高窟五代第98窟南壁贤愚经变的须阇提品中，有一着汉装的人物坐在一张胡床上。莫高窟五代第146窟西壁贤愚经变的须阇提品中，有一着汉装的人物坐于胡床上。其中莫高窟第257窟所绘，是目前所知敦煌壁画中最早的一幅胡床图像（图8-25），且双人胡床的形式为后世所罕见。

常与胡床混淆的是绳床，汉代至唐宋时期均有相混淆的倾向。绳床也是外来的家具，是用麻和棕、藤绳等编织的软屉坐面，有靠背和扶手的椅子。随着佛教的传入，在魏晋南北朝时期翻译的佛经中"绳床"名称大量涌现。莫高窟西魏第285窟窟顶北坡，有一幅僧人坐禅图，图中坐具的坐面是编织成网状形软屉的坐具，推测

图8-25　莫高窟第257窟双人胡床　北魏

---

① 杨森：《敦煌壁画家具图像研究》，北京：民族出版社，2010年。

为绳床。要说明的是，该图像也经常被认为是迄今为止中国最早的扶手椅形象。除了其独具特色的网状形软屉外，该坐具的搭脑是二出头，且有扶手。

椅子最早起源于西亚、爱琴海和古埃及地区。后经爱琴海、古埃及、中亚、西亚、南亚印度等地缓慢传入我国，其中尤以印度最为直接。

莫高窟隋代第427窟中心柱北向面，须达拏太子本生故事画中的一间平顶帐内，一僧人盘腿端坐在一把二出头直形搭脑椅子上，椅子右出头上挂一挎包，弯曲形扶手，椅子扶手下部的前腿呈"蜀柱柱头式"，扶手与椅子的前腿各为一根竖杆，顶端各有一个莲花苞形的装饰。类似的"蜀柱柱头式"的椅子，还可见于莫高窟初唐第334窟、中唐第202窟。但整体来说，这种椅子在敦煌壁画中很少，且在中原地区的艺术品和出土文物中也不常见。

莫高窟中唐第126窟南壁观无量寿经变中，有一僧人盘腿坐在一把四腿、四枨、二出头椅子上讲经说法。莫高窟晚唐第18窟东壁绘有维摩诘经变，其中门北下部屏风画方便品中，绘一人垂足倚坐在一把二出头椅子上。

除二出头椅子，还有四出头的椅子。莫高窟中唐第200窟北壁弥勒经变两侧的竖条画中，一僧人盘腿坐在一把四出头椅子里。类似的还有莫高窟晚唐第9窟甬道顶中央等处出现的椅子。

莫高窟中唐第199窟北壁观无量寿经变东侧的未生怨中，有一个矮圈背椅。这是莫高窟最早的圈背椅，由此可判断出，在中国古代，圈背椅至迟出现在中唐。

敦煌壁画中最早出现的凳子图像在莫高窟北魏第257窟，据《贤愚经》绘制的沙弥守戒自杀缘品故事中，有一张四腿上粗下细的方凳。四腿凳子图像在西汉就已出现，如云南晋宁石寨山出土的贮贝器盖上，一个女奴隶主悬空倚坐在四腿短条凳上。之后这类凳子图像也多有所见：江苏铜山洪楼东汉墓出土的纺织画像石中，一位纺线人坐在矮小的四足方凳上；河北博物院所藏北魏弥勒佛像，弥勒交腿坐于凳形方座上；唐阎立本的《萧翼赚兰亭图》中，萧翼坐在一张四腿方凳上。唐代敦煌石窟壁画中，也有四足方凳。如莫高窟盛唐第215窟南壁弥勒经变剃度场面中，二女剃度者各倚坐一四足方凳。对比这些图像，可知南北朝和唐代的四腿凳子比汉代的要高。

敦煌壁画中的长凳从数量上看，多于方凳，样式也比方凳多。多见于弥勒经变、维摩诘经变、劳度叉斗圣变中，且多出现在民间日常生活的画面中，为我们了解当时民间生活中家具的配置和使用状况，提供了形象的资料。如莫高窟盛唐第113窟北壁弥勒经变婚礼图的行礼场面中，宾客在一帷帐中坐在一具长而宽的凳上，两边各三人相对而坐，食盘放置在盘坐者的中间，此件大食案既当长凳又当桌案，非常特殊。莫高窟中唐第360窟东壁门南维摩诘经变下部屏风画中，一露天长食案两边各有四人坐在一长条凳上。宋《清明上河图》大桥附近的画面中，店铺里外摆放有大大小小的四足条凳。这些资料显示，敦煌地区的长凳形象与中原地区所见区别不大。

敦煌壁画中的圆形凳数量不多，且大多出现在表现民间日常生活的画面中，在严肃的宗教场面中则鲜见。莫高窟中唐第237窟南壁弥勒经变的剃度图中，一位被剃度的男子坐三足圆面的凳子。榆林窟第23窟西壁门北，清代的一幅画中，案旁有两只圆凳子。

敦煌壁画中的坐墩，主要出现在唐宋壁画上。榆林窟中唐第25窟北壁弥勒经变男女剃度图中，有四件坐墩。莫高窟中唐第154窟西壁，有一人盘腿坐在圆扁鼓形墩上。莫高窟第205窟西壁中唐画弥勒经变剃度场面共有六人坐筒形和堂鼓形墩。莫高窟第445窟北壁盛唐弥勒经变中观赏乐舞的场面中有一客人坐一件酒樽形墩，这是敦煌壁画中独一无二的一种坐墩坐具，家具史著作中未见此类坐墩。

敦煌壁画中的束腰莲座自北凉至宋时期都有图像存在。莫高窟西魏第285窟南壁上部五百强盗成佛故事画中，二佛各自坐一束腰莲座，是敦煌壁画束腰莲座图像中最大的一具。

敦煌壁画中早在莫高窟北凉第275窟即已出现筌蹄坐具，唐宋时所见也不少。莫高窟初唐第331窟东壁上部法华经变北侧有一筌蹄图像。盛唐第445窟北壁弥勒经变男女剃度场面中也有筌蹄图像。

二、几案

敦煌壁画中的几和案的图像，始见于隋代的壁画上。其中几的图像主要集中在观无量寿经变、维摩诘经变、父母恩重经变中。从这些几的图像来看，有矮几与高几之分。

其中矮几在隋代洞窟壁画中即已出现。莫高窟隋代第314窟西壁北侧维摩诘经变中，有一带壶门的方形床榻式矮几，几上放瓶。莫高窟隋代第427窟中心柱南向面的须达拏太子本生故事画中，一几面全涂金色的两头翘首几案放在一床榻上。法隆寺藏有"经几"，长方形面，上画有拦水线，前后各三壶门、左右各二壶门，下有托泥，与敦煌隋代壁画中的矮几完全一样。

敦煌壁画上的高几，最早出现在初唐，如莫高窟第220窟东壁南侧维摩诘经变中的条几，放置在维摩诘所坐的架子床前面。莫高窟盛唐第103窟东壁南侧维摩诘经变中，高几上只放一香炉，几面由四块木板组合，上画木纹。

敦煌壁画中，唐代才大量出现桌案家具图像，多见于维摩诘经变、法华经变、观无量寿经变、弥勒经变中、药师经变等经变画中。中唐第236窟南壁楞伽经变，有一张极特殊的屠宰案，其一侧的腿呈"M"形，案上放有一动物，两个屠夫立在案后正在操作，案下还绘有两只狗。这一案腿形式，在其他地区的图像中尚未见到。

莫高窟第454窟主室佛坛南壁有清代画花鸟屏风六扇，其中第四扇上画有一张板足长条形案，案面显得很厚。清代的壁画中家具很少，这六扇屏风画可称得上是精品之作。

敦煌壁画中床榻式的案在民间生活场面和佛事场景中均有出现。盛唐第445窟北壁弥勒经变婚嫁图的宴饮舞蹈场景中，有一个左右前后均带壸门的长方形案，案的高度与其后面的贵客所倚坐的带壸门的大床一样高。

敦煌壁画中数量最多的家具图像是供案。莫高窟中唐第155窟北壁弥勒经变中下部有一张帷幕供幢案。莫高窟五代第98窟南壁弥勒经变中，有一帷幕案上装有二车轮，案上供有宝幢。

三、床榻

床榻是中国古典家具中六大门类之一。河南信阳长台关战国楚墓出土有六腿带围栏的复合式漆木大床，湖北荆门包山楚墓出土折叠式床。说明当时的床并不是单一形式的，而且其工艺水平已经达到相当高的程度。

敦煌石窟壁画中床的图像，主要集中在佛教戒律画、法华经变、观无量寿经变、药师经变、弥勒经变、千手千眼观音变、梵网经变、楞伽经变、维摩诘经变等画面中，从北魏至元代壁画中均可见。

最早的床的图像存在于莫高窟北魏第257窟南壁弊狗因缘画中，禅窟内有一僧人躺卧在四腿无枨的禅床上，床腿的高度已经与现代人所用卧具高度相当。从这幅壁画中可以看出敦煌壁画早期的四腿床没有腿枨，至晚唐、五代才出现腿枨。

除了这种四腿床，敦煌壁画中还有带壸门的床。带壸门的床通常是较为高档的，是唐宋时期具有代表性的一种家具类型。

莫高窟盛唐第217窟南壁法华经变中，有多个带壸门的床。如在得医图的画面中，可见一位贵妇人盘坐在铺有茵褥的，正面有三壸门、足下有托泥的床上。床面上也画有拦水线，床的高度比贵妇的头略高，床后还立有屏风；在随喜功德品中，有一张正面为四壸门并带托泥的大型床。

敦煌壁画中佛的涅槃床为须弥座式床，这些床束腰部位有些也画有壸门。如莫高窟中唐第159窟南壁法华经变中，婆罗双树下绘一张长方形须弥座式涅槃床，床的束腰部位左右各有二壸门、前后各画四壸门。

莫高窟中唐第237窟南壁法华经变上，有一张长方形无腿的平台床，是一种形制较为简单的床。

莫高窟第390窟甬道顶上，两边各画五幅带帷幕的长方形床，上面还都放一张四周围有帷幕的小长案，床上多为二人坐。

敦煌壁画中的匡床图像出现在隋代壁画中，莫高窟隋代第303窟西坡法华经变普门品中，一僧人坐于四腿和床面四角有栏杆和角柱的床上。这应是敦煌壁画中"匡床"的最早形式。莫高窟中唐第159窟西

图 8-26　莫高窟第 220 窟架子床　初唐

壁南北侧的普贤变和文殊变中，象背和狮背的须弥座上均有配置了栏杆的匡床，菩萨坐在中间的莲座上。

敦煌壁画中的架子床以莫高窟初唐第 220 窟维摩诘经变中所见为最早。帐中的床背后、左右有屏风，四周有壸门，榻前置有几案，低于榻，上放三件供宝（图8-26）。这种架子床的图像之后亦在维摩诘经变出现最多。架子床的组合必须有顶盖、支撑顶盖的立柱和帷幕形成围帐、床榻上还要设屏风。

敦煌唐宋壁画中榻的图像也很多，且形制丰富，既有数量较多的带壸门的榻、四腿榻、带壸门并在足下附加托泥的榻，还有少量的四周围有帷幕的榻、圆形榻、多功能箱状榻等。这些图像主要集中在维

摩诘经变、弥勒经变、观无量寿经变、法华经变、佛教史迹画、楞伽经变、观音变等经变画中。

莫高窟初唐第 203 窟西壁龛南侧上部维摩诘经变中，绘维摩诘坐于一张长方形矮榻上，右侧可见一壸门，正面可见三壸门，足下带托泥。

榆林窟中唐第 25 窟北壁弥勒经变中，一僧人双手持经卷讲经，盘腿坐于一长方形四足榻上。晚唐第 12 窟南壁法华经变、作战图上，在帐中男女二人共跪坐在一张矮四腿的长方形榻上。

莫高窟第 76 窟南壁有宋代观无量寿经变，画中有一圆形榻，类似于大圆凳，家具史上罕见。正面仅见二足，一人独坐其上，圆形榻面的沿略有束腰，榻腿之间形成壸门，仅见二壸门。

莫高窟元代第 95 窟西壁南侧一罗汉坐一长方形箱状榻，这种榻唐宋时期尚未看到。

敦煌壁画中除坐卧类和几案类大型家具外，还有屏风、衣架、箱等小型家具。壁画中的衣架和箱等家具图像数量比床榻、几案要少得多，其形态与中原相似，在此不再一一叙述。

本章共分五节，对敦煌壁画中的容器、携行器、供养器、乐器、兵器和家具进行了梳理和论述。其中涉及净瓶、胡瓶、盘型器、碗型器，锡杖、钵、香炉、灯明，阮、弯头琴、箜篌、竖笛、排箫、腰鼓，弓箭、环柄刀、长矛、宝剑，胡床、椅子、

凳子等各类器物图像。通过分析可见,敦煌壁画中的器物图像,种类丰富,绘制精美,大多是对现实生活中实用器物的写实性描绘。其中不仅体现出各时期器物的造型、材质和工艺,也反映了中外文化交流及商贸往来的信息,是我国古代工艺美术史、科技史和文化交流史上弥足珍贵的图像资料。

【思考解答】

1. 简述敦煌器物的审美特征。

2. 净瓶和胡瓶在造型上的区别是什么?

3. 结合考古发现,谈谈唐代敦煌壁画中香炉的造型特点。

4. 试述敦煌石窟壁画中器物图像存在的意义。

【实践创作】

提取敦煌石窟壁画中的器物图像的造型元素,设计文创产品。

【拓展阅读】

1. 李力:《从考古发现看莫高窟唐代壁画中的香炉》,载《1990 年敦煌国际学术讨论会文集·石窟考古编》,沈阳:辽宁美术出版社,1995 年。

2. 王明珠:《定西地区博物馆藏长柄铜香炉——兼谈敦煌壁画的长柄香炉》,载《敦煌研究》,2001 年第 1 期。

3. 敦煌研究院主编,郑汝中本卷主编:《敦煌石窟全集·16 音乐画卷》,香港:商务印书馆有限公司,2002 年。

4. 胡同庆:《敦煌壁画中的杖具——锡杖考》,载《敦煌研究》,2007 年第 4 期。

5. 杨森:《敦煌壁画家具图像研究》,北京:民族出版社,2010 年。

第九章　敦煌遗书书法

【导读】敦煌书法主要包括敦煌汉简、藏经洞遗书、碑刻与壁画题记等。本章重点以藏经洞遗书为主，就其发现与流散以及其中反映的书体演变，与名家碑帖之间的关系及书法教育制度等问题进行论述。

概述

1900 年，敦煌藏经洞发现了 4 至 11 世纪的经卷、文书等约达 6 万件，被称为敦煌遗书、敦煌写卷、敦煌卷子、敦煌文书、敦煌文献或敦煌写本等。其内容大致包含四类，一类是宗教典籍，包含佛教、道教、摩尼教、景教的典籍等；二是官私文书；三是儒家经典，包括经、史、子、集四部遗书；四是其他语言类文献，如藏文、梵文、粟特文、回鹘文、龟兹文等。

敦煌遗书数量繁多、内容广博、价值珍贵，被学界称为"最能客观反映当时社会实际的学术海洋"和"我国中古时期社会生活的百科全书"。也由此形成了一门以研究敦煌遗书和石窟艺术等为主的学科——敦煌学。

敦煌遗书虽然是以实用为主要目的的写本文献，但能反映历代汉字书写的现状。从书法角度而言，其不仅丰富了两晋南北朝至宋代的书法资料，同时也使中国书法史更加完备而翔实。

敦煌遗书被发现后，并没有引起清廷的重视，致使外国人斯坦因、伯希和、奥登堡等接踵而至，将大部分遗书掠往国外。据统计，目前约有三分之二的敦煌遗书流散在世界多个国家的图书馆和博物馆，只有三分之一存于我国。

敦煌遗书书法具有鲜明的时代特色和地域风格，由于各自特定的功用目的和不同的书写内容以及书写者个性气质的相异，呈现出不同时期的表现技巧和审美趣尚。本章拟对敦煌遗书五种书体进行论述。对行、草书一节的描述时，由于藏经洞所发现多为唐代写卷，也有少量其他时期的写卷，因此适当拓展到藏经洞发现以外，结合甘肃地域资源作进一步追溯，以期形成比较完整的敦煌行书传承、演变的整体形象。其中，将书体（字体）与笔法的演进问题，写、刻问题，书风演变与南北书风交融问题，以及书法与文化相关问题等贯穿到论述当中，以期反映出民间书法与经典书法如何相互影响、相互推进的关系，勾勒出敦煌书法特有的风貌。

敦煌藏经洞还发现了许多名家碑帖拓本、临本。本章也对此进行了相应的介绍和描述。如唐代欧阳询的《化度寺碑》，柳公权的《金刚经》，唐太宗的《温泉铭》等拓本，多为唐拓孤本，尤显珍贵。

中国古代的书法教育在整个教育体系中占有一定的地位，是古代教育制度的重要内容之一。佛教兴盛下的敦煌地区，除官学和私学外，寺学作为当时教育系统的一个重要组成部分也承担着一定的书法教育职能。本章最后一节从敦煌遗书中的部分写卷，尤其以唐代的习字类写卷来分析和总结古代敦煌的书法教育制度和状况。

第一节　敦煌遗书的发现与流散

陈寅恪先生曾在《敦煌劫余录·序》中讲道：

"一时代之学术，必有其新材料和新问题。取用此材料，以研究问题，则为此时代学术之新潮流。……自发现以来，二十余年间，东起日本，西迄法英，诸国学人，各就其治学范围，先后咸有所贡献。"[①]陈先生在此所说的诸国学人治学之贡献指的即是对敦煌藏经洞出土遗书的研究。

一、敦煌遗书的发现

敦煌遗书的发现离不开敦煌藏经洞的发现，关于藏经洞发现的具体过程和细节，由于缺少确切的记载而说法不一，而这些说法均与一个名叫王圆箓的道士（图9-1）有关。其中有一种说法是：1900年6月22日的一个清晨，道士王圆箓带人清理莫高窟内的积沙，当工作到16窟的甬道时，由于大量积沙被清除，甬道北壁的墙面突然失去了一种多年来外加的支撑力量，轰然裂开了一道缝隙，王道士发觉里面是空的，遂与佣人们用锄头刨去这堵墙，于是一扇紧闭的小门被发现。打开小门，里面是一

图9-1　王圆箓（1849—1931）

---

① 陈寅恪：《陈寅恪史学论文选集》，上海：上海古籍出版社，1992年版，第503页。

图 9-2 藏经洞内景

个幽黑的复室，即藏经洞（图 9-2）。关于藏经洞的大小尺寸，据段文杰先生测量，其顶高 190 厘米，四壁高 152 厘米，宽 264 厘米，横长 286 厘米。洞内有一佛龛及堆积的数不清的经卷、文书、绣画和法器等等。其中经卷、文书部分即敦煌遗书，它占据了所藏文物的主要部分。由于没有得到应有的重视和保护，导致藏经洞遗物大量流失海外，留下了莫大的遗憾。

二、敦煌遗书的流散

最早到达敦煌并掠走遗书的外国人是俄国的奥勃鲁切夫。他于 1905 年 10 月至敦煌，并以六包日用品为诱饵换去了手写本两大包，但由于他所获取的文书在他在世期间并未整理发表，加之辗转收藏情况不明，所以他在敦煌的活动鲜为人知，就连俄国学者们也对此予以否认，但这一事实在他的自述式著作《中亚细亚的荒漠》中确有详尽的描述。

由于人们对奥勃鲁切夫的敦煌之行知之甚少，一般认为第一个来敦煌的是英籍匈牙利人斯坦因。他曾两次到达敦煌。

第一次是 1907 年，他在蒋孝琬（斯坦因在喀什聘请的一位中国师爷）的帮助和周旋下，利用欺骗的手段，以 40 块马蹄银从王圆箓那里换取了 24 箱写本和 5 箱绢画、刺绣等艺术品；同年 9 月，斯坦因又派蒋孝琬从王圆箓手中得到了 230 捆手稿 3000 多件写本文书。

第二次是 1914 年，这次斯坦因又在王圆箓手中得到了整整 4 大箱写本文书，加上他在当地收购所得，共 5 大箱 600 余卷。

据统计，斯坦因所获汉文敦煌遗书 13600 多件，吐蕃文及其他文字的文献约 2000 件。由于斯坦因的探险受到印度政府的资助，双方事先就成果的分配有了约定。所以斯坦因掠走的敦煌遗书分别收藏在英国大英博物馆和设在伦敦的印度事务部图书馆；绢、纸绘画则被当时的英政府设在印度新德里的中亚古物博物馆和英国大英博物馆分割收藏。

继斯坦因之后，来到敦煌的是法国人保罗·伯希和（图 9-3）。出身商人家庭的伯希和是法国著名汉学家沙畹的高足，他熟悉 13 种语言，尤其是在汉学方面的天才表现，使得年仅 22 岁的他被聘为法兰西远东学院教授。伯希和虽比斯坦因第一次到达敦煌时间晚一年（1908 年），但由于他精通汉语，加之他得到允许，可以亲自到藏经洞中挑选文物，在洞里一蹲就是三个星期（3 月 3 日至 3 月 26 日），所以他盗走的文物几乎都是藏经洞中的精品。据统计，伯希和所得的敦煌遗书大约有 7000

图9-3 伯希和在藏经洞

件，其中汉文书达 4000 余件，吐蕃文等其他文书 3000 余件，藏于法国国家图书馆。

19 世纪末 20 世纪初，日本人也到我国西北地区来"探险"，其中最主要的有大谷光瑞在 1902 年、1908 年和 1910 年组织的三次"探险"活动。

大谷光瑞探险队三次探险所获得的敦煌遗书约有 8000 卷，其中 90% 以上的是世俗文书。由于探险队三次远征负担过重，经济上濒临破产，故而其所得的敦煌遗书也随之辗转流散，被收藏在日本东京国立博物馆、旅顺博物馆、龙谷大学图书馆等地。除此之外，日本私人手中还有一些。

1906—1909 年、1914—1915 年，俄国人奥登堡受"俄国委员会"的派遣，两次来到我国西北地区探险，第二次时奥登堡在敦煌停留了好几个月。

奥登堡是佛教艺术史的专家，他在敦煌期间，除了为莫高窟全部的洞窟编写叙录之外，还测量绘制了 443 个洞窟的平面图，拍摄了 3000 余张黑白照片，临摹了一些壁画，采集了石窟沙石样品。藏经洞虽已经过英、法、日探险队数次的掠夺，但奥登堡此次的收获也不少。据统计，他所得到的遗书约 19000 件，绢、纸绘画约 350 件，但他所得文书多为碎片，较完整的只有四五百件，藏于俄罗斯联邦科学院东方学研究所圣彼得堡分所，纸、绢画和彩塑等存放在俄罗斯艾尔米塔什博物馆。

外国"探险家"对藏经洞遗书的掠夺，致使大半藏品与精品流失海外，而剩余的那部分遗书也难逃国人自劫的命运。

早在藏经洞刚发现之时，王圆箓就将洞中遗书四处送人、出卖，甚至用于巴结官府人员。自 1909 年，伯希和将所得敦煌遗书出示给在北京的中国学者时，国人大震，后经罗振玉等人的奔走呼吁，才由当时的清廷学部负责将藏经洞所剩遗书运送至京。但在这一运送过程中，遗书又一路惨遭偷盗、遗失和损坏。尤其是负责押送进京的新疆巡抚何彦升，在到京城之后，并没有直接把遗书移交学部，而是让儿子何震彝把车子接进他家，然后何震彝和其岳父李盛铎把所有的经卷和写本翻了一遍，择其精良者取出，后将较长的卷子一分为二用以充数。直到 1919 年，甘肃省教育厅再次对莫高窟进行清查，还发现有吐蕃文文书 94 捆，经过此次彻查，藏经洞保存的敦煌遗书基本上被清理干净了。

敦煌遗书的发现和流散过程大致如此，至于其收藏状况，郝春文先生曾有一段比较准确、全面而又权威的统计和总结：

"总数达 60000 多件的敦煌遗书现在分散收藏在欧、亚、美洲的 9 个国家的 80 多个博物馆、图书馆、文化机构以及一些私人手中。其中英国大英图书馆大约收藏 15000 件，法国国家图书馆收藏 7000 多件，中国国家图书馆 16000 多件，俄罗斯联邦科学院东方学研究所圣彼得堡分所收藏 19000 多件。以上四家收藏了敦煌遗书的主体部分，被称为敦煌遗书的四大藏家。在这 60000 多件遗书中，相对比较完整的遗书大约有 30000 件，其余都是残片。"[①]

第二节　篆书

在目前所发现的敦煌遗书中，篆书只有两件：P.3658（图 9-4）和 P.4702《千字文》残纸。我们知道篆书产生于殷商时期，书写以中锋圆厚为主，战国、秦汉时期，篆书仍然强调中锋圆厚的特点，到东汉后期，随着隶书的成熟，便开始以隶书方笔写法来写篆书；到魏晋时期，楷书逐渐成熟，篆书又吸收了楷书提按笔法的书写样式，风格也随之再度变化，书写具有某种楷书意味。本节所讲述的两件敦煌篆书，书写特征就是篆书结体与楷书笔法的融合。这种融合可称之为篆楷夹杂的混合体。

敦煌遗书中的两件篆书残纸，原为一卷，前为七行，后为五行，共计 120 字，无年款，但从笔迹来看均出自一人之手。书写明显是混合体——篆楷夹杂，与标准、纯粹的秦汉小篆书写不同。秦汉小篆篆法强调"婉而通"，以中锋用笔为主，强调圆劲而少方折，温润中显畅达。而这两件篆书，楷书意味极浓，整体是篆书面貌，局部则是篆书与楷书部件的混杂。也就是说，总体是篆书面貌，但点画、体势之间处处流露着篆意、楷法的汇集与混合，用笔端部掺入楷书的提按顿挫笔法和引入侧、掠、趯、磔等楷书笔画形态。如"威"字撇画是成熟的楷书样式。"横"字的右部件"黄"用楷书的提按笔法完成，结体同样吸收了些许楷化基因。"会"字、"何"字，"口"部件写法，在折笔处也是楷书形态。至于"士""丹""青"等字，则一派楷书架构，笔势的连贯使笔画起至分明，体势也寓方于圆、疏朗而洒脱，整体在篆书形式语言统摄中，和而不同，美美与共。

两件篆书《千字文》在敦煌的出现，说明篆书在此地有一定的传承。同时，也反映出篆书是为了蒙童识字需要而书写的。从书体发展而言，敦煌篆书也为我们了解古代篆书在北方传承提供了实例。

据《宋书》卷九十八《氐胡》记载，大且渠蒙逊子沮渠茂虔奉表向南朝宋献

---

① 郝春文：《石室写经：敦煌遗书》，兰州：甘肃教育出版社，2007 年，第 28 页。

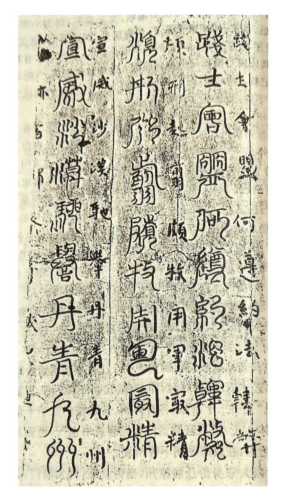

图9-4 P.3658《千字文》局部 年代不详

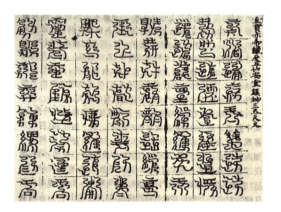

图9-5 P.2865《太上灵宝洞玄灭度五练生尸妙经》
局部 年代不详

方物，并献河西典籍一百五十四卷，其中就有《古今字》两卷。又《魏书》卷

九十一《江式传》载江式能书"三十余法，各有体例。"这说明汉魏古篆在北方河西一带有着很好的保存与发展。而敦煌遗书中两件篆书《千字文》，便为我们提供了了解"三十余法"中某一法的些许信息。

另外，在敦煌写卷中还有两件道教符篆：P.2865《太上灵宝洞玄灭度五练生尸妙经》（图9-5）和P.2865《太上玉佩金珰太极金书上经》，虽然所写文字内容难以辨识，但可看作汉字偏旁部首的另类组合与变异，具有文字符号的性质和笔墨形态。如与前P.3658和P.4702两件篆书《千字文》残纸相比较，则发现其书写笔调具有内在的一致性，是民间日常书写的一种流行样式，存在一定的互动和影响。

除以上所列举墨迹外，还有一件东晋咸康四年（338年）的《朱曼妻薛买地宅券》写法与《太上灵宝洞玄灭度五练生尸妙经》类似。篆书的起笔与转折处方圆并用，字形也趋于方正。显然敦煌遗书中的篆书并未脱离篆书发展脉络而成为地域性的独创，此类篆书写法在墨迹与碑刻之间存在着互通、互参的特征。至于《太上灵宝洞玄灭度五练生尸妙经》，如果抽去其内藏的宗教内涵和意义，也是一种民间日常书写的另类篆书样式。

第三节 隶书

敦煌遗书中，纯粹的隶书写经是不存在的，仅在一些写经的卷首和卷尾题记处，

图 9-6　摩诃般若波罗蜜大如品第十五　西晋
图 9-7　佛说菩萨藏经第一　北凉

能看到部分隶书意味较浓的书迹。这些书迹虽然数量不多，却有着重要的价值和意义。首先，它们是见证我国书体由隶到楷发展演变的资料。其次，他们大量使用方笔书写，从这一侧面说明汉代碑刻隶书点画中的方笔，在很大程度上得益于手写之功，并非镌刻工具所致，也非刻碑人自作

夸饰的结果。再次，这种书写表现和样貌给今天的书法创作带来一定启发。总体来看，敦煌遗书中的隶书主要呈现出一种隶楷过渡性特征。所以我们只能在隶楷的两极，根据点画造型和结字特点来判断哪些更接近隶书，哪些更接近楷书。

隶书字迹出现在经文的首、尾题处。如西晋"摩诃般若波罗蜜大如品第十五"（图9-6），北凉承平十五年（457年）"佛说菩萨藏经第一"（图9-7），北魏天安二年（467年）"维摩诘所说经一名不可思议解脱佛国品第一"等。有的学者认为"这种写经的标题如此用笔，也是出于与正文有所区别，更求庄重的目的，这一点与《爨宝子碑》的庄重要求相一致。"①我们对照写经首、尾题隶书字迹来看，是有一定道理的。其写法虽然隶楷夹杂，但总体字形保留了隶书中"燕尾"特征，在左右开张中起笔和收笔均上扬呈飞檐状，这种隶楷夹杂是偏重隶书的。

敦煌遗书中也保留了一些隶书经卷。字形结体虽然偏方正，转折、钩挑用笔也有楷书特点，但整体风貌凸显出隶书"燕尾"的意趣。因此，我们把这类写经归入接近楷书的隶书写卷。如《大般涅槃经》，此经畅演大乘，议论宏阔，精义迭宣，由北凉昙无谶译出后，影响很大，抄经数量也非常多。现存有《经卷第一寿命品第一》（111.5cm×28cm，66行）藏

---

① 徐利明：《中国书法风格史》，北京：人民美术出版社，2009年、第165—166页。

敦煌市博物馆;《经卷第六如来性品第四之三》（322cm×27.5cm，198 行）和《经卷第八如来性品第四之五》（图 9-8）（165cm×27.5cm，100 行）藏敦煌研究院。"此三卷当为已发现的《大般涅槃经》经典之作，书写严谨，字字珠玑，书法风格一致，系同一写经高手所为。"[1]用笔捺画和主横画尚含有浓厚的隶书波磔孑遗，但同时出现了楷书的撇、钩等笔画形态。撇、钩在汉碑隶书中几乎是没有的。这是由于快速书写和笔画之间的简省、呼应而产生出这种笔画形态。这种笔画形态很适合追求时效的敦煌写经所需。

　　总之，通过对敦煌遗书中的隶书写卷分析，会发现纯粹的隶书写经是不存在的。均呈现出隶书与楷书融合——隶楷夹杂。"由于解散隶法，减略概括字形，连笔呼应造成近乎'永字八法'规律的用笔法，这正是后出今体书——草、行、真书的笔法来源和结体依据。"[2]这种夹杂现象实质也是一种书写的融合与创新。

第四节　楷书

　　从题记来看，"敦煌遗书中最早的是前秦甘露元年（359 年）的《譬喻经一卷》，最晚的是北宋咸平五年（1002 年）俄藏

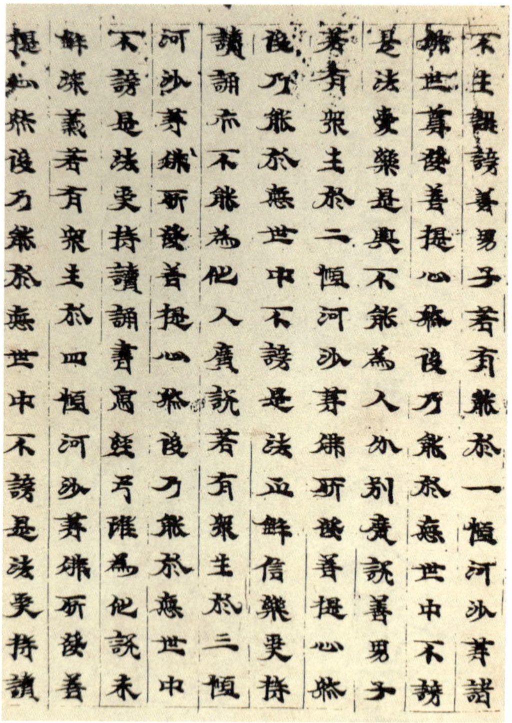

图 9-8　《经卷第八如来性品第四之五》局部　北魏

Ф32 号的《曹宗寿经帙疏》。"[3]这近 700 年的经卷正好是书体演变，尤其是楷变的关键时期。正如郑汝中先生所说："写经的书体是随着时代的发展，变化中的书体，没有一个固定的类型，也不是专用的书体，因此，敦煌的写经，实际上是各个时期，社会上流行的多种风格，是从隶到楷，衍变过程中形形色色的楷书形式。"[4]

　　可以说，楷书的形成是一个不断去隶化的过程，也是一个不断风格化的过程。以此为据，我们将敦煌遗书中的楷书部分分为两晋南北朝和隋唐宋两大时期。

---

① 秋子：《〈大般涅槃经〉注解》，载《敦煌写卷墨迹精选丛帖》，兰州：甘肃人民美术出版社，2009 年，第 13 页。
② 徐利明：《中国书法风格史》，北京：人民美术出版社，2009 年，第 51 页。
③ 李正宇：《敦煌学导论》，兰州：甘肃人民出版社，2008 年，第 64 页。
④ 郑汝中：《敦煌书法管窥》，载《敦煌研究》，1991 年第 4 期，第 35 页。

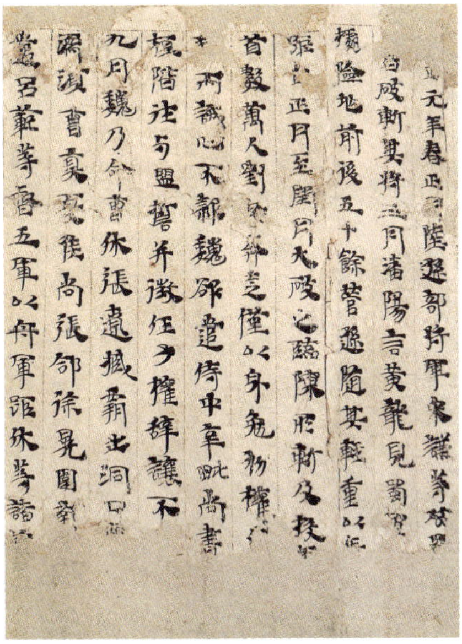

图9-9 《孙权传残卷》局部 晋代

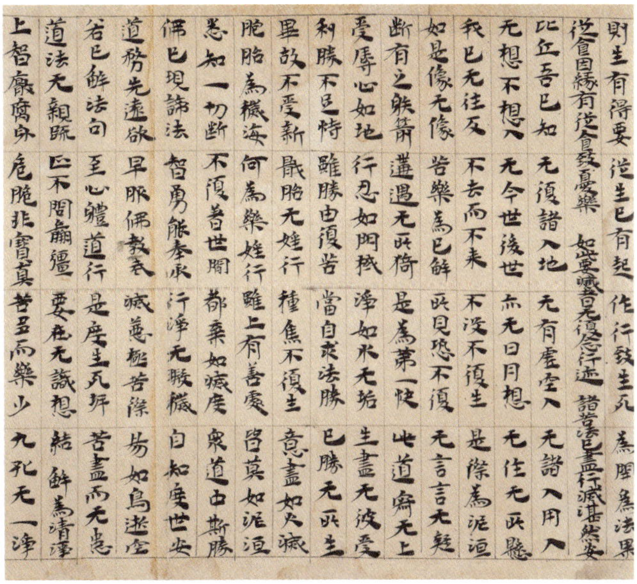

图9-10 《道行品法句经》局部 前凉

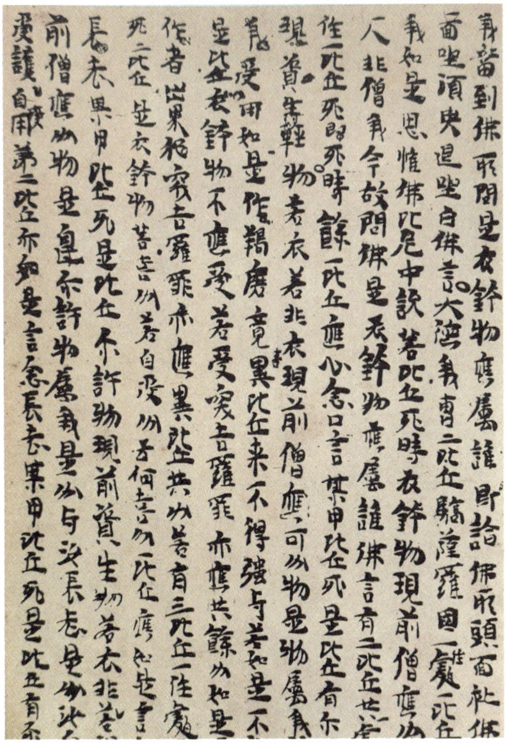

图9-11 《十诵比丘戒本》局部 西凉

一、魏晋南北朝时期

在中国书法史上，魏晋南北朝时期是书法艺术的大繁荣大发展时期。而地处边陲的河西，由于受地方割据，战事频繁的影响，作为政权表现形式的文字书写仍停留在由隶书向楷书过渡的阶段。这一时期敦煌楷书写经又可分为两个类型："隶楷型"和"魏楷型"。

"隶楷型"写卷主要集中在西晋十六国时期。书写延续着曹魏、西晋的"古质"遗风，表现出楷隶夹杂的书写特性。如西晋元康六年（296年）的《诸佛要集经残卷》和无确切纪年的《孙权传残卷》（图9-9），多为尖锋直入，收笔圆顿的"蝌蚪状"，是浓郁的简牍笔致。前凉升平十二年（368年）的《道行品法句经》（图9-10）和西凉建初二年（406年）的《十诵比丘戒本》（图9-11），虽为楷书写经，但横、竖、撇、捺笔画形态与简牍笔法相似，有着同类互借的情形，说明经书体是源自汉代简书体的。写于北凉玄始十六年（427年）的《优婆塞戒经残卷》与之类似，但结体有着楷书的意趣；北凉承平十五年（457年）的《佛说菩萨藏经第一》书写特征介于《十诵比丘戒本》和《优婆塞戒经残卷》之间，结体多呈梯形状，用笔在快速书写中，撇捺随势作左右牵扯，动感十足。

"魏楷型"主要出现在北朝（北魏、东魏、西魏、北齐、北周）时期。北魏统一北方以后，敦煌写经逐渐呈现出民族交往、交流、交融的文化特征，形成了古朴雄奇的魏楷型风格。写经用笔从以前的尖入锋变为方笔切锋，结体在早期的正方或梯形中增加了穿插、欹侧的变化。如北魏兴安三年（454年）的《大慈如来告疏》（图9-12），用笔起止内含，结体大小自然，一派古茂凝重气象。北魏皇兴五年（471年）的《金光明经舍身品》（P.4506），起笔端部切锋而入，裹锋前行，收笔下按驻方，不再作蓄圆意横的态势。北魏永平四年（511年）的《成实论》（S.1427）（图9-13），方笔横画向左倾斜，结构随之也出现左欹侧的梯形状，很有魏楷的雄肆意味。这种书写特点可以从北魏墓志中找到相似例证。如刻于北魏太和二十年（496年）的《元桢墓志》与之相似。是放大了的写经书法，只是因用途和材质不同，造成视觉上的差异。西魏大统八年（542年）的《贤愚经卷第二》（图9-14），则笔调温润、典雅。但仔细分析用笔仍然属于魏楷类型，只是体势欹侧幅度变小。北周明帝二年

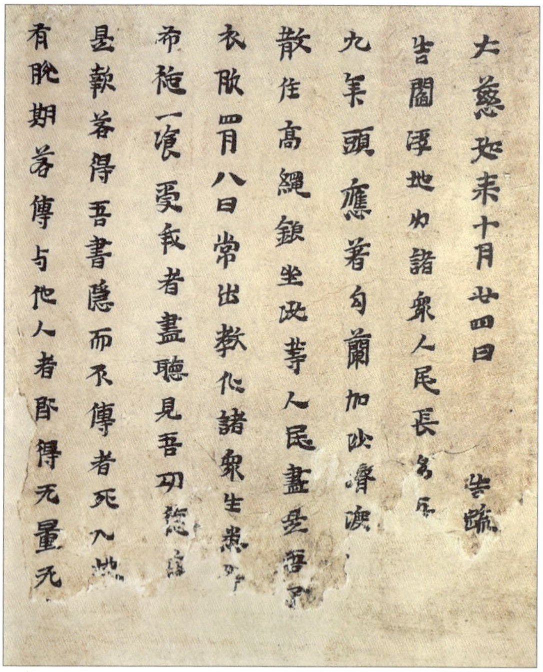

图9-12 《大慈如来告疏》局部 北魏

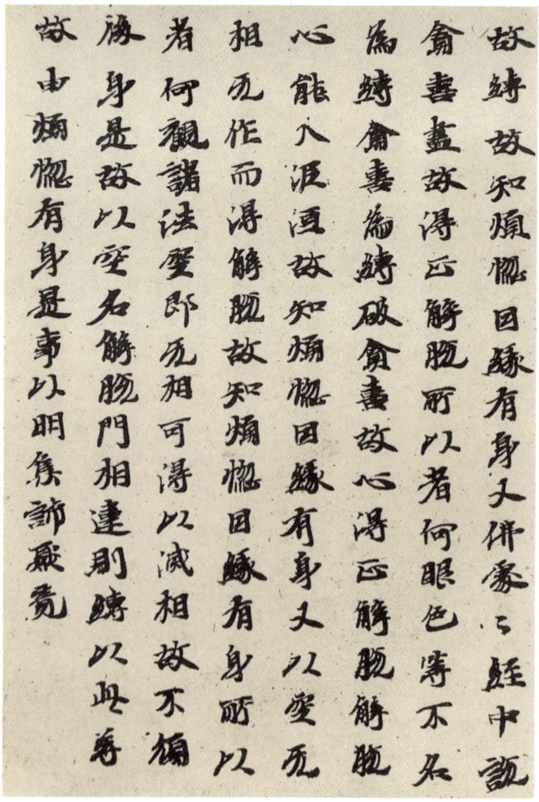

图9-13 《成实论》局部 北魏

（558 年）的《入楞伽经楇品第十八》（图9-15）用笔与北魏写经的雄奇角出相比，显得凝重而含蓄，这是敦煌写经风格逐渐由"古质"向"今妍"的转变。

二、隋、唐、宋时期

隋唐时期的楷书写经，与魏晋南北朝时期的"隶楷型"和"魏楷型"写法不同。随着隋唐的大一统，书法也表现出南北融合的趋势。尤其是在受帝王倡导的王羲之书法影响下，出现了以欧阳询、虞世南、颜真卿、柳公权为代表楷书大家，强有力地影响着全社会，敦煌楷书写经书风也不例外，钟繇"古质"意趣的写经逐渐消退。成熟楷书的提按笔法时时流入笔端，在强

调"运笔的变化逐渐移至笔画的端部和弯转处"[1]与隋唐楷书时风趋于一致。

隋代的敦煌写经，"有明确纪年者达90 多件，这些写经有的是敦煌本地人所写，有的则传自内地；有的为官府写经；有的则是寺院的僧人所写。这些写经较为完整地反映了那个时代写经书法的面貌。"[2]可见，这一时期的写经不仅数量大，而且来自不同地方，呈现出不同的书写意趣，具体有三种类型。

第一类，北朝遗风。如开皇十七年（597年）的《华严经卷第卅七》，注重方笔的变化，魏楷遗风较浓。但结体已复归平正，拙朴之气也大为减弱。

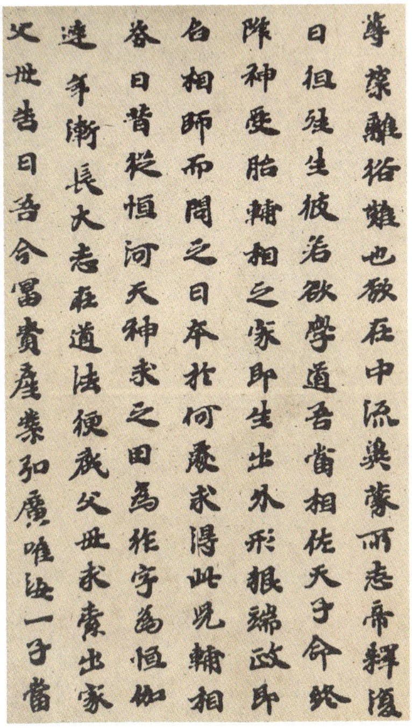

图 9-14 《贤愚经卷第二》局部 西魏 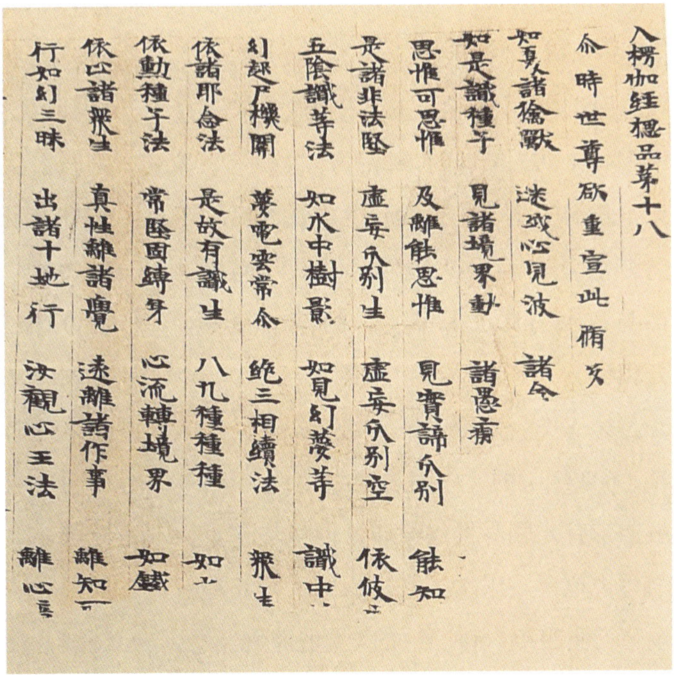　图 9-15 《入楞伽经楇品第十八》局部 北周

---

① 邱振中：《笔法与章法》，南昌：江西美术出版社，2012 年，第 20 页。

② 赵声良：《隋代敦煌写本的书法艺术》，载《敦煌研究》，1995 年第 4 期，第 134 页。

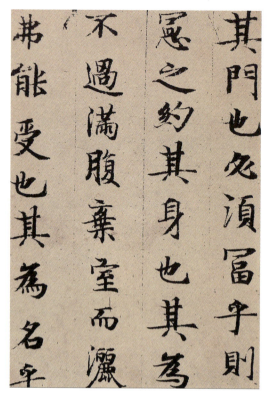

图9-16 《文选·运命论》局部 隋代

第二类，南朝新风。如隋文帝开皇十七年（597年）的《持世经卷第三》和无纪年的《文选·运命论》（图9-16）。笔调前者圆润后者瘦劲，但书写遒媚，都与智永《真草千字文》的楷书部分十分相似。

第三类，兼融书风。如隋文帝仁寿二年（602年）的《中阿含经卷第八》用笔虽然带有北朝写经的烙印，但体势方正，书写规范，一派"二王"书风。尤其是隋炀帝大业四年（608年）的《大般涅槃经卷》与隋代《董美人墓志》风格类似。

总的来看，这一时期写经，虽然类型多样，但最大限度地脱离隶书的窠臼，表现出北朝书风消退，南朝书风加强，逐渐形成南北书风融合，具有承前启后的历史地位。

进入唐代以后，楷书写经样貌趋于统一而规范的时风中。尤其是以官府为代表的写经"展示了唐代楷书写经的典范风格，唐楷的成熟性特征也在它们身上得到了充分体现。"①如唐咸亨三年（672年）的《妙法莲华经卷第六》就是一卷官府写经，其书写者为王思谦，一派虞体面貌，用笔圆融遒健，起笔往往尖笔露锋，笔画之间趋同而整齐划一，结体有着"斜画紧结"的特征。写于开元二十三年（735年）的《阅紫录仪》（P.2457），从题记看，是为皇帝而抄写，规格极高，并经法师、上座、大德校对，也是官府写经。书写者为许子颙，用笔谨严而不失灵动，结体方正而不失端庄，有着欧、虞书风的特点。敦煌研究院藏的《佛说大药善巧方便经卷上》，抄经生笔下也流露出褚遂良书法的妍媚多姿、疏朗宽绰的意味。但这一时期的写经因长期"重复性"抄写、书写动作熟练、手势定型而呈现出趋同性强、程式化明显的情况。除了官府写经外，大量的非官方楷书写经也呈现出匀称、端庄的唐楷面貌。

五代以后，楷书写经与隋唐书风基调一致，没有过多变化。同时，草书写经数

---

① 虞晓勇：《略论唐代楷书写经的典范书风》，载《中国书法》，2006年第5期，第32页。

量逐渐增多，楷书写经逐渐退居其次。宋代虽然也出现一些写经，但因字体的演变已经完全结束，书写与宋代书风一致。另外，随着雕版印刷术的推广和运用，写经书法退出历史舞台。

总之，从西晋到北宋，敦煌楷书写经经历了一个不断演变、成熟、定型乃至消退的发展过程，反映出书体间由杂糅到纯化的演变特征。如果将河西简牍书法作为敦煌楷书发生阶段的话，那么将之与前述敦煌写经的各阶段连起来，就是一个完整的楷书发展过程。如果再将它们与魏晋南北朝和隋唐时代的碑版楷书结合起来，那就不仅完整而且立体了。

第五节　行、草书

在敦煌遗书中，文字内容多与佛经有关，所占比值也最大，一般都是楷书书写，便于流通和诵读，书写相对也规范、严谨、易识。而经文的注疏、释义等写卷，有些内容特别长，为了提高效率，多用行、草书书写。当然，行、草书书写只是相对的概念，有些写卷比行书书写规范一些，有些写卷比行书书写草化一些，有的写卷比章草更放逸一些……故而，我们以行书和草书两大书体为标准，对敦煌遗书中的行书和草书写卷进行论述。

一、行书

敦煌遗书中的行书多为唐代写卷，也有少量其他时期的写卷。为了深入认识敦煌行书，我们也会涉及敦煌行书写卷之外的资料。

20世纪初，在古楼兰遗址中，发现了大量的汉文书墨迹和残纸。从时间上看，"它上接汉末的文字变革时期，下接敦煌写卷的最初时期，这两段时间接轨，完整地形成我国西北地区书学史的全貌，意义重大。"[1]因此，我们把它与敦煌写卷墨迹衔接来看待敦煌行书的历史发展进程。楼兰（西汉时称）即鄯善国，鄯善国先后臣属曹魏、西晋、前凉、前秦、后凉、西凉、北凉、北魏、吐谷浑等。这一时期，"今妍"的"二王"风格行书在南方空前发展，"既标志着书体演变期的终结，又标志着个性风格翻新期的开始。"[2]楼兰地区的晋代残纸，在继承钟繇质朴意味笔法的基础上，也含有"二王"妍美的笔法成分。如西晋永嘉四年（310年）残纸和著名的《李柏文书》与王羲之早期作品《姨母帖》不仅年代、字体相似，而且与敦煌早期写卷的笔迹、体势也有许多相同之处。笔画之间存在着同类互借的便捷，以及走之捺和戈钩省减为"<"和"\"的草化符号，这是早期行书书写的一个主要特征。

北朝行书在中原文化和北方少数民族审美文化的共同作用下，在趣味、个性方

---

① 郑汝中：《行草书法与敦煌写卷》，载《敦煌研究》，2000 年第 4 期，第 76 页。
② 徐利明：《中国书法风格史》，北京：人民美术出版社，2009 年，第 7 页。

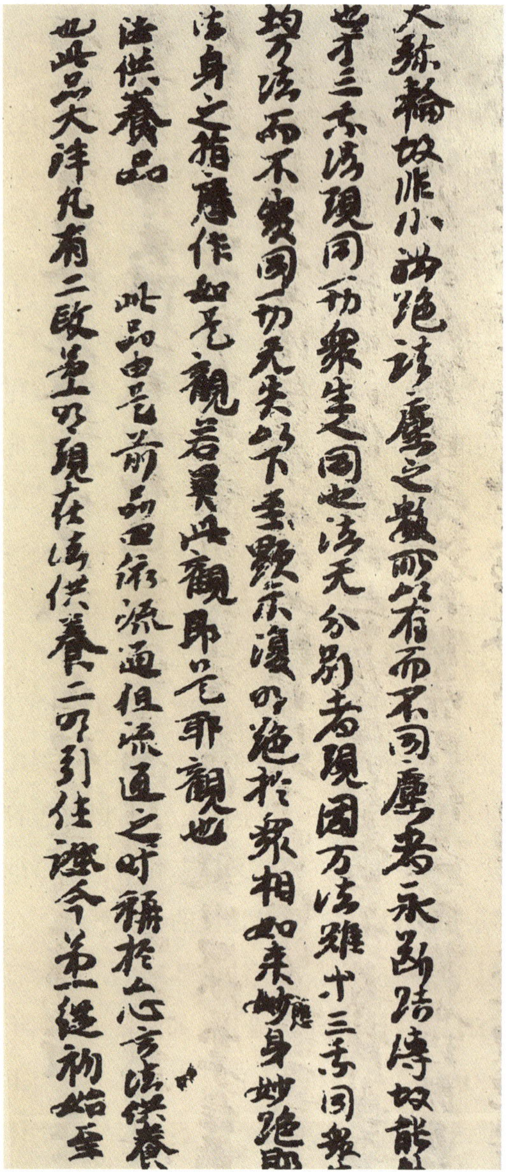

图9-17 《维摩义经》局部 北魏

入和尖入之法，快速书写中近似颜体意味的行书笔调。但笔画依然存在着同类互借和"辶""弋"等省减为"＜""＼"草化符号的现象。另外，北魏孝昌三年（527年）的《观世音经》和北魏普泰二年（532年）的《律藏初分卷第十四》也与前者相似，用笔化方为圆，只不过前者多含严整，后者多显放逸。到北周保定五年（565年）的《十地义疏》（图9-18）则讲究字形左右摆动，点画省减，捺画收笔往往直接锐利出锋。如"校""之""地"等字的写法，是北碑刀刻艺术的隐含和笔锋精神的流露。

隋代随着国家的统一，社会的安定，书法也呈现出南北风格融合现象，但不如时代更替那么显著，而是带有一定的滞后性。如隋仁寿元年（601年）的《摄论章》（S.2048）（图9-19），是瓜州崇教寺沙弥善藏所写，书写有着"民间流行的模式，与二王之行书体，有些出入"[1]，通篇夹杂着简牍体的草化符号，在字距紧密与行距疏阔对比中，体现出一种质朴气息。

进入唐代，随着国家大一统的进一步深化，地域书风逐渐减弱，统一于时代书风，形成以唐楷笔法写行书的特征和名家书风影响下的行书表现。如S.2721《华严藏世界品第五疏释》结字俊秀，用笔流畅。P.2562《春秋经传集解》（图9-20），用笔方中带圆，结体茂密而欹侧，无密集拥

面有着明显的时代特征。如北魏景明元年（500年）的《维摩义经》（S.2106）（图9-17），从题记来看，是外流敦煌的写经，书写者为当时定州（今河北定县）比丘昙兴。用笔多藏锋逆入，辅以露锋的切

---

① 见郑汝中编：《敦煌写卷行草书法集》，兰州：甘肃人民美术出版社，2000年，第16页。

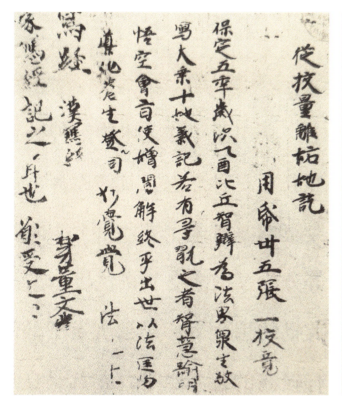

图9-18 《十地义疏》局部 北周　　　　　　　图9-19 《摄论章》局部 隋代

堵之感，从气息上逼似欧阳询行书之法。另外，对于颜真卿书法的渊源历来认为从北朝碑版而来，但从敦煌经卷中发现，类似颜体的写经卷子在颜真卿书风未形成之前已经大量存在，对其书风的形成必定产生影响，这也符合时代、社会、个人三者之间的互动关系。如开元二十五年（737年）的《因地论》（P.3030）（图9-21）首残，卷尾有题记曰："开元二十五年五月二十八日，陈奉德于沙州在营写因地论一卷记。"说明这是一卷军营写经，可见这种行书风格写经较为流行。从书法风格而言，该卷颜体意味较浓。据《旧唐书》

卷一百二十八载，"颜真卿，……开元中，举进士，登甲科。……四命为监察御史，充任河西陇右军试覆屯交兵使。"[1]由此推测，颜真卿到任河西地区后，很有可能会看到这类风格的写经，并对其书风的形成起到一定的启发。这种书写与初唐追求险绝的用方笔不同，注重篆籀用笔，崇尚圆厚，以肥为美，一改初唐"书贵瘦硬始通神"的意趣，是崇古的体现抑或时代的颂歌。这种宽博而快速的颜体用笔，具有方便、快捷的书写特征。尤其是唐乾元二年（759年）的《尔雅卷中后题记》（图9-22），气息上与颜真卿的名作《祭侄文稿》

①《旧唐书》卷一百二十八，北京：中华书局，1975年，第3589页。

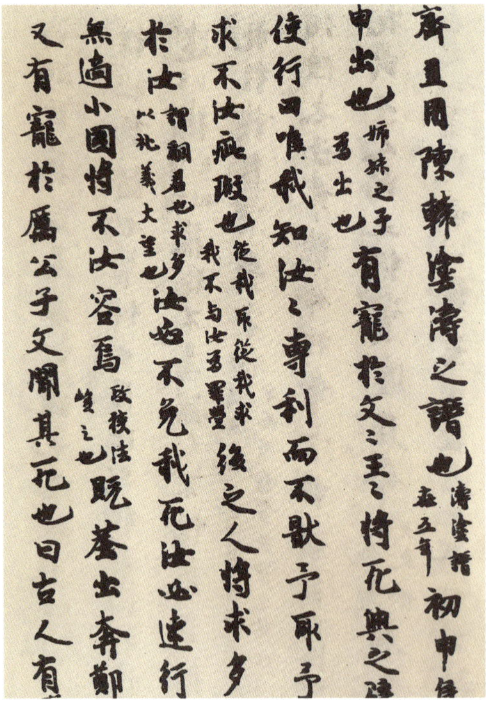

图 9-20 《春秋经传集解》局部　唐代

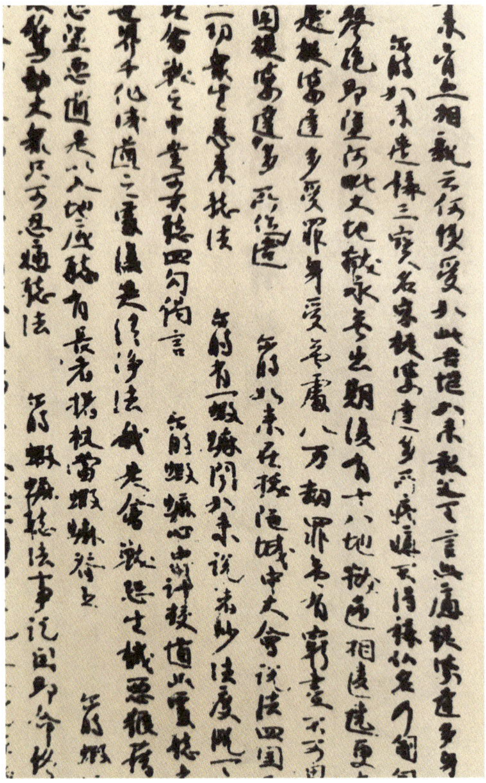

图 9-21 《因地论》局部　盛唐

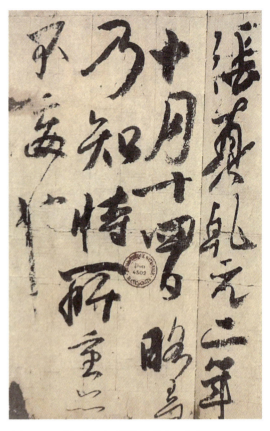

图 9-22 《尔雅卷中后题记》局部　中唐

十分相似，"乾元"两字从笔势、笔法上和《祭侄文稿》中的"乾元"两字几乎相同，虽然只是一件小作品，却流露出颜体的宏大气象。中、晚唐以后，上行下效，互相陶然，颜体行书成为一种流行日常手写体，也成为敦煌写本行书的首选书体。

五代的行书写卷，也呈现出名家书法的影子和字体杂糅现象，但个人风格与时代审美合一是其显著特点。如五代时期的《金三国文件·沙州百姓万人上回鹘天可汗文》（P.4633）（图 9-23），书写标题有杨凝式的疏阔，尾题却显王（王羲之）底颜面（颜真卿）的兼融，正文则是李邕般的演绎，将草、行、真三体有机地相参

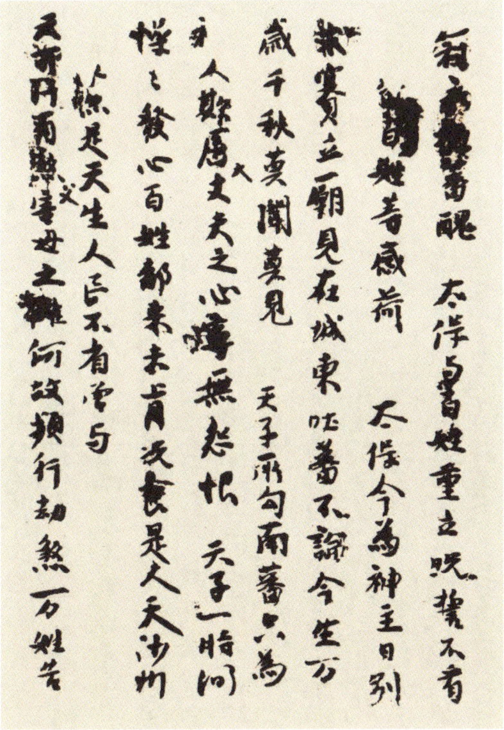

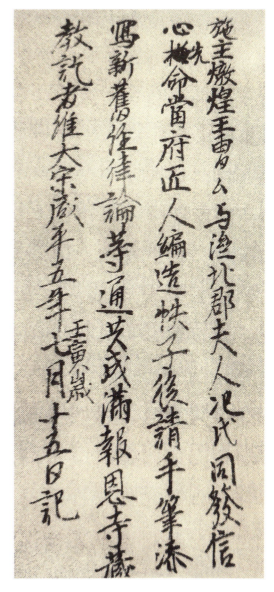

图9-23 《金三国文件·沙州百姓万人上回鹘天可汗文》局部 五代

和融合。

五代以后的行书，多为归义军曹氏政权（相当于唐末五代和北宋初期）写卷。"归义军时期的佛经写本书法水平往往不高，抄写佛经的用纸也很粗糙，佛经的每行的字数增多，以节省纸张；抄写的经文内容也以趋向祈求功德的世俗经典为主。"[1]藏经洞发现题年最晚的北宋咸平五年（1002年）俄藏Φ32号《曹宗寿造经帙疏》（图9-24）就是一例。书写与名家书法相比较，随意、生拙，完全是民间书手日常记录，但字形体势与宋代书法发展趋于一致。

图9-24 俄藏Φ32号《曹宗寿造经帙疏》 北宋

二、草书

敦煌遗书中的草书多为唐代写卷，数量与楷书写卷相比较少，但在书写形式、表现技巧等方面水平较高，比唐代名家毫不逊色。我们也对这一时期的草书写卷拓展到藏经洞以外，结合甘肃地域资源进一

---

① 张永强：《唐末五代宋初写经书迹考察》，载《中国书法》，2014年第9期，第117—118页。

第九章 敦煌遗书书法 **243**

步追溯，形成完整而立体的对敦煌草书写卷演变过程的认识。

"敦煌是草书的发源地，汉代的张芝、晋时的索靖，以及大批他们的追随者，早已奠定了敦煌草书的传统。"①虽然张芝、索靖的草书真迹片纸不存，但可从当时河西境内出土的大量汉晋简牍实物中窥其一二。如敦煌马圈湾简牍，西汉草书简《王骏幕府奏书稿档案》和晋代草书简等。

20世纪初，在古楼兰遗址中，发现了大量行书残纸外，还有一些草书残纸。如章草《急就章》（图9-25），虽为当时章草夹杂楷书的习字之作，用笔却在横势书写中熟练而规范，同时汉简笔意尚存，有着浓郁的地域特色。《济白帖》残纸书写已变横撑为纵势，注重上下笔画之间的牵连与呼应，接近王羲之的《初月帖》《寒切帖》等名作。

"汉末魏晋时期的书法家大多擅长章草，但是唐代的章草创作在古代书论

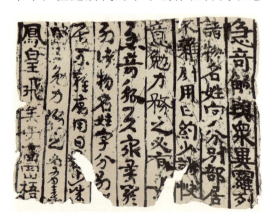

图9-25 《急就章》局部 西晋

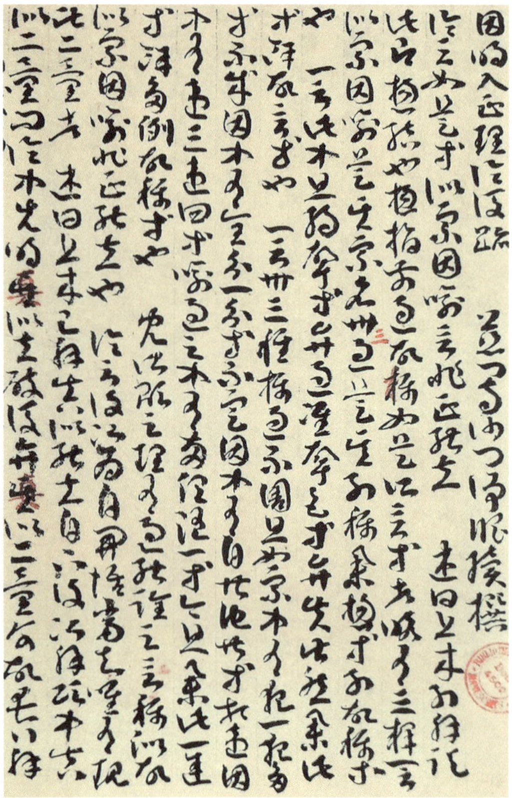

图9-26 《因明入正理论后疏》局部 唐代

中记载很少，章草似乎淡出了唐人的视野。"②可以说，敦煌遗书中发现的唐人章草写卷，不仅弥补了唐代章草流传的空白，也为我们进行唐代章草研究提供了不可或缺的宝贵资料。这一时期的章草，与典型的汉代章草书写不同，受楷书笔法影响，在注重横向体势中，经典章草波磔挑法消失，章法通篇结密，气满而不失灵动。如P.2063法国国家图书馆藏的《因明入正理论后疏》（图9-26），用笔不是《急就章》《月仪帖》标准章草用笔的范式，而是施以楷书的提按笔法，横竖笔画和撇

① 马国俊主编：《敦煌书法艺术研究》，北京：文物出版社，2017年，第238页。
② 张永基、刘云鹏：《甘肃书法史》，北京：大众文艺出版社，2011年，第169页。

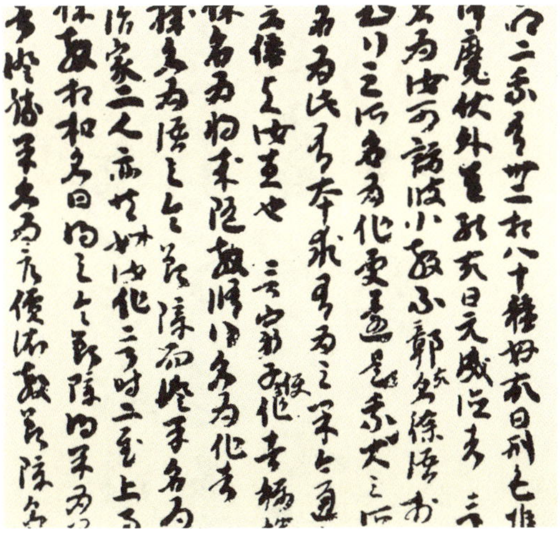

图 9-27　《妙法莲花经明决要述卷第四》局部　唐代

捺笔画往往翻转呈一牵丝小圈，与字字独立的横向体势，形成动静结合对比。同时字的收笔大多往里向下，作回势以呼应下一字的起首，不同于章草末笔的波磔出锋向右，这种书写接近今草写法，但又合乎章草特征。用发展的眼光看，这是敦煌章草写卷不同于汉魏章草的典型样式。P.2118《妙法莲花经明决要述卷第四》（图9-27），同样在笔画省减、程式中夹杂着行书的体势。如"家"为行书写法，"有"整体为今草写法，下部件"月"为章草简写，熟练而巧妙地将行书、章草、今草笔法圆融其中，变横撑为纵势，既有《平复帖》的朴拙之气，又有今草的飘逸之感。P.2121《大乘起信论略述卷上》和P.2176《妙法莲花经玄赞》笔调基本一致，只是前者瘦劲，后者疏旷。另外，S.5478《文心雕龙》（图9-28）在敦煌遗书中风格比较独特，类似今天的钢笔字，点画劲利，结体瘦长，草、行参半，有着简牍的体势

和风貌。

敦煌遗书中有几件今草写卷，艺术价值比较高。如S.2700《法华经疏释》（图9-29），通篇笔连势接，在压缩字距、牵扯行距结密中，彰显点画"辶""乚"草化为"<"符号的爽畅流美，形成强烈的满章法视觉效果，颇有几分颜真卿行草书的逸气。津艺0610《书札》（图9-30），更是将用笔的起、行、收转变为起、转、收的多连字组合，如"有书"二字，打破字字相对独立的界线，单字构成美变为连绵不断的线条美，看上去气息酷似《行穰帖》或《淳化阁帖》中的《玄度时往来帖》的笔线意趣。另外，受佛教特定的仪式和功用目的所限，没有出现像"颠张醉旭"

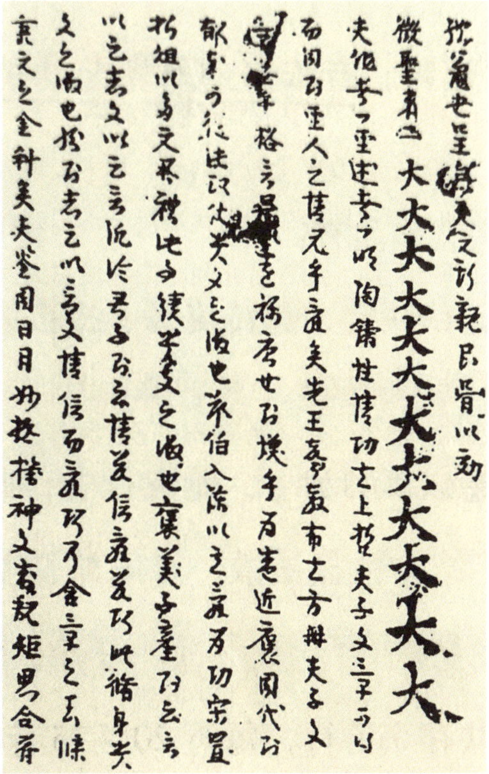

图 9-28　S.5478《文心雕龙》局部　唐代

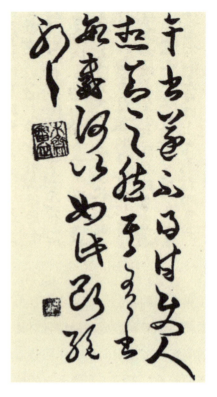

图 9-29 《法华经疏释》局部 唐代　　　　　图 9-30 津艺 0610《书札》 唐代

那样的狂草书，只是在写卷的批注、尾题，偶尔即兴书就，具有狂草般的品格而已。

总之，敦煌遗书中的行、草书表现有着明显的地域特征和时代风貌。不同时代侧重点不同，魏晋南北朝时期地域书风占据主要位置，行、草书多呈现出简牍孑遗特征，多以快写、省减，形成行书和草书意味；隋唐之后，地域书风逐渐消退，时代书法成为主流，行、草书统一于"二王"笔势、笔法之系统，在解散楷法中，形成以名家书法体式影响下的行、草书书写范式和唐代章草写卷。大量精美行、草书写卷，对于今天我们的书法创新与发展有拓展之功和范本意义。

第六节　敦煌遗书的书写者

从敦煌遗书题记来看，书写者的身份除职业写经生外，有僧人、学士（学仕郎）和普通信众等。陶秋英先生曾对敦煌经卷的写经生做出统计，有《敦煌经卷题名录》，共列出各阶层写经生 203 名。[①]显然，这一名录写经生人数是不完全的统计，但从另一侧面反映出当时佛教兴盛，促进了大量职业写经生的出现，推动着佛教的传播与影响。

① 沃兴华：《敦煌书法艺术》，上海：上海人民出版社，1994 年，第 69 页。

一、书写者的社会构成

佛经从哪里来？具体如何翻译？又该如何传抄？对于这些问题追溯，我们从佛教传播过程中取经、译经、抄经三个阶段的书写者作一考察，形成对敦煌经卷书写者整体的认识。

关于取经、译经阶段的书写者，文献记载有高僧、使者、笔受等，可惜墨迹未有保存下来。他们中间有的或通梵文、懂翻译，抄写成梵文，有的或并不擅其长，抄译为汉文，字迹多为"正书晋言"。"正书晋言""这即说明当时笔受写经所用字体，与书法的时代审美和要求是同步的。"①是一种楷隶夹杂或草写（稿书意味）的字体。这一时期的取经、译经书写者，为其后来的写经、抄经者提供了重要蓝本。魏晋南北朝以后，随着佛教译典逐渐完备，有关抄经活动的记载越来越多，书写者人员构成也出现了多元化。称呼有比丘、比丘尼、沙门、道人、优婆塞、优婆夷、经生（写手、书手）、官经生等。这些敦煌经卷的书写者对佛教的传播起到了积极的推动作用。为了论述方便，我们将写经者分为官府写经生和民间写经生两大类进行讲述。

（一）官府写经生

据文献记载，北魏时期敦煌就有专门政府性质的写经机构。主要是东阳王元荣组织的大规模抄经活动。从写经题记来看，抄经人员主要有曹法寿、刘广周、马天安、张显昌、令狐礼太、张乾护、张阿胜和令狐崇哲等，皆是写经高手。从 P.2179《成实论卷第八》（图 9-31）的写经题记来看，作为典经帅的令狐崇哲本人也是写经生。这里的经生是否都是官经生，或者说所谓的经生是否就是官经生，由于资料有限，我们还无法断定，但可以肯定的是二者都是具有官方性质的抄经人。另外，从写经的用纸张数和仅有两位校经道人条目来看，这一制度还不完善，但已经是一个

图 9-31　P.2179《成实论卷第八》　北魏

① 史忠平：《汉魏两晋南北朝时期的佛经书写者——基于取经与译经活动的考查》，载《中国书法》，2019 年第 9 期，第 82 页。

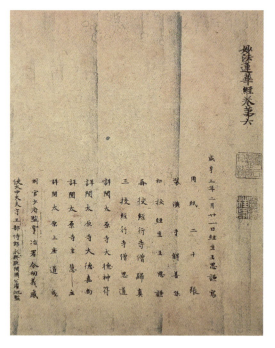

图9-32 《妙法莲华经卷六》局部 初唐

职业化的写经组织。进入隋唐时期，这一机构的程序完备，组织严密，不仅有装潢手，同时为防止文字脱误，内容讹谬，朝廷还派专人校对，请当时多位高僧详阅，委派监制人员等，形成了官府写经完备而严格的抄经制度。

如敦煌博物馆藏唐咸亨三年（672年）的官府写经《妙法莲华经卷第六》（图9-32）尾题："咸亨三年二月廿一日经生王思谦写。用纸二十张，装潢手解善集，初校经生王思谦，再校经行寺僧归真，三校经行寺僧思道，详阅太原寺大德神符，详阅太原寺大德嘉尚，详阅太原寺主慧立，详阅太原上座道成，判官少府监掌冶署令向义感，使太中大夫守工部侍郎永兴县开国公虞昶监。"从复杂的卷尾署名来看，与北魏时期的官府写经相较，更加标准化、复杂化和程序化成为唐代所有官府写经的规制和要求。同时这些人员多是出自门下省的左春坊、弘文馆和秘书省的"楷书"手。不同于北魏时期依附于地方家族集团所组成的写经生。《唐会要》卷六十四记载："贞观元年敕：'……有性爱学书，及有书性者，听于馆内学书，其书法内出。'……敕虞世南、欧阳询教示楷法。"[1]按照政府要求进行书法集体培训，学成后他们分任各处，所写经卷"编入目录讫流行"分发各寺院，具有很强的典范性和传播力。

（二）民间写经生

随着佛教的兴盛也产生了大量民间抄经群体。胡适先生曾在《敦煌石室写经题记与敦煌杂录序》中指出："有些经是和尚写的，有些是学童（学仕郎）写字习作，有些是施主雇人写的。"当然，对于他们的身份，写经人员类型不仅限于此。另据文献记载还有在寺庙周围，开设店铺经营的职业写经生和在交通要道上抄经乞钱的写经生等。民间写经生与官方写经生相比，他们多松散、自由且地位低下。

二、书写者的生活境遇及书写心态

敦煌遗书的书写者由于各自不同的社会构成，在不同文化修养、生活境遇和书写心态下，反映出不同水平的写经面貌。对于佛教取经僧人、译经团队的笔受者以

---

① 〔宋〕王溥：《唐会要》卷六十四，北京：中华书局，1998年，第1317页。

及各个时期的官经生而言，生活物资由政府供给，无生计之虞。唐代官经生由政府集体书法培训，书写水平高，程序严谨而规范。与此相对的则是民间写经生，"将抄经作为一项赖以谋生的工作，而不是优游期间的雅事"[①]，抄写明显带有随意成分且有较多的涂改地方，校订程序、审查人员也没有官府写经那么严格而规范。且为了节省纸张，所抄经文每行约三十五字，比一般官府写经要求的每行十七、八字的经卷多了一倍，字与字之间挤得密密麻麻。可以说，民间写经生为生计所迫，疲于应付，随性而书，无暇顾及字体的美丑。学士（学仕郎）书写目的也与此相似，在寺院学习的年轻人，一方面，除抄经外，也抄其他典籍以期获取生活报酬。如，学士（学仕郎）所抄 S.692《秦妇吟》题记附诗："今日写书了，合有五斗米，高代（贷）不可得，环（还）是自身灾。"说明所得报酬远远不能满足自己生活需要。京宿 99 号《禅安心义》题记："今日写书了，因何不送钱，谁家无赖汉，回面不相看。"进一步说明学士（学仕郎）有所劳动，但最终一无所获，将当时的心情行诸笔端。另一方面，学士（学仕郎）与虔诚、戒酒的僧侣抄经心态不同，如，中国国家图书馆藏位

字 68 号《百行章》题记"写书不饮酒，恒日笔头干，且作随意过，即与后人看。"便是学仕郎书写随性、放荡不羁的真实写照。而寺院中的僧侣，一心虔诚佛事，生活也比较安定、闲适，在唐代可以受田，加之信众的施舍，衣食无忧，抄经时以恭虔之心，一以贯之，点画严谨、字迹端正。总之，敦煌遗书书写者不同的身份反映出对待抄经不同的心态，也折射出他们不同的生活际遇。

三、书写者的艺术水准

"一个时代的书法水平如何，既要关注所谓的精英、大家，也要看社会总体水平。"[②]敦煌遗书书写者，这一大众书法群体和他们的书迹构成了中古时期真实而丰满的书法现状。故而对敦煌遗书书写者及其书迹给予应有的历史地位和评价。

其一，敦煌遗书的写经者是书体演变的践行者与推动者。前引《敦煌经卷题名录》共 203 名经生外，还有非常多的只抄经无落款经生，他们共同书写了近 700 年[③]各类书体的近 6 万件敦煌遗书。通过自己的抄写，给我们保存了两晋南北朝至宋代的书法实物资料，呈现出不同时期不同样貌的经卷，推动着书体不断地向前发展，也践行着书法不断的风格化进程，是研究

---

① 周侃、邹方程：《唐代书手墨迹书法艺术探析——以敦煌文书唐代墨迹为中心》，载《中国书法》，2010 年第 8 期，第 55 页。

② 周侃、邹方程：《唐代书手墨迹书法艺术探析——以敦煌文书唐代墨迹为中心》，载《中国书法》，2010 年第 8 期，第 55 页。

③ 从敦煌遗书最早题年的前秦甘露元年（359 年）的《譬喻经一卷》和最晚题年的北宋咸平五年（1002 年）俄藏 Ф32 号的《曹宗寿经帙疏》来计算。

中国书法史不可或缺的重要内容，意义重大，功不可没。

其二，敦煌遗书的写经者书迹既有鲜明的时代特色又含有强烈的地域风格。从各类存世经卷来看，魏晋南北朝时期的抄经风格与南方抄经承续"二王"书风不同，有着河西简牍孑遗和魏楷基因，是地域书风的反映。随着隋唐的大一统和南北书风的融合，抄经生笔下流露出时代风尚——匀称、端庄的唐楷风范。但也存在着地域书风的写经，不过时代的潮流不可阻挡，地域书风的笔调内化于时代风尚的表现之中。

其三，敦煌遗书的写经者书迹与经典名家书法是相互影响、共同推进的。从敦煌遗书临本中可以看出王羲之书法对经生的取法影响。如 P.4764《书函》夹临《兰亭序》数段，P.2622 卷子背面也临有《兰亭序》数段，P.2544 则是件完整《兰亭序》临本。这三件《兰亭序》临本，经生笔下呈现出或有冯承素本的意味，或有虞、褚临本的样貌。这是经生一边抄经，一边研习，时不时将所学流入笔端。另外，对于颜真卿书法渊源探求与影响，已在行、草一节有所讲述，这里不再一一赘述。这说明经生书迹与名家书法的形成存在着一定的互动关系。

其四，敦煌遗书的写经者书迹在重实用前提下，有着对艺术审美的追求与向往。

如西凉建初二年（406 年）比丘德祐所写《十颂比丘戒本》（图9-33）题记"成具拙字而已，手拙用愧"，P.210《四部律并论要用抄卷》尾记"纵有笔墨不入法"等，反映出写经者在注重佛教经文易识、易读的前提下，也崇尚对书法艺术审美的追求和向往。"中国书法艺术，也是中国佛教艺术的一种表现形式，佛教文化亦深远地影响了中国书法的发展。"[1]这与敦煌写经书迹只注重文义的传达，而不注重书法水平和艺术审美的说法是相异的。

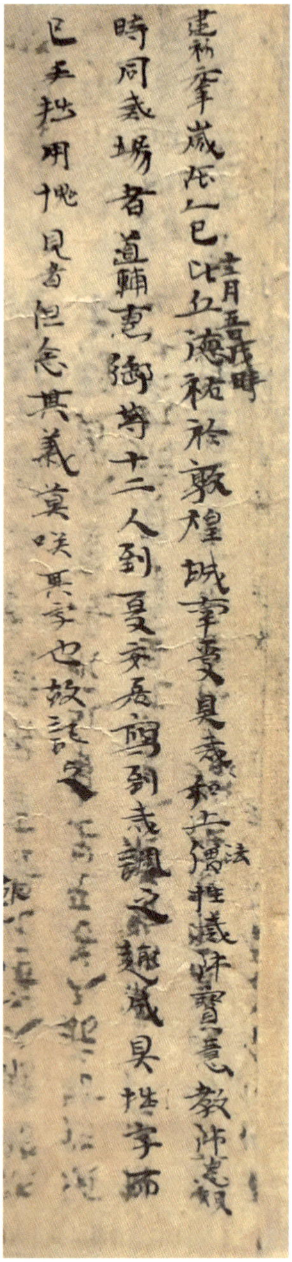

总之，敦煌遗书的书写者，他们笔下的典籍经文不乏古趣雅逸的缮写，也存在

图9-33 《十颂比丘戒本》局部 西凉

① 郑汝中：《敦煌书法管窥》，载《敦煌研究》，1991 年第 4 期，第 40 页。

书写水平的良莠不齐，但其精品可与名家相颉颃。这种书写反映出一个时代的真实而不是遮蔽。同时敦煌遗书是碑、帖之外的另一套书法墨迹系统。不仅是书法理论研究的对象，更是书法创作取法的范本。因此，书法史不仅仅是名家的书法精英史，缺席大众参与下的书写史，是不完整的。

第七节 敦煌遗书中的名家碑帖拓本

在浩瀚的敦煌遗书中，藏有唐代名家碑帖拓本三件，分别为欧阳询《化度寺碑》拓本，柳公权《金刚经》拓本和唐太宗《温泉铭》拓本。这三件拓本的发现，为研究欧阳询、柳公权和唐太宗的书法艺术提供了实物资料，具有一定的史料价值。

一、欧阳询《化度寺碑》拓本

欧阳询（557—641年）《化度寺碑》，全称《化度寺故僧邕禅师舍利塔铭》。此碑由散骑常侍李百药撰文，欧阳询书丹，共35行，每行33字，所写书体为楷书，是欧阳询晚年的代表作品。"原碑立于长安终南山的佛寺内。宋庆历初，范雍偶游此寺，见此碑并叹为至宝，寺僧们遂以为碑中果真有宝，于是破石而求之，断石为三但未见其宝，便弃之寺后，范雍知道后又购买回来，靖康之乱时，把它藏在井里，南宋后才取出并拓数十本，但原石因破碎而就此消亡。"[①]历代对此碑评价甚高。如宋《宣

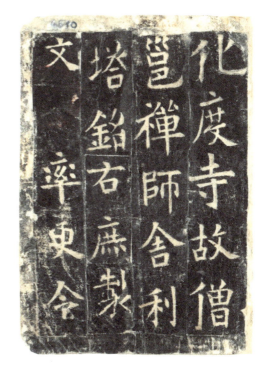

图9-34 欧阳询《化度寺碑》拓本 P.4510 唐代

图9-35 欧阳询《化度寺碑》拓本 S.5791 唐代

---

① 马国俊主编：《敦煌书法艺术研究》，北京：文物出版社，2017年，第264页。

和书谱》中载："化度寺石刻，其墨本为世所宝，学者虽尽力不能到也。"明王世贞有云："赵子固以欧阳率更《化度》《醴泉》为楷法第一。虽不敢谓然，然是率更碑中第一。而《化度》尤精紧，深合体方笔圆之妙。"在传世的拓本中，数吴湖帆先生"四欧堂"藏成亲王旧拓本最为珍贵，为唐原石宋拓本，现藏上海图书馆。

敦煌藏经洞发现的欧阳询《化度寺碑》拓本，为唐拓残本，拓本高 11.5 厘米，残存 12 页，每页 4 行，行 5 字。开头两页被伯希和劫去，现存于法国国立图书馆，编号为 P.4510（图 9-34）。后 10 页为斯坦因劫去，编号为 S.5791（图 9-35），现藏于英国大英博物馆。1924 年，吴湖帆得见英、法所藏敦煌唐拓残字影印本，以其所藏宋拓本与之进行对比，认为"字里行间，纤毫无异"，并由此确定自己的藏本为存世唯一的唐代原石宋拓本。而敦煌发现的《化度寺碑》唐拓本，点画清晰，墨色精良，最接近原作的精神风貌和气息。所以，它的价值尤为重要，远胜传世诸翻刻本。

二、柳公权《金刚经》拓本

柳公权（778—865 年）《金刚经》拓本（图 9-36），楷书，卷装，首尾完整，首题《金刚般若波罗蜜经》，卷尾有题记 5 行，内容为"长庆四年四月六日，翰林侍书学士朝议郎，行右补阙，上轻车都尉，

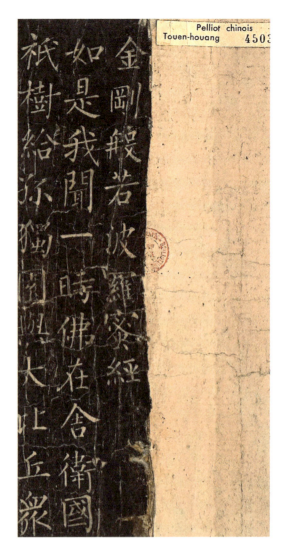

图 9-36　柳公权《金刚经》拓本 P.4503　唐代

赐绯鱼袋柳公权为右街僧录准公书。强演，邵建和刻。"[1]全文共 464 行，行 11 字，为柳公权 46 岁时所书。现藏法国国立图书馆，编号为 P.4503。据宋代董逌《广川书跋》中所载："此经本书于西明寺，后亦屡改矣。经石幸存，不坠冰火。柳批谓'备有钟、王、欧、虞、褚、陆之体'。今考其书，诚谓绝艺，尤可贵也。"[2]此碑毁于宋代，

① 郑汝中：《敦煌书法管窥》，载《敦煌研究》，1991 年第 4 期。
② 崔尔平选编.点校：《历代书法论文选续编》，上海：上海书画出版社，2019 年，第 136 页。

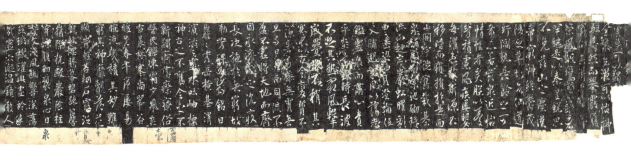

图9-37 唐太宗《温泉铭》拓本 P.4508 唐代

原石不复存在，而敦煌石室发现的柳公权《金刚经》拓本为唐拓孤本，且书写笔力刚健，结字挺拔，可以称得上是柳公权的得意之作，所以非常珍贵。

三、唐太宗《温泉铭》拓本

唐太宗李世民（599—649年）《温泉铭》拓本（图9-37），为行书碑刻拓本。其高23厘米，横总长154厘米，残存末段50行，行7或8字不等，起于"及故"止于"无竭"。为唐拓唐裱剪装本，现藏于法国国立博物馆，编号为P.4508。《温泉铭》是太宗皇帝为长安附近临潼骊山温泉撰书的碑文。立于贞观二十二年（648年），即唐太宗临死前一年。"唐太宗即位后经常游乐于骊山，贞观十八年（644年）即把北魏的温泉宫改建为豪华的离宫，其后又陆续增建了不少宫殿，四年后撰此文并刻石以存。惜原石早佚，两宋时已极为罕见，难睹原拓，而传以《绛帖》摹刻，清吴荣光《筠清馆法帖》又据此再翻刻，直到敦煌残本面世，方显此碑真面目。"① 《温泉铭》书刻细腻精湛，

提按顿挫历历在目。太宗书迹原貌当基本如是，当属石刻行书之典范。

敦煌名家碑帖书法拓本的发现，为我们研究古代书法名家提供了宝贵的实物资料，填补了相应的空白。

第八节　敦煌书法名家与书法教育

一、敦煌书法名家

敦煌书法人物是敦煌书法艺术研究中不可或缺的重要内容，在敦煌大量从事书法活动的人物中，能彪炳史册的书法名家，当属张芝和索靖。

（一）张芝

张芝，字伯英，生年不详，约卒于东汉献帝初平三年（192年）。关于他的籍贯，说法不一。据杨发鹏研究，张芝生于敦煌渊泉，但并非一生都生活在渊泉，他也可能随其父到过弘农或其他地方，根据敦煌效谷府的墨池遗迹，至少说明他的青少年时代应是在敦煌城度过的。②

---

① 沈乐平：《敦煌书法综论》，杭州：浙江古籍出版社，2009年，125页。
② 杨鹏发：《草圣张芝其人其书再探》，载《石河子大学学报（哲学社会科学版）》，2007年第1期。

张氏是名门显族，其祖其父都位居高官，声名显赫。其祖张享，曾任汉阳（甘肃天水）太守，其父张奂，官至护匈奴中郎将、度辽将军、大司农等。张芝自幼勤学好古，淡于仕进，朝廷以"有道"征不就，故有时人尊称其为"张有道"。张芝尤好草书，羊欣《采古来能书人名》中有云："弘农张芝，高尚不仕，善草书，精劲绝伦。家之衣帛，必先书而后练；临池学书，池水尽墨。每书，云'匆匆不暇草书'，人谓之为'草圣'。"[1]由此可见张芝学书甚为勤奋，终成一代草书大家。东晋大书法

图9-38 传张芝《冠军帖》局部 东汉

家王羲之对汉、魏书迹尤其推崇钟繇、张芝，其草书也颇受张芝影响，唐代张怀瓘在其《书断》中更是把张芝的章草与今草列为神品之首。张芝草书师承崔（崔瑗）、杜（杜度）之法，又有创新之处，他用笔流动放逸，字势生动，字画间常映带连绵，一气呵成，被后人誉之为"一笔书"。其弟张昶，官至黄门侍郎，也善草书。

关于张芝的草书作品，北宋时有数帖摹刻于《淳化阁帖》，今传为张芝所作的《冠军帖》（图9-38），有学者疑为晋宋以后人所作。认为比较可靠的是《芝白帖》。张芝也曾著有《笔心论》，惜今已佚。

（二）索靖

索靖（239—303年），字幼安，西晋时敦煌郡龙勒县（甘肃敦煌）人。其家累世官族，父索湛，官至北地太守。索靖少有逸群之量，为"敦煌五龙"之一。初举"贤良方正"，拜驸马部尉而出守西域，历任酒泉太守、尚书郎、大将军、散骑常侍等职。曾为征西司马，人称"索征西"。303年，河间王司马颙进攻洛阳时，索靖率雍、秦、凉义兵大破其军，却因战斗致伤而死，卒年65岁，死后追赠"司空"，封安乐亭侯，谥号"庄"。

索靖为张芝姊之孙，曾为尚书郎，与尚书令卫瓘（220—291年）俱善草书，皆学张芝，时人号为"一台二妙"。论者谓"瓘得伯英筋，靖得伯英肉。"又唐张怀瓘《书

---

[1] 上海书画出版社、华东师范大学古籍整理研究室选编点校：《历代书法论文选》，上海：上海书画出版社，2018年，第45页。

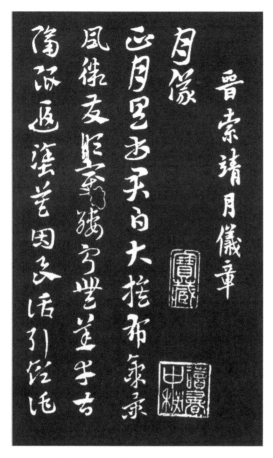

图9-39 索靖《月仪帖》局部　西晋

断》中列索靖章草为神品，并云："精熟
至极，索不及张；妙有余姿，张不及索。"①
可见索靖在学习张芝草书的同时，并不是
一味地模仿，而是在继承张芝草书的基础
上糅各家之长，力求创新，主要体现在其
用笔与字势中，如后人评其书法为"银钩
虿尾"，同时在体态上，相较于张芝，又"妙
有余姿"，说明索靖在风格上有所创变，
更趋于新妍。

索靖流传后世的书法作品有《出师颂》
《月仪帖》（图9-39）《急就章》《七月帖》
等，宋代《淳化阁帖》中也收录了部分索
靖的草书作品，他的书法对后世影响很大，
历代学习草书者，基本上都离不开对索靖
作品的临习和借鉴。索靖又有书论《草书
势》传世，《晋书·索靖传》载索靖曾作
《草书状》，其内容主要是对草书的起源
变化作了总结性的论述，其中对草书结构
特点描述与分析的见解一直为敦煌文士所
效法。

二、敦煌古代书法教育

"敦煌归入古代中国的版图，是汉
武帝元狩二年（前121年）打败匈奴、在
河西设立四郡开始的，该地区的学校大抵
也是从此时开始设立的。由此可以说，敦
煌的教育是在汉文化为主体的环境下展开
的。"②研究古代敦煌地区的书法教育，
目前多从敦煌遗书中的众多写卷入手，尤
其是其中的唐代写卷，反映书法教育的问
题最多。

关于敦煌教育的形成和构建体系，从
整体格局来讲，主要由官学、社学、寺学
和私学四个层面组成，其教学内容的涉及
面也比较广泛。从启蒙教育到历史地理、
从吉凶礼仪到音乐文学、从佛教典籍到医
学历算、从阴阳占卜到堪舆之学……书法
技艺的教授当然也不例外：有指定临摹范
本的，也有言传身教由老师临写以作范例

---

① 上海书画出版社、华东师范大学古籍整理研究室选编点校：《历代书法论文选》，上海：上海书画出版社，2018年，第179页。
② 马国俊主编：《敦煌书法艺术研究》，北京：文物出版社，2017年，第242页。

再由学生依照范字书写的。书法课在这里虽然并不算是一个独立的专业门类，不能和贞观时国子监所设之书学类比，但它同样也是一门不可缺少的"必修课"。[1]那么他们接触书法学习的对象或教材为何？经过学者们的研究整理发现，大致为以下两大类。

（一）以识字认字为主的童蒙教育类读物

古代把小学教育阶段称之为蒙养阶段，主要对象是8至15岁的少年儿童。这一年龄段的教育重在认字和识字，教材也就以字书为主，故蒙书又被称为字书，童蒙教育与书法也就发生了紧密的联系。[2]如在敦煌遗书中发现的大量习字类卷子，其内容大致为《千字文》《急就章》《开蒙要训》《太公家教》《上大夫》《百家姓》《幼学文》《百行章》等，尤以《千字文》数量较多。这些都类似于今天的小学"普及型教材"。一方面既是教授学生基本的识字认字，同时又具字帖摹写练习之功用。如王国维先生所说："古人字书，非徒以资诵读，且兼作学书之用。"[3]一个典型的例子，如敦煌遗书中发现的S.2703写本《千字文》，它是唐代敦煌学童练习写字的残卷。此卷正面是唐代官府的文书，背面是学童学习《千字文》的作业。今存83行，每行3至27字不等，共1448字，包括学童练习所写的1291字和老师所做的范字、批语以及日期157字。学童根据《千字文》底本反复练习且练习的单字前都有老师结构严谨、笔法熟练的范字作参考，同时此卷还有老师的每个练习时间段的批阅，如"渐有少能，亦合甄赏"，意思大概是指此学童逐渐的进步提升得到了老师的认可和嘉奖。其他习字类残卷写本的形式也基本如此，略有差异。它们都从侧面揭示了当时书法教育的一些状况。

（二）名家经典作品

相比识字教育，书法技法教育级别较高，难度更大，基本可认为是培养高水平或者说是培养职业书手抑或是专门的书法家的，那么在学习对象或教材选择上应该更倾向于名家经典作品。我们在敦煌遗书中发现的《钟繇宣示表临本》《王羲之兰亭序临本》《智永千字文临本》等就是典型的例子，其中以贞观十五年（641年）蒋善进临《智永千字文》写本最为精彩（图9-40）。此卷仅存34行170字，字体端庄规范，用笔纯熟流畅，圆劲秀润，夸张点说可谓是下真迹一等，显然是一件高水平的临摹写本。此外在敦煌遗书中我们还发现了《王羲之十七帖》的临本，仅存第三、八、廿四帖等临摹残片，虽为残片，但临摹水平尚高，又为唐人临本，更显珍贵。另外在前文提及的敦煌名家碑帖拓本也是书法技法学习的重要教材和范本，在这些

---

① 沈乐平：《敦煌书法综论》，杭州：浙江古籍出版社，2009年，第192页。
② 马国俊主编：《敦煌书法艺术研究》，北京：文物出版社，2017年，第243页。
③ 沈乐平：《敦煌书法综论》，杭州：浙江古籍出版社，2009年，第193页。

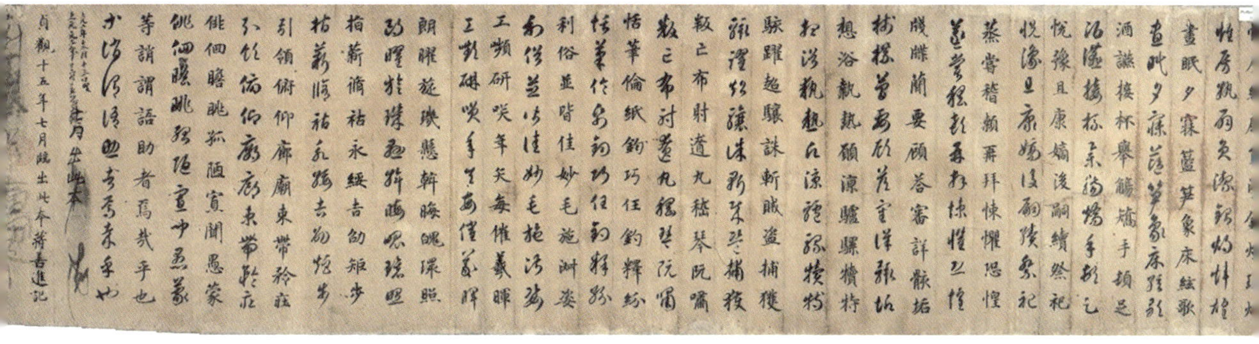

图9-40　P.3561　唐代

碑拓的页边上有临仿练字的笔迹，显然这些拓本是用来临摹学习的。

此外，敦煌书法的教育体系不仅重视技法训练，同时也并未忽视相关的书法理论教育。在敦煌遗书中发现存有关于书法理论的写本，但卷数不多，目前主要有P.4936和P.5背两个残卷。P.4936号残卷中有一论述写字方法的片段，惜收尾残缺，全文面貌不可见。大致论述或列举了写字的"结体""书势"的诸多禁忌和要求。而P.5背残卷，是一件回鹘文字写卷背后发现的，其内容是书写于五代末至宋初之间的传为王羲之"笔势论"的片段，此件只存留序言之前数十字，这对研究王羲之"笔势论"在民间的流传以及其理论价值提供了珍贵的资料。①总而言之，敦煌书法教育有其特定的教学对象，基本固定的

书法教材，当然也有明确的教学目的和教学目标，为社会培养着不同层次的人才，从而也为书法艺术的继承和发展起到了积极的推动作用。

本章共分八节，分别就敦煌遗书的发现与流散、敦煌遗书中涵盖的五种书体书写状况、书写者、名家拓本以及敦煌书法名家与书法教育等方面进行了简要介绍与分析。约6万件的敦煌遗书多是以实用为目的的写本文献，其内容广博，同时它们又兼具书法之美，有着鲜明的时代特色和地域风格。时间横跨近700年的敦煌遗书又是处于书体演变的最关键时期，它们保留了两晋南北朝至宋代的书法实物资料，呈现出不同时期的表现技巧与审美趣尚，是研究中国书法史不可或缺的重要内容。

---

① 马国俊主编：《敦煌书法艺术研究》，北京：文物出版社，2017年版，第250页。

【思考解答】

1. 谈谈敦煌遗书的发现和流散情况。

2. 浅谈写经卷首和卷尾题记隶书方笔写法是什么样的形态，它与碑刻方笔有什么关系？

3. 敦煌遗书中的楷书经历了几个时期？有什么样的书写特征？

4. 谈谈敦煌遗书中行书、草书的书写特征？

5. 简述古代敦煌书法的教育状况。

【实践创作】

1. 观察敦煌遗书中的行书笔法特征和体势关系，临摹两幅写经行书作品。

2. 以敦煌章草《因明入正理论略抄》作品为依托，结合自己对章草学习的理解，尝试创作一幅章草作品。

3. 以敦煌遗书中的两晋南北朝楷书笔法特征为依托，结合"钟王"楷书表现技法，尝试创作一幅书法作品。

4. 对敦煌藏经洞所出的三件唐代名家拓本进行逐一临摹，并与同时期经典作品进行比对分析，找出它们之间的异同关系。

【拓展阅读】

1. 沃兴华：《敦煌书法艺术》，上海：上海人民出版社，1994 年。

2. 郑汝中：《敦煌书法概述》，载敦煌研究院编：《敦煌书法库》（第一辑），兰州：甘肃人民美术出版社，1994 年。

3. 刘涛：《中国书法史·魏晋南北朝卷》南京：江苏教育出版社，2002 年。

4. 李正宇：《敦煌学导论》，兰州：甘肃人民出版社，2008 年。

5 徐利明：《中国书法风格史》，北京：人民美术出版社，2009 年版。

6. 沈乐平：《敦煌书法综论》，浙江：浙江古籍出版社，2009 年版。

7. 张永基，刘云鹏著：《甘肃书法史》，北京：大众文艺出版社，2011 年。

8. 秋子：《敦煌风续话》，兰州：甘肃人民美术出版社，2014 年。

9. 毛秋：《墨香佛音——敦煌写经书法研究》，北京：北京大学出版社，2014 年。

10. 马国俊主编：《敦煌书法艺术研究》，北京：文物出版社，2017 年。

11. 赵声良：《敦煌艺术十讲》，北京：文物出版社，2020 年。

第十章　敦煌古代艺术工匠

【导读】本章以敦煌古代工匠为主要内容。举世闻名的敦煌石窟艺术及藏经洞艺术品的内容丰富，水平精湛，历史久远，在中国美术史上享有盛誉，是中国美术史的重要组成部分，而敦煌古代工匠是这些艺术作品的主要创作者。敦煌古代工匠的种类很多，其中画匠、塑匠、打窟人等都对敦煌艺术的发展做出了重要贡献。

概　述

敦煌石窟艺术是敦煌艺术的主体，主要包括石窟建筑艺术（洞窟、窟檐和殿堂等）、壁画和彩塑三部分，这些艺术品的创作者主要是画匠、塑匠、打窟人，当然也会有其他如木匠等。虽然这些工匠为我们创造了数量巨大、效果精美、影响深远的艺术杰作，但是他们的社会地位较低，生活可能较为艰辛，并且保存下来姓名者寥寥无几，一般都湮没无闻。

第一节　敦煌画匠

敦煌石窟壁画及绢画、纸本画等绘画艺术主要是由画匠绘制的。虽然保存至今的敦煌绘画品数量巨多，但是关于画匠本身的记载却非常少。敦煌文书、壁画和绢画等绘画品题记中对画匠的记载主要集中在称谓、技术级别、绘画活动及社会生活等方面。

一、敦煌画匠的称谓

敦煌古代画匠的称谓非常多，如画匠、画人、画师、良工、巧匠、丹青、丹笔、匠伯、丹青上士、知画手、绘画手等，不一而足。

画匠与画人、画师。在唐代以后的敦煌文书中，画匠称谓的记载比较多，如敦煌文书 P.2049V 载："油壹胜半，僧官屈画匠贴顿用。"P.2846 载："麻子壹硕贰斗，压油换油，供画匠用。"从文献记载来看，画人称谓始见于唐代，唐张彦远的《历代名画记》中多次使用画人称谓，如卷一中"论画六法"云："昔谢赫云：'画有六法。一曰气韵生动，二曰骨法用笔，三曰应物象形，四曰随类赋彩，五曰经营位置，六曰传模移写。自古画人，罕能兼之。'"敦煌文书中也有画人称谓，如 P.2838 载："粟陆斗、油壹胜、麦贰斗，看画人用。"实质上，画匠与画人、画师的称谓都是对敦煌古代画匠的普通称呼，P.2032V 载："粟伍斗，于画人边卖（买）录用。粟两石，于索像友边卖（买）录用。""粟叁硕，索像友铜录价用。粟伍斗，于画师买录用。"显然，前后的两笔账有对应关系，都是向索像友和绘画者买铜绿，而前者将绘画者称为"画人"，后者称为"画师"，可见"画人""画师"同义。向画人、画师买录也可以称为向画匠买铜绿，如 P.3763V 云："粟二斗，于画匠安铁子所卖（买）铜录用。"这说明，起码在敦煌文书中，"画匠""画人""画师"是对绘画者的不同称呼，与绘画者的身份地位没有必然的关系。

良工和巧匠。这是对包括画匠、塑匠在内的各类工匠的通用称谓，泛指技艺高超的工匠。莫高窟第 192 窟题记有云："贸召良工，竖兹少福，乃于莫高岩窟龛内塑阿弥陀佛像一铺七事；于北壁上画药师变相一铺，又画天请问经变一铺；又于南壁上画西方阿弥陀变相一铺，又画弥勒佛变相一铺；又于西壁上内龛两侧画文殊、普贤各一躯并侍从；又于东壁上门两侧画不空羂索、如意圣轮各一躯；又于天窗画四方佛并千佛一千二百九十六躯；又于门外造檐一间。"此处的良工就包括画匠、塑匠和木匠。

丹青和丹笔。"丹青"一词既可以是名词，也可以是动词，作名词时，其含义广泛，可以指丹砂和青膗矿物颜料、红色和青色、画像、图画等，当然还可以指绘画者，如 P.3718《张明德邈真赞》载："工召丹青，图形绵帐。"丹青也称为丹笔，S.0289《李存惠赞》载："丹笔遂请丹笔，辄绘容仪。"

匠伯与丹青上士。P.3718《张良真邈真赞》载："乃召匠伯，绘影生前。"P.3718《阎子悦邈真赞》载："乃召匠伯，预写生前。"P.2641V 载："遂请丹青上士、僧氏门人，绘十地之圣贤，采三身之相好。"匠伯是指声名显赫、绘画水平较高的工匠，指画匠时也是如此。丹青上士也是指画匠中的佼佼者，之所以称为"士"，与古代的"画士"称谓有关。

敦煌地区画工的"待诏"称谓在石窟题记中有明确记载，如榆林窟第 12 窟元至正二十七年（1367 年）题记云："临洮府后学待诏刘世福到此画佛殿一所记耳。"待诏刘世福的身份就是画工。又，敦煌莫高窟保存下来的元至正十一年（1351 年）八月所立的《重修皇庆寺记》之碑阴刻有参与这次重修皇庆寺的施主和工匠，其中就有待诏李世荣和李世禄，且李世荣还绘制了莫高窟保存下来的元顺帝至正八年（1348 年）所立《莫高窟六字真言碣》中央的四臂观音像，李世荣的身份应该就是沙州路渠司上役的画工。[①] 在《重修皇庆寺记》之碑阴第 15 至 16 行刻有："沙州路渠司提领丁虎哥赤、大使李伯昌、付使太平奴、刘、待诏李世荣、李世禄，圣应

---

① 薛艳丽：《〈莫高窟六字真言碣〉中四臂观音像作者试考》，载《敦煌学辑刊》，2016 年第 3 期，第 135—140 页。

奴务提领寒食狗、大使胡也先卜花、付使徐福寿、王士良、石匠邓成刻、张拜帖木。"在唐宋时期，宫廷或画院画工称待诏者较为普遍；至元代，由于画院被废，画院画工的待诏称谓不复存在，但是元代民间画工称待诏的现象甚为常见。[①]由此可见，至少在元代，待诏也是对敦煌绘画者的常见称谓。

"画家"称谓在敦煌文书中有记载，敦煌文书 P.2469V 载："……渐清布一疋，李暄布一疋，陈家十二娘布一疋。戌年六月五日已前抄记。悉悉盈将生活贾具分付如后：正月裔郎土蕃将半驮，令狐平平将麦八汉斗，麦半驮与乞里宁。短小靴子一量，靴底一量。又十月内将麦九驮与萨毗郎主下人……付画家麦具分付如后：付樊师六石七斗，付月灯五石。"引文是关于 P.2469V 中一部分支出账目，其中"戌年"的具体年代是 818 年，最后一句"付画家麦具分付如后：付樊师六石七斗，付月灯五石"，记载的是支付麦子给画家作为工价之事，而画家就是指樊师和月灯。[②]画家称谓在今日人人皆知，但是在宋代以前的文献中却凤毛麟角，敦煌文书中关于画家的称谓也仅此一例。

院生和伎术子弟。敦煌文书（P.2032v）"面叁胜、粟叁斗沽酒，看院生画窟门用。"，"信士弟子兼伎术子弟董文员一心供养。"

（Ch.xxxviii.005）这里院生、伎术子弟可能是作为学徒的画工。

敦煌画匠中还有低级官吏画匠，被称为绘画手、知画手等。莫高窟第 129 窟主室南壁五代供养人列西向第十身题记云："窟主男节度押衙知左右厢绘画手银青光禄大夫检校国……兼监察御史上柱国安存立一心供养"。同列第十二身题记又云："子耸衙前正兵使兼绘画手银青光禄大夫检校太子宾客试殿中监张弘恩永充一心供养。"莫高窟第 322 窟西壁龛下南侧供养人列北向第五身题记云："社人节度押衙知画匠录事潘□□……"这位潘姓画匠名已失存。榆林窟宋代第 35 窟东壁南侧供养人第三身题记云："施主沙州工匠都勾当画院使归义军节度押衙银青光禄大夫检校太子宾客竺保一心供养"；第四身题记云："节度押衙知画手银青光禄大夫检校太子宾客武保琳一心供养"。这些官吏画匠与官府关系密切，应属归义军画院的画工。[③]虽然其有节度押衙之衔，但又可以称为画匠、绘画手、知画手等，说明绘画手、知画手与画匠的称谓一样，并没有多少敬称的意味。

二、画匠的技术级别和社会地位

石窟营造过程中，画匠主要负责整个洞窟内壁画的制作。

敦煌古代各个行业的工匠，按其技术

① 薛艳丽：《中国古代画工的"待诏"称谓论略》，载《艺术探索》，2013 年第 1 期，第 14—15 页。
② 王祥伟：《法藏敦煌文书 P.2469V 释录研究》，载《敦煌研究》，2015 年第 1 期，第 44 页。
③ 韩刚：《敦煌曹氏归义军宫廷绘画机构与官职考略》，载《美术大观》，2021 年第 7 期。

可分为都料、博士、师、匠、生等级别。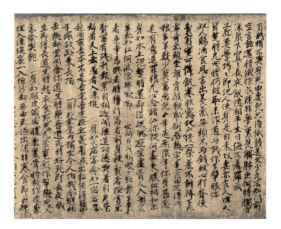

画匠行业中技术级别也分为都料、博士、师、匠、生等，在这些技术级别中，都料技术级别最高，是画匠中的设计者，是洞窟壁画的总设计师

有的画匠应是有匠籍的，人身自由也会受到限制，生活在社会的最底层。敦煌文书 P.3211《王梵志诗》（图 10-1）记载："工匠莫学巧，巧即他人使。身是自来奴，妻亦官人婢。"[2]由此可见，匠人的身份是很卑微的，画匠与其他工匠的身份并无不同。

敦煌画匠既有专职的又有兼职的。专职的画匠是受官府或寺院控制的，他们所从事的绘画劳动，就是一种"常役"。兼职的画匠多属于平民身份，据敦煌文书记载，平民画匠也会为官府或寺院有偿役使。在为官府和寺院进行绘画时，无论技术级别高与低，也不论是专职画匠还是兼职画匠，其绘画内容往往会受到很大制约而不能完全自由选择。

画匠在为官府和寺院进行绘画活动时，官府或寺院会给这些画匠提供饮食或一定的报酬，如 P.2641 载："抽金扇画匠叁人，早上馎饦，午时各胡饼两枚，供两日，食断。"此条记载画匠的早饭是馎饦，午餐是胡饼两枚。当然，这也不是说画匠每天的饮食都是如此，饮食情况往往是有变化的。一般画匠的社会地位比较低，经

图 10-1　P.3211《王梵志诗》　晚唐

济生活较为拮据，但是也有个别的画匠经济富裕，如敦煌文书 S.3929 记载："厥有节度押衙知画行都料董保德等，廉和作志，温雅为怀，守君子之清风，蕴淑人之励节；故传丹青巧妙，粉墨希奇，手迹及于僧瑶，笔势邻于曹氏。画蝇如活，佛铺妙越前贤；邈影如生，圣会雅超于后哲。而又经文粗晓，礼乐兼精，实佐代之良工，乃明持之膺世。时遇曹王累代，道俗兴平，营善事而无傍，增福因而不绝。或奉上命驱荣，或承信士招携，每广受于缠盘，亦厚沾于赏赐。衣资给足，粮食供余。先思仰报，报于君恩，仍酬答于施然，以轻酬于信施。修当来之胜福。先于当府子城内北街西横巷东口弊居，联璧形胜之地，创造蓝若一所，刹心四廊图塑诸妙佛铺；结脊四角，垂拽铁索鸣铃，宛然具足。又于此岩，共诸施主权修窟五龛，彩绘一一妙毕。"董保德是曹氏归义军时期的节度押衙知画行都料，画艺高超，收入较丰，衣食无忧，并

① 马德：《敦煌古代工匠研究》，北京：文物出版社，2018 年，第 26 页。
② 项楚：《王梵志诗校注》，载《敦煌吐鲁番文献研究》第四辑，北京：北京大学出版社，1987 年，第 259 页。

且乐于佛事，修建兰若和窟龛。像董保德之类的官吏画匠，其经济状况总体上要优于民间的普通画匠。

三、敦煌壁画中的画匠

虽然敦煌壁画的数量居多，但是那些创造壁画艺术的画工姓名被保存下来的寥若晨星，绝大多数画工被湮没无闻。所幸的是，在敦煌壁画的题记里记录了一些画匠的姓名，此外，在部分壁画中还描绘了画匠的形象。

首先，敦煌壁画题记记载有个别的画匠姓名，除了前面所说的安存立、张弘恩、竺保、武保琳外，还有如下记载：

莫高窟第444窟窟檐外北壁宋太平兴国三年（978年）墨书题记："太平兴国三年戊寅岁正月初三日和尚画窟三人壹汜定全"；榆林窟第20窟宋雍熙五年（988年）题记："雍熙伍年岁次戊子三月十五日沙州押衙令狐信延下手画副监使窟，至五月卅日□具画此窟周□，愿君王万岁，世界清平，田莹善熟，家□□□□孙莫绝，值主窟岩长大愿，莫断善心，坐处雍护，行□通达，莫遇灾难，见其窟岩也"；榆林窟第32窟南壁东下角第四身供养人像题记："画匠弟子李园心一心供养"；榆林窟五代第33窟东壁甬道口北侧供养人像自南至北第八身题记："清信弟子节度押衙□左厢都画匠作银青光禄大夫白般一心供养"；莫高窟第303窟中心塔柱东向面上层中央供养人题名云："僧是大喜故书壹字画师平咄子"；榆林窟第19窟甬道南壁

西夏仁宗乾祐二十四年（1193年）所刻题记："乾佑廿四年□□日画师甘州住户高崇德小名那征到此画秘密堂记之"；莫高窟第3窟西壁帐门北侧观音像左下墨书落款为"甘州史小玉笔"；莫高窟第444窟主室西壁龛内北前柱上墨书题记："至正十七年正月十四日甘州桥楼上史小玉烧香到此"；又西壁龛内北后柱上墨书题记云："至正十七年正月六日来此记耳 史小玉到此"；榆林窟第12窟至正二十七年（1367年）题记："临洮府后学待诏刘世福到此画佛殿一所记耳。至正廿七年五月初一日计"。刘世福的题记还见于榆林窟第13、15窟。

其次，敦煌壁画中保存下来了极少数画匠作画的场面，可以从图像中窥见他们劳作的场面。

图10-2　莫高窟第296窟建塔与画壁图　北周

图 10-3　莫高窟第 72 窟南壁临摹佛像图　五代

　　莫高窟第 296 窟窟顶绘有一幅画匠作画的壁画，被称为建塔与画壁图（图 10-2），这幅画很清楚地再现了当时画匠们的作画场景。画面中的下半部分有一个歇山顶式的建筑，在建筑的正面有一年轻的画匠身穿黑袍，赤脚，脸颊似有妆容，右手持毛笔，左手持颜料盘，专注地在墙上作画。在建筑的背面有一稍年长画匠，身穿黄袍，赤脚，脸部有胡须，右手拖颜料盘，左手持毛笔在墙上作画。从穿着来看，两位画匠的技术级别应该相同。右下角有一穿短袍的少年，手提一个罐子，这个应该是正在调配颜料的画匠。画面中还有其他的工匠正在劳作，皆为半裸上身，身穿短裤，赤脚。与穿着整洁的画匠不同，其他工匠则半裸上身，挥汗如雨。显然，穿着

整洁的画匠可能从事的是脑力与体力劳动并行的工作，要比裸半身赤脚的其他工匠的工作更为轻松。这幅壁画表现的是福田经变其中的一个画面——"立佛图，画堂阁"，同时又直接地再现了北周时期敦煌画匠绘制壁画的生动场景。

　　莫高窟第 72 窟南壁有一幅临摹佛像图（图 10-3），整幅画属于刘萨诃因缘变相图的一个画面。在泥塑佛像的右侧，有一画框，画框由画架支撑，画框基本与塑像大小等同，画板上有正在临摹的佛像，佛像轮廓比塑像要小。临摹的佛像已基本完形，佛的螺发已有赋色，但是尚有许多细节的塑造和赋色没有处理完毕。在画架的两端有两位画匠手扶画架，以确保画架的安全性，画板前端有一位半裸上身的画

匠正在专心调色。这幅壁画生动地再现了敦煌古代画匠们正在作画的场景，也展示了他们作画时的风采，为我们了解画匠们的艺术活动和劳作场景提供了珍贵的图像资料。

四、敦煌壁画的绘制程序和颜料

敦煌壁画的绘制程序是非常复杂的，每一个制作过程都需要紧密地衔接，严谨地操作。

在石窟开凿完成后，洞窟的绘画设计就要开始，在画壁画前第一要务就是"壁画地仗"的制作。壁画地仗的制作是一种技艺活儿，首先，在洞窟墙壁上先抹上一层粗草泥，这种粗草泥是用黏土、麦秸秆搅拌而成的，可以牢牢地固定在洞窟墙壁上。其次，待粗草泥晾干后，再在粗草泥上抹一层细草泥，可能需要稍微厚一些，防止以后壁画泛碱脱落。再次，需要在墙壁上面抹一层夹麻泥，这一工序至关重要，可以防止地仗层崩裂或者剥落。最后，在做好的地仗层刷一层加胶的白粉。经过复杂的工序后，绘制壁画的地仗层便形成了。敦煌壁画早期的地仗层相对简单，可能只需要抹两层即成，地仗层很薄，中晚期以后由于用料种类增多，地仗层也慢慢发展到三四层之多。

第二要务是进行壁画绘制，也是画匠承担的主要任务。绘制壁画的第一道工序是对整个窟内各壁所要绘画内容和题材的总体设计规划。虽然画匠是绘制活动的执行者，但是洞窟里的壁画内容却不完全由画匠决定，画匠主要按照功德主的要求去绘制壁画，当然在细节表现方面也可能会按照自己的想法去处理画面。首先是安排一幅画的结构布局，也就是所谓的"经营位置"，确定好画面的总框架以后，便可以在墙壁上画出"起稿线"了。起稿时，有时用事先备好的粉本或画稿，有时是画工们按照自己的实践经验直接起稿，这需要技艺很高的画匠才能完成。由技术级别较高的画匠完成起稿后，其他画匠完成辅助工作。其次是在画匠完成起稿线之后，在各相应的位置标好"色标"，徒弟们根据师傅的颜色标号去填充颜色。在敦煌第421窟西龛内南侧壁画中能看到带有色标的文字题记，如"青、紫、朱"等。有时会把各种颜色简写为统一的代号，如最为常见的"朱砂"用"朱"代替，"红"用"工"代替。最后是勾线，即沿着图像的最外边缘以色度较深的线条进行勾勒，使画面更加突出，图像轮廓更加清晰。勾线需要一定的功底，一般画匠如果技艺不是很好，效果可能会适得其反。技艺高超的画匠会将线勾得既严谨又活泼，笔锋之间起转和谐，线条洒脱有力，如行云流水般流畅，将不同物体的不同质感表现得淋漓尽致，所以"勾线"又被称为"定型线"和"提神线"。

敦煌古代画匠绘制壁画时所用的颜料有很多种，既有植物性颜料，又有矿物性的颜料，也会使用金银等，其中以矿物质颜料为主，主要有铅丹、铁红、孔雀石、蓝铜矿、铅白、墨、青金石、赭石、白垩、石绿、金粉等。在敦煌文书中记载有颜料销售和进口等相关信息，颜料贸易非常红火，有专门从事颜料生意的商人，也有从事颜料生意的画匠，他们有的是敦煌本地人，有的是粟特人，有的是汉人，身份不同，地域不同。这些颜料有的来源于敦煌本地，如画匠们就地取材用的朱砂、炭、白灰、赭石等。有的颜料来源于内地，如金粉、金箔等，隋唐时期的壁画和彩塑，用了很多的金粉和金箔，整个洞窟色调光彩夺目、金碧辉煌、富丽堂皇。还有的颜料来源于西域，如青金石，由于它本身不但是一种非常漂亮的蓝色颜料，而且还不容易变色，因此敦煌壁画中大量使用青金石，几乎每一个时期都有使用，当时使用的青金石应该是来源于中亚的阿富汗或者是更远的印度或者波斯等地。敦煌壁画中使用的红色颜料主要有铅丹和朱砂等，由于气候、环境、位置等原因，铅丹和朱砂的变色较为严重，有的甚至变为棕色或黑色。现在看到敦煌壁画中变黑的地方，有些就是因当时使用了这两种颜色的原因。敦煌壁画中外来颜料的使用与敦煌文书中关于颜料交易的记载，也为我们了解中西文化贸易交流提供了重要的信息。

第二节 敦煌塑匠

塑匠是从事雕塑行业的工匠，也是从事敦煌石窟艺术的主要创作者。莫高窟的塑像为赋彩泥塑，塑匠们可能主要承担泥塑的工序，而彩绘工作既可能是由画匠完成，也可能由油匠或塑匠完成。

一、塑匠的技术级别和社会生活

塑匠的身份在古代也属于匠人之列，他们的技术级别都有明确的规定，社会地位不是很高。敦煌古代塑匠行业中的技术级别有都料、博士、师、匠、生等。都料为技术级别最高者，也有"师"的称谓。

塑匠在劳作过程中，主人也要提供食用，S.5039+S.4899《丁丑至戊寅年（977–978年）报恩寺诸色斛斗破历》载："粟壹斗，付塑匠赵僧子……又粟贰斗，沽酒塑匠及木匠早午吃用。"P.4697记载："二月三日，酒伍升，塑匠吃用……又酒伍升，塑匠来吃用。"这里塑匠为寺院劳作而获得寺院提供的酒等食物。S.2474记载："六日供城东园造作画匠五人、塑匠三人，逐日早上各面一升，午时各胡饼两枚，至八日午时料断，中间三日，内一日塑匠三人全断，计给面四斗二升。"这里塑匠和画匠每日的供食情况是相同的。

有时，塑匠也可以获得一定的工价收入，P.3490V（1）《辛巳年（921年）净土寺油破历》记载："油贰胜，寒食付塑匠张建宗用。油贰升，于寒食付康博士、郭博士用。油半胜，五月五日与郭博士用……油伍胜，王六子锔镥釜镀手功及炭铁贾用。油伍胜，与塑匠令狐博士塑壁手功用。油贰胜，与王孝顺造金刚脑钉手功用。"这里的博士、都料、先生均是工匠

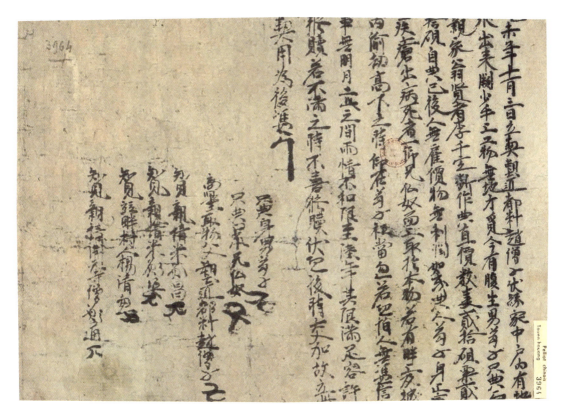

图 10-4　P.3964《乙未年塑匠都料赵僧子典儿契》　唐清泰二年（935 年）

的技术级别，而且这里的油塑匠等工匠获得的报酬，相当于工价。但是，在为寺院劳作时，有时塑匠的劳作是无报酬的，这应该与塑匠的佛教信仰有一定关系，因为敦煌的塑匠也不乏佛教信徒，如塑匠马报达于辛未年六月一日在伊州作客时抄写了佛经《佛说如来相好经》《天请问经》。

塑匠作为工匠的一种，其生活状况一般也是比较清苦的。敦煌文书 P.3964《乙未年塑匠都料赵僧子典儿契》（图 10-4）记载，作为塑匠都料的赵僧子，虽然是一名级别很高的塑匠，但是妻子早逝，工作繁忙，生活贫困，无力抚养年幼的儿子，无奈只能将年幼的儿子质典于亲家翁抚养。既然连塑匠都料这种高级别的工匠都

活在社会的最底层，即使努力工作也不足以过上富足的生活，更不要说那些技术级别低的塑匠了。

二、敦煌壁画中的塑匠

敦煌壁画中保存有塑匠修塑大佛的图像，这为我们了解敦煌古代塑匠的劳动生活提供了鲜活的图像资料，生动地展现了塑匠从事艺术创作的画面。

莫高窟第 72 窟南壁的修塑佛像图（图 10-5）就是代表性的一幅图像。在整幅图像中央有一佛立于莲花之上，莲花之上也有一个佛头，立佛面相庄严，身着袒露右肩袈裟，右手自然下垂，左手握衣襟放于胸前。与图中正在修塑佛像的工匠相比，这身佛像很高，在佛像前搭了三层架子，

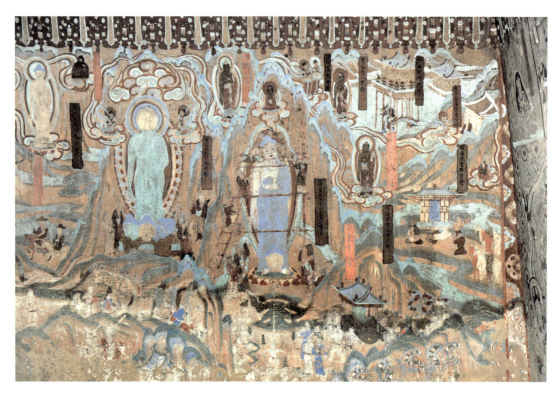

图 10-5 莫高窟第 72 窟南壁修塑佛像图 五代

在佛像的左侧有一个梯子，在梯子和架子上共有八位塑匠，身份有僧人有俗人，其中架子最上端的五位塑匠正在安置佛头。地面上，佛像左侧有一位僧人和一位身着官服的人，似在商量着指挥安置佛头的活动，佛像右侧有三个人，一僧人和身着官服的两人正作双手合十状，似在举行某种安装佛头的仪式或者在举行某种佛教仪式。壁画中的塑匠生动地展现了古代敦煌塑匠的工作场景，但整个画面所要表达的中心并非塑匠的艺术活动，而是表现刘萨诃瑞像故事。整幅图像中立佛样式是凉州瑞像固定的造像模式，在立佛的脚端有一佛头，在图像的右下角有一群人抬了一顶

轿子，轿子里是一个佛头。在整个画面中，佛头出现了三次，共存于一个画面，其实表达了三个跨时空的刘萨诃瑞像连环画故事（图 10-5）。刘萨诃是东晋时一代名僧，有一天他和弟子来到凉州说："这里深谷高崖，苍松翠柏，烟雾缭绕，景象非凡，并有奇彩祥光，且土地纯洁，将来会有绝好的佛陀宝像出现。如果佛像缺失，将预示天下大乱，百姓遭殃；如果佛像四肢健全，首尾完好，将预示世道太平，黎民安乐。"[1] 刘萨诃去世八十年后，凉州忽然暴风骤雨，地动山摇，雨后，人们在山崖断壁上发现一尊金光灿灿的大佛像，奇怪的是，佛像四肢健全却无佛头。当地民众集资募捐找

① 沙武田：《敦煌壁画故事与历史传说》，甘肃：甘肃人民出版社，2009 年，第 196 页。

来塑匠，为佛像两身塑了一个佛头，可是佛头怎么都放不到佛身上，塑匠们绞尽脑汁却无计可施。原来，北魏时政治腐败、民不聊生，佛头安放不上正中了刘萨诃的预言，画面中立佛脚下的佛头应该就是表现的这一故事情节。大约过了三十年，在肃州七里涧谷中灵光乍现，民众发现一颗硕大的佛头，民众想起千里之外的凉州有一尊无首佛像，于是把佛头安放在佛身上，瞬间佛乐奏响，佛首佛身无缝衔接，此时政治清明，天下太平，又应了刘萨诃的预言。画面右下角众人抬着轿子中的佛头前往凉州安置，表现的就是这一故事情节。由此可知，塑匠在从事艺术创作时会综合考虑画面排列布局，既满足了雇主的要求，又将自己的生活点滴入画，这反映了他们高超的艺术创作能力。

第三节　敦煌打窟人

打窟人就是在崖壁上镌岩凿窟之工匠。[1]打窟人队伍比较庞大，担任着开窟的基本任务，即干一些整修崖面和开凿岩洞的活儿，可能和石匠的行当非常相近，他们是敦煌工匠队伍的一部分。

唐宋时期的敦煌工匠队伍已经有了很明确的社会分工，手工业加工技术已经非常发达，也许打窟人和石匠之间就存在着明确的分工。在莫高窟第370窟供养人题记中还发现有"押衙、知打窟都计料"的文献记载。都计料属于工匠的技术级别，应该和其他工匠的都料级别相似，专门负责一项工程的施工设计并组织指挥施工，而开窟凿崖是洞窟的基本工作，也是一项重要的大型工程。在石匠这一行业中，我们没有看到"都料"的相关记载，很可能在石匠中是不列这一技术级别的。而且，文献中也没有发现石匠参与莫高窟开窟营造活动的记载，但也不能因此排除石匠参与开凿石窟的可能性。也许从实际操作的层面来看，打窟人可能就属于石匠这一行列。

一个洞窟从始建到完成，一般需要经过很多的程序，而打窟人所担任的任务就是开窟的前期工作，即修整崖面和凿窟。敦煌文书P.3405《金山国佛事文范》中的营窟稿（图10-6）就叙述了石窟营造的具体过程，其中有"选上胜之幽岩，募良工而镌凿"的记载，说的就是请打窟人开凿石窟。打窟人所干的这一行当，在敦煌其他文书中也有记载。比如P.3608《大唐陇西李氏莫高窟修功德记》抄本（图10-7）记载："遂千金贸工，百堵兴役，奋锤聋礊，揭石耛山"。P.3720《张淮深造窟功德碑》残卷（图10-8）记载："攒铁锤以和石，架钢錾以傍通。"从这些文献记载里，我们能看到打窟人挥锤凿石开窟，挥汗如雨的场面。整修崖面与凿窟是开窟最基本的工作，需要耗费很长的时间，具体

---

① 马德：《敦煌古代工匠研究》，北京：文物出版社，2018年，第143页。

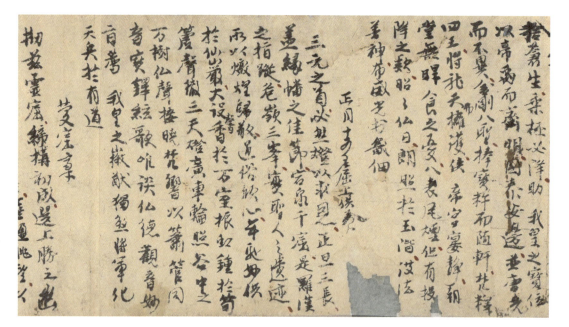

图 10-6　P.3405《金山国佛事文范》中的营窟稿　10 世纪初

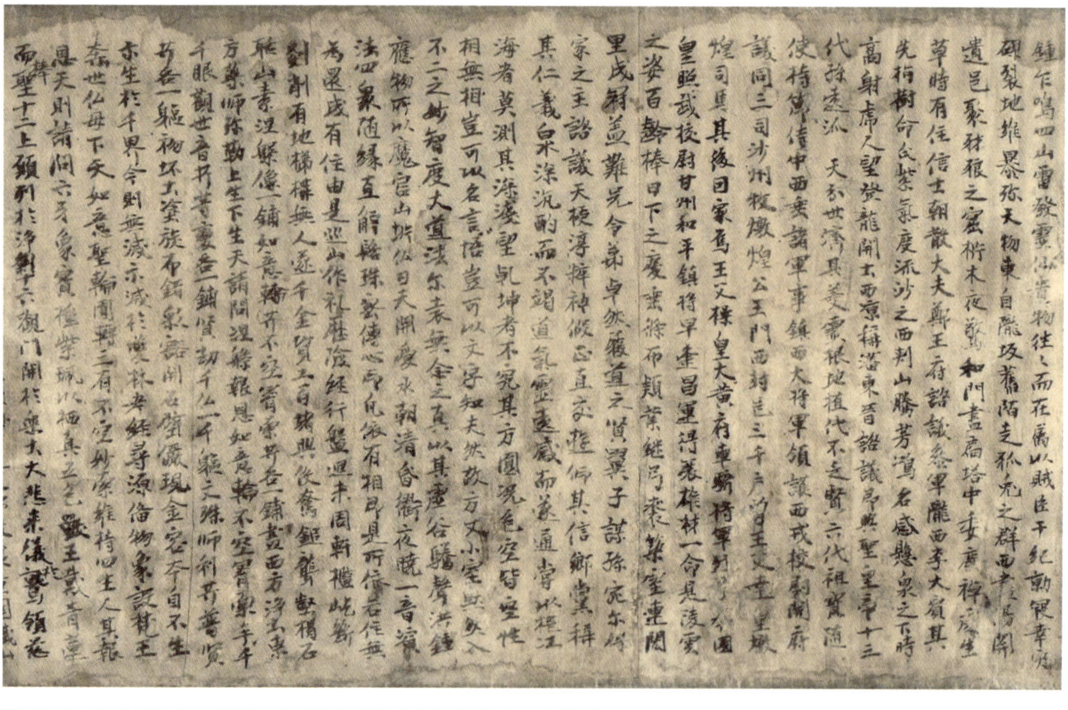

图 10-7　P.3608《大唐陇西李氏莫高窟修功德记》抄本　9世纪

的时间与质量的要求，洞窟本身是反映不出来的。但是，我们可以通过文献中保存下来的一些零星的记载，去了解当时打窟人凿窟的时间与劳作的辛苦。开窟的时间长短主要取决于洞窟规模的大小，窟主的财力等方面。比如说，大家都很熟悉的莫高窟第 130 窟南大像，动工于唐代开元九年（721 年），而开元十三年（725 年）的

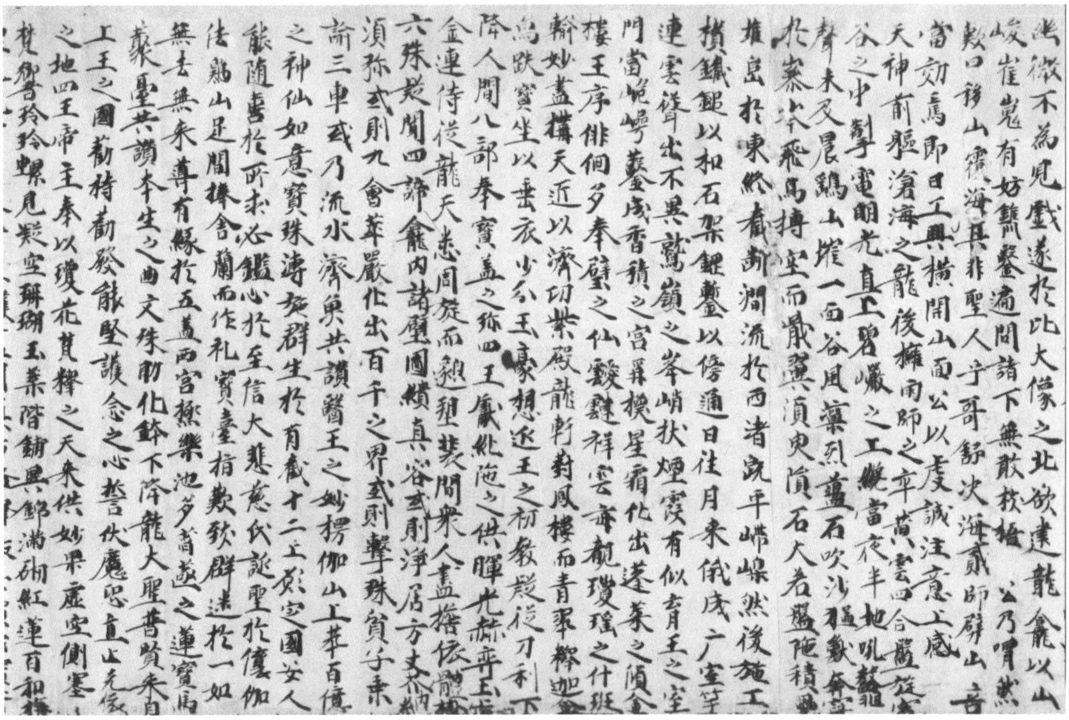

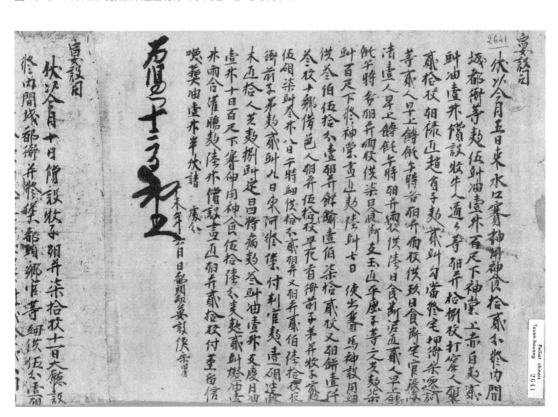

图 10-8　P.3720《张淮深造窟功德碑》残卷　抄写时代不详

图 10-9　P.2641《宴设司呈设宴账目》　丁未年（947 年）

发愿文已经被裹在窟内崖体与泥皮地仗的夹缝中，证明当时已经开凿完毕，也就是说，第130窟只用了四年时间就完成了整个洞窟的开凿。在开窟的过程中，打窟人的主要任务是在莫高窟崖壁上凿岩镌窟，需要付出繁重的劳力，即使如此，与其他工匠相比，也没有更多的报酬或者食物，可见其社会地位与待遇也不是很高，只能勉强维持生活需求。如敦煌文书 P.2641（图10-9）记载："打窟人胡饼贰拾枚……设打窟人细供拾伍分、贰胡饼。"画匠的生活待遇也是"午时各胡饼两枚"，可见，打窟人即使作为体力劳动者，与画匠的吃食待遇相比，定量基本一致，待遇几乎相似，他们都是处于社会最底层的劳动者。

本章共分为三节，分别就敦煌古代艺术工匠中的画匠、塑匠、打窟人做了介绍和分析。敦煌文书、壁画和绢画等都有关于画匠的文献记载与图像留存，敦煌古代既有专职艺术工匠，还有兼职艺术工匠，其绘画内容受到很大制约。敦煌古代画匠的称谓较多，有画匠、画人、画师、良工、巧匠、丹青、丹笔、匠伯、丹青上士、知画手、绘画手等，画匠行业中的技术级别有都料、博士、师、匠、生等清晰的划分。敦煌古代塑匠行业中的技术级别与画匠类似，都料技术级别最高。敦煌壁画中保存有画匠和塑匠从事艺术创作的画面，为了解敦煌古代艺术工匠提供了珍贵的图像资料。打窟人所承担的任务是修整崖面和凿窟，严格来讲并不属于艺术工匠，但却是讨论敦煌古代艺术工匠必须提及的一部分。

【思考解答】

敦煌古代工匠的职业类别主要有哪些？

【拓展阅读】

1. 姜伯勤：《论敦煌的士人画家作品及画体与画样》，载《学术研究》，1996 年第 5 期。

2. 王进玉：《敦煌石窟艺术应用颜料的产地之谜》，载《敦煌研究》，2003 年第 3 期。

3. 马德：《敦煌画匠称谓及其意义》，载《敦煌研究》，2009 年第 1 期。

4. 马德：《敦煌古代工匠研究》，北京：文物出版社，2018 年。

第十一章　藏经洞艺术品

【导读】本章主要以敦煌藏经洞出土的艺术品为主要内容。藏经洞的发现，被誉为"近代中国学术史上四大发现"之一。藏经洞出土了大量4至11世纪的文书和艺术品，其中艺术品种类很多，有绢画、版画、纸画、麻布画、剪纸、刺绣、染织、画幡、画稿、插图、木雕、写经、藏书印等，每一类艺术品都是敦煌艺术的重要组成部分。

概　述

敦煌藏经洞出土的艺术品历史悠久，内容丰富，品质精美，不仅是我们了解中国美术史的艺术品，也是研究中国古代社会生活、宗教信仰、风土民情等方面的珍贵资料，反映了当时敦煌佛教的社会化与佛教信仰形式的多样化。除了写经外，藏经洞艺术品中数量比较大的是绘画作品，如绢画、麻布画、纸本画、版画等，特别是绢画、麻布画和纸本画的数量很多，各有数百幅，据估计，散藏于海内外的敦煌绘画品共有1700余件。[①]这些绘画品的题材丰富，艺术成就很高。不幸的是，这些绘画品现大多散藏于英国、法国、印度、俄罗斯等地，少量为中国国内所藏。这些艺术品在题材、艺术特点等方面与敦煌石窟艺术一脉相承。

第一节　藏经洞绢画、麻布画

绢画和麻布画分别是指以丝绢和麻布为材质的绘画作品。藏经洞出土的绘画品中数量最多的是绢画和麻布画，共计约七八百幅以上，其中绢画远多于麻布画。藏经洞的绢画和麻布画目前主要保存在国外，其中斯坦因劫取的绢画和麻布画现收藏于英国大英博物馆和印度新德里国家博物馆；伯希和劫取的绢画和麻布画现收藏于法国吉美亚洲艺术博物馆；奥登堡劫取的绢画和麻布画现收藏于俄罗斯艾尔米塔什博物馆。此外，美国、日本等国也藏有敦煌的绢画和麻布画。国内如中国国家博物馆、敦煌研究院、甘肃省博物馆、四川

---

① 袁婷：《敦煌藏经洞出土绘画品研究史》，兰州：甘肃教育出版社，2016年。

博物院等单位也收藏有少量的敦煌绢画和麻布画。这些绢画和麻布画是 7 至 10 世纪的遗物，保存情况较好，色彩鲜艳如初，具有很高的艺术价值。藏经洞绢画和麻布画的面积不同，大的约有几平方米，小的只有几平方厘米。绘画内容与题材十分丰富，与石窟艺术相互呼应，有尊像画、佛传故事画、佛教史迹画、经变画、功德画、邈真像和说法图等。尊像画中的佛像有释迦牟尼佛、弥勒佛、阿弥陀佛等，菩萨像数量众多，尤其以观音像为多，有千手千眼观音、如意轮观音、不空羂索观音、水月观音、马头观音、十一面观音等。另外，还有行脚僧图、高僧像、地藏十王像等。无论是题材上还是风格上，藏经洞绢画和麻布画都与敦煌壁画艺术联系非常密切。

藏经洞的绢画和麻布画的主要功能之一是用来供养。在这些绘画品中，画幅较大的绢画和麻布画是可以悬挂于壁面的，画幅较小者可以随身携带以便供养。悬挂于壁面的绢画较多，主要用于特定的地点和场合，如寺院和家里等。大部分尊像画主要陈列于寺院，做法会时悬挂于道场中，以供来者瞻仰或供养。也有部分绢画和麻布画是用于家族供养的，这种形式的绘画布局较为特殊，各时期皆具有一定的相似性，如画面的上半部绘经变画或尊像画，下部绘供养人像并书写发愿文。

藏经洞绢画和麻布画的数量巨多，内容丰富，不便一一细说，这里仅选取其中几件进行介绍。

在藏经洞绢画、麻布画中，引路菩萨像的数量较多，画面表现的是菩萨引导着亡者前往西方净土世界。

在多幅引路菩萨像中，现藏于英国大英博物馆，编号为 ch.lvii.002 的设色绢画甚为著名（图 11-1）。该幅作品高 80.5 厘米，宽 53.8 厘米。画像为竖式构图，人物造型写实，赋色明丽浓艳，属于工笔重彩一系，整体风格与唐代张萱的《簪花仕女图》颇为相似。在画面的右上角写有榜题"引路菩"，证明了此幅绢画的功能。画面的左上角有一片堆积在一起发光的祥云，祥云之中隐隐若现华美的亭台楼阁，代表着西方净土佛国世界。画面中间的引路菩萨占据了画幅的一半，身穿彩衣，赤足立于云端

图 11-1 藏经洞绢画 《引路菩萨》 唐代（9 世纪末）

的莲花之上。菩萨头有双层头光，里面的一层头光赋金色，外层头光为鲜红色，头光的顶部外侧用夸张的火焰纹进行装饰，拉长了菩萨的身高，红金颜色的搭配使用为菩萨的尊贵身份烘托了神秘感。菩萨挽高发髻，头戴宝珠和璎珞装饰的宝冠，面部表情慈祥，柳叶眉，八字蝌蚪胡，耳饰耳铛，项戴璎珞，上身半裸，披着红边装饰的绿色披肩，下身着黄色的长裙，裙带间有彩绘纹饰装饰，仙衣飘飘，雍容华贵，绰约委婉，富贵无比。菩萨右手持有袅袅炊烟的香炉以示供养，左手持引路幡，幡的形制与其他绢画中的幡形一致，幡首为三角形，幡身为矩形，在幡身两侧与顶部有长长的飘带。幡是悬挂在幡杆上的，幡杆靠在菩萨的胸前迎风飘扬，引导亡者前往西方净土世界。菩萨的整个身体呈现向前行进的趋势，而头部微向后看去，似乎在留意后面的亡者是否能够跟得上步伐。紧随菩萨身后的是一位贵妇人，缓缓跟随，她面容丰腴，妆容精致，头梳高髻，高髻有金钿钗饰装饰，画着似两滴倒悬水珠的"垂珠眉"，身穿宽袖长裙，肩有披帛，雍容华贵的服饰与妆容正是当时流行的"时世妆"，也代表了亡者的贵族身份。亡者贵妇人面容姣好，丰腴时尚，符合当时以丰腴为美的审美习尚，其服饰、发饰、妆容与《簪花仕女图》中的侍女形象非常相似，这为我们了解盛唐时期的仕女画提供了非常宝贵的图像资料。

虽然引路菩萨像中有的并没有绘亡者像，但在画幅下面会绘制供养人像，如现藏于法国吉美亚洲艺术博物馆，编号为MG.22795、MG.22796的两幅麻布画（图11-2）。这两幅麻布画是竖式长方形构图，类似于屏风样式。从画面的艺术风格判断，这两幅麻布画应该是同一时期同一画工所作，在法会或斋仪活动中对称排列悬挂使用。两幅画中菩萨相对而立，几乎占据画面的全部，在画面的最下部分画的是供养人，各有三男三女，分列供养人题记的左右两侧，根据他们的服饰判断，这两幅帛画当为五代宋时期所绘。两幅麻布画中的观音菩萨侧身相对，赤足立于莲花之上，头戴化佛冠，裸上身，肩有披帛，下身着彩衣长裙，脖颈、胳膊、腰间装饰着许多珠宝、璎珞。左侧菩萨右手持香炉，右侧菩萨左手持说法印，皆手持引路幡，

图11-2 藏经洞麻布画 《菩萨》五代至北宋（10世纪）

幡的形制与前述绢画里的引路幡一致，呈对称排列，迎风飘扬。与英国大英博物馆藏 ch.lvii.002 中引路菩萨像不同的是，这两幅麻布画并没有绘亡者遗像，同时在画幅下面绘有虔诚跪坐的供养人，这一变化说明，两种绘画品中引路菩萨的功能不同，ch.lvii.002 中引路菩萨主要是引导亡者往生净土，而两幅麻布画更多的是为了表达家族供养引路菩萨的虔诚之心。

由于藏经洞帛画或麻布画中不仅会画菩萨等尊像，同时有的也画有供养人像并书写有相关题记，故通常也被叫作功德画，[①]抑或称为邈真赞。藏经洞绢画和麻

图 11-3　藏经洞绢画　《千手千眼观音》　五代

布画中的功德画的构图具有程式化现象，即上部大幅画面绘供养尊像、下部绘供养人，供养人中间是发愿文。这种构图模式在当时的敦煌是非常流行的，也许是有相关的粉本流行，若供养人选中了某类题材，可以直接拓印其粉本，同时在最下方的供养人与发愿文题记处预留好位置再进行绘制即可。当然，也有例外，如在众多的功德画中，有一幅被供养人自己认为是"新样"的绢画（图 11-3），该绢画编号为 MG.17775，目前收藏于法国吉美亚洲艺术博物馆，上有明确纪年："于时天福八年岁次癸卯七月十三日题记"。其发愿文明确说明，此幅绢画是时任"节度押衙知副后槽使银青光禄大夫检校太子宾客"之职的马千进为纪念自己的已故母亲所绘，"是以修诸故事，创此新图"。按照当时流行的功德画形式，在绢画的下部分应该是父母共同供养，即父母被分绘于左右两侧，但该绢画仅在下部左侧绘了马千进的母亲，右侧并未绘其父亲。在这种情况下，当时常见的做法是在马千进母亲的对面绘地藏菩萨或引路菩萨，但马千进并未因循照搬，而是要求画工绘了晚唐著名画家周昉所创的"水月观音"，马千进自己也将其称为"新样"，这也在一定程度上体现出功德主对画工所绘内容具有很大的影响力，画工在绘画时主要按照功德主的旨意去作画，对绘画内容的选择

①　关于功德画的讨论，参见李翎：《佛画与功德——以吉美美术馆藏 17775 号绢画为中心》，载《故宫博物院院刊》，1985 年第 5 期，第 133 页。

性不是很大。这幅功德画为竖式构图，整幅画的内容分为上下两部分，上半部分绘的是千手千眼观世音菩萨，菩萨全跏趺坐于圆形背光中的莲花座上，头戴三角形化佛宝冠，双手合十于胸前，背光中分布着众多手臂或手形图案，并且有珠宝、日轮、月轮等众多法器。在背光的外侧分布排列着菩萨的眷属，背光的上部两侧是四大天王；背光中间两侧是大辩才天女和婆薮仙人；背光下部有供桌，供桌上面是香炉，供桌左侧是碧毒金刚、日藏菩萨、密迹金刚，右侧是火头金刚、月藏菩萨、大神金刚；在背光下部的两侧角落里还绘有象头毗那夜迦和猪头毗那夜迦。画面的下半部分是马千进之母张氏和水月观音像，中间书写有发愿文。水月观音菩萨的背光为一轮明月，明月中有竹林，菩萨半跏趺坐于岩石之上，身穿彩衣，右手持杨柳枝，左脚踏在水池中的莲花之上。马千进母亲张氏的供养像旁榜题云："亡妣三界寺大乘顿悟优〔婆〕姨阿张一心供养。"张氏身穿白衣外套，内着红衣，头梳高髻，在发髻两侧各插两个长长的白色头饰，脸颊妆容有明显的腮红，右手持有长柄冒烟香炉，左手抚弄香炉，谦恭地跪坐于方形床榻之上，以示供养虔诚之心。张氏身后绘有竹林和一手捧包裹的站立侍女，但身材比坐姿的张氏还要小，突出了张氏的高贵身份。张氏的这种服饰、发髻、头饰与

跪坐姿势在当时功德画中十分流行，藏经洞其他绘画品中经常能够看到与之相似的供养人画像。中间的发愿文墨迹清晰，书写方式自左至右，写明了这幅画的出资人、绘制这幅绢画的缘由和对母亲的纪念，既表达了对菩萨的虔诚供养之心，又体现出马千进对先祖的功德之炫耀，具有很浓郁的世俗意味。

藏经洞绢画与麻布画，除部分是残片外，多数十分精美，色彩鲜艳，画幅内容明确，其题材内容与敦煌壁画基本一致，是研究敦煌艺术必须参考的图像资料。目前，除印度新德里国家博物馆之外，其他地方所藏绢画与麻布画基本已公布于众，为我们了解当时敦煌的美术、经济、文化等提供了重要的珍贵实物，大大丰富了中国美术史上绢本画、麻布画的内容。

第二节　藏经洞版画

版画，《中国美术辞典》将其定义为："版画是造型艺术之一。作者在各种不同材料的版面上通过手工制版而成的一种绘画，是可以有限制地复印出多份不影响其艺术价值的原作。"[①]美国著名版画家廖修平认为："版画是用版来当媒介物所制作出的绘画，而不是直接描画、速写等的'间接艺术'，也是'复数艺术'。"[②]王伯敏在《中国版画通史》中认为："版画，

---

① 沈柔坚主编：《中国美术辞典》，上海：上海辞书出版社，1987年，第225页。
② （美）廖修平：《版画艺术》，台北：雄狮图书出版公司，1987年，第6页。

顾名思义,它是一种刻在版上而创造出来的画。"①敦煌藏经洞出土的版画,大多数为宗教类版画,据统计,约有三十多个种类,约二百件,时间跨度从 9 到 10 世纪,经历了晚唐、五代、宋初三个时期,其中又以 10 世纪敦煌当地版画作品居多。主要有捺印千佛、菩萨像、天王像、大随求陀罗尼、用于悬挂的佛说法图和插图本佛经与佛经扉画等等。敦煌版画的画幅不大,方便人们携带、供养,在晚唐五代宋时期曾经一度受到人们的喜爱。②敦煌藏经洞出土的佛教版画,在美术史上扮演着重要的角色,将中国套色版画的历史提前了七八百年。另外,敦煌佛教版画作为印刷品,它适应当时的社会环境、吸引大众的注意,是当时最方便快捷、最简单易行、也最为大众所接受喜闻乐见的一种传播媒介在社会上传播。传播者利用印刷品传播的优势,去传播或信仰佛教,对了解当时的佛教社会生活也提供了珍贵的资料。下面我们选介几例。

《大圣普贤菩萨》(图 11-4)。这幅版画目前收藏于英国国家图书馆,编号 S.P.246(CH00205);纸面宽 13.5 厘米,高 25.1 厘米。普贤菩萨是我国佛教四大菩萨之一,与文殊菩萨同为释迦如来之胁侍。敦煌石窟有历代作为胁侍菩萨的骑象普贤塑像和普贤变壁画,版画之普贤菩萨也是如此。与其他动辄雕刻数十幅版画不

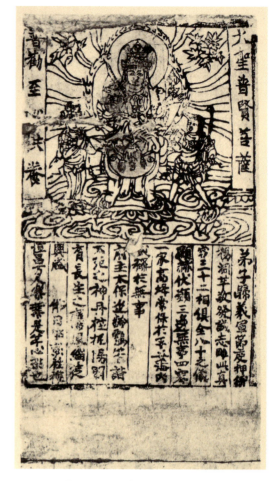

图 11-4　藏经洞版画　《大圣普贤菩萨》　五代至北宋（10 世纪）

同的是,敦煌雕印的普贤版画现在所见的只有这一幅。画面中,普贤菩萨微屈右腿半跏趺坐于莲花座上,莲座下面是大象,大象强健有力,正面面对观者。普贤菩萨右手执戟位于胸前,左手屈臂托三钴杵,头戴宝冠,胸饰璎珞,后有火焰纹头光、背光。背光之外祥光四射,左右有两丛菩提树叶。左下角的供养天女,双手合十,身上披有肩帛,脚踩莲花,虔诚面向菩萨,

① 王伯敏:《中国版画通史》,石家庄:河北美术出版社,2002 年,第 1 页。
② 马德:《敦煌古代工匠研究》,北京:文物出版社,2018 年,第 287 页。

右下角半裸昆仑奴，脚踩祥云，手牵大象，面部表情紧张地看向大象。版画的右侧有榜题："大圣普贤菩萨"，左侧有榜题："普劝志心供养"，菩萨的脚下祥云缭绕。版画下端有归义军节度押衙杨洞芊雕版发愿文11行："弟子归义军节度押衙／杨洞芊敬发诚志雕此真／容三十二相俱全八十之仪／显赫伏愿三边无事四塞／一家高峰常于平安海内／盛称于无事／府主太保延龄鹤算谐／不死之神丹苍推阳关／育长生之鹰凤缁徒／兴盛佛曰昭彰社稷／恒昌万人乐业是芊心愿也。"从发愿文内容可以看出，这幅作品是信徒用来祈福、造功德的手持笺，体现了当时敦煌信众对佛教的虔诚。

《大慈大悲救苦观世音菩萨》（图11-5）。这幅版画收藏法国国家图书馆，编号P.4514.6.(1~4)，与上一幅版画版式设计相同，都是上图下文。版画右侧有榜题"归义军节度使检校太傅曹元忠造"，左侧有榜题"大慈大悲救苦观世音菩萨"。版画下端有发愿文13行："弟子归义军节度瓜／沙等州观察处置管／内营田押蕃落等使／特进检校太傅谯／郡开国侯曹元忠／雕此印板奉为城隍安／泰阗郡康宁东西之道／路开通南北之口渠顺／化厌疾消散刀斗藏／音随喜见闻者俱霑福／祐于时大晋开运四年丁未岁七月十五／日纪匠人雷延美。"这幅版画中的发愿文为我们提供了一个非常重要的消息，大晋开元四年是947年，此时后晋已被后汉取代，可是，敦煌仍

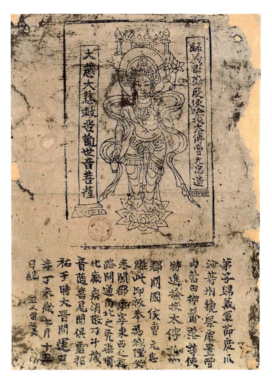

图11-5 藏经洞版画 《大慈大悲救苦观世音菩萨》 五代

然采用的是后晋年号，这反映出敦煌与中原王朝的关系比较敏感，也反映出当时敦煌政权独立。这幅版画是由匠人雷延美做成的，匠人雷延美在曹元忠出资雕刻的另外一幅版画《金刚波若波罗蜜经》中对他的身份有明确的记载："雕板押衙雷延美"。这里的"押衙"是归义军时期具有一定职衔的匠人的一种称号，可见雷延美是一位官府匠人，创造敦煌艺术的匠人千千万万，可是能够留下姓名的极少，雷延美的记载更显得弥足珍贵。画面中的观世音菩萨赤足踏在莲花台上，左脚向前，右腿微屈，站姿悠闲，左手拈花，右手提宝瓶，半裸上身，肩有披帛飘举，身上配有璎珞，头戴宝冠，宝冠上有化佛，后有

头光，并悬有宝盖，形象肃穆而又慈祥。目前保存下来已知的曹元忠出资雕刻的版画共有3幅，除了前面提到的两幅以外，还有后晋开运四年（947年）的《大圣毗沙门天王像》。

敦煌版画是广泛制作和运用于民间的一种佛教宣传品和供奉品，多用于民间和民众个人，当然也运用于官府和官吏们，是一种最容易被大家接受的喜闻乐见的形式。它是敦煌壁画与绢画的代替物，是特定场合下与佛窟造像、壁画和绢画等同样的信仰供奉品。

第三节 藏经洞白画

藏经洞出土的白画属于纸质画的一种。白画的题材内容是十分丰富的，有尊像画、经变画、说法图、佛教故事画、供养人等，还有一种白画是表现和图示佛教内容与意义的，如坛城、曼荼罗。白画并不是单纯的白描稿，也有淡彩着色的。白画的绘画表现形式大多十分草率，仅具其形，只起到一个提示的作用，当然也有少量白画画得极其精美。敦煌白画大多是绘画用的画稿或者底稿，即它的用途主要是用于洞窟壁画、绢画、布画等制作的粉本、小样和壁画底稿。此外，藏经洞出土的白画还有一部分是作为插图画在佛经等经卷文书的背面。藏经洞出土的这些白画，填补了中国绘画史上画稿实物图像资料的空白，其与莫高窟敦煌壁画的关系密切，进一步丰富敦煌艺术的研究，在敦煌佛教艺术中的地位非常重要。下面我们选介几例。

《粟特女神像》（图11-6）。这是一幅淡彩赋色的白画，目前收藏于法国国家图书馆，编号为P.4518（24）。这幅白画的画面中间有二女对面而坐，人物面部、披帛和衣服略施朱红淡彩。左侧女性，头戴桃形冠，插有头饰，有头光，上身穿紧袖服，下身着裙裤，肩有披帛，项饰璎珞、珠宝，坐在须弥座上，左手托杯，右手托盘，盘上有一只站立的小狗，颇为可爱。右侧女性，头戴桃形冠，身穿宽袖袍服，有头光，有四只手，上两手持日月，下两手右持蛇，左持蜘蛛，坐在狗背上。关于这幅白画，学界持有不同的观点，但都有一个共识，就是这幅画应是粟特袄教图像。在袄教美术中，特别崇拜的动物以狗最为流行，同时，又有日月图像崇拜。这幅粟特妇女形象是流行于敦煌一带的粟特神像，应与袄教的"赛袄"等活动

图11-6 藏经洞白画 《粟特女神像》约10至11世纪

图 11-7 藏经洞白画 坛城曼荼罗 唐代（9世纪末）

有关。[1]虽然由其画像特征和悬挂带的存在关系表明，此图像是有特殊性用途的挂像类，但是考虑到此图像为白描稿，又是敦煌地区鲜有保存的祆教图像之一，因此仍可看为一类特殊性画稿。[2]

《坛城曼荼罗》（图 11-7）。这幅坛城曼荼罗，编号为 S.painting172，属于东西南北四方结构，从中心由内向外是内圆外方的结构图式，从远处看，整幅白画线描稿像是凹进去的藻井图案，立体感非常强烈。以莲花为中心向外共有七层圆圈，以花瓣为中心向外密集排列放射状的线条。在最外层圆圈的边缘用垂帘纹样围绕一圈，每一个蔓角都装饰有一个铃铛，最外层圆圈外是八层方形方框，在方框的内四角分别火焰纹的宝珠，形成了护法火焰墙。在方形内外写有"东、西、南、北"四个字，

在第一层方框外侧由一圈的莲花围绕，莲花的样式共两种，交替排列在一起，形成莲花海。在第一层方框的四角排列着四幅菩萨像，赤裸上身，坐于莲花座上。第三、四、五、六层方框紧紧挨着均匀排列在外侧，其中有竖线均匀与这四层方框交叉排列在一起，形成一个个菱形框。在最外两层的方框的中间，正对着"东、西、南、北"四字处有四个像佛龛的装饰纹样，纹样是两头相互对称的神兽，组成了上下左右四大天宫，在每一宫处都有文字，但字迹不是很清楚，不易辨认。在"东、西"两字处对应的佛龛位置处分别排列着相同的两个莲花，莲花之上各有一双佛足。在"南"字对应的佛龛位置处有一个莲花，莲花之上有一双佛手。在"北"字对应的佛龛位置处有一个莲花，莲花之上有一只佛手，佛手左侧似有一尊端坐在莲花之上的供养菩萨。在最外两层的方框内排列有一组组金刚杵，形成金刚杵链，在最外层的方框外有圣树、法器、文字进行装饰。整幅坛城结构紧密结实，就像进不去的金刚罩一样坚固。这幅坛城曼荼罗，文图相配，整幅图用线造型，横线与竖线结合，曲线与直线结合、方形与圆形结合，线与面结合，用各种几何形体形成了一种灿烂热烈、庄严神圣的完美世界。

坛城又被称为曼荼罗，是密教祭祀坛

---

[1] 姜伯勤：《敦煌白画中的粟特神祇》，载《敦煌吐鲁番学研究论文集》，上海：上海汉语大词典出版社，1990年，第296—309页。

[2] 沙武田：《敦煌画稿研究》，北京：民族出版社，2006年，第391页。

场中的供养方式之一，是密教经典造像中常见的图像标识。坛城曼荼罗图像是表达佛教哲学意义的一种造型艺术，它代表的是整个宇宙，圆形代表了无始无终，是自由的，是超越时空的，坛城里的每一种图案都有着不同的代表意义。坛城的绘制有严格的规定，不但坛城绘制图像要按照佛教仪轨《佛说大方广曼殊室利经》去绘制，而且对画师的要求也十分严格，相关的画师必须受相关斋戒，严格遵守相关仪轨要求，并且要十分熟悉密宗各坛城曼荼罗独特复杂而又一丝不苟的结构布局而规范地表现出来。从事此类的画师必须首先受"八戒斋"，因此他们实际上为僧人，具备一定的佛教相关基本知识和修养。总之，在敦煌大量的画工群体中曾经存在着一批独特的画师，即专门绘画密宗坛城曼荼罗者。[1]在藏经洞出土的白画之中，有十余幅坛城曼荼罗白描样稿，还有多幅坛城曼荼罗设计稿本，从这些作品可以看出，坛城曼荼罗在当时的敦煌已经普及，密教坛法在敦煌已经非常流行。

第四节　藏经洞剪纸

经统计，藏经洞出土的剪纸共十多件，大多是唐代、五代、北宋时的作品，虽然数量不多，但题材内容及形式多种多样。题材有佛塔、佛像、菩萨像等，剪纸的形式有：彩绘定型、墨线镂空、剪贴组合等等。敦煌藏经洞出土的剪纸，因为是纸质产品，又是应时的实用物品，所以保存下来的不多。藏经洞剪纸艺术品充分证明了敦煌民间剪纸在唐代、五代时已经普及和盛行的历史现实。下面选介几件剪纸作品。

《佛塔》（图11-8），编号为 P.4518（38），目前收藏于法国国家图书馆。这幅剪纸是用白纸剪成了佛塔的形状，贴到了黑色的纸上面，黑白对比，具有很强的视觉冲击力。在塔尖之处，有两个月牙组成的法轮，在俩月牙中间串有宝珠。塔顶是稳定的"八"字形设计，塔檐微微上翘，每个塔檐之上各有四个风铃，似在随风飘动，传出静谧的佛乐。塔檐之下是简约设

图 11-8　藏经洞剪纸　《佛塔》 10 世纪

---

① 沙武田：《敦煌画稿研究》，北京：民族出版社，2006 年，第 420 页。

计的云纹，线条流畅，具有动感。塔的中间是塔身，对称剪有一个正门与两个窗户。下面的部分特别精致，用五个三角形形成一种稳定的塔基，在塔基之下，是对称的两朵云纹，整个塔身似乎漂游于净土之中。这幅剪纸堪称是保存较早又比较精致的，具有代表性的佛教剪纸图像了。

《覆瓣莲花剪纸》（图11-9），收藏于英国大英博物馆藏，分别编号为 S.P.230（ch.00149.b,c）和 MAS913（ch.00149.e,f,a,d）。这种覆瓣莲花剪纸，从形状上看，有圆形的，也有方形的。它们的直径与边长基本上在10~13厘米之间，花瓣有四瓣，有八瓣，覆盖的层数最少的有四层，最多的有六层。覆叠的花瓣是由上到下，从小到大，依次叠放，然后再施以彩绘或墨绘。其中第一幅图 ch.00149.b 为莲心五瓣，中间莲心非常写实，能很清晰地看到莲心里的莲子，莲子用朱褐色进行晕染。莲心叠放在了五朵花瓣之上，花瓣分为五层进行叠放。这种剪纸或用于室内的装饰，或被当地寺庙

图11-9 藏经洞剪纸 《覆瓣莲花》 唐代（9—10世纪）

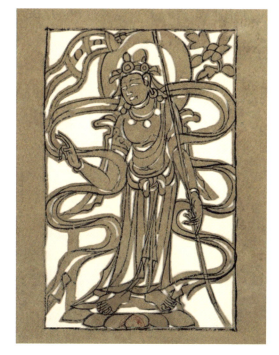

图11-10 藏经洞剪纸 《持幡菩萨立像》 五代至宋代（11-12世纪）

制作而出售给香客作布施所用。[1]

《持幡菩萨立像》（图11-10）。目前收藏于法国国家图书馆，编号 P4517—1，原件大30.5厘米×19.2厘米。这幅持幡菩萨立像，头戴宝冠，手臂很长，右手施手印，左手持幡，上身半裸，戴有璎珞，肩有披帛，似在随风飘动，腰部有飘带打结，垂至脚踝，赤足踏于莲花之上。这是一幅水墨画镂空剪纸，即以墨线描绘人物，然后在墨线内沿线进行剪或刻，把多余的空白纸张剔除，同时保留一定的墨线，最终是以雕空和白描的形式共同表现主体造像特征，这与前面所讲的两幅剪纸在剪纸技

① （英）龙安那著，魏文捷译：《从净土图到纸花——敦煌藏经洞出土绘画材料的价值比较》，载《敦煌研究》，2000年第3期，第51页。王连海编著：《民间剪纸》，湖北：湖北美术出版社，2000年，第20页。王连海：《镂金作胜传荆俗 剪彩为人记晋风——唐代剪纸略述》，载《装饰》，1998年第1期，第54页。

艺方面是不同的，此类技艺的剪纸作品在敦煌剪纸艺术中极为罕见。

藏经洞剪纸艺术品的发现具有重要的学术价值，填补了唐代、五代、北宋没有剪纸实物的空白，为中国剪纸艺术史提供了极为珍贵的实物资料。

综上所述，敦煌藏经洞出土的艺术品种类众多，主要为3至10世纪的绢画、版画、纸画、麻布画、剪纸、刺绣、染织、画幡、画稿、插图、木雕、写经、藏书印等，本章主要选取了留存较多的绢画、麻布画、纸本画、版画、剪纸等绘画品进行了分析与介绍。藏经洞出土的绘画品中数量最多的是绢画和麻布画，其面积大小不一，绘画内容与题材十分丰富，有尊像画、佛传故事画、佛教史迹画、经变画、功德画、邈真像和说法图等，与敦煌石窟艺术相互呼应。敦煌藏经洞出土的佛教版画，是当时大众所喜闻乐见的一种传播媒介，它的发现将中国套色版画的历史提前了700多年。藏经洞出土的白画具有重要的实物价值，填补了中国中古绘画史上画稿实物图像资料的空白。藏经洞剪纸艺术品充分证明了敦煌民间剪纸在唐代、五代时已经普及和盛行的历史现实，具有重要的学术价值。

【思考解答】

敦煌藏经洞出土的艺术品有哪些？

【拓展阅读】

1. 饶宗颐：《敦煌白画》，载法国远东学院考古学刊，1978年。

2. 王进玉：《国宝寻踪——敦煌藏经洞绢画的流失、收藏与研究》，载《文物世界》，2000年第10期。

3. 谢生保：《敦煌莫高窟发现的剪纸艺术品——兼论中国民间剪纸的渊源和发展》，载郑炳林主编：《敦煌佛教艺术文化论文集》，兰州：兰州大学出版社，2002年。

4. 马德：《敦煌版画的背景意义》，载《敦煌研究》，2005年第2期。

5. 邰惠丽：《敦煌版画叙录》，载《敦煌研究》，2005年第2期。

6. 吴荣鉴：《关于敦煌版画制作的几个问题》，载《敦煌研究》，2005年第2期。

7. 沙武田：《敦煌画稿研究》，北京：民族出版社，2006年。

图版出处目录

本书插图编号	插图所出书目名称	插图在原书中位置
2-1	高田修.アジャンタル壁画[M].东京:日本放送出版协会,2000.	第35页
2-4		第35页
2-2	笔者绘	
2-7		
2-8		
2-10		
2-11		
5-5		
5-16		
2-3	敦煌文物研究所,编.中国石窟·敦煌莫高窟:第2卷[M].北京:文物出版社,1984.	图版13
2-5	敦煌文物研究所,编.中国石窟·敦煌莫高窟:第1卷[M].北京:文物出版社,2011.	图版4
2-6		图版114
6-1		图版6
6-2		图版25
6-4		图版80
6-9		图版38
6-14		图版11
6-15		图版24
6-16		图版21
6-22		图版38
6-24		图版67
6-28		图版64
7-12		图版8
7-24		图版19
7-25		图版18
2-9	敦煌文物研究所,编.中国石窟·敦煌莫高窟:第4卷[M].北京:文物出版社,2011.	图版234

本书插图编号	插图所出书目名称	插图在原书中位置
3-1		第 88 页
3-2		第 90 页
3-5		第 26 页
3-7		第 56 页
3-9		第 137 页
3-12		第 148 页
3-13		第 156 页
3-14		第 163 页
3-17		第 179 页
3-19		第 101 页
3-20		第 118 页
3-22		第 201 页
3-23		第 185 页
3-24	敦煌研究院.主编.罗华庆.本卷主编.敦煌石窟全集:02 尊像画卷 [M].香港:商务印书馆有限公司,2002.	第 188 页
3-26		第 190 页
3-37		第 210 页
3-38		第 212 页
3-39		左:第 216 页 右:第 215 页
3-40		第 220 页
3-41		第 227 页
3-44		第 249 页
3-51		第 24 页
4-30		第 149 页
5-12		第 149 页
5-17		第 18 8 页
8-7		第 132 页
8-8		第 136—137 页
3-3	赵声良.飞天艺术:从印度到中国 [M].南京:江苏凤凰美术出版社,2008.	第 118 页
3-33		第 138 页
3-4	敦煌研究院.主编.樊锦诗.本卷主编.敦煌石窟艺术全集:4 佛传故事画卷 [M].上海:同济大学出版社,2016.	第 51 页

本书插图编号	插图所出书目名称	插图在原书中位置
3-6	敦煌研究院 , 主编 . 樊锦诗 , 本卷主编 . 敦煌石窟全集 :20 藏经洞珍品卷 [M]. 香港 : 商务印书馆有限公司 ,2005.	第 43 页
3-18		第 84 页
3-29		第 54 页
5-8		第 68 页
3-8	中国美术全集编辑委员会 , 编 . 中国美术全集·绘画编 :02 隋唐五代绘画 [M]. 北京 : 人民美术出版社 ,1984.	第 60 页
3-43		第 172—173 页
3-56		第 61 页
3-62		第 11 页
3-10	敦煌研究院 , 主编 . 彭金章 , 本卷主编 . 敦煌石窟全集 :10 密教画卷 [M]. 香港 : 商务印书馆有限公司 ,2003.	第 56 页
3-11		第 103 页
3-42		第 172—175 页
4-31		第 239 页
8-24		第 139 页
3-15	中国敦煌壁画全集编辑委员会 , 编 . 段文杰 , 本卷主编 . 中国敦煌壁画全集 :04 敦煌隋代 [M]. 天津 : 天津人民美术出版社 ,2006.	第 143 页
3-53		第 147 页
4-15		第 143 页
3-16	敦煌研究院 , 主编 . 贺世哲 , 本卷主编 . 敦煌石窟全集 :07 法华经画卷 [M]. 上海 : 上海人民出版社 ,2000.	第 219 页
3-46		第 205 页
3-21	敦煌研究院 , 主编 . 王进玉 , 本卷主编 . 敦煌石窟全集 :23 科学技术画卷 [M]. 香港 : 商务印书馆有限公司 ,2001.	第 124 页
8-1		第 166 页
8-2		第 122 页
8-3		第 128 页
8-4		第 107 页
8-5		第 119 页
8-13		第 143 页
8-14		第 116 页
8-15		第 117 页
8-16		第 267 页
8-19		第 156—157 页
3-25	中国古代书画鉴定组 , 编 . 中国绘画全集 7[M]. 北京 : 文物出版社 . 杭州 : 浙江人民美术出版社 ,1999.	第 56 页
3-27	《丝路之魂 : 敦煌、龟兹、麦积山石窟》编辑委员会 , 编 . 丝路之魂 : 敦煌、龟兹、麦积山石窟 [M]. 成都 : 四川人民出版社 . 北京 : 商务印书馆 ,2018.	第 185 页

本书插图编号	插图所出书目名称	插图在原书中位置
3-28	马炜,蒙中,编著.西域绘画·9[M].重庆:重庆出版	第21页
5-9	社,2010.	第15页
3-30		第47页
3-31		第74页
3-32		第108页
3-34	敦煌研究院,主编.郑汝中,台建群,本卷主编.敦	第179页
3-35	煌石窟全集:15飞天画卷[M].香港:商务印书馆有	第220页
3-36	限公司.2002.	左:第237页 右:第236页
7-10		第11页
8-12		第159页
3-45		第55页
3-47		第107页
3-52		第31页
3-55		第122—123页
3-57		第184页
3-60		第54页
3-61		第89页
3-63		第95页
3-64	敦煌研究院,主编.谭蝉雪,本卷主编.敦煌石窟	第95页
3-65	全集:24服饰画卷[M].香港:商务印书馆有限公	第151页
3-66	司,2005.	第211页
3-67		第212页
7-39		第78页
7-40		第138页
7-42		第162页
7-43		第122—123页
7-44		第192页
7-45		第176页
3-48	浙江大学中国古代书画研究中心,编.宋画全集:第 七卷[M].杭州:浙江大学出版社,2008.	第119页
3-49	敦煌研究院,江苏美术出版社,编.敦煌石窟艺术·莫 高窟第八五窟附一九六窟(晚唐)[M].南京:江苏 美术出版社,1998.	图版83

本书插图编号	插图所出书目名称	插图在原书中位置
3-50	中国古代书画鉴定组,编.中国绘画全集5[M].北京:文物出版社.杭州:浙江人民美术出版社,1999.	第157页
3-54	段文杰,主编.中国敦煌壁画全集:5 敦煌初唐[M].天津:天津人民美术出版社,2006.	第80页
8-26		第59页
3-58	关友惠,中国敦煌壁画全集:8 晚唐卷[M].天津:天津人民美术出版社,2001.	第2页
3-59		第8页
3-68	敦煌文物研究所,编.中国石窟·敦煌莫高窟:第3卷[M].北京:文物出版,2011.	第168页
3-69	敦煌研究院,主编.谭蝉雪,本卷主编.敦煌石窟全集:25民俗画卷[M].香港:商务印书馆有限公司,1999.	第20页
3-71		第48—49页
3-72		第75页
3-73		第76页
3-74		第87页
3-75		第101页
3-76		第101页
3-77		第107页
3-78		第159页
3-80		第162—163页
3-81		第165页
3-82		第174页
3-83		第166页
3-84		第178页
3-85		第236—237页
3-86		第245页
5-36		第222页

本书插图编号	插图所出书目名称	插图在原书中位置
3-70		第 22 页
4-5		第 21 页
4-9		第 18 页
4-14		第 44—45 页
4-18		第 65 页
4-19	敦煌研究院 , 主编 . 赵声良 , 本卷主编 . 敦煌石窟	第 71 页
4-20	全集 :18 山水画卷 [M]. 香港 : 商务印书馆有限公	第 107 页
4-22	司 ,2002.	第 61、150、151、152、66 页
4-23		第 141、140、196、181、165 页
4-24		第 180 页
4-25		第 233 页
4-26		左 : 第 232 页 右 : 第 230 页
4-27		第 242 页
3-79	敦煌研究院 , 编 . 中国石窟艺术——莫高窟 [M]. 南京 :	第 67 页
5-7	江苏凤凰美术出版社 ,2015.	第 147 页
3-87		第 122—125 页
3-88		第 126 页
3-89	敦煌研究院 , 主编 . 孙修身 , 本卷主编 . 敦煌石窟全	第 135 页
3-90	集 :12 佛教东传画卷 [M]. 香港 : 商务印书馆有限公	第 21 页
3-91	司 ,1999.	第 154—155 页
3-92		第 203—204 页
3-93	段文杰 , 主编 . 中国敦煌壁画全集 :10 敦煌西夏、元	第 77 页
3-94	[M]. 天津 : 天津人民美术出版社 ,1996.	第 85 页
4-1	段文杰 , 主编 . 中国敦煌壁画全集 :1 敦煌北凉・北	第 145 页
4-3	魏 [M]. 天津 : 天津人民美术出版社 ,2006.	第 115 页
4-2	徐光冀 . 中国出土壁画全集 : 9 甘肃、宁夏、新疆 [M]. 北京 : 科学出版社 ,2011.	第 136 页

本书插图编号	插图所出书目名称	插图在原书中位置
4-4	段文杰，主编.中国敦煌壁画全集:3 敦煌北周 [M]. 天津：天津人民美术出版社,2006.	第 177 页
4-11		第 34—35 页
4-6	中国画像石全集编辑委员会，编.中国画像石全集:7 四川画像石 [M].郑州：河南美术出版社.济南：山东美术出版社,2000.	第 120—121 页
4-7	甘肃省文物考古研究所,主编.中国敦煌壁画全集:11 敦煌麦积山、炳灵寺 [M].天津：天津人民美术出版社,2006.	第 31 页
4-8	吴健，编著.中国敦煌壁画全集:2 西魏卷 [M].天津：天津人民美术出版社,2002.	第 137 页
4-10		第 113 页
5-4		第 28 页
7-2		第 25 页
7-27		第 127 页
7-37		第 103 页
4-12	敦煌研究院，主编.孙儒僩，孙毅华，本卷主编.敦煌石窟全集:21 建筑画卷 [M].香港：商务印书馆有限公司,2001.	第 16 页
4-13		第 58 页
10-2		图版 21
4-16	徐光冀.中国出土壁画全集：7 陕西下 [M].北京：科学出版社,2011.	第 325 页
4-17	中国美术全集编辑委员会，编.中国美术全集·绘画编：01 原始社会至南北朝绘画 [M].北京：人民美术出版社,2015.	第 120 页
4-21	正倉院事務所.正倉院寶物（南倉）：増補改訂版 [M].東京：朝日新聞社.1989.	第 129 页
4-28	敦煌研究院,江苏美术出版社,编.敦煌石窟艺术·莫高窟第一五四窟附第二三一窟（中唐）[M].南京：江苏美术出版社,1994.	第 31 页
4-29	电子资源：数字敦煌.	敦煌研究院.数字敦煌：莫高窟第 217 窟榆林窟第 025 窟 [EB/OL].(2012-02-19)[2023-12-01].https://www.e-dunhuang.com/cave/10.0001/0001.0002.0025.

本书插图编号	插图所出书目名称	插图在原书中位置
5-15		敦煌研究院.数字敦煌：莫高窟第217窟[EB/OL].(2012-02-19)[2023-12-01]https://www.e-dunhuang.com/cave/10.0001/0001.0001.0217.
5-18	电子资源：数字敦煌.	敦煌研究院.数字敦煌：莫高窟第323窟[EB/OL].(2012-02-19)[2023-12-01]https://www.e-dunhuang.com/cave/10.0001/0001.0001.0323.
8-9		敦煌研究院.数字敦煌：榆林窟第025窟[EB/OL].(2012-02-19)[2023-12-01]https://www.e-dunhuang.com/cave/10.0001/0001.0002.0025.
8-18		敦煌研究院.数字敦煌：榆林窟第025窟[EB/OL].(2012-02-19)[2023-12-01]https://www.e-dunhuang.com/cave/10.0001/0001.0002.0025.
4-32	彼得罗夫斯基.编.许洋主.译.丝路上消失的王国：西夏黑水城的佛教艺术[M].台北：国立历史博物馆,1996.	图19
5-1		第77页
5-19		第48页
5-21		第124—125页
5-23		第103页
5-24		第182页
5-25	敦煌研究院,主编.刘玉权,本卷主编.敦煌石窟全集:19动物画卷[M].上海：上海人民出版社,2000.	第129页
5-27		第31页
5-28		第93页
5-29		第64页
5-30		第95页
5-33		第97页
5-34		第169页

本书插图编号	插图所出书目名称	插图在原书中位置
5–35	敦煌研究院,主编.刘玉权,本卷主编.敦煌石窟全集:19 动物画卷 [M].上海:上海人民出版社,2000.	第 168 页
5–37		第 211 页
5–38		第 209 页
5–39		第 231 页
5–40		第 123 页
5–2	敦煌研究院,主编.施萍婷,本卷主编.敦煌石窟全集:05 阿弥陀佛经画卷 [M].香港:商务印书馆有限公司,2002.	第 182—183 页
5–13		第 178 页
5–20		182—183
5–3	敦煌研究院,编著.中国石窟·安西榆林窟 [M].北京:文物出版社,2012.	图版 162
5–6	敦煌文物研究所,编.中国石窟·敦煌莫高窟:第 2 卷 [M].北京:文物出版社,1999.	图版 107
5–10	敦煌研究院,编.榆林窟 [M].南京:江苏凤凰美术出版社,2014.	第 40 页
7–13		第 137 页
5–11	中国墓室壁画全集编辑委员会,编.中国墓室壁画全集:2 隋唐五代 [M].石家庄:河北教育出版社,2011.	第 76 页
5–22		第 124 页
5–14	荣新江.满世界找敦煌 [M].北京:中华书局,2024.	第 263 页
5–26	陕西历史博物馆,昭陵博物馆,编.韩伟,张崇信,主编.李西兴,陈志谦,编著.昭陵文物精华 [M].西安:陕西人民美术出版社,1991.	第 6 页
5–31	敦煌研究院,主编.马德,本卷主编.敦煌石窟全集:26 交通画卷 [M].上海:上海人民出版社,2001.	第 25 页
5–32		第 23 页
6–3	栗田功,著.唐启山,周昀,译.大美之佛像:犍陀罗艺术 [M].北京:文物出版社,2017.	图版 29
6–5	敦煌研究院,主编.刘永增,本卷主编.敦煌石窟全集:08 塑像画卷 [M].香港:商务印书馆有限公司,2003.	第 135 页
6–7		第 221 页
6–8		第 124 页
6–12		第 220 页

本书插图编号	插图所出书目名称	插图在原书中位置
6-17		第 135 页
6-18		第 216 页
6-19		第 140 页
6-20		第 156—157 页
6-21		第 171 页
6-23	敦煌研究院,主编.刘永增,本卷主编.敦煌石窟全集:08 塑像画卷 [M].香港:商务印书馆有限公司,2003.	第 168 页
6-25		第 209—210 页
6-26		第 243 页
6-27		第 234—235 页
6-29		第 59 页
7-30		第 57 页
7-36		第 46 页
7-41		第 215 页
6-6	笔者摄	
6-13		
7-1		第 19 页
7-4		第 65 页
7-5		第 71 页
7-6		第 164 页
7-7		第 169 页
7-14	敦煌研究院,主编.关友惠,本卷主编.敦煌石窟全集:13 图案卷上 [M].香港:商务印书馆有限公司,2003.	第 117 页
7-15		第 132 页
7-16		第 236 页
7-26		第 78 页
7-28		第 92 页
7-29		第 98 页
7-31		第 207 页
7-38		第 223 页
6-10	刘永增.敦煌彩塑 [M].上海:华东师范大学出版社,2010.	第 110 页
6-11		第 111 页

本书插图编号	插图所出书目名称	插图在原书中位置
7–3	敦煌研究院,主编.关友惠,本卷主编.敦煌石窟全集:14 图案卷下 [M].香港:商务印书馆有限公司,2003.	第 180 页
7–8		第 16 页
7–9		第 22—23 页
7–11		第 28 页
7–18		第 70 页
7–19		第 34 页
7–20		第 76—77 页
7–21		第 75 页
7–23		第 232 页
7–32		第 37 页
7–33		第 84 页
7–34		第 86 页
7–35		第 136 页
7–17	李零.波斯笔记:上 [M].北京:生活·读书·新知三联书店,2019.	第 275 页
7–22	关友惠.敦煌装饰图案 [M].上海:华东师范大学出版社,2016.	第 204 页
7–46	敦煌文物研究所,编.中国石窟·敦煌莫高窟:第 5 卷 [M].北京:文物出版社,1987.	图版 40
8–6	《中国大典》编委会,编著.中国大典——隋唐 [M].云南教育出版社,2010.	第 32 页
8–10	邹文,主编.千年传世珍宝鉴赏 (金卷)[M].北京:红旗出版社,1999.	第 10 页
8–11	敦煌研究院,主编.王克芬,本卷主编.敦煌石窟全集:17 舞蹈画卷 [M].香港:商务印书馆有限公司,2001.	第 54 页
8–17	陕西省考古研究院,法门寺博物馆,宝鸡市文物局,扶风县博物馆等,编.法门寺考古发掘报告:下 [M].北京:文物出版社,2007.	彩版 168

本书插图编号	插图所出书目名称	插图在原书中位置
8-20	敦煌研究院,主编.段文杰本卷,主编.敦煌石窟全集:06 弥勒画卷 [M].香港:商务印书馆有限公司,2002.	第 177 页
8-21		第 176 页
8-22	敦煌研究院,主编.郑汝中,本卷主编.敦煌石窟全集:16 音乐画卷 [M].香港:商务印书馆有限公司,2002.	第 105 页
8-23		第 140 页
8-25	敦煌研究院主编,李永宁,本卷主编.敦煌石窟全集:03 本生因缘故事画卷 [M].上海:上海人民出版社,2001.	第 66 页
9-1	沈乐平.敦煌书法综论 [M].杭州:浙江古籍出版社,2009.	第 16 页
9-2		第 14 页
9-3		第 22 页
9-4	沃兴华.敦煌书法艺术 [M].上海:上海人民出版社,1994.	第 80 页
9-5		第 155 页
9-6	张永基,刘云鹏.中国书法全史:甘肃卷 [M].北京:中国书法出版社,2014.	第 124 页
9-22		第 155 页
9-7	李中华,主编.东瀛藏中国古代写经写本集粹:二 [M].郑州:河南美术出版社,2016.	第 29 页
9-8	敦煌研究院文献研究所,编.敦煌写卷墨迹精选丛帖:卷一 [M].兰州:甘肃人民美术出版社,2016.	第 15 页
9-11		第 25 页
9-12		第 28 页
9-9	中国书店,编.历代小楷集萃:魏晋南北朝卷 [M].北京:中国书店出版社,2015.	第 16 页
9-10		第 85 页
9-15		第 121 页
9-13	敦煌研究院文献研究所,编.敦煌写卷墨迹精选丛帖:卷二 [M].兰州:甘肃人民美术出版社,2016.	第 11 页
9-14		第 42 页

本书插图编号	插图所出书目名称	插图在原书中位置
9–16	敦煌研究院文献研究所,编.敦煌写卷墨迹精选丛帖:卷三[M].兰州:甘肃人民美术出版社,2016.	第 7 页
9–32		第 15 页
9–17	郑汝中,编.敦煌写卷行草书法集[M].兰州:甘肃人民美术出版社,2000.	第 11 页
9–19		第 18 页
9–20		第 59 页
9–21		第 57 页
9–23		第 321 页
9–27		第 107 页
9–28		第 238 页
9–29		第 288 页
9–30		第 292 页
9–18	马国俊,主编.敦煌书法艺术研究[M].北京:文物出版社,2017 年版	第 237 页
9–24	李正宇.敦煌学导论[M].兰州:甘肃人民出版社,2008.	第 64 页
9–25	陈凌著.万里同文——新疆出土汉文书迹集萃[M].杭州:浙江大学出版社,2020.	第 96 页
9–26	敦煌研究院文献研究所,编.敦煌写卷墨迹精选丛帖:卷三[M].兰州:敦煌文艺出版社,2020.	第 181 页
9–31	毛秋瑾.墨香佛音——敦煌写经书法研究[M].北京:北京大学出版社,2014.	第 43 页
9–33	华人德编.中国书法全集14·两晋南北朝写经写本[M].北京:荣宝斋出版社,2013 年.	第 119 页
9–34	International Dunhuang Programme.Pelliot chinois 4510[EB/OL].[2024–10–09].https://idp.bl.uk/collection/F565FE347DA27746B7CD4AE5873EA116/?return=/collection/?term=4510.	
9–35	International Dunhuang Programme.Rubbing, Booklet Or.8210/S.5791[EB/OL].[2024–10–09].https://idp.bl.uk/collection/B7F104242F1B479FB8AD75CF57B–355BE/?return=/collection/?term=S.5791.	

本书插图编号	插图所出书目名称	插图在原书中位置
9–36	International Dunhuang Programme.Pelliot chinois 4503[EB/OL].[2024–10–09].https://idp.bl.uk/collection/9DF8F0F5242EE443BFA386AAACC95411/?return=/collection/?term=4503.	
9–37	International Dunhuang Programme.Pelliot chinois 4508[EB/OL].[2024–10–09].https://idp.bl.uk/collection/CDC514AD8FE61147B6C57FF7123C1270/?return=/collection/?term=4508.	
9–38	文物出版社, 编.大观太清楼帖宋拓真本（二、四残本合卷）[M].北京：文物出版社,2001.	/
9–39	许裕长, 主编.皇象《急就章》索靖《月仪帖》《出师颂》[M].西安：陕西人民美术出版社,2018.	第 47 页
9–40	International Dunhuang Programme.Pelliot chinois 3561[EB/OL].[2024–10–09].https://idp.bl.uk/collection/1990955BFE5FBA42842FB3A137EC2D1F/?return=/collection/?term=3561.	
10–1	上海古籍出版社, 法国国家图书馆, 编.法国国家图书馆藏敦煌西域文献：第 22 册 [M].上海：上海古籍出版社,2002.	第 161 页
10–3	孙晓, 主编.中国敦煌美术大典·壁画卷 [M].成都：四川美术出版社,2022.	第 156 页
10–5		第 175 页
10–4	上海古籍出版社, 法国国家图书馆, 编.法国国家图书馆藏敦煌西域文献：第 30 册 [M].上海：上海古籍出版社,2003.	第 292 页
10–6	上海古籍出版社, 法国国家图书馆, 编.法国国家图书馆藏敦煌西域文献：第 24 册 [M].上海：上海古籍出版社,2002.	第 119 页
10–7	上海古籍出版社, 法国国家图书馆, 编.法国国家图书馆藏敦煌西域文献：第 26 册 [M].上海：上海古籍出版社,2002.	第 73 页
10–8	上海古籍出版社, 法国国家图书馆, 编.法国国家图书馆藏敦煌西域文献：第 27 册 [M].上海：上海古籍出版社,2002.	第 116 页

本书插图编号	插图所出书目名称	插图在原书中位置
10–9	上海古籍出版社, 法国国家图书馆, 编. 法国国家图书馆藏敦煌西域文献: 第 17 册 [M]. 上海: 上海古籍出版社, 2001.	第 62 页
11–1	加藤胜久. 西域美术·大英博物馆: 第 2 卷敦煌绘画 II [M]. 东京: 讲谈社, 1982.	图版 10
11–4		图版 148
11–5		图版 155
11–7		图版 79
11–2	秋光山和. 西域美术·法国国家博物馆: 第 2 卷 [M]. 东京: 讲谈社, 1994.	图版 70、71
11–3	秋光山和. 西域美术·法国国家博物馆: 第 1 卷 [M]. 东京: 讲谈社, 1994.	图版 96–1
11–6	上海古籍出版社, 法国国家博物馆, 编. 法国国家图书馆藏敦煌西域文献: 第 31 卷 [M]. 上海: 上海古籍出版社, 2005.	第 288 页
11–8	敦煌研究院, 编. 樊锦诗, 主编. 赵声良, 副主编. 敦煌艺术大辞典 [M]. 上海: 上海辞书出版社, 2019.	第 587 页
11–9	加藤胜久. 西域美术·大英博物馆: 第 3 卷染织·雕塑·壁画 [M]. 东京: 讲谈社, 1984.	图版 45
11–10	马德. 敦煌古代工匠研究 [M]. 北京: 文物出版社, 2018.	第 228 页

后 记

《敦煌美术概论》在编写过程中，经历了很多波折，但在团队老师的精诚协作和各方帮助下，终于完成了。在出版之际，首先要感谢参与编写的 11 位老师，正是他们的学术积累和敬业精神，才成就了每一个章节，并凸显出各自的闪光点。从中可以体会每一位老师对敦煌美术的理解、认知、思考和独到的见解，相信在他们的文字的引导和启发下，读者将会对敦煌美术、敦煌美术与中国古代美术史的关系、敦煌美术的再生等问题有更进一步的认识。

各位老师编写分工如下：

岳　锋　第一章

龙　忠　第二章、第六章

史忠平　第三章第一节、第二节、第六节；第五章

宋丽娜　第三章第三节、第四节、第五节

周　军　第三章第七节、第八节、第九节、第十节

牛国栋　第四章

宋文靓　第七章

马　莉　第八章

杜明朕　第九章第一节、第七节、第八节

曹恩东　第九章第二节、第三节、第四节、第五节、第六节

薛艳丽　第十章、第十一章

本书得到"西北师范大学 2022 年重点培育教材"项目资助，被列为"敦煌文化特色教材"。在此，我代表编写组向西北师范大学和西北师范大学教务处的各位领导与老师表示感谢！教材出版过程中，得到西北师范大学美术学院王玉芳院长、办公室王海强主任、赵昶彬老师、刘文博士以及敦煌文艺出版社的大力支持和帮助，在此一并表示感谢！

从目前的结果来看，这本书还有很多不足，尤其是在理论与技法的兼顾、欣赏与评述、纵向横向比较等方面仍然与起初的预期存在很大差距。但学术没有终点，学习没有止境，我们会与读者一道，在敦煌美术的研习道路上继续努力，一往直前。

史忠平

2024 年 5 月于兰州